Garantias de Adimplemento da Administração Pública ao Contratado nas Parcerias Público-Privadas

Garantias de Adimplemento da Administração Pública ao Contratado nas Parcerias Público-Privadas

2018

José Virgílio Lopes Enei

GARANTIAS DE ADIMPLEMENTO DA ADMINISTRAÇÃO PÚBLICA AO CONTRATADO NAS PARCERIAS PÚBLICO-PRIVADAS
© Almedina, 2018
AUTOR: José Virgílio Lopes Enei
DIAGRAMAÇÃO: Almedina
DESIGN DE CAPA: FBA
ISBN: 9788584934171

Dados Internacionais de Catalogação na Publicação (CIP)
(Câmara Brasileira do Livro, SP, Brasil)

Enei, José Virgílio Lopes
Garantias de adimplemento da administração pública ao contratado nas parcerias público-privadas / José Virgilio Lopes Enei. -- São Paulo : Almedina, 2018.

Bibliografia.
ISBN 978-85-8493-417-1

1. Administração pública 2. Adimplemento - Brasil 3. Direito administrativo 4. Direito administrativo - Brasil 5. Parceria público-privada (PPP) - Brasil I. Título.

18-21702 CDU-351.712.2(81)

Índices para catálogo sistemático:

1. Brasil : Parceria público-privada : Administração pública : Direito administrativo 351.712.2(81)

Maria Alice Ferreira - Bibliotecária - CRB-8/7964

Este livro segue as regras do novo Acordo Ortográfico da Língua Portuguesa (1990).

Todos os direitos reservados. Nenhuma parte deste livro, protegido por copyright, pode ser reproduzida, armazenada ou transmitida de alguma forma ou por algum meio, seja eletrônico ou mecânico, inclusive fotocópia, gravação ou qualquer sistema de armazenagem de informações, sem a permissão expressa e por escrito da editora.

Novembro, 2018

EDITORA: Almedina Brasil
Rua José Maria Lisboa, 860, Conj.131 e 132, Jardim Paulista | 01423-001 São Paulo | Brasil
editora@almedina.com.br
www.almedina.com.br

À Cláudia, aos nossos pequenos Felipe e Murilo, e aos meus pais, a quem espero orgulhar com a primeira tese de doutorado na família. Ainda, à memória de Maria do Rosário...

LISTA DE ABREVIATURAS E DEFINIÇÕES

"ANATEL":   Agência Nacional de Telecomunicações
"ANEEL":   Agência Nacional de Energia Elétrica
"ANP":   Agência Nacional de Petróleo, Gás Natural e Biocombustíveis
"ARO":   antecipação de receita orçamentária
"ARTESP":   Agência Reguladora de Serviços Públicos Delegados de Transporte do Estado de São Paulo
"BNB":   Banco do Nordeste do Brasil
"BNDES":   Banco Nacional do Desenvolvimento Econômico e Social
"CDURP":   Cia de Desenvolvimento Urbano da Região do Porto do Rio de Janeiro
"CEF":   Caixa Econômica Federal
"CEPAC":   Certificado de Potencial Adicional de Construção
"CF":   Constituição Federal de 1988
"CMN":   Conselho Monetário Nacional
"CODEMIG":   Companhia de Desenvolvimento de Minas Gerais
"Código Civil":   Lei federal n. 10.406, de 10 de janeiro de 2002
"Código Penal":   Lei federal n. 7.209, de 11 de julho de 1984
"CPP":   Companhia Paulista de Parcerias
"CVM":   Comissão de Valores Mobiliários
"Estatuto da Cidade":   Lei federal n. 10.257, de 10 de julho de 2001
"FGP":   Fundo Garantidor de Parcerias federal

"FPE": Fundo de Participação dos Estados

"FPM": Fundo de Participação dos Municípios

"Lei Anticorrupção": Lei federal n. 12.846, de 1 de agosto de 2013

"Lei de Improbidade Administrativa": Lei federal n. 8.429, de 2 de junho de 1992

"Lei de Processos Administrativos Federais" ou "Lei Geral de Processos Administrativos: Lei federal n. 9.784, de 29 de janeiro de 1999

"Lei de Responsabilidade Fiscal" ou "LRF": Lei Complementar n. 101, de 4 de maio de 2000

"Lei dos Crimes Fiscais": Lei federal n. 10.028, de 19 de outubro de 2000

"Lei federal de PPPs" ou "Lei de PPPs": Lei federal n. 11.079, de 30 de dezembro de 2016

"Lei Geral de Concessões" ou "LGC": Lei federal n. 8.987, de 13 de fevereiro de 1995

"Lei Geral de Licitações", "Lei de Licitações" ou "Lei n. 8.666": Lei federal n. 8.666, de 21 de junho de 1993

"Lei mineira de PPPs": Lei n. 14.868, de 16 de dezembro de 2013, do Estado de Minas Gerais

"Lei paulista de PPPs": Lei n. 11.688, de 19 de maio de 2014, do Estado de São Paulo

"MIP": manifestação de interesse privado

"PMI": procedimento de manifestação de interesse

"PPP": parceria público-privada

"SABESP": Companhia de Saneamento Básico do Estado de São Paulo

"SF": Senado Federal

"STF": Supremo Tribunal Federal

"STJ": Superior Tribunal de Justiça

"TCU": Tribunal de Contas da União

"VLT": Veículo Leve sobre Trilhos

LISTA DE ILUSTRAÇÕES

Quadro 1 – Síntese das modalidades de vinculação ou cessão de receita pública conforme natureza da receita   154
Quadro 2 – Setores contemplados por PPPs contratadas (out./2017)   172
Quadro 3 – PPPs por ente federativo (out./2017)   173
Quadro 4 – Unidades com maior número de PPPs   174
Quadro 5 – Evolução da contratação de PPPs por ano e ente federativo   176
Quadro 6 – Situação jurídica dos contratos de PPPs (out./2017)   181
Quadro 7 – Contabilização das PMIs lançadas por Estados e Municípios por ano   184

PREFÁCIO

José Virgílio Lopes Enei, com este livro que tenho a honra de prefaciar, oferece uma contribuição fundamental para a compreensão e para o aprimoramento de um instrumento estratégico para o País: as parcerias público-privadas.

Este trabalho tem origem na tese de doutorado do Virgílio, produzida no programa de pós-graduação da Faculdade de Direito da Universidade de São Paulo, e defendida perante banca de notórios especialistas no assunto, os professores Carlos Ari Sundfeld, Egon Bockmann Moreira, Floriano de Azevedo Marques Neto, Marcos Augusto Perez e Vera Monteiro. Na qualidade de seu orientador, presidi a banca e posso testemunhar a avaliação extremamente positiva que o trabalho recebeu, bem como o brilho com que o candidato sustentou suas ideias.

Ainda como seu orientador, devo afirmar que os méritos do trabalho pertencem integralmente ao Virgílio, profundo conhecedor do tema das parcerias público-privadas, tanto pelo viés teórico, desenvolvido na sua dedicação à academia, como pelo prático, que domina profundamente em razão de sua atuação como advogado de renomadas experiência e competência.

Virgílio, com grande acuidade, elegeu como eixo de desenvolvimento de suas ideias um aspecto que demonstrou ser essencial para o sucesso das parcerias público-privadas: as garantias de adimplemento da administração pública ao contratado.

Com efeito, as parcerias público-privadas, que configuram uma evolução no tradicional modelo dos contratos de concessão, veem reforçado o seu sentido contratual, de modo a incorporar mecanismos tendentes a permitir efetivamente o cumprimento daquilo que foi acordado entre as partes.

Já tive a oportunidade de registrar em outros escritos o fato, peculiar (mas não exclusivo) do caso brasileiro, de uma compreensão distorcida da tradicional ideia de "contrato administrativo", nascida na França, no início do século XX, ter levado a um exagero no regime legalmente estabelecido de prerrogativas de ação unilateral e auto-executórias ao alcance da administração pública enquanto parte contratante nos contratos em geral (vide o regime da Lei n. 8.666/93, para contratos de compras, alienações, obras e serviços).

De modo contrastante, é no regime das concessões – no princípio, com a Lei n. 8.987/95; e posterior e principalmente com a Lei n. 11.079//04 – que o direito brasileiro adotou certa mitigação dessas prerrogativas, com reforço do caráter efetivamente contratual da relação jurídica, inspirado pelo princípio de que o que foi combinado deve ser cumprido.

O paradoxo dessa situação está no fato de que a noção teórica de contrato administrativo, implicando um regime diferenciado em relação aos demais contratos celebrados pela administração, surgiu justamente – lembrem-se as lições pioneiras de Gaston Jèze – para explicar o fenômeno da concessão de serviço público. Ou seja, nasceu para explicar um contrato cujo objeto é o serviço público e não para explicar quaisquer outros contratos em que a administração pública é parte – estes últimos a merecer tratamento pelas regras gerais em matéria de contratos, normalmente presentes nos códigos civis.

Enfim, no Brasil contemporâneo, justamente é a concessão, especialmente as concessões sujeitas ao regime de parcerias público-privadas, que caminham para recuperar o sentido efetivamente contratual dos contratos administrativos e o seu "princípio fundamental".

Aliás, para esclarecer tal princípio, melhor recorrer às palavras do próprio Gaston Jèze[1], que o enuncia de modo destacado e com uma concisão que mais ainda ressalta sua importância:

> O princípio fundamental que domina a teoria da execução dos contratos da administração é o mesmo que domina o Direito moderno: é o respeito à palavra dada.

[1] "Théorie Générale des Contrats de l'Administration". *Revue du Droit Public et de la Science Politique en France et à l'Étranger*. Paris: Marcel Giard, 1930, p. 680.

As partes contratantes são obrigadas a executar suas obrigações respectivas de *boa fé*, nas condições em que elas foram estipuladas. O princípio essencial não comporta desenvolvimentos especiais. Ele é capital.

Retornando ao ponto desenvolvido pelo Virgílio, a possibilidade presente, no regime das parcerias público-privadas, de que a administração dê garantias de adimplemento de suas obrigações contratuais ao parceiro privado, é chave para o fiel cumprimento do contrato.

Esse dado reveste-se de relevância ainda maior nos contratos de parceria público-privada, que, pela própria definição legal, importam vultosos investimentos e um longo prazo de execução, durante o qual se espera que a relação contratual possa resistir às vicissitudes da vida política do país.

Veja-se como Virgílio, com clareza, diagnostica a questão, desde o ponto de partida de seu trabalho:

> Nesse sentido, consideramos desnecessário demonstrar, e por isso adotamos como premissa, o enorme potencial das PPPs como o instrumento mais adequado ao atendimento, não de todas, mas de inúmeras demandas públicas e sociais que continuarão a crescer no território brasileiro, em seus diversos níveis federativos, a exemplo de projetos de saneamento, gestão de resíduos, iluminação pública, hospitais públicos, escolas públicas, habitação popular e mobilidade urbana, apenas para ficarmos em alguns dos segmentos mais beneficiados pelas PPPs.
>
> É notório, de outro lado, que esse enorme potencial das PPPs não é aproveitado em toda a sua extensão – dentre outras razões, pela indisponibilidade, má qualidade ou dificuldade de estruturação das garantias do setor público, condição *sine qua non* de todas as PPPs, com raríssimas exceções.
>
> Além disso, acreditamos que a adoção disseminada de garantias sólidas e confiáveis em contratos de PPP pode contribuir para um ambiente de contratações públicas mais saudável, incentivando um comportamento mais responsável e comprometido da Administração Pública, com foco sustentável no longo prazo e com menor espaço para oportunismo e corrupção.

No desenvolvimento de sua obra, Virgílio trabalha, com muita pertinência a evolução do regime contratual da administração pública, à luz de consistente base teórica, mas com especial atenção a dados da realidade brasileira e do modo de ser de sua administração pública.

Na sequência, produz aprofundada análise do regime jurídico das garantias públicas no Brasil e, em especial, do sistema de garantias públicas nas parcerias público-privadas.

Passa então a aplicar o conhecimento assim articulado a uma investigação detalhada e – arrisco dizer – inédita de todos os 104 contratos celebrados pelos entes da Federação brasileira, sob o regime de parceria público-privada, desde a edição da Lei n. 11.079/04 até hoje. Ao fazê-lo, naturalmente com foco no sistema de garantias dadas pela administração, consegue traçar um quadro preciso dos sucessos e insucessos dos diversos modelos.

Por fim, oferece uma sugestão concreta para o aprimoramento do sistema de garantias nas parcerias público-privadas. Nesse sentido, produz importantes conclusões no plano da ciência do direito. E, ao mesmo tempo, numa evidente contribuição da academia para a sociedade em que se insere, propõe um anteprojeto de lei que pode, de plano, ser acolhido e encaminhado por nossos governantes.

Por todas essas razões, tenho a convicção de que o leitor – seja originário dos meios acadêmicos, seja atuante na prática do direito ou na gestão do estado – encontrará no presente livro um aporte de extraordinária importância para a evolução das parcerias público-privadas, mecanismo de enorme relevância para o desenvolvimento nacional.

FERNANDO MENEZES DE ALMEIDA
Professor titular da Faculdade de Direito da Universidade de São Paulo

SUMÁRIO

LISTA DE ABREVIATURAS E DEFINIÇÕES	7
LISTA DE ILUSTRAÇÕES	9
PREFÁCIO	11
INTRODUÇÃO	21
Delimitação do Tema: Garantias do Setor Público nas PPPs	21
Problema Abordado	22
Hipóteses	22
Objetivos	23
Relevância do Tema	23
Justificativa	24
Metodologia	25
Plano da tese	26
1. ANTECEDENTES	27
1.1. Antecedentes	27
1.2. As PPPs	29
1.3. Garantias nas PPPs e Sua Imprescindibilidade	33
2. NECESSIDADE DE GARANTIAS NO CONTEXTO BRASILEIRO: HISTÓRICO DA ADMINISTRAÇÃO PÚBLICA MÁ-PAGADORA: CONVENIÊNCIA E OPORTUNIDADE DA PRESTAÇÃO DE GARANTIAS DE PAGAMENTO PELO PODER PÚBLICO	41
2.1. Conveniência e Oportunidade das PPPs	41

2.2. A Tradicional Aversão do Direito Público Brasileiro à Noção de Garantia de Pagamento pelo Poder Público ... 45
   2.2.1. Direito Comparado ... 46
   2.2.2. Inexistência de Garantias do Poder Público nos Contratos Administrativos em Geral (Lei n. 8.666/1993) e Contratos de Concessão Comum ... 46
   2.2.3. Risco de Crédito do Poder Público na Teoria Econômica Clássica ... 53
   2.2.4. Cultura Administrativista e Seus Dogmas ... 53
   2.2.5. O Princípio da Supremacia do Interesse Público ... 53
   2.2.6. Princípio da Inalienabilidade, Impenhorabilidade e Imprescritibilidade dos Bens Públicos ... 56
   2.2.7. A Perspectiva do Direito Financeiro e Seus Princípios ... 58
2.3. Justificativa das Garantias do Poder Público no Brasil: Necessária Mudança de Paradigmas ... 61
   2.3.1. Direito Comparado ... 61
   2.3.2. Inexistência de Garantias do Poder Público nos Contratos Administrativos em Geral (Lei n. 8.666/1993) e Contratos de Concessão Comum ... 65
   2.3.3. Risco de Crédito do Poder Público na Teoria Econômica Clássica ... 68
   2.3.4. O Princípio da Supremacia do Interesse Público ... 69
   2.3.5. Princípio da Inalienabilidade, Impenhorabilidade e Imprescritibilidade dos Bens Públicos ... 73
   2.3.6. A Perspectiva do Direito Financeiro e Seus Princípios ... 76
2.4. Histórico de Mau Pagador do Poder Público no Brasil ... 78
2.5. Conclusões do Capítulo ... 97

3. REGIME JURÍDICO DAS GARANTIAS PÚBLICAS NO BRASIL ... 99
3.1. Compreensão das Garantias ... 99
3.2. Regime Geral à Luz da Constituição Federal, LRF e Resoluções do Senado Federal ... 104
   3.2.1. Constituição Federal ... 104
   3.2.2. Lei de Responsabilidade Fiscal ... 115
   3.2.3. Resoluções do Senado Federal ... 117
   3.2.4. As Resoluções do Senado e a Disciplina da Cessão Definitiva ou em Garantia de Royalties e Dívida Ativa ... 118

SUMÁRIO

   3.2.4.1. Cessão Definitiva ou em Garantia de Royalties   118
   3.2.4.2. Cessão Definitiva ou em Garantia de Dívida Ativa   120
   3.2.4.3. Interpretação Sistemática: Cessão Definitiva e
        Cessão em Garantia   122
   3.2.4.4. O art. 167, IV, da CF e a Cessão de Dívida Ativa   125
   3.2.4.5. Cessão de Dívida Ativa e Outros Questionamentos   127
 3.3. Conclusões do Capítulo   130

4. O SISTEMA DE GARANTIAS PÚBLICAS NAS PPPS   133
 4.1. A Concepção das PPPs no Brasil sob a Premissa de Necessidade de Garantia do Setor Público   133
 4.2. Vinculação de Receitas em Garantia   140
  4.2.1. Premissas   140
  4.2.2. Vinculação em Garantia de Obrigações Pecuniárias da Administração em Contratos de PPPs   142
  4.2.3. Autorização Legal Específica   143
  4.2.4. Vinculação-Garantia de Royalties e Assemelhados em PPPs   143
  4.2.5. Vinculação-Garantia de Dívida Ativa em PPPs   144
  4.2.6. Outras Receitas Públicas Diretamente Arrecadadas e Passíveis de Vinculação   145
  4.2.7. Vinculação de Receitas Oriundas dos Fundos de Participação   148
 4.3. Garantias Bancárias, Seguro-Garantia e Garantias Prestadas por Organismos Internacionais   154
 4.4. Fundo Garantidor   158
 4.5. Estatal Garantidora   165
 4.6. Outras Garantias   168

5. DIAGNÓSTICO: AVANÇOS E DEFICIÊNCIAS   171
 5.1. Histórico de Contratações nos Primeiros Treze Anos de PPPs no Brasil   171
 5.2. Situação Jurídica das PPPs Contratadas   179
 5.3 Acionistas, Financiadores, Concessionário, Parceiro Público e Suas Diferentes Perspectivas   184
 5.4. A experiência Brasileira em Garantias Públicas nas PPPs   189
  5.4.1. Contas-Vinculadas Instituídas Pela Própria Administração Direta   189

5.4.2.	Garantias Prestadas por Estatais Garantidoras	196
	5.4.2.1. Estrutura de Garantias do Porto Maravilha e do VLT Carioca	197
	5.4.2.2. Outras Modalidades de Garantia por Estatais Garantidoras	199
	5.4.2.3. Vantagens	200
5.4.3.	Garantias Prestadas por Fundos Garantidores	201
	5.4.3.1. Necessária Distinção dos Fundos Garantidores em Oposição aos Meros Fundos Públicos	201
	5.4.3.2. Fundo Garantidor de Parcerias Federal	202
	5.4.3.3. Outros Fundos Garantidores Propriamente Ditos	203
	5.4.3.3.1. O Fundo Garantidor de Rio das Ostras	205
5.4.4.	Outras Garantias	216
	5.4.4.1. Cessão de Créditos Privados em Garantia	216
	5.4.4.2. Garantia Real Sobre Bens da Administração Pública direta	221
	5.4.4.3. Contratação de Financiamento pelo Parceiro Público Como Instrumento de Garantia	223
5.5. Conclusões do Capítulo		225

6. PROPOSIÇÕES PARA O APRIMORAMENTO DO SISTEMA DE GARANTIAS NAS PPPS 229
   6.1. Práticas Aprimoradas Dentro das Normas Gerais e Constitucionais Vigentes 229
      6.1.1. Fixação do Propósito das Garantias a Cargo do Parceiro Público e Linguagem Contratual – o Negócio Jurídico Processual (art. 190 do CPC) 229
      6.1.2. Escolha e Estruturação das Garantias Públicas 236
      6.1.3. Aprovação Legal ou Normativa em Nível Local 240
      6.1.4. Contratação de Agentes de Garantias e Verificadores Independentes 241
      6.1.5. Padronização Contratual, Programa de PPPs Local e Sistema de Garantias 242
      6.1.6. Arbitragem 243
   6.2. Proposições de Lege Ferenda 244
      6.2.1. Supressão dos Riscos Associados à Constituição de Fundos Garantidores Estaduais e Municipais 245

6.2.2. Maior Segurança à Vinculação de Receitas Públicas em
Garantia de PPPs 247
6.2.3. Poder Liberatório para Pagamento de Tributos Vincendos
ou Dívida Ativa 251
6.2.4. Delimitação do Princípio da Inalienabilidade e
Impenhorabilidade de Bens Públicos 255
6.2.5. Introdução de Regra Geral Que Iniba a Concessão de
Liminar ou Suspensão de Segurança em Matéria de
Garantias 256
6.2.6. Detalhamento da Disciplina Legal do Agente de
Garantias Como Espécie Particular de Depositário 260
6.2.7. Aprimoramento do regime legal de responsabilização
do agente público no contexto das PPPs 261
6.2.8. Aprimoramentos ao Sistema de Controle dos Contratos
de Concessão 268
    6.2.8.1. Controle Preclusivo 279
    6.2.8.2. Prazo Decadencial 281
    6.2.8.3. Convalidação e Parâmetros de Controle 281
6.2.9. Solução Efetiva Para a Mora no Pagamento dos Precatórios
Estaduais e Municipais 283
6.2.10. Esclarecimento Interpretativo das Normas Sobre
Contingenciamento de Crédito ao Setor Público
(Resolução CMN n. 2.827/2001, Substituída pela
Resolução CMN n. 4.589/2017) 285
6.2.11. Aprimoramento do Regime Legal Orçamentário 285
6.2.12. Modernização do Estado e Cultura Administrativista 287
6.2.13. Justificativa Sobre a Natureza das Normas Propostas 290
6.2.14. Ação Declaratória de Constitucionalidade de Lei 292

CONCLUSÕES 293

REFERÊNCIAS 301

APÊNDICE 1 – PROJETOS DE LEI 319
    Projeto de Lei Complementar disciplinando a prestação de garantias
    pela Administração Pública 319

Proposta de alteração da Resolução n. 4.589/2017 do Conselho Monetário Nacional, a qual estabelece regras para o contingenciamento de crédito ao setor público   337
APÊNDICE 2 – LISTA DE PPPS   339
Lista de PPPs contratadas até outubro de 2017 e suas garantias   339

QUADROS RESUMO   408

Introdução

Delimitação do Tema: Garantias do Setor Público nas PPPs

A presente tese versa sobre a efetividade das garantias prestadas ou passíveis de serem prestadas pela Administração Pública, direta ou indireta, para assegurar o adimplemento de suas obrigações contratuais perante concessionários privados no âmbito de contratos de parceria público-privada (PPPs em sentido estrito) no Brasil.

O objeto central da tese são as garantias propriamente ditas (no sentido do Direito Obrigacional e não no sentido amplo do termo ou conforme atribuído por outros ramos do Direito), vale dizer, garantias pessoais, reais ou congêneres que reforçam qualitativa ou quantitativamente a responsabilidade que já é própria a qualquer devedor no tocante à sua obrigação e a garantia geral que seu patrimônio oferece, responsabilidade e garantia geral estas que apresentam peculiaridades importantes quando esse devedor é o Estado.

Serão abordados também outros instrumentos legais ou contratuais que produzam ou pretendam produzir efeitos equivalentes ao de garantias pessoais ou reais propriamente ditas no âmbito próprio do setor público, como é o caso das vinculações de receitas públicas, nas suas diversas modalidades.

Cumpre esclarecer, desde logo, que a perspectiva do Direito Privado (Direito Comercial e Civil) será contemplada apenas incidentalmente, pois o enfoque principal da tese é a prestação de garantias da Administração sob o ângulo do Direito Administrativo e de suas intersecções com o Direito Financeiro.

Problema Abordado

Como buscaremos demonstrar no capítulo 2, é bastante negativo, de um modo geral, o histórico da Administração Pública brasileira – nesse aspecto não muito diferente da experiência da maioria dos países da América Latina – quanto ao cumprimento de seus compromissos contratuais perante suas contrapartes privadas. Passados remoto e recente revelam um histórico de inadimplementos e comportamentos oportunistas, associado a uma cultura patrimonialista, personalista, autoritária e de desapego ao contrato.

As PPPs foram introduzidas no Brasil, após a crise do modelo do Estado-empresário e a partir da experiência internacional bem-sucedida, como alternativa para viabilizar investimentos e prestação de atividades de interesse público que nem o Estado nem os modelos de obra pública ou concessão comum seriam capazes de satisfazer dentro dos padrões de eficiência e qualidade desejados.

Ao contrário das concessões comuns, as PPPs exigem contrapartida financeira relevante do poder concedente.

E, ao contrário das PPPs contratadas em países desenvolvidos, baseadas tão somente na confiança e crédito do poder público (a exemplo da coroa inglesa), as PPPs no Brasil não seriam concebíveis sem garantias formais que compensassem a falta de credibilidade do governo brasileiro e seus entes subnacionais.

Tais garantias foram, então, de forma bastante inovadora em relação à tradição brasileira em matéria de contratos administrativos, admitidas e disciplinadas pela Lei federal de PPPs, permitindo a contratação de uma centena de PPPs desde então, sobretudo em Estados e Municípios.

Contudo, decorrido um prazo minimamente suficiente – próximo de 13 (treze) anos – para que um conjunto representativo de contratos de PPPs fosse firmado, e suas garantias constituídas e testadas, administrativa e judicialmente, nos parece relevante sistematizar essa experiência atualmente dispersa, para que possamos então avaliar o sucesso ou insucesso, até o momento, desse regime de garantias nas PPPs.

Hipóteses

Pretendemos confirmar a hipótese de trabalho segundo a qual o sistema de garantias instituído pela Lei de PPPs, sendo necessário e conveniente, constituiu, de fato, um primeiro e importante avanço rumo a um ambiente mais confiável de contratações públicas, em que o adimplemento seja a regra e não a exceção.

No entanto, pretendemos também corroborar a hipótese no sentido de que, embora um grande e positivo passo tenha sido dado, o sistema de garantias, tal como interpretado e aplicado pela Administração Pública, pelos órgãos de controle e pelo próprio Poder Judiciário, ainda apresenta importantes falhas e deficiências, não sendo capaz de cumprir o seu propósito em toda a extensão desejável.

Finalmente, uma vez corroboradas as hipóteses acima, temos por hipótese final demonstrar a conveniência ou mesmo a necessidade de aprimoramento das práticas estabelecidas entre Administração Pública e seus parceiros privados relativas à contratação e gestão das PPPs e suas garantias públicas dentro do regime legal vigente, bem como, em particular, de reformulação e adequação do regime legal das garantias.

Objetivos

Cremos que a presente tese poderá, de um lado, oferecer uma melhor e mais sistematizada compreensão do histórico brasileiro de garantias do setor público nas PPPs, nos quase 13 (treze) anos decorridos desde o advento da Lei federal de PPPs até outubro de 2017, data de corte de nossa análise.

De outro lado, almejamos prestar uma contribuição ao aprimoramento das práticas estabelecidas e regime legal de tais garantias, com ou sem a reformulação da legislação vigente, de tal forma a apontar um caminho para uma maior e mais eficiente disseminação das PPPs.

Relevância do Tema

Acreditamos que dos parágrafos precedentes já se possa extrair, também, a grande relevância do tema.

É bastante limitada a capacidade do setor público brasileiro para atender, apenas com recurso à máquina estatal, às enormes e crescentes necessidades da sociedade brasileira, particularmente em termos de infraestrutura econômica e social. O passado recente demonstra que o déficit de infraestrutura apenas aumenta.

Os modelos de concessão comum, autorização, obra pública, contratos administrativos em sentido estrito, *joint ventures* e outros têm, sem sombra de dúvida, grande importância e serventia, mas são incapazes de atender, com a eficiência e a qualidade reclamadas pelo poder público e pela sociedade, certas necessidades e demandas que são muito mais afetas às PPPs.

Nesse sentido, consideramos desnecessário demonstrar, e por isso adotamos como premissa, o enorme potencial das PPPs como o instrumento mais adequado ao atendimento, não de todas, mas de inúmeras demandas públicas e sociais que continuarão a crescer no território brasileiro, em seus diversos níveis federativos, a exemplo de projetos de saneamento, gestão de resíduos, iluminação pública, hospitais públicos, escolas públicas, habitação popular e mobilidade urbana, apenas para ficarmos em alguns dos segmentos mais beneficiados pelas PPPs.

É notório, de outro lado, que esse enorme potencial das PPPs não é aproveitado em toda a sua extensão – dentre outras razões, pela indisponibilidade, má qualidade ou dificuldade de estruturação das garantias do setor público, condição *sine qua non* de todas as PPPs, com raríssimas exceções.

Além disso, acreditamos que a adoção disseminada de garantias sólidas e confiáveis em contratos de PPP pode contribuir para um ambiente de contratações públicas mais saudável, incentivando um comportamento mais responsável e comprometido da Administração Pública, com foco sustentável no longo prazo e com menor espaço para oportunismo e corrupção.

Justificativa

Embora já exista vasta literatura sobre as PPPs e suas garantias, bem como uma rica experiência de aproximadamente uma centena de contratos licitados e celebrados, e um número múltiplas vezes maior de PPPs estudadas pela Administração Pública, por instituições especializadas em regime de convênio ou contratação direta, ou ainda por interessados em geral, no âmbito dos procedimentos de manifestação de interesse – PMIs, fato é que doutrina e, principalmente, a experiência contratual brasileira encontram-se bastante dispersas, sem uma sistematização ou diagnóstico embasado em mapeamento mais objetivo dos projetos firmados e suas garantias.

Metodologia

Sem prejuízo das necessárias pesquisas doutrinária, legislativa e jurisprudencial, a tese baseou-se primordialmente na pesquisa individualizada de cada um dos 104 (cento e quatro) contratos de PPP licitados e celebrados desde o advento da Lei federal de PPPs até outubro de 2017.

As principais fontes dessa pesquisa foram os editais publicados e respectivas minutas de contratos, ou versões já assinadas, sempre que disponíveis. Em grande parte dos casos, tais contratos e editais, ou páginas do diário oficial em que veiculados, puderam ser encontrados em pesquisa eletrônica nos portais dos respectivos Estados ou Municípios, inclusive em atendimento de suas normas de transparência (Lei Complementar n. 131/2009).

Em outros casos, tivemos que recorrer a fontes secundárias, como artigos, estudos de caso,[2] notícias de jornal e material compilado por instituições dedicadas ao tema das PPPs, com especial destaque para o Radar PPP e seus arquivos públicos ou reservados a assinantes.[3] Por fim, a análise de casos judicializados também permitiu acesso a documentos relevantes da referida PPP.

O resultado final dessa pesquisa foi então sintetizado em uma tabela, integrada à presente tese como seu apêndice 2, que descreve as principais informações, inclusive em matéria de garantia, de cada uma das 104 (cento e quatro) PPPs firmadas.

Embora um conjunto muito maior de PPPs tenha sido estudado pela Administração Pública e interessados, ou mesmo alcançado a fase de consulta pública ou licitação, focamo-nos nas PPPs efetivamente contra-

---

[2] Dentre outros, destacamos os 24 (vinte e quatro) estudos de caso intitulados "Casos Práticos: Formação em Parcerias Público-Privadas (PPPs)" redigidos sob coordenação da RADAR PPP em apoio às três edições, em 2014, 2015 e 2016, do evento Formação em Parcerias Público Privadas realizado em São Paulo, organizado por Hiria e PPP Brasil. Os estudos podem ser consultados em: RADAR PPP. **Biblioteca**. Disponível em: <http://www.radarppp.com/biblioteca>. Acesso em: 9 dez. 2017. Sobre os eventos, cf. HIRIA. **Formação em PPPs**: edição 2014. Disponível em: <http://www.hiria.com.br/formacaoppp/o-evento.html>. Acesso em: 9 dez. 2017; HIRIA. **Formação em PPPs 2015**. Disponível em: <http://hiria.com.br/forum/formacao-ppp-2015/programacao.html>. Acesso em: 9 dez. 2017; e HIRIA. **Formação em PPPs 2016**. Disponível em: <http://hiria.com.br/forum/2016/formacao-ppp-2016/programacao.html>. Acesso em: 9 dez. 2017.

[3] Cf. RADAR PPP. **Home**. Disponível em: <http://www.radarppp.com>. Acesso em: 9 dez. 2017.

tadas. Algumas PPPs não contratadas foram estudadas e tratadas nesta tese apenas pontual ou incidentalmente para exemplificar ou corroborar certas conclusões.

Para efeito de nossas proposições legislativas, também nos baseamos em projetos de lei e outras propostas em trâmite no Legislativo ou publicadas em artigos acadêmicos, conforme citados ao longo do texto.

Plano da tese

Após uma brevíssima contextualização do tema e seus antecedentes no capítulo 1, desenvolveremos o trabalho demonstrando com maiores detalhes e fundamentação, no capítulo 2, a conveniência, oportunidade e mesmo necessidade das garantias de adimplemento do setor público, no contexto brasileiro, haja vista o histórico arraigado de inadimplência e oportunismo da Administração Pública nos seus contratos de modo geral.

Dedicaremos o capítulo 3 a uma análise do sistema geral de garantias públicas, nas limitadas hipóteses em que estas sejam admissíveis e praticadas fora do contexto das PPPs, a exemplo das disposições relativas ao tema na Lei de Responsabilidade Fiscal e nas resoluções do Senado Federal, além, é claro, do quanto disposto sobre vinculação de receitas públicas no art. 167, IV e parágrafos, da Constituição Federal.

Prosseguiremos então, no capítulo 4, ao exame mais detalhado do regime de garantias instituído especificamente pela Lei de PPPs e suas congêneres estaduais e municipais, para então oferecer, no capítulo 5, um diagnóstico de tal sistema de garantias, tal como aplicado à realidade dos contratos de PPP firmados até outubro de 2017 – ou seja, nos primeiros 13 (treze) anos de vigência da lei –, com todas as suas qualidades e imperfeições.

Como resultado desse diagnóstico, buscaremos, no capítulo 6, oferecer algumas sugestões tanto dentro do sistema vigente como também *de lege ferenda*, visando ao aprimoramento desse regime de garantias nas PPPs.

Por fim, ofereceremos a síntese de nossas conclusões.

1. Antecedentes

1.1. Antecedentes

Seguindo a experiência de outros países, com as peculiaridades próprias ao contexto latino-americano, o Brasil superou, na década de 1990, não sem algumas recaídas estatizantes, um modelo econômico, ideológico e jurídico que reservava ao Estado o monopólio do desenvolvimento e exploração dos principais setores da infraestrutura.[4]

Esse modelo do Estado-Empresário, que vigorou por muitas décadas, era financiado pela arrecadação tributária e, precipuamente, pela dívida pública, notadamente a dívida externa. Esgotada a capacidade de endividamento do Estado brasileiro e sendo inviável compensar tal esgotamento apenas com o aumento da carga tributária, viu-se o país obrigado a quebrar ou relativizar seus monopólios, abrindo maior espaço ao capital e empreendedorismo privado.

Juridicamente, essa mudança de paradigma, já sob a égide da Constituição Federal de 1988, foi viabilizada por reformas constitucionais[5] que,

---

[4] Cf., dentre vasta literatura sobre o tema, BRESSER-PEREIRA, L. C. Reforma do Estado nos anos 90: lógica e mecanismos de controle. Brasília: MARE, **Cadernos MARE**, n. 1, 1997. Disponível em: <http://www.bresserpereira.org.br/documents/MARE/CadernosMare/CADERNO01.pdf>. Acesso em: 9 dez. 2017. Cf. também os três primeiros capítulos de DI PIETRO, Maria Sylvia Zanella. **Parcerias na Administração Pública**: concessão, permissão, franquia, terceirização, parceria público-privada e outras formas. 11. ed. Rio de Janeiro: Forense, 2017, p. 5-76.

[5] Vide, dentre outras, Emenda Constitucional n. 5, de 15 de agosto de 1995, que admitiu a concessão à iniciativa privada de serviços locais de gás canalizado de competência dos

embora mantivessem a titularidade estatal sobre os principais bens, serviços e atividades ligadas aos setores da infraestrutura, admitiam a exploração privada por meio de concessões, permissões ou autorizações.

Com autorização legal expressa,[6] empresas estatais foram privatizadas e, sob controle privado, continuaram a explorar serviços e infraestrutura pública, mas agora sob o regramento de concessões formais e com prazo determinado, e sob a regulação e fiscalização de agências reguladoras.[7]

De outro lado, e com fundamento na então promulgada Lei n. 8.987, de 13 de fevereiro de 1995 – a Lei Geral de Concessões –, programas de concessões de serviços e obras públicas foram concebidos[8] e implementados para transferir à iniciativa privada a exploração, aperfeiçoamento ou expansão de infraestrutura existente e prestação de serviços públicos associados, ou ainda a incumbência de desenvolver, construir, financiar e operar novos projetos.[9]

Estados; Emenda Constitucional n. 8, de 15 de agosto de 1995, admitindo a concessão à iniciativa privada de serviços de telefonia e telecomunicações; e Emenda Constitucional n. 9, de 9 de novembro de 1995, admitindo a concessão ou contratação à iniciativa privada das atividades de exploração e produção de petróleo e gás natural, dentre outras de titularidade da União Federal.

[6] Cf. nesse sentido a Lei n. 8.031, de 12 de abril de 1990, que instituiu o Programa Nacional de Desestatização – PND no âmbito federal, posteriormente substituída pela Lei n. 9.491, de 9 de setembro de 1997. No âmbito do Estado de São Paulo, a Lei n. 9.361, de 5 de julho de 1996, criou o Programa Estadual de Desestatização – PED.

[7] As primeiras agências reguladoras foram a ANEEL, ANATEL e ANP, nessa ordem, criadas pela Lei n. 9.427, de 26 de dezembro de 1996; Lei n. 9.472, de 16 de julho de 1997; e Lei n. 9.478, de 6 de agosto de 1997, respectivamente.

[8] Um dos primeiros segmentos de infraestrutura a ser oferecido à exploração privada, por meio de concessões, foi o segmento das rodovias federais. O Programa de Concessões de Rodovias Federais teve início em 1993, sendo as primeiras concessões assinadas em 1995, já sob a égide da então recém editada Lei n. 8.987/1995. Essa primeira etapa de concessões compreendia 4 (quatro) trechos de rodovias federais, incluindo a Rodovia Presidente Dutra, já pedagiada desde a década de 1970, bem como a Ponte Rio Niterói. Até 2016, foram executadas 3 (três) etapas de concessões de rodovias, algumas delas divididas em até 3 (três) fases. Em 2015, com o fim da primeira concessão, a Ponte Rio Niterói foi relicitada. Cf. histórico em BRASIL. Agência Nacional de Transportes Terrestres. **Histórico**: infraestrutura rodoviária. Disponível em: <http://www.antt.gov.br/rodovias/Historico.html>. Acesso em: 10 abr. 2017.

[9] Sendo esses novos projetos chamados de *greenfields* no jargão internacional e do setor de infraestrutura, em oposição aos projetos existentes e já em operação, referidos como *brownfields*.

ANTECEDENTES

Durante quase dez anos, durante os quais a Lei Geral de Concessões constituiu o único diploma geral, em âmbito nacional, disciplinador das concessões de serviços e obras públicas, estas viabilizaram-se exclusivamente pela sua capacidade de geração de receitas tarifárias junto aos respectivos usuários, ressalvadas receitas acessórias ou alternativas que pudessem ocasionalmente contribuir para a equação econômico--financeira da concessão e para a modicidade tarifária, ou ainda subsídios governamentais concedidos pontual e extraordinariamente, mediante lei própria e específica.[10]

Atividades ou projetos que não comportassem exploração econômica, ou não se viabilizassem economicamente pela sua capacidade de geração de receita tarifária, não eram passíveis de concessão à iniciativa privada sob a égide da Lei Geral de Concessões, exigindo operação estatal e relegando à iniciativa privada participação limitada à execução de obra pública ou prestação de serviços de manutenção, em ambos os casos sob o regime da Lei n. 8.666/1993 e mediante contratos necessariamente de curto prazo.[11]

1.2. As PPPs

Seguindo mais uma vez a experiência internacional, sobretudo a experiência inglesa,[12] berço de tal inovação, e não sem um longo debate

---

[10] Cf. arts 11 e 17 da Lei n. 8.987/1995.

[11] A teor do art. 57 da Lei n. 8.666/1993, o prazo de duração dos contratos administrativos regidos pela referida lei é adstrito à vigência dos respectivos créditos orçamentários. Como a Lei Orçamentária tem vigência anual, tal prazo é, via de regra, limitado até o último dia do exercício em curso ou do exercício seguinte. Não obstante, dentre as poucas exceções legalmente previstas, o inciso I admite a prorrogação dos contratos administrativos relativos a projetos contemplados no plano plurianual pela vigência de tal plano, que é de 4 (quatro) anos. O inciso II, por sua vez, admite que contratos de prestação de serviços continuados tenham vigência de até 5 (cinco) anos "com vistas à obtenção de preços e condições mais vantajosas para a administração". O parágrafo 2º, a seu turno, admite que tal prazo de 5 (cinco) anos possa ser prorrogado, extraordinariamente, por mais 12 (doze) meses. Em quaisquer casos, contudo, não são cogitáveis prazos de 20 (vinte) ou 30 (trinta) anos, que constituem regra no contexto das concessões.

[12] Sobre o histórico inglês conferir COUTINHO, Diogo R. Parcerias Público-Privadas: relato de algumas experiências internacionais. In: SUNDFELD, Carlos Ari (Coord.). **Parcerias público-privadas**. São Paulo, Malheiros: 2005, p. 45-79; CARTY, Andy. The Story so far: Public Sector. In: RADFORD, Jason; MURPHY, Darryl (Coords.) **A Practical Guide to PPP in the UK**. Reino Unido: City & Financial Publishing, 2009, p. 1-12, dentre outros artigos

legislativo, as parcerias público-privadas em sentido estrito (PPPs) foram introduzidas em âmbito nacional pela Lei federal n. 11.079, de 30 de dezembro de 2004 (Lei de PPPs), embora já tivessem sido disciplinadas precursoramente e no limite de sua competência pelo Estado de Minas Gerais, por meio da Lei estadual n. 14.868, de 16 de dezembro de 2013, e pelo Estado de São Paulo, por meio da Lei estadual n. 11.688, de 19 de maio de 2014.

Em adição às concessões de serviços públicos regidas tão somente pela Lei n. 8.987, ditas concessões comuns, a Lei de PPPs introduziu duas novas modalidades: a concessão patrocinada e a concessão administrativa.

A concessão patrocinada é também uma concessão de serviços públicos, regida supletivamente pela Lei n. 8.987/1995,[13] mas, ao contrário das concessões comuns, é da sua natureza que o concessionário possa receber, além da receita tarifária a cargo dos usuários, contribuições, pecuniárias ou não, sob responsabilidade direta do Poder Concedente.[14]

Tais contribuições governamentais são legalmente denominadas "contraprestações públicas", quando pagas em contrapartida de serviços ou utilidades fruíveis prestados pelo concessionário privado;[15] ou "aporte de recursos", quando constituírem compartilhamento do custo de implantação de bens ou obras a cargo do concessionário mas reversíveis ao final do contrato.[16]

Salvo autorização legal específica, a contraprestação pública na concessão patrocinada não pode exceder 70% (setenta por cento) da remuneração total do concessionário.[17]

Já a concessão administrativa pode envolver um serviço público propriamente dito ou um serviço de relevância pública, mas de outra natu-

---

sobre a experiência inglesa disponíveis na referida obra. Cf. ainda YESCOMBE, E. R. **Public-Private Partnerships**: Principles of Policy and Finance. London: Elsevier Finance, 2007, bem como, para um retrospecto oficial da experiência inglesa e novas diretrizes para o programa de PPP, REINO UNIDO. HM Treasury. **A New Approach to Public Private Partnerships**, dez. 2012. Disponível em: <http://ppp.worldbank.org/public-private-partnership/library/new-approach-public-private-partnerships>. Acesso em: 9 dez. 2017.

[13] Cf. art. 3º, § 1º, da Lei de PPPs, Lei n. 11.079/2004.
[14] Cf. art. 2º, § 1º, da Lei de PPPs.
[15] Cf. art. 6º da Lei de PPPs.
[16] Cf. art. 6º, §§ 2º e 3º, da Lei de PPPs.
[17] Cf. art. 10, § 3º, da Lei de PPPs.

reza, e admite que até cem por cento da remuneração do concessionário advenha de contraprestação pública.[18]

Além de ser mais flexível que a concessão patrocinada ou a concessão comum, podendo ser empregada numa maior gama de situações, a concessão administrativa é especialmente útil por ser a única modalidade juridicamente viável para conceder atividades que não comportem exploração econômica ou geração de receita perante o mercado privado, como é o caso da construção e operação de presídios ou da construção e operação de centros administrativos.

Após quase treze anos de vigência da Lei de PPPs, em outubro de 2017, já eram contabilizadas 104 (cento e quatro) parcerias licitadas e contratadas nos mais diversos setores. Uma única dessas parcerias foi contratada em âmbito federal, pela sua administração indireta (consórcio formado pelo Banco do Brasil e pela Caixa Econômica Federal), 51 (cinquenta e uma) foram contratadas pela administração direta ou indireta dos Estados e 52 (cinquenta e duas) foram contratadas no âmbito municipal.

Com efeito, PPPs já foram estruturadas com sucesso para viabilizar projetos nos mais variados setores, como rodovias, metrôs, monotrilhos, projetos públicos de irrigação, hospitais, postos de saúde, moradias populares, centro de dados (*datacenter*), presídios, atendimento aos cidadãos, estádios de futebol e outros equipamentos esportivos, revitalização urbana, gestão de resíduos sólidos, aterramento sanitário, iluminação pública etc.

Além disso, estudos de mercado registram o lançamento de procedimentos de manifestação de interesse (PMIs)[19] para formalmente

---

[18] Cf. art. 2º, § 2º, da Lei de PPPs.
[19] Sobre as PMIs e figuras afins, assim como críticas a tais mecanismos, cf. SAADI LIMA, Mario M. **O procedimento de manifestação de interesse à luz do ordenamento jurídico brasileiro**. Belo Horizonte: Fórum, 2015. Cf. ainda: PALMA, Juliana Bonacorsi de. Governança pública nas parcerias público-privadas: o caso da elaboração consensual de projetos de PPP. In: JUSTEN FILHO, Marçal; SCHWIND, Rafael Wallbach (Coords.). **Parcerias público-privadas**: reflexões sobre os 10 anos da Lei 11.079/2004. São Paulo: Revista dos Tribunais, 2015, p. 113-142; MONTEIRO, Vera. Contratação de serviço de consultoria para a estruturação de projeto de infraestrutura: qual o melhor caminho? In: JUSTEN FILHO, Marçal; SCHWIND, Rafael Wallbach (Coords.). **Parcerias público-privadas**: reflexões sobre os 10 anos da Lei 11.079/2004. São Paulo: Revista dos Tribunais, 2015, p. 143-176; GROTTI, Dinorá Adelaide Musetti; SAADI, Mario. O procedimento de manifestação de interesse. In: JUSTEN FILHO,

solicitar estudos e proposições de novos projetos à iniciativa privada, em números múltiplas vezes maiores que os contratos firmados até o momento.[20]

Tais estatísticas demonstram que há espaço e demanda para a contratação de um número muito maior de PPPs no Brasil, em todos os níveis federativos, embora a maior parte das PPPs estudadas e propostas com o apoio da iniciativa privada jamais chegue a ser licitada ou contratada, por razões que incluem desde a inércia da máquina estatal, escassez de servidores qualificados para revisar e aprovar estudos e proposições recebidos, indisponibilidade de recursos orçamentários no curto ou longo prazo, esgotamento dos limites legais e, ainda, no que interessa parti-

---

Marçal; SCHWIND, Rafael Wallbach (Coords.). **Parcerias público-privadas:** reflexões sobre os 10 anos da Lei 11.079/2004. São Paulo: Revista dos Tribunais, 2015, p. 153-176; REISDORFER, Guilherme. Soluções contratuais público-privadas: os procedimentos de manifestação de interesse (PMI) e as propostas não solicitadas (PNS). In: JUSTEN FILHO, Marçal; SCHWIND, Rafael Wallbach (Coords.). **Parcerias público-privadas:** reflexões sobre os 10 anos da Lei 11.079/2004. São Paulo: Revista dos Tribunais, 2015, p. 177-206; REIS, Tarcila; JORDÃO, Eduardo. A experiência brasileira de MIPS e PMIS: três dilemas da aproximação público-privada na concepção de projetos. In: JUSTEN FILHO, Marçal; e SCHWIND, Rafael Wallbach (Coords.). **Parcerias público-privadas:** reflexões sobre os 10 anos da Lei 11.079/2004. São Paulo: Revista dos Tribunais, 2015, p. 207-232.

[20] Os estudos com estatísticas disponíveis a esse respeito são parciais. No entanto, podemos citar o relatório de setembro de 2012 (PEREIRA, Bruno Ramos. Procedimento de Manifestação de Interesses no Estado. **PPP Brasil**, set. 2012. Disponível em: <http://ppp-brasil.com.br/portal/content/ppp-brasil-divulga-relat%C3%B3rio-sobre-os-pmis-nos-estados-0>. Acesso em: 10 abr. 2017), com versão revisada de 20 de junho de 2013 (PEREIRA, Bruno Ramos. Procedimento de Manifestação de Interesses no Estado. **PPP Brasil**, jun. 2013. Disponível em: <http://pppbrasil.com.br/portal/content/ppp-brasil-divulga-novo-balan%C3%A7o-sobre-o-uso-do-pmi-em-%C3%A2mbito-estadual-1>. Acesso em: 10 abr. 2017). O relatório de 2012 contabilizava 73 (setenta e três) PMIs conduzidas em Estados brasileiros no período de 2007 a 2012, das quais apenas 14% (catorze por cento) haviam alcançado a fase de licitação. O relatório de junho de 2013 já contabilizava um total de 39 (trinta e nove) PMIs conduzidas por Estados ao longo de todo o ano de 2012 e outras 15 (quinze) no primeiro semestre de 2013. Relatório publicado em 2016, por sua vez, apontava 161 (cento e sessenta e uma) PMIs apenas no ano de 2015. Cf. COSCARELLI, Bruno; PEREIRA, Bruno; NAVES, Guilherme; REIS, Rodrigo; MORAES, Marcos Siqueira. **Sumário executivo:** dados do mercado de PPPs: PPP Sumit 2016: rumo aos 100 contratos. Disponível em: <https://www.radarppp.com/biblioteca>. Acesso em 6 nov. 2017.

cularmente à presente tese, a dificuldade de oferecimento de garantias públicas aos parceiros privados.[21]

1.3. Garantias nas PPPs e Sua Imprescindibilidade

Riscos regulatórios, políticos e de calote governamental são riscos que sempre estiveram, em alguma medida, presentes na realidade brasileira, recente ou mais remota, à semelhança da experiência verificada na maior parte da América Latina.[22]

No contexto dos contratos administrativos e concessões, esse risco de calote se traduz, principalmente, no risco de quebra ou inadimplência de contrato.[23]

Não obstante, com exceções pontuais, nunca se desenvolveu no país, ao contrário do que se sucede nas relações contratuais privadas, um sistema de garantias propriamente ditas, tal como acima referidas, para assegurar a adimplência por parte do Poder Público nos contratos em que este é parte.

Isso se explica, ao menos em parte, porque os contratos administrativos, ressalvadas as concessões, são tradicionalmente (e por previsão expressa da Lei n. 8.666/1993) contratos de curto prazo, com hori-

---

[21] Nesse sentido, conforme já registrou Floriano de Azevedo Marques, "o ponto mais crucial para o sucesso de um projeto de PPP: o sistema de garantias que podem ser instituídas em favor dos parceiros privados. Face ao histórico pouco positivo do Estado brasileiro no cumprimento de seus compromissos, a realização de projetos de longo prazo com remuneração total ou parcialmente proveniente da Administração Pública somente é possível com sólido sistema de garantias". (MARQUES NETO, Floriano de Azevedo. Apresentação. In MARQUES NETO, Floriano de Azevedo; SCHIRATO, Vitor (Coords.). **Estudos sobre a lei das parcerias público-privadas**. Belo Horizonte: Fórum, 2011, p. 11).

[22] Cf. ZANCHIM, Kleber Luiz. **Contratos de parceria público-privada (PPP)**: risco e incerteza. São Paulo: Quartier Latin, 2012, p. 106 et seq. "Os riscos públicos [...] envolvem instabilidades político-jurídico-regulatórias. [...] Há também questões relativas ao histórico de descumprimento de contratos por parte do Estado, como a moratória brasileira em 1987 e a alteração unilateral das concessões rodoviárias no Paraná no final da década de 1990." (p. 106).

[23] Cf. PEREZ, Marcos Augusto. **O risco no contrato de concessão de serviço público**. Belo Horizonte: Fórum, 2006. "Os riscos políticos são relacionados, predominantemente, às disputas ínsitas ao sistema político institucional. As disputas eleitorais, a pressão dos movimentos sociais, a eventual prevalência de interesses políticos paroquiais no Legislativo ou no Executivo são exemplos de fatores que representam risco político para a estabilidade dos contratos de concessão" (p. 168).

zonte político supostamente mais previsível, e além disso contratos de prestação continuada (obras públicas, serviços e fornecimentos), cuja prestação pode ser suspensa (com limitação da exposição financeira do contratado) após certo período (90 dias) de inadimplemento governamental.

Por sua vez, a concessão comum não envolve, via de regra, contraprestação pública. A remuneração do concessionário advém, prioritariamente, da arrecadação de tarifas dos usuários e consumidores privados, o que também explica porque tais concessões prescindiram até o momento de um sistema robusto de garantias de adimplemento do setor público.

Não se colocando o risco de não pagamento estatal, os riscos políticos nas concessões comuns concentram-se em duas outras áreas.

Em primeiro lugar, o risco de negativa de aplicação da lei ou do contrato para conferir ao concessionário direito a reajuste tarifário ou revisão para recomposição do equilíbrio econômico-financeiro do contrato.[24] Contudo, tal negativa em geral não inviabiliza a subsistência de curto prazo do concessionário, pois este não é privado da arrecadação tarifária nos níveis correntes, ainda que pendente do reajuste ou revisão. Assim, o concessionário usualmente dispõe de meios e tempo para defender e perseguir seus direitos na esfera judicial, sem que isso implique sua bancarrota.

De outro lado, há também o risco de retomada precoce da concessão, que, entretanto, é mitigado pelas disposições legais que vedam tal encampação sem lei autorizativa e sem o pagamento de indenização prévia pelos investimentos não amortizados na concessão (art. 37 da Lei Geral de Concessões).

---

[24] Sobre tais riscos, cf. JUSTEN FILHO, Marçal. **Teoria geral das concessões de serviços públicos.** São Paulo: Dialética, 2003. "A demagogia regulatória, a propósito das concessões de serviço público, manifesta-se especificamente por uma postura bipolar e oposta ao longo do tempo. No primeiro momento, o poder concedente manifesta atenção em face dos interesses de potenciais investidores, acenando com vantagens marcantes e muito atraentes. Nessa etapa, são ignorados eventuais pleitos da comunidade e não são adotadas cautelas para prever o desenlace futuro do empreendimento. A segunda etapa desencadeia-se com a formalização da outorga. A partir daí, adota-se o discurso da defesa da comunidade, imputando ao concessionário a responsabilidade por defeitos e práticas – que foram explícita ou implicitamente legitimadas ao longo da licitação, tendo inclusive gerado benefícios para os cofres públicos." (p. 67).

ANTECEDENTES

Poder-se-ia aventar um risco maior de calote na dívida contraída pelo Poder Público. De fato, mesmo no período de redemocratização, pós-governo militar, o Brasil já registra em seu histórico pelo menos uma moratória formal em sua dívida pública externa, declarada em 1987. Por sua vez, o governo Collor ficou famoso, em 1990, pelo confisco da poupança e disponibilidades financeiras mantidas por brasileiros em bancos locais. A manipulação de índices inflacionários – os chamados expurgos – é outro expediente já empregado algumas vezes pelo governo brasileiro para reduzir artificialmente sua dívida pública.

Contudo, tais riscos vêm encontrando mitigadores em tempos recentes. Desde 2001, a Lei de Responsabilidade Fiscal limita sensivelmente a capacidade de Estados, Municípios ou suas estatais dependentes se endividarem. Dentro do limitado espaço oferecido, mesmo quando não compelidos a oferecer garantia soberana do Tesouro, Estados e Municípios são ainda assim fortemente pressionados a honrar seus compromissos perante as escassas fontes de crédito que lhe são disponíveis. Inadimplementos perante bancos públicos federais, como o BNDES, o Banco do Brasil ou a Caixa Econômica Federal, acarretariam a inscrição do ente público devedor no cadastro de maus pagadores do setor público (o Sistema de Registro de Operações de Crédito com o Setor Público – CADIP[25]), inviabilizando acesso a novos créditos ou repasses públicos, efeito catastrófico para tais entes federativos. Inadimplementos perante organismos multilaterais como o Banco Mundial ou o Banco Interamericano de Desenvolvimento teriam efeitos práticos semelhantes perante a comunidade internacional, além do impacto adverso à relação desses organismos com o próprio governo federal, que é, portanto, o primeiro a pressionar Estados e Municípios por permanente austeridade.

A União Federal, a seu turno, causaria enorme e difundido estrago à economia brasileira como um todo, deteriorando a percepção do risco país e afugentando o capital estrangeiro do qual somos tão dependentes, caso viesse a inadimplir sua dívida pública externa ou interna. De fato, a experiência nos mostra os deletérios efeitos do rebaixamento

---

[25] A Circular n. 2.367, de 23 de setembro de 1993, do Banco Central do Brasil, institui e regulamenta o Sistema de Registro de Operações de Crédito com o Setor Público (Cadip), baseado em informações individualizadas por operação de crédito.

da avaliação de risco de crédito de um país empreendida por agências de classificação de risco como a Standard & Poor's e a Moody's. Assim, embora a dívida mobiliária brasileira seja emitida sem garantia real propriamente dita, estando tal dívida pulverizada na mão de milhões de credores, as pressões de mercado, e até mesmo de cunho político, cumprem o papel de coibir o comportamento oportunista que levasse ao inadimplemento.[26]

Todos esses fatores explicam, ao menos em parte, porque foi possível, até 2004, apesar do histórico brasileiro, manter a máquina estatal funcionando – ainda que com graves ineficiências e maior custo para a sociedade – sem um sistema de garantias propriamente ditas capaz de inibir o inadimplemento e oportunismo contumazes do Estado brasileiro.

Some-se a isso a arraigada doutrina da supremacia do interesse público que, da maneira superficial como é usualmente interpretada, propaga uma visão autoritária de que o agente privado não teria o direito de exigir o cumprimento contratual tempestivo por parte da Administração Pública, muito menos por meio da execução de uma garantia em face do Estado. Sob tal visão, se o ente privado aceita o privilégio de contratar com o Estado, há de suportar o ônus associado a tal escolha, aceitando como um desfecho natural da relação o rompimento do contrato por decisão unilateral e arbitrária do ente público – como se o interesse público impusesse uma opção do Estado ao inadimplemento, sob a consequência única de sujeição ao precatório, cujos efeitos econô-

---

[26] Cf. RIBEIRO, Mauricio Portugal. Garantias de pagamento público em contratos de PPP: como estruturar um sistema ideal? In: LUNA, Guilherme; GRAZIANO, Luiz Felipe; BERTOCCELLI, Rodrigo de Pinho (Coords.). **Saneamento básico**: temas fundamentais, propostas e desafios. Rio de Janeiro: Lumen Juris, 2017, p. 357-374. Segundo o autor, "existe na União uma diferença expressiva entre as regras incidentes sobre o pagamento da sua dívida mobiliária e as regras incidentes sobre o pagamento da sua dívida contratual, na qual se enquadram as obrigações de pagamento assumidas em contrato de PPP. O grau de investimento foi conferido aos títulos públicos federais brasileiros pelas agências de *rating* levando em consideração as regras incidentes e o sistema de pagamentos da dívida mobiliária da União, cujo pagamento é inclusive garantido pelo Banco Central do Brasil. A dívida contratual da União – cuja execução em caso de inadimplemento está submetida ao sistema de precatórios por conta do art. 100 da Constituição Federal – até onde consegui verificar, nunca foi objeto de avaliação das agências de *rating* e, caso fosse, certamente não obteria grau de investimento, mesmo nos períodos de bonança econômica do país." (p. 363-364).

micos para o ente estatal podem, em geral, ser procrastinados por décadas e diferentes mandatos subsequentes.

No entanto, o cenário acima descrito alterou-se substancialmente com o advento das PPPs, introduzidas em âmbito nacional pela Lei n. 11.079, de 2004.

Nas PPPs, a principal ou por vezes única fonte de receitas do concessionário é justamente a contraprestação pública, de modo que o inadimplemento estatal constitui o principal risco dessa modalidade de contratação.

E, ao contrário dos contratos administrativos em geral, as PPPs são contratos de longo prazo que, comumente, concentram grandes investimentos nos seus primeiros anos de vigência, para que estes sejam amortizados ao longo da exploração e operação do projeto. A exposição financeira do concessionário – que investe na frente para se remunerar em futuro distante – é, assim, muito maior que em um contrato de obra pública ou prestação continuada de serviço.[27]

Por fim, as obrigações do Poder Público em contrato de PPP são contraídas perante concessionário individual e específico, o qual, ao contrário da vasta comunidade de credores (e eleitores) detentores de títulos públicos da União, por exemplo, não possui individualmente poder de influência ou instrumentos de pressão suficientes para afastar o risco de comportamento oportunista e inadimplemento do Poder Público, seu contratante.

É por isso que, conhecendo-se o histórico de inadimplemento contumaz da Administração Pública brasileira e as sérias limitações do nosso sistema de precatórios, as PPPs no Brasil nunca foram, desde sua origem, concebidas sem garantias formais capazes de reduzir a percepção de risco de inadimplemento aos olhos do investidor privado.

Ou seja, se o risco de inadimplemento e de quebra contratual já impõe custos e adversidades no contexto das concessões comuns, dos

---

[27] Cf. semelhante comparação em BARBOSA, Marcos Pinto. Parcerias público-privadas: panorama da nova disciplina legislativa. In: JUSTEN, Monica Spezia; TALAMINI, Eduardo (Coords.). **Parcerias público-privadas**: um enforque multidisciplinar. São Paulo: Revista dos Tribunais, 2005, p 28-38. "Como o particular faz uma série de investimentos antes mesmo de receber qualquer pagamento do Estado, é muito importante que ele tenha alguma garantia de que vai receber. Numa obra pública tradicional, o pagamento é feito na medida em que o projeto vai sendo executado. Feita cada parte da obra, o Governo paga." (p. 37).

contratos administrativos em geral e da dívida pública – mas não a ponto de inviabilizá-los –, as PPPs seriam simplesmente impraticáveis no Brasil sem garantias mitigadoras!

A inviabilidade de PPPs no Brasil sem garantias propriamente ditas é de dupla ordem.

Em primeiro lugar, a PPP sem garantias seria, em geral, inviável, na perspectiva de risco-retorno, para o empreendedor privado ou consórcio de empreendedores, que cogita participar de licitação para, sagrando-se vencedor, constituir sociedade de propósito específico para assumir a concessão, a ela aportando seu capital e dela esperando um retorno condizente com os riscos assumidos.

Ocorre que o desafio de construir e operar uma rodovia, uma linha de metrô ou um hospital público já constitui risco empresarialmente relevante. O risco adicional e fora do controle do empreendedor de ser privado de sua receita por decisão unilateral da Administração Pública, sob o remédio único do precatório, sem uma garantia que possa evitar isso, em geral não é simplesmente uma questão que se possa resolver com uma exigência de maior lucro e retorno por parte do empreendedor, mas uma questão de verdadeira inviabilidade.

Não obstante, ainda que um empreendedor mais arrojado tivesse disposição e apetite para aceitar tal risco, fatalmente se depararia com obstáculo de outra ordem, este provavelmente intransponível.

É que, na realidade contemporânea, nenhum projeto de infraestrutura que requeira elevado aporte de investimentos e precise ser competitivo para que seu empreendedor tenha êxito em procedimento licitatório (propondo a menor tarifa, menor contraprestação pública ou maior valor de outorga, por exemplo) ou em leilão público (como os leilões de venda de energia no mercado regulado), se viabiliza sem parcela relevante de capital de terceiros, vale dizer, financiamento, que não é concedido em termos quaisquer, mas via de regra em regime de *project finance*, garantido precipuamente pelas próprias receitas do projeto.[28]

---

[28] A esse respeito, reportamo-nos ao nosso ENEI, José Virgílio Lopes. **Project finance**: financiamento com foco em empreendimentos: parcerias público-privadas, leveraged buy-outs e outras figuras afins. São Paulo: Saraiva, 2007. Cf. ainda ENEI, José Virgílio Lopes. Financiamento das parcerias público-privadas: experiências e lições nos primeiros dez anos de vigência da Lei 11.079/2004. In: DAL POZZO, Augusto; VALIM, Rafael; AURÉLIO, Bruno; FREIRE, Andre Luiz (Coords.). **Parcerias público-privadas**: teoria geral e aplicação nos setores de infraestrutura. Belo Horizonte: Fórum, 2014, p. 111-126; e VANZELLA, Rafael. Financiamento

Diante disso, ainda que o empreendedor possa ter maior propensão ao risco, o financiador – que em geral não participa de lucratividade extraordinária, mas pode não recuperar o seu capital em caso de insucesso do projeto – não aceitará financiar o projeto sem uma adequada segurança quanto à materialização das receitas que o sustentam.

Se o projeto é uma PPP, o financiador exigirá garantias robustas e idôneas do parceiro público de que o aporte de recursos ou a contraprestação pública serão pagos a tempo e modo, em conformidade com o que disponha o contrato de concessão.

E não poderia ser diferente. Ao contrário de uma empresa consolidada e com fontes diversificadas de receita, o concessionário da PPP é uma sociedade de propósito específico, tendo como única ou principal fonte de receita a contraprestação pública. Sem o recebimento regular e tempestivo daquela, o concessionário não será capaz de cumprir as prestações periódicas do seu financiamento, e possivelmente não será capaz sequer de manter-se operando, honrando obrigações perante seus empregados e fornecedores.

Ou seja, um inadimplemento que persista por apenas alguns meses pode ser suficiente para conduzir o concessionário a uma situação de incontornável e irreversível insolvência. A garantia deve, assim, assegurar não somente a satisfação do crédito inadimplido ao final de uma demanda, mas deve também assegurar a continuidade das receitas do concessionário.

Reconhecendo essa realidade e a de que, como veremos em detalhes, o atual sistema de execução contra a Fazenda Pública (precatórios) não oferece remédio minimamente adequado ao inadimplemento público, a Lei de PPPs contemplou expressamente em seu artigo 8º diversas modalidades de garantias, reais ou pessoais, passíveis de serem prestadas ao concessionário, e repassadas aos seus financiadores,[29] para assegurar o cumprimento das obrigações atribuídas ao parceiro público.

---

privado da infraestrutura. In: Marcato, Fernando; Pinto Junior, Mario Engler (Coords.). **Direito da infraestrutura**. São Paulo: Saraivajus; FGV, 2017, p. 307-386 (p. 344-352).

[29] Cf. art. 5º, § 2º, da Lei de PPPs, que admite inclusive a transferência do controle ou administração temporária do concessionário aos financiadores (inciso I), emissão de empenho diretamente aos financiadores (inciso II) ou pagamento direto a estes de indenizações por término antecipado do contrato ou dos valores que venham a ser desembolsados por fundos e empresas estatais garantidores (inciso III).

Tais garantias incluem, na previsão da própria Lei de PPPs e sem prejuízo de outros instrumentos legalmente admissíveis, (i) a vinculação de receitas; (ii) o seguro-garantia; (iii) garantias prestadas por organismos internacionais ou instituições financeiras privadas; e (iv) garantia real ou pessoal prestada por fundo garantidor ou empresa estatal criada para essa finalidade.

2. Necessidade de Garantias no Contexto Brasileiro: Histórico da Administração Pública Má-Pagadora: Conveniência e Oportunidade da Prestação de Garantias de Pagamento pelo Poder Público

2.1. Conveniência e Oportunidade das PPPs

Aprofundando o capítulo precedente, só faz sentido discutir a necessidade ou conveniência de garantias do setor público nas PPPs se concluirmos que as PPPs em si são instrumentos desejáveis e oportunos ao contexto brasileiro. Do contrário, se os objetivos alcançáveis pelas PPPs puderem ser atingidos em igual medida por outras modalidades de contratação que possam dispensar as garantias, então o tema central deste trabalho seria irrelevante.[30]

---

[30] Floriano de Azevedo Marques Neto defendia a possibilidade de estruturação de concessões com contraprestação pública pecuniária, ou de outra natureza, com fundamento na própria Lei Geral de Concessões (Lei n. 8.987/95), ou em outros regimes, sem que um novo regime de PPPs fosse absolutamente necessário. No entanto, mesmo o referido autor reconheceu desde logo os benefícios de um novo regime, incluindo um importante efeito didático para a Administração Pública e um sistema de garantias mais facilmente implementável. Cf., ilustrativamente, MARQUES NETO, Floriano de Azevedo. Os contratos de parceria público-privada (PPP) na implantação e ampliação de infraestruturas. In: SILVA, Leonardo Toledo da (Coord.). **Direito e infraestrutura**. São Paulo: Saraiva, 2012, p. 281-302 (p. 282-283). Aliás, corroborando tal entendimento, antes mesmo do advento da Lei de PPPs, Floriano Marques Neto já publicara artigo sobre o tema: MARQUES NETO, Floriano de Azevedo.

Como já registramos na introdução, refoge ao objeto deste trabalho discorrer exaustivamente sobre todas as qualidades das PPPs, mas alguns breves apontamentos são necessários para que possamos superar esse ponto e seguir uma concatenação lógica.

É verdade que as PPPs estão longe de constituir uma panaceia, um remédio mais eficaz para todas as obras ou serviços requeridos pela Administração Pública ou pela sociedade. Também não acreditamos que se possa considerar aprioristicamente a PPP mais ou menos vantajosa que uma concessão comum, ou que a contração pura e simples de obra pública, sem levar em consideração as circunstâncias de cada caso concreto.[31]

Por outro lado, para corroborar a conveniência das PPPs em muitos contextos relevantes, basta ter em mente que, numa realidade econômico-social cada vez mais complexa, com demandas bastante heterogêneas, é desejável e de grande utilidade que a Administração Pública

---

Concessão de serviço público sem ônus para o usuário. In: WAGNER JUNIOR, Luiz Guilherme (Coord.). **Direito Público**: estudos em homenagem ao Professor Adilson Abreu Dallari. Belo Horizonte: Del Rey, 2004, p. 331-352. No mesmo sentido, reconhecendo que já eram possíveis concessões com remuneração proveniente do Poder Público, mas não descartando a maior segurança propiciada pela Lei de PPPs: SCHWIND, Rafael Wallbach. **Remuneração do concessionário**: concessões comuns e parcerias público-privadas. Belo Horizonte: Fórum, 2010, p. 29-30. Tanto Floriano Marques Neto como Rafael Schwind citam como exemplo as concessões de coleta ou disposição de resíduos sólidos em favor de usuário único, a Administração Pública.

[31] A avaliação pela Administração Pública, ou por terceiros que com esta colaborem, do modelo de contratação mais adequado para cada projeto ou demanda ficou internacionalmente conhecido como estudo de *"value for money"*. Dentre outros entes públicos no Brasil ou no exterior, o Município do Rio de Janeiro publicou um guia onde esclarece que "a contratação de um projeto de PPP ou Concessão possui *Value for Money* somente quando, em relação à outra opção de aquisição pelo setor público, apresenta uma combinação ótima dos custos líquidos ao longo do ciclo de vida e padrão de qualidade que atingirão os objetivos do projeto e da sociedade. O processo para demonstrar o Value for Money é baseado em uma avaliação que compara os custos ou pagamentos a serem feitos pelo poder público para construir e operar um projeto sob diferentes métodos de contratação." (RIO DE JANEIRO (Município). **Guia suplementar para avaliações de value for Money**, p. 3. Disponível em: <http://www.rio.rj.gov.br/dlstatic/10112/5305003/4138533/GuiaSuplementarparaAvaliacoesdeValueforMoney.pdf>. Acesso em: 9 dez. 2017). Para outros materiais de referência, cf. BRASIL. Ministério do Planejamento, Orçamento e Gestão. **Materiais de Referência sobre PPPs**: value for money. Disponível em: <http://www.planejamento.gov.br/assuntos/desenvolvimento/parcerias-publico-privadas/referencias/copy_of_materiais-de-referencia-sobre--ppps#value>. Acesso em: 9 dez. 2017.

possa recorrer a diferentes modalidades de contratação, típicas e mesmo atípicas[32] – inclusive contratos de obra pública com diversas configurações possíveis (empreitada simples, empreitada integral, contratação semi-integrada e contratação integrada), contratos de serviços, contratos de concessão comum, concessões de direito real de uso – CDRUs, mas também as PPPs, com toda a flexibilidade de alocação de riscos que elas oferecem –, para atender de forma mais eficiente[33] e com melhor qualidade tais demandas e o interesse público em suas diversas perspectivas,[34] afora a segurança adicional que tal modalidade oferece,

---

[32] Reconhecendo a importância de soluções jurídicas mais flexíveis e adaptáveis às circunstâncias mais complexas e cambiantes da sociedade, alguns autores reconhecem até mesmo a possibilidade de contratos atípicos na Administração Pública. Cf. MARQUES NETO, Floriano de Azevedo; CUNHA, Carlos Eduardo Bergamini. Locação de ativos. **Revista de Contratos Públicos – RCP.** Belo Horizonte, v. 3, n. 3, p. 99-129, mar./ago. 2013, onde os autores registram "a adoção pela Administração Pública de modelos contratuais atípicos, forjados muitas vezes no direito privado e que se mostram, diante das circunstâncias específicas e concretamente verificadas pelo administrador público, a melhor alternativa ao atendimento dos interesses públicos tutelados" (p. 115). No mesmo sentido, JUSTEN FILHO, Marçal. **Comentários à lei de licitações e contratos administrativos.** 17. ed. São Paulo: Revista dos Tribunais, 2016. "A liberdade contratual e as necessidades estatais podem conduzir ao surgimento de contratações atípicas. O interesse das partes nem sempre pode ser satisfeito apenas e exclusivamente através dos modelos jurídicos até então conhecidos. A vida real impõe a necessidade de inovação." (p. 1.080).

[33] A busca da eficiência na Administração Pública, no sentido de uma gestão comprometida com o resultado, e não apenas com o atendimento burocrático à lei, atendendo com maior qualidade e adequação à missão pública e com dispêndio mais responsável dos escassos recursos públicos, foi alçada a princípio constitucional, conforme art. 37, *caput*, da Constituição Federal, com a redação que lhe foi dada pela Emenda Constitucional n. 19, de 1998.

[34] Sob uma perspectiva mais social, poderíamos lembrar que as PPPs podem viabilizar a oferta de serviços sociais e infraestrutura correlata (como hospitais e escolas públicas) que não se enquadram na lógica econômica das concessões comuns. Sob uma perspectiva macroeconômica, poderíamos ainda discorrer sobre o efeito multiplicador da infraestrutura e dos serviços sociais – objeto usual das PPPs – na economia como um todo e, portanto, no desenvolvimento de um país. Recorrendo ainda à lógica econômica clássica, poderíamos discorrer sobre a importância dos negócios jurídicos (trocas) de modo geral – e dos contratos e arranjos que os viabilizam, inclusive aqueles que atendem com maior adequação (poder-se-ia dizer, customização) a demandas mais complexas da sociedade como as PPPs – para a maximização das utilidades e benefícios econômicos em determinado mercado. Sobre o tema, dentre tantos autores e perspectivas, cf., com um enquadramento mais jurídico, CARVALHO, André Castro. **Direito da infraestrutura**: perspectiva pública. São Paulo: Quartier Latin, 2014. Em particular, conferir o capítulo "Importância estratégica da infraestrutura para o Estado", p. 179-282.

sobretudo a investidores internacionais acostumados com tal arranjo já praticado, com maiores ou menores variações, em centenas de outros países.

E sob certas circunstâncias e condicionantes, não há dúvida que a PPP pode revelar-se a alternativa mais vantajosa, ou por vezes única alternativa legalmente admissível, para atender a determinados interesses públicos, permitindo que a construção, o financiamento e a operação de determinada infraestrutura pública econômica ou social seja confiada à iniciativa privada, mesmo quando sua exploração não seja economicamente viável exclusivamente pelas forças de mercado.[35]

Não à toa, como vimos, já se contabilizavam, em outubro de 2017, 104 (cento e quatro) parcerias contratadas por Administrações estaduais e municipais[36] nos quase treze primeiros anos de vigência da Lei federal de PPPs, nos mais variados setores, viabilizando contratações com valor total superior a R$ 142 (cento e quarenta e dois) bilhões, dentro dos quais podemos estimar investimentos em obras e equipamentos superiores a R$ 50 (cinquenta) bilhões.[37]

---

[35] Aliás, é exigência do art. 10, I, da Lei federal de PPPs que a licitação da PPP só tenha prosseguimento mediante estudo prévio que evidencie a maior vantajosidade da PPP no caso concreto em relação a outras alternativas.

[36] Cf. Apêndice 2. Conforme antecipado, registrou-se, ainda, uma única PPP federal no período, a qual foi firmada pela Administração indireta desta esfera. Consórcio formado pela Caixa Econômica Federal e pelo Banco do Brasil contratou, em 2010, PPP para a construção e operação de centro de dados (*datacenter*) no Distrito Federal. A falta de outras PPPs em nível federal não decorre da incompatibilidade de tal instrumento para atender as demandas públicas usualmente sob competência da União Federal e sua administração indireta, mas por razões ideológicas nos Governos Lula e Dilma e, posteriormente, por limitação orçamentária. Sobre isso, cf. PALHUCA, Gabriela; SILVA, Rean Sona. Por que a União Federal não utiliza as Parcerias Público-Privadas? In: DAL POZZO, Augusto; VALIM, Rafael; AURÉLIO, Bruno; FREIRE, Andre Luiz (Coords.). **Parcerias público-privadas**: teoria geral e aplicação nos setores de infraestrutura. Belo Horizonte: Fórum, 2014, p. 465-478.

[37] Cf. Apêndice 2: lista de PPPs contratadas até outubro de 2017 e suas garantias. Referido mapeamento colheu o valor oficialmente atribuído a cada um dos 104 (cento e quatro) contratos de PPP celebrados e ali identificados, correspondendo a uma estimativa do total das receitas contratuais, que devem ser necessárias para amortização dos investimentos, cobertura das despesas de operação e manutenção da concessão e lucro dos acionistas. A soma dos referidos valores alcança a importância de 142 (cento e quarenta e dois) bilhões de reais. Os 50 (cinquenta) bilhões de reais de investimentos correspondem a uma extrapolação conservadora da parcela correspondente exclusivamente aos investimentos no valor global

E, não bastasse a realidade brasileira a corroborar a utilidade das PPPs, fato é que as PPPs vêm se disseminando com sucesso nos cinco continentes, em países de diferentes graus de desenvolvimento e baseados em diferentes sistemas jurídicos.[38]

Embora as breves considerações acima já sejam suficientes para se reconhecer o mérito e a conveniência das PPPs, antes que possamos nos aprofundar sobre as características do sistema de garantias adotado no Brasil, faz-se necessário indagar mais uma vez sobre a efetiva necessidade ou mesmo conveniência de tais garantias para a viabilidade das PPPs.

2.2. A Tradicional Aversão do Direito Público Brasileiro à Noção de Garantia de Pagamento pelo Poder Público

A outorga de garantias pela Administração Pública no Brasil poderia ser, em tese, legal e constitucionalmente admissível, mas ainda assim considerada desnecessária e inoportuna, ou mesmo reprovável. Com efeito, poder-se-ia indagar: se o Brasil sobreviveu durante toda a sua república sem prestar garantias em concessões e contratos administrativos, por que fazê-lo a partir de 2004? Diante desse potencial questionamento, cabe testar mais a fundo a hipótese que lançamos no tópico anterior: seria justificável a exigência de garantia pelo Poder Público brasileiro? Seriam viáveis PPPs sem garantia do parceiro público?

---

das contratações. Conservadora porque, em muitas PPPs, o valor dos serviços é residual em comparação com o valor total das obras e investimentos.

[38] Cf. o estudo EUROPEAN INVESTMENT BANK. Public-Private Partnerships in Europe: Before and During the Recent Financial Crisis. **Economic and Financial Report**, n. 2010/04, jul. 2010. Disponível em: <http://www.eib.org/attachments/efs/efr_2010_v04_en.pdf>. Acesso em: 9 dez. 2017. Ainda em 2010, o estudo já mapeava 24 (vinte e quatro) países europeus com programas de PPPs, contabilizando 1.340 (mil trezentos e quarenta) projetos no período, a um valor total de 254 (duzentos e cinquenta e quatro) bilhões de euros (p. 7-8). Na América do Norte, as PPPs já se disseminaram no Canadá, no México e nos Estados Unidos, embora ali os *municipal bonds* ainda prevaleçam como instrumento de financiamento e viabilização de projetos de infraestrutura. Na América Latina, podemos destacar Chile, Colômbia, Peru, Argentina, Uruguai, Paraguai, dentre outros. Filiada à corrente do *common--law*, a Austrália é disseminadora de boas práticas em PPPs. As PPPs vêm sendo adotadas por um número cada vez maior de países na África e na Ásia. Para uma coletânea com experiências distintas e resumidas de diversos países, cf. WERNECK, Bruno; SAADI, Mário (Orgs.). **The Public-Private Partnership Law Review**. 1. ed. Londres: Law Business Research, 2015; 2. ed., 2016.

2.2.1. Direito Comparado

O estudo do Direito comparado revela que os países que mais influenciaram o nosso Direito, e particularmente nosso Direito Administrativo[39] – como França, Alemanha, Itália, Portugal, Estados Unidos e, ainda, dentre outros, a Inglaterra, berço das PPPs –, desenvolveram seus programas e legislação de parcerias público-privadas em sentido estrito, mas não contemplam qualquer tipo de garantia formal (pessoal ou real) pelo Poder Público, em reforço de suas obrigações, em favor do parceiro privado no âmbito das referidas parcerias, como de resto não o fazem no contexto de outras concessões ou contratos administrativos de modo geral.[40]

Mas não é só em razão do estudo comparativo do Direito de outras nações que, numa primeira abordagem, a noção de outorga de garantias pela Administração Pública poderia causar estranheza no contexto brasileiro.

2.2.2. Inexistência de Garantias do Poder Público nos Contratos Administrativos em Geral (Lei n. 8.666/1993) e Contratos de Concessão Comum

Historicamente, desde o advento de nossa República, à exceção de certos endividamentos externos contraídos por Estados e Municípios com

---

[39] Sobre as influências e inspirações do nosso Direito Administrativo, conferir DI PIETRO, Maria Sylvia Zanella. **Direito Administrativo**. 30. ed. Rio de Janeiro: Forense, 2017, p. 1-33; MEDAUAR, Odete. **O Direito Administrativo em evolução**. 3. ed. Brasília: Gazeta Jurídica, 2017; e ALMEIDA, Fernando Dias Menezes de. **Formação da teoria do direito administrativo no Brasil**. São Paulo: Quartier Latin, 2015.

[40] Não obstante, em sua história, sobretudo nos seus períodos absolutistas e consolidação subsequente dos Estados contemporâneos, muitos desses países se valeram da cessão de impostos ou receitas públicas em garantia ou em vinculação do pagamento de certas obrigações, principalmente dívida pública. Cf. Carvalho, André Castro. **Vinculação de receitas públicas**. São Paulo: Quartier Latin, 2010, p. 130-135. Há registro inclusive de monarcas que tenham empenhado suas joias ou coroa em garantia de dívidas contraídas pelo Estado. Conforme relatou Alberto Deodato, "no século XIII, Henrique III da Inglaterra enviou a seus credores, como penhor, as jóias da coroa e as relíquias de S. Eduardo. Ainda naquele século, o imperador Balduíno deu a seus credores, como segurança real, a coroa de espinhos, o ferro da lança, a esponja e um pedaço do Santo Lenho. Balduíno XI empenhou a barba. Eduardo II da Inglaterra, no século XIV, deu sua coroa em penhor." Cf. DEODATO, Alberto. **Manual de ciência das finanças**. 13. ed. São Paulo: Saraiva, 1973, p. 253, n. 1.

garantia do Tesouro Nacional e contragarantias de tais entes (prática que nasceu com nossa federação), de certos financiamentos interfederativos, de garantias prestadas por empresas estatais exploradoras de atividade econômica e de outros contextos específicos e bastante distintos das concessões e parcerias público-privadas, nosso Direito positivo jamais aventou, salvo a partir de 2004, com o advento da Lei federal de PPPs, a outorga de garantias pela Administração Pública em contratos administrativos e concessões de modo geral.[41] Vejamos.

A Lei federal n. 8.666/1993, nossa emblemática lei de licitações, estabelece como prerrogativa da Administração Pública – normalmente exercida – a exigência de garantia de execução do contrato administrativo a ser apresentada pelo licitante contratado[42] e, sempre que assim exigida, incluída como cláusula obrigatória do contrato.[43] A lei explicita, inclusive, as modalidades de garantia que o licitante contratado pode prestar, a saber, o seguro-garantia, a caução em dinheiro ou títulos da dívida pública e a fiança bancária.[44]

De outro lado, não há qualquer disposição disciplinando ou sequer admitindo a outorga de garantia por parte da Administração Pública em favor do licitante contratado, com duas exceções pouco relevantes ao nosso contexto. O art. 56 da Lei prevê que, nas concorrências de âmbito internacional, em que "o edital deverá ajustar-se às diretrizes da política monetária e do comércio exterior e atender às exigências dos órgãos competentes" (*caput*), "as garantias de pagamento ao licitante brasileiro serão equivalentes àquelas oferecidas ao licitante estrangeiro" (§ 3º). Como se vê, referido artigo 56 também não impõe ou recomenda garantias de pagamento da Administração Pública, mas admite, de forma indireta, que elas possam ser previstas em licitações internacionais, se assim

---

[41] No Brasil Império, não era incomum que receitas públicas fossem dadas em garantia ou vinculadas ao pagamento de dívidas contraídas pelo país, como forma de dar maior segurança a investidores. Após o advento da República, tais práticas remanesceram em menor grau, inclusive com relação à dívida pública de Estados e Municípios. (CARVALHO, André Castro. **Vinculação...** Op. cit., p. 139-141).

[42] "Art. 56. A critério da autoridade competente, em cada caso, e desde que prevista no instrumento convocatório, poderá ser exigida prestação de garantia nas contratações de obras, serviços e compras."

[43] "Art. 55. São cláusulas necessárias em todo contrato as que estabeleçam: [...] VI – as garantias oferecidas para assegurar sua plena execução, quando exigidas;".

[44] Art. 56, § 1º.

exigidas pelas regras ou práticas dos organismos internacionais competentes, desde que licitantes estrangeiros e nacionais sejam tratados com isonomia nesse quesito. Por fim, o parágrafo único do art. 121 estabelece que as normas relativas à prestação de garantias do Tesouro Nacional continuam regidas pela legislação específica pertinente.

Os diplomas legais que disciplinaram as licitações e contratações públicas anteriormente à Lei n. 8.666/1993, tais como o Decreto-Lei n. 2.300/1986, arts. 125 a 144 do Decreto-Lei n. 200/1967 e arts. 49 e seguintes do Código de Contabilidade Pública da União de 1922,[45] também previam como regra a garantia de execução do contrato por parte do licitante contratado, mas não qualquer garantia por parte da Administração Pública.

Por sua vez, a Lei federal n. 8.987/1995, nossa Lei Geral de Concessões, impõe tão somente "garantia do fiel cumprimento, pela concessionária, das obrigações relativas às obras vinculadas à concessão" (art. 23, parágrafo único, II). É verdade que o inciso V do art. 23 estipula também como cláusulas obrigatórias do contrato de concessão aquelas relativas "aos direitos, garantias e obrigações do poder concedente e da concessionária, inclusive os relacionados às previsíveis necessidades de futura alteração e expansão do serviço e consequente modernização, aperfeiçoamento e ampliação dos equipamentos e das instalações" (art. 23, V). Embora tal passagem faça alusão genérica a garantias e obrigações do Poder Concedente e do concessionário, não tem sido interpretada como fundamento para a outorga de garantias pelo Poder Concedente a este último.

Nas disposições finais e transitórias, a Lei Geral de Concessões prevê extraordinariamente que, não havendo acordo voluntário entre as partes no tocante à definição e ao pagamento de indenização pelos bens revertidos no contexto de concessões outorgadas anteriormente àquela lei e já vencidas, outorgadas em caráter precário ou vigentes por prazo indeterminado, "o pagamento de eventual indenização será realizado, mediante garantia real, por meio de 4 parcelas anuais, iguais e sucessivas,

---

[45] Curiosamente, o tema das garantias a cargo do contratado era também tratado pelo art. 56 daquele diploma, como na Lei atual: "Art. 56. As cauções que deverão ser estatuidas em todos os contractos com a Fazenda Nacional só poderão ser restituidas após autorização do Tribunal de Contas, mediante prova de execução ou rescisão legal dos contractos".

da parte ainda não amortizada de investimentos e de outras indenizações relacionadas à prestação dos serviços" (art. 42, § 5º).

Embora se trate de uma previsão explícita de constituição e outorga de garantia real pelo Poder Concedente em favor do concessionário, trata-se de texto acrescentado à Lei Geral de Concessões pela Lei n. 11.445, de 2007, que instituiu diretrizes nacionais para o saneamento básico, quando a Lei de PPPs já havia inovado no ordenamento jurídico brasileiro para contemplar a possibilidade de garantias do Poder Público. De todo modo, não se tem registro da constituição desta garantia real em tais circunstâncias, até porque a Lei Geral de Concessões, com as alterações introduzidas pela Lei n. 11.445/2007, não oferece maiores informações sobre como o Poder Concedente, via de regra um ente federativo, poderia instituir garantia real sobre seus bens públicos.[46]

Como brevemente exposto no capítulo antecedente, podem ser identificadas algumas razões para tais opções legislativas no contexto da Lei n. 8.666/1993 e na Lei Geral de Concessões.

De certo modo, pode-se afirmar que contratos de fornecimento, de prestação de serviços ou de obras públicas, assim como concessões comuns de serviços públicos, teriam menor necessidade de garantias por parte da Administração Pública.

Com efeito, nas compras, serviços e obras públicas que constituem o objeto precípuo da Lei n. 8.666/1993, embora caiba à Administração Pública a importante contrapartida do pagamento, são todos esses contratos de relativo curto prazo (em geral um ou dois anos, prazo correspondente à vigência de suas dotações orçamentárias, excepcionalmente prorrogáveis por até 6 (seis) anos, em se tratando de contratos de prestação continuada de serviços, ou até 4 (quatro) anos, em se tratando de

---

[46] O novo texto legal, com alusão expressa à possibilidade de instituição de garantia real para assegurar o pagamento de indenização que não tenha sido consensualmente fixada, parece servir mais ao propósito de induzir o acordo, fortalecendo a posição negociadora do concessionário prestes a perder sua concessão frente ao poder concedente. Note-se que, no contexto do saneamento básico, objeto precípuo da Lei n. 11.445/2007, a maior parte dos concessionários em tal condição correspondia justamente às empresas de saneamento controladas pelos Estados, como Sabesp, Sanepar, Copasa, dentre outras, titulares de concessões precárias em face de Municípios situados em sua área de atuação. Considerando a maior influência política dos Estados em comparação aos Municípios, é compreensível por que o Congresso Nacional tenha julgado relevante oferecer mais segurança e poder de barganha às empresas estaduais.

projeto contemplados no plano plurianual⁴⁷), em que, via de regra, o contratado deve desempenhar suas prestações em parcelas, a cada uma correspondendo, tão logo medidas ou aferidas, um pagamento no prazo de até 30 (trinta) dias.⁴⁸ É o caso, por exemplo, da obra pública, a qual deve ser paga à medida do progresso de sua execução, usualmente aferido por meio de medições realizadas em intervalos previamente fixados, devendo ser integralmente quitada em prazo não superior a 30 dias da data prevista para a sua conclusão, sendo esta tempestivamente alcançada.

Isso significa que o crédito acumulado em favor do particular, em contrapartida a obra, serviço ou fornecimento já concluído, não tende a ser tão elevado, correspondendo em regra a fração do valor total do contrato, referindo-se apenas ao período transcorrido entre dois eventos de aferição e liquidação do pagamento, no ciclo normal do contrato.

De outro lado, caso a Administração Pública não honre e atrase o pagamento na sua data normal de vencimento, incrementando a exposição do contratado para além dos valores acumulados meramente entre dois eventos de aferição e liquidação, há em favor deste, além dos encargos aplicáveis, a possibilidade de paralisação da execução da obra, prestação de serviço ou fornecimento, constituindo, assim, um incentivo relevante ao adimplemento tempestivo da Administração.

É verdade que a exceção do contrato não cumprido tem aplicação relativizada no Direito Administrativo.⁴⁹ A teor do art. 78, XV, da Lei n. 8.666/1993, o contratado tem o direito de suspender a execução do contrato apenas em caso de atraso dos pagamentos a cargo da Administração superior a 90 (noventa) dias.⁵⁰ Na prática, contudo, sobretudo

---

⁴⁷ Cf. art. 57 da Lei n. 8.666/1993 e nota 10, acima.
⁴⁸ "Art. 40. O edital conterá [...] e indicará, obrigatoriamente, o seguinte: [...] XIV – condições de pagamento, prevendo: a) prazo de pagamento não superior a trinta dias, contado a partir da data final do período de adimplemento de cada parcela."
⁴⁹ Cf. DI PIETRO, Maria Sylvia. **Direito Administrativo**. Op. cit., p. 320; MEIRELLES, Hely Lopes. **Direito Administrativo brasileiro**. 39. ed. Atualização Délcio B. Aleixo e José Emmanuel Burle Filho. São Paulo: Malheiros, 2013.
⁵⁰ "Art. 78. Constituem motivo para rescisão do contrato: [...] XV – o atraso superior a 90 (noventa) dias dos pagamentos devidos pela Administração decorrentes de obras, serviços ou fornecimento, ou parcelas destes, já recebidos ou executados, salvo em caso de calamidade pública, grave perturbação da ordem interna ou guerra, assegurado ao contratado o direito de optar pela suspensão do cumprimento de suas obrigações até que seja normalizada a situação".

em obras públicas de maior vulto, o contratado pode paralisar sua performance antes disso, arguindo, em geral com correspondência na realidade fática, inviabilidade financeira de fazê-lo sem benefício do fluxo normal de pagamentos e invocando para tanto o inciso V do art. 78, que, a *contrario sensu*, parece admitir a paralisação de obra, serviço ou fornecimento a qualquer tempo, desde que com justa causa e prévia comunicação à Administração Pública.[51] Se o atraso inferior a 90 (noventa) dias será aceito administrativa ou judicialmente como justa causa ou não, fato é que a mera possibilidade da paralisação já cumpre uma função inibidora do inadimplemento.

Por outro lado, a concessão comum de serviço público, sobretudo quando precedida de obra pública, pressupõe normalmente um elevado investimento no período inicial da concessão, a ser amortizado no longuíssimo prazo. Diferentemente dos contratos de curto prazo da Lei n. 8.666/1993, na concessão comum o concessionário assume, via de regra, enorme exposição financeira, a exemplo do que ocorre nas PPPs.

Diferentemente das PPPs, contudo, a amortização dos investimentos realizados na concessão comum não se dá, como regra, por meio de pagamentos a cargo do Poder Concedente,[52] mas por meio da cobrança

---

[51] "Art. 78. Constituem motivo para rescisão do contrato: [...] V – a paralisação da obra, do serviço ou do fornecimento, sem justa causa e prévia comunicação à Administração;". Também o art. 57, § 1º, VI, da Lei parece dar fundamento à paralisação ou retardamento do contrato mesmo para atrasos no pagamento inferiores a 90 (noventa) dias. "Art. 57. [...] § 1º – Os prazos de início de etapas de execução, de conclusão e de entrega admitem prorrogação, mantidas as demais cláusulas do contrato e assegurada a manutenção de seu equilíbrio econômico-financeiro, desde que ocorra algum dos seguintes motivos, devidamente autuados em processo: [...] VI – omissão ou atraso de providências a cargo da Administração, inclusive quanto aos pagamentos previstos de que resulte, diretamente, impedimento ou retardamento na execução do contrato, sem prejuízo das sanções legais aplicáveis aos responsáveis."

[52] Embora a regra na concessão comum seja a remuneração baseada na arrecadação tarifária perante a comunidade usuária, cabe ressalvar pelo menos três exceções: o art. 11 da Lei Geral de Concessões estabelece que, desde que admitido pelo respectivo edital, pode o concessionário gerar receitas alternativas, complementares, acessórias ou de projetos associados, as quais deverão contribuir à modicidade tarifária. O art. 17, por sua vez, admite subsídios desde que previstos em lei e oferecidos a todos os licitantes. Por fim, o histórico das concessões comuns anterior às PPPs já admitia, em casos específicos que assim o justificassem, em geral no setor de saneamento em sentido amplo, a concessão remunerada exclusivamente pela Administração Pública, na qualidade de usuária única, representando a comunidade efetiva de usuários. Vide, por exemplo, a Lei do Município de São Paulo n. 13.478, de 30 de

de tarifas diretamente dos respectivos usuários, além de eventuais receitas acessórias. Daí porque a ausência de garantias de pagamento de parte da Administração Pública não constitui, via de regra, fator de inviabilização da concessão.[53]

É verdade que tais obrigações de pagamento pelo Poder Concedente podem surgir no contexto de término antecipado da concessão, em que, via de regra, há valor substancial a ser indenizado ao concessionário em função dos investimentos não amortizados em bens reversíveis. Contudo, além de se tratar de hipótese excepcional fora do curso normal do contrato, o concessionário dispõe de outras proteções que não garantias de pagamento propriamente ditas: a encampação, por exemplo, pressupõe lei autorizativa específica e indenização prévia (art. 37), ao passo que a caducidade requer ampla oportunidade para defesa ou correção das transgressões, além de instauração de processo administrativo, comprovação do inadimplemento e sua decretação pelo Poder Concedente (art. 38, §§3º e 4º).[54]

Contudo, embora existente e não ignorando exceções importantes, a exposição normalmente menor dos particulares ao risco de crédito da Administração Pública explica, ao menos em parte, porque a garantia a cargo da Administração Pública não foi originalmente prevista nos diplomas que disciplinam licitações e contratos administrativos ordinários ou mesmo concessões comuns, em que pese tal garantia pudesse cumprir inegável função positiva também nesses contratos.

---

dezembro de 2002, cujo art. 8º, III, previa como usuária do Sistema de Limpeza Urbana "a Prefeitura Municipal de São Paulo, representando a coletividade ou parte dela".

[53] Cf. SCHWIND, Rafael Wallbach. Op. cit. O autor argumenta, na contracorrente da doutrina tradicional, que a previsão legal de garantias do setor público na legislação de PPPs é meramente declaratória, pois "mesmo antes da edição da Lei de PPPs, o Poder Público poderia instituir garantias ao concessionário relacionadas com o possível inadimplemento de determinadas obrigações assumidas pela Administração". No entanto, reconhece que "isso não era comum nas concessões, possivelmente porque a aplicação de recursos públicos era vista anteriormente como uma alternativa meramente excepcional" (p. 252-253).

[54] Há também o risco de superveniência de obrigação de pagamento pela Administração Pública em função de recomposição do equilíbrio econômico financeiro do contrato. Contudo, além de extraordinário, na maior parte das vezes tal reequilíbrio pode ser viabilizado por meio de revisão tarifária, redução de investimentos ou outros encargos do concessionário, ou ainda prorrogação da concessão, todas essas alternativas que prescindem de qualquer pagamento pela Administração Pública.

2.2.3. Risco de Crédito do Poder Público na Teoria Econômica Clássica

Some-se ao histórico acima apresentado a noção econômica clássica de que o Estado, não podendo declarar insolvência e dispondo de competência tributária e do monopólio de emissão da moeda, constituiria em tese o menor risco de crédito do mercado.[55]

Referida teoria econômica é traduzida no Direito como o princípio da presunção de solvência do Estado.[56]

2.2.4. Cultura Administrativista e Seus Dogmas

Diante da insuficiência das razões acima indicadas para justificar conclusivamente uma longa tendência contrária, com poucas exceções, à prestação de garantias de pagamento por parte do Poder Público em contratos administrativos e concessões de modo geral, parte da explicação também nos parece residir numa cultura administrativista mais conservadora, que, embora esteja sendo gradualmente suavizada e modernizada, sobretudo nas últimas duas décadas, ainda se faz muito presente, seja na Administração, na doutrina ou mesmo no Poder Judiciário.

O Direito Administrativo, na sua consolidação no Brasil, demonstra frequente tendência para sobrevalorizar, como verdadeiros dogmas, certos princípios – como o da supremacia do interesse público e o da inalienabilidade, impenhorabilidade e imprescritibilidade dos bens públicos. Tais princípios, quando invocados sem a devida ponderação, como instrumentos ideológicos, revelam aversão e impõem obstáculos à evolução do Direito Administrativo, sobretudo no tocante à proteção dos administrados.

2.2.5. O Princípio da Supremacia do Interesse Público

O princípio da supremacia do interesse público, com sua inevitável vagueza e subjetividade, tem sido frequentemente invocado para justificar

---

[55] Na teoria econômica, a taxa de juros paga por determinado Estado nacional nos seus títulos de dívida é chamada de "taxa livre de risco", constituindo o piso para todas as demais taxas de juros praticadas naquele mercado. É por isso que a taxa de juros paga nos títulos do Tesouro americano constitui o piso para todas as demais taxas de juros praticadas naquele país. Entre nós, a taxa Selic constituiria tal piso.

[56] Cf. GARZA, Sérgio Francisco de la. **Derecho Financiero mexicano**. 4. ed. México: Porrúa, 1969, p. 220. Cf. também CARVALHO, André Castro. **Vinculação**... Op. cit., p. 130-131.

soluções simplistas que não necessariamente refletem, sobretudo à luz da crescente complexidade social, o melhor equilíbrio entre os diferentes interesses que devem ser conciliados e protegidos pelo Direito. Pelo contrário, tal aplicação simplista tem revelado, muitas vezes, um viés autoritário, avesso à iniciativa privada, à obrigatoriedade e à vinculação dos contratos. Alguns exemplos são notórios.

Grandes mudanças ocorridas nas últimas décadas na economia e realidade global relativizaram em praticamente todo o mundo a dicotomia entre serviços públicos e atividades econômicas, estas anteriormente deixadas à livre iniciativa exceto pelas limitações tradicionais associadas ao poder de polícia estatal, para dar lugar a uma nova conformação em que serviços públicos em sentido estrito, com um campo de atuação mais reduzido, convivem com uma série de atividades econômicas autorizadas sujeitas a diferentes graus de regulação.

Na União Europeia, a noção de serviço público, originária da doutrina francesa, vem dando lugar a uma categoria mais abrangente, fruto de um contexto de maior liberdade econômica e competição (outrora vistas como antagônicas ao serviço público[57]), denominada "serviços de interesse geral", no qual estão compreendidos os serviços não econômicos, as atividades soberanas e básicas do Estado e os serviços de interesse econômico geral, como energia elétrica, telecomunicações e transportes. Aos concessionários desses serviços de interesse econômico geral podem ser impostas obrigações típicas de serviços públicos, como adequação, modicidade tarifária, universalidade e tratamento não discriminatório, mas mantido em geral um caráter competitivo e não monopolístico.[58]

---

[57] Descrevendo com propriedade a evolução da noção de serviço público e sua possível coexistência e compatibilidade com o fenômeno concorrencial também no Brasil, cf. SCHIRATO, Vitor Rhein. **Livre iniciativa nos serviços públicos**. Belo Horizonte: Fórum, 2012. Sobre a evolução do conceito de serviço público na Europa, cf. também MARQUES NETO, Floriano de Azevedo. Os serviços de interesse econômico geral e as recentes transformações dos serviços públicos. In: ALMEIDA, Fernando Dias de Menezes; MARQUES NETO, Floriano; MIGUEL, Luiz Felipe H.; SCHIRATO, Vitor (Coords.). **Direito Público em evolução**: estudos em homenagem à Professora Odete Medauar. Belo Horizonte: Fórum, 2013, p. 531-548.

[58] Cf. BEZERRA, Helga Maria Sabóia. As transformações da noção de serviço público na União Européia: o serviço de interesse geral do Tratado de Lisboa. **Direito, Estado e Sociedade**, n. 32, p. 104-133, jan./jun. 2008 (p. 130-131).

No Brasil, atividades como geração e comercialização de energia elétrica, exploração de terminais portuários privados e telefonia celular, dentre outras, foram legalmente requalificadas como atividades econômicas autorizadas e vêm sendo exploradas em regime de Direito Privado, ainda que sujeitas a forte regulação, desde a década de 1990. Não obstante, muitos doutrinadores, apegados a uma linha mais conservadora, ainda resistem a tal realidade, argumentando que o interesse público, segundo interpretação que pretendem extrair do art. 21 da Constituição Federal, estaria a exigir o regime obrigatório de serviço público a todas aquelas atividades atribuídas constitucionalmente à competência da União Federal.[59]

Em matéria de contratos administrativos, uma reprodução reducionista da doutrina francesa nas suas origens, aplicada ao contexto brasileiro com viés ideológico e ao abrigo genérico do princípio da supremacia do interesse público, acabou por consolidar o entendimento, posteriormente positivado sem maior reflexão,[60] de que a unilateralidade e a exorbitância são prerrogativas da Administração Pública ine-

---

[59] Essa questão foi amplamente debatida na Arguição de Descumprimento de Preceito Fundamental – ADPF n. 139, movida pela Associação Brasileira dos Terminais de Contêineres de Uso Público – ABRATEC para questionar a constitucionalidade das outorgas de autorização, em regime de Direito Privado, a terminais portuários de uso misto, sem movimentação preponderante de carga própria, como era usualmente o caso dos terminais dedicados à movimentação de contêineres. Dentre outros fundamentos da medida, argumentava-se que o art. 21, XII, letra "f", da Constituição Federal, ao atribuir à União Federal competência para exploração de portos, estaria necessariamente impondo o regime de serviço público. Tal lógica se estenderia a todas as demais atividades sob competência da União nos termos do art. 21, como energia elétrica e telecomunicações. Embora o regime de autorizações já seja aplicado desde a década de 1990 em vários segmentos de tais setores, tais autorizações seriam inconstitucionais, pois incompatíveis com o regime de serviço público e com a exigência de prévia licitação para sua outorga, nos termos do art. 175 da Constituição Federal. Essa é a opinião, por exemplo, de Celso Antônio Bandeira de Mello, ratificada em parecer a empresa integrante da ABRATEC, o qual foi publicado no compêndio de pareceres organizado pela ABRATEC: BANDEIRA DE MELLO, Celso Antônio. Parecer. In: ASSOCIAÇÃO BRASILEIRA DOS TERMINAIS DE CONTÊINERES DE USO PÚBLICO – ABRATEC. **Regulação portuária e concorrência**: pareceres jurídicos e econômicos. São Paulo: ABRATEC, 2009, p. 189-198. Criticando tal interpretação inflexível do art. 21 da Constituição Federal, cf. ENEI, José Virgílio Lopes. Serviço público pode ser prestado em ambiente de concorrência ou pressupõe um regime necessário de privilégio e exclusividade? **Revista de Direito Administrativo e Infraestrutura – RDAI**. São Paulo: Revista dos Tribunais, n. 2, p. 229-249, jul./set. 2017.
[60] Vide art. 58 da Lei 8.666/1993.

rentes a todo e qualquer contrato administrativo, em razão, pura e simplesmente, da presença do ente público, independentemente do objeto do contrato.[61]

Aplicado sem as devidas adequações, tanto aos contratos de obra e compras que constituíram o foco precípuo da Lei n. 8.666/1993 como também a contratos de cooperação e parceria, termos de ajustamento de conduta, acordos de leniência, empréstimos públicos, dentre outros tipos bastante distintos, tal entendimento consolidado no Direito Administrativo brasileiro pode conduzir a resultados absurdos e despropositados.[62]

A partir de tais exemplos, é fácil concluir que, sob uma leitura simplista do princípio da supremacia, a exigência de garantia de pagamento a ser prestada pelo Estado, ele próprio o guardião do interesse público, como uma proteção adicional à sistemática constitucional do precatório vigente de longa data, seria vista como uma pretensão abusiva de um particular preocupado apenas com seus interesses egoísticos e com o lucro empresarial. Tal particular não poderia pretender se eximir dos ônus próprios de contratar com o Estado, impondo novos custos e obrigações a este.

2.2.6. *Princípio da Inalienabilidade, Impenhorabilidade e Imprescritibilidade dos Bens Públicos*

Esse mesmo sobreprincípio da supremacia do interesse público também seria antecedente e inspirador do princípio da inalienabilidade, impenhorabilidade, não oneração e imprescritibilidade dos bens públicos.

---

[61] Em sua tese de livre docência, publicada sob o título "Contrato administrativo", Fernando Dias Menezes de Almeida alerta para tais distorções no processo de absorção e propagação da teoria do contrato administrativo no Direito brasileiro, propondo um reposicionamento da teoria em função da natureza do objeto contratual. Cf. ALMEIDA, Fernando Dias Menezes de. **Contrato administrativo**. São Paulo: Quartier Latin, 2012, p. 348 et seq.

[62] Fernando Menezes, na obra citada na nota anterior, propõe o enquadramento dos contratos administrativos em quatro distintos módulos convencionais: (i) de cooperação; (ii) de concessão; (iii) instrumentais, e (iv) substitutivos de decisão unilateral da Administração. Embora reconhecendo a natureza de contrato administrativo às convenções enquadráveis em todos esses módulos, por isso mesmo potencialmente sujeitas em maior ou menor medida ao regime de Direito Público, Fernando Menezes propõe que a prerrogativa de alteração ou término unilateral do contrato pela Administração possa ser aplicável como regra a alguns mas não todos os módulos.

Ora, se os bens públicos são inalienáveis e impenhoráveis, então qualquer garantia real por parte do Estado seria inaceitável e, mais que isso, objeto juridicamente impossível.[63]

Como veremos adiante, não se pretende negar valor nem ao princípio da supremacia do interesse público, nem ao princípio da inalienabilidade e impenhorabilidade dos bens públicos, mas ambos devem comportar ponderações.

De um modo ou de outro, entretanto, é fácil compreender porque, sob influência de nossa cultura administrativista mais tradicional e conservadora, nos pareça estranho, e para alguns até condenável, a ideia de se exigir a prestação de garantia de pagamento pelo Poder Público, mesmo no contexto das PPPs.

Celso Antonio Bandeira de Mello ilustra bem esse pensamento mais conservador e avesso às PPPs de modo geral, incluindo suas garantias e outras inovações à relação típica de sujeição entre administrado e Administração Pública:

> Trata-se de instituto controvertido, forjado na Inglaterra, ao tempo da sra. Thatcher e acolhido entusiasticamente pelo Banco Mundial e pelo Fundo Monetário Nacional no cardápio de recomendações aos subdesenvolvidos. A "parceria público privada", que foi jucundamente auspiciada pelo partido governista – outrora comprometido com os interesses da classe trabalhadora e hoje ponta de lança das aspirações dos banqueiros – constitui-se na "crème de la crème" do neoliberalismo pelo seu apaixonado desvelo na proteção do grande capital e das empresas financeiras. Nem mesmo o governo anterior, em despeito de sua álacre submissão aos ditames do FMI, ousou patrociná-la, talvez por uma questão de decoro.[64]

---

[63] Representando a doutrina tradicional a esse respeito, cf. MEIRELLES, Hely Lopes. **Direito Administrativo brasileiro**. Op. cit. Para o autor e seus atualizadores, mesmo 23 (vinte e três) anos após a morte daquele, a instituição de garantia real seria juridicamente inviável mesmo sobre bens públicos alienáveis. "A impossibilidade de oneração de bens públicos [...] parece-nos questão indiscutível, diante da sua inalienabilidade e impenhorabilidade. [...]. Restam, portanto, os dominiais e as rendas públicas. Mas quanto a estes há o obstáculo constitucional da impenhorabilidade em execução judicial. Se tais bens, embora alienáveis, são impenhoráveis por lei, não se prestam a execução direta, que é consectário lógico do vínculo real, que se estabelece entre a coisa e a ação do credor hipotecário, pignoratício ou anticrético." (p. 611).

[64] Cf. BANDEIRA DE MELLO, Celso Antônio. Parcerias Público Privadas (PPPs). **Migalhas**, 12 jan. 2006. Disponível em: <http://www.migalhas.com.br/dePeso/16,MI20266,71043-

2.2.7. A Perspectiva do Direito Financeiro e Seus Princípios

Sob a ótica dos princípios orientadores do Direito Financeiro, a prestação de garantias pelo Poder Público no âmbito de PPPs ou outros contratos administrativos seria também, como regra geral, condenável.

Isto principalmente porque tais garantias conflitariam com os princípios da universalidade, unidade[65] e, principalmente, da não afetação

---

-As+Parcerias+PublicoPrivadas+ PPPs>. Acesso em: 13 fev. 2015. Especificamente sobre as garantias a cargo do parceiro público nas PPPs, extrai-se do texto do autor: "A lei 11.079 veio possibilitar aos parceiros privados: [...] b) que ao contratado sejam dadas garantias literalmente inimagináveis nos contratos em geral, tais as que constam do art. 8º, isto é: vinculação de receitas – o que é inconstitucional; instituição de fundos especiais previstos em lei – o que também é inconstitucional e não poderia mesmo ser feito enquanto não sobrevenha lei complementar regulando a instituição de fundos; contratação de seguro-garantia com companhias seguradoras não controladas pelo Poder Público; garantias prestadas por organismos financeiros internacionais ou instituições financeiras não controladas pelo Poder Público ou por fundo garantidor ou empresa estatal criada para esta finalidade ou outros mecanismos admitidos em lei – sendo, outrossim, inconstitucionais, no modo em que estão previstas, estas duas últimas hipóteses." E arrematando quanto à Lei n. 11.079/2004: "Não nos recordamos de alguma outra lei que conseguisse reunir tal quantidade e variedade de inconstitucionalidades, maiormente se se considera que tem apenas 30 artigos. A tais inconstitucionalidades foi feita menção, de passagem, ao serem referidos benefícios e garantias outorgados a parceiros privados e seus financiadores." Tais críticas foram posteriormente incorporadas ao seu "Curso de Direito Administrativo". Cf. BANDEIRA DE MELLO, Celso Antônio. **Curso de Direito Administrativo**. 33. ed. São Paulo: Malheiros, 2016, p. 813 et seq.

[65] O princípio da universalidade, explicitado pelo art. 2º da Lei n. 4.320/1964, preconiza a inclusão de todo o universo de receitas e despesas do respectivo ente federativo, incluindo sua Administração direta e indireta, no orçamento. Já o princípio da unidade, também expresso no mesmo dispositivo legal, demanda a elaboração e aprovação do orçamento como um instrumento único e sistêmico, ainda que dividido em tópicos ou documentos distintos, como no caso do Brasil, em que o orçamento fiscal da União, o orçamento de investimento das empresas estatais federais e o orçamento da seguridade social devem ser aprovados em uma única lei, compondo um conjunto harmônico e consolidado. Cf. FURTADO, J. R. Caldas. **Direito Financeiro**. Belo Horizonte: Fórum, 2014, p. 82-88. Como, em geral, garantias só geram obrigações adicionais ao ente garantidor quando executadas, em face do inadimplemento da obrigação principal, constituem obrigações contingentes usualmente não previstas no orçamento, ou seja, sem dotação orçamentária prévia (em que pese o dever de constituição de reserva orçamentária, nos termos do art. 5º, III, da Lei de Responsabilidade Fiscal e na forma de utilização e montante estabelecidos na Lei de Diretrizes Orçamentárias). Com maior razão ainda, não estarão previstas no orçamento as garantias de obrigações de médio ou longo prazo, ou seja, não vencíveis ou exigíveis no período anual coberto pelo orçamento. Sendo, portanto, contempladas apenas pelos instrumentos contratuais que lhe

de receitas públicas, "também chamado de não especialização, não consignação, não gravação ou não vinculação",[66] além dos princípios já referidos em tópicos anteriores, como o princípio da presunção da solvência estatal.

Tal conflito poderá se dar em maior ou menor grau a depender da modalidade e objeto da garantia a cargo do Poder Público. A vinculação ou oneração em garantia de receitas públicas afronta diretamente o princípio da não afetação. No entanto, mesmo outras garantias reais, instituídas sobre bens dominicais, por exemplo, contrariariam em alguma medida os referidos princípios orçamentários.

José Maurício Conti explica a razão de ser do princípio da não afetação, argumentando que "o seu descumprimento reduz a capacidade do administrador alocar os recursos onde se mostrem mais oportunos e convenientes, o que prejudica a Administração Pública e os interesses da coletividade".[67]

Para Misabel Derzi, o princípio visa

> a preservar a disponibilidade dos meios financeiros para programar gastos, segundo as prioridades escolhidas e a realidade conjuntural esperada. O legislador orçamentário precisa ter a possibilidade de planejamento, de otimização e de exercício de poder orçamentário. Se a receita estiver previamente afetada a órgão, fundo ou despesa específica, haverá desperdício de recursos em certas áreas e falta em setores essenciais [...].[68]

Por razões semelhantes, Luís Fernando Massonetto e Gilberto Bercovici criticam o tratamento privilegiado conferido legalmente a certas

---

deram origem (fiança, penhor etc.), pode-se dizer que tais garantias não prestigiam os princípios da unidade (pois estão fora do orçamento consolidado, criando diferentes classes de despesas – as garantidas e não garantidas) e da universalidade (já que não são adequadamente refletidas no universo de receitas e despesas objeto do orçamento).

[66] Cf. CARVALHO, Andre Castro. **Vinculação...** Op. cit., p. 173, n. 14. Acrescenta ainda o referido autor que tal princípio encontra correspondência na legislação de muitos países, sendo conhecido como *no afectación* em espanhol, cláusula *anti-earmarking* no inglês, *non-affectation* em francês etc.

[67] Cf. CONTI, José Maurício. **A autonomia financeira do Poder Judiciário**. São Paulo: MP, 2006, p. 150.

[68] Cf. DERZI, Misabel Abreu Machado. Arts. 40 a 47. In: MARTINS, Ives Gandra da Silva; NASCIMENTO, Carlos Valder (Orgs.). **Comentários à Lei de Responsabilidade Fiscal**. 7. ed. São Paulo: Saraiva, 2014, p. 308-395 (p. 344).

despesas contratuais e financeiras que, graças à pressão do capital privado, são mais bem protegidas por um sistema de vinculações, não contingenciamento e garantias, em detrimento das despesas de cunho econômico e social que a Constituição Federal deveria privilegiar.[69]

A prestação de garantias impediria, ainda, que o Poder Público pudesse agir com maior amplitude de ação para mitigar os efeitos de intempéries orçamentárias, não se podendo contingenciar despesas garantidas, por exemplo, ou ainda para aperfeiçoar ou adequar a novas conjunturas a sua gestão de receitas e bens públicos, em razão do engessamento de tais receitas ou bens gravados por garantia ou desde logo vinculados ao atendimento de determinadas despesas.

Para André Castro Carvalho, "o princípio da não vinculação respeita a regra geral que deve permear os orçamentos públicos: o orçamento deve revelar uma unidade de receitas e destinação não discriminatória às despesas".[70]

Assim, a outorga de garantias criaria o risco de tratamento privilegiado em favor dos credores garantidos, em detrimento dos demais, relegados às disponibilidades orçamentárias e seu contingenciamento ou, em última instância, ao regime dos precatórios, como instrumento único para satisfação de créditos não voluntariamente adimplidos pela Administração.

Colocando de forma mais direta, a prestação de garantias impediria que o administrador público de plantão pudesse optar pelo inadimplemento da obrigação garantida, sempre que houvesse usos mais nobres para as escassas disponibilidades orçamentárias.

Reconhecendo o mérito de tais princípios orçamentários, Geraldo Ataliba defende que a melhor garantia de pagamento aos credores do Estado deveria advir da pontualidade e rigor deste no adimplemento de suas obrigações, assim como do decoro e honestidade de seus governantes.[71] São, aliás, as características que preponderam nos países ditos

---

[69] MASSONETTO, Luís Fernando; BERCOVICI, Gilberto. A Constituição dirigente invertida: a blindagem da Constituição Financeira e a agonia da Constituição Econômica. **Boletim de Ciências Económicas**. Universidade de Coimbra, v. 49, p. 57-77, 2006.
[70] CARVALHO, André Castro. **Vinculação**... Op. cit., p. 173.
[71] Cf. ATALIBA, Geraldo. **Empréstimos públicos e seu regime jurídico**. São Paulo: RT, 1973, p. 227-230.

desenvolvidos e que explicam, em grande medida, a ausência de garantias de parte do Poder Público daquelas jurisdições.

Como veremos, entretanto, a realidade brasileira ainda se encontra muito distante do cenário idealizado por Geraldo Ataliba.

2.3. Justificativa das Garantias do Poder Público no Brasil: Necessária Mudança de Paradigmas

Em que pesem todos os argumentos contrários acima sintetizados, entendemos que, no cenário brasileiro, há justificativas mais que suficientes em prol da admissão legal e conveniência da outorga de garantias propriamente ditas pelo Poder Público, como instrumento de reforço ao adimplemento estatal, conforme contra-argumentos que passaremos a expor abaixo.

2.3.1. *Direito Comparado*

Regimes legais adotados nos países desenvolvidos e com instituições mais amadurecidas, sobretudo daqueles que influenciaram a origem e desenvolvimento de ramos ou aspectos fundamentais do nosso Direito, são elementos de grande valia para a reflexão e esforço de aprimoramento do sistema legal brasileiro.

Contudo, o cotejamento entre soluções legais de um e outro sistema deve, por óbvio, levar em consideração as peculiaridades e diferentes contextos de cada país.

Se, por um lado, nos parece claro que a ampla e bem-sucedida experiência internacional em PPPs corrobora o mérito e conveniência da maior difusão das PPPs no Brasil, assim como a clara tendência de estruturas mais inovadoras e customizadas para fazer frente às crescentes e diversificadas demandas por colaborações entre os setores público e privado, por outro lado não acreditamos ter relevância, ao cenário nacional, a escassez em países desenvolvidos de instrumentos de garantia em sentido estrito a cargo do Poder Público.

A pujança econômica, a seriedade no trato e controle das finanças públicas, aliada ao longo e favorável histórico de crédito de países desenvolvidos como Estados Unidos, Canadá, Inglaterra, França e Alemanha, dentre outros, explicam a desnecessidade de garantias propriamente ditas em tais países, dispensando maiores reflexões.

Afinal, como já dissemos, com apoio em Geraldo Ataliba, a melhor garantia de pagamento aos credores do Estado é o histórico de pontualidade e rigor deste no adimplemento de suas obrigações[72] – rigor este comum aos países desenvolvidos acima, mas infelizmente ainda escasso no Brasil.

Não obstante, recorde-se, abrindo um parênteses, que mesmo entes subnacionais nos Estados Unidos, como municípios, condados, distritos e figuras afins, não gozando da mesma credibilidade da federação e tampouco de garantia explícita ou implícita do seu Tesouro, frequentemente outorgam garantias em favor de investidores adquirentes de seus títulos de dívida (*municipal bonds*),[73] garantias estas que poderão se estender para obrigações oriundas de contratos de PPP, à medida que tais contratos se tornam mais populares entre entes subnacionais daquele país, como alternativa à infraestrutura tradicionalmente financiada pelos referidos *municipal bonds*.

Retome-se, nesse sentido, o exemplo de Porto Rico, território vinculado aos Estados Unidos, mas com certa autonomia financeira, cuja lei de PPPs contempla expressamente a possibilidade de outorga de garantias ao concessionário pelo Poder Público contratante.[74]

Feche-se parênteses, de outro lado, registrando que essa necessidade de garantias não se cogita para unidades locais de países unitários como França e Inglaterra. As obrigações assumidas por coletividades locais, por medida de descentralização e organização administrativa, são, em última instância, de responsabilidade do governo central. O maior risco de inadimplemento poderia ser identificado em relação aos entes subnacionais da Alemanha, haja vista sua conformação federativa semelhante à do Brasil. Contudo, a Alemanha tem sido um exemplo de responsabilidade fiscal nas últimas décadas.

---

[72] Conferir nota anterior.

[73] Para uma visão completa da experiência bem-sucedida norte-americana com os *municipal bonds*, principal mecanismo de financiamento da infraestrutura naquele país, cf. FELDSTEIN, Sylvain; FABOZZI, Frank (Coords.). **The Handbook of Municipal Bonds**. New Jersey: John Wiley & Sons, 2008.

[74] Cf. art. 14 da Lei 29, de 8 de junho de 2009 (PORTO RICO. **Lei 29, de 8 de junho de 2009**. Disponível em: <http://www.p3.pr.gov/assets/law29-2009english.pdf>. Acesso em: 9 dez. 2017).

Aliás, mesmo a Inglaterra, embora não cogite a outorga de garantia para mitigação do risco de inadimplemento perante o concessionário, admite extraordinariamente a outorga de garantia diretamente a agentes financiadores, em projetos estratégicos que apresentem grande magnitude e elevado risco de implementação, como forma de assegurar a financiabilidade de projeto que, provavelmente, não se sustentaria de outra forma. Em tais projetos, a coroa inglesa garante o pagamento de parte substancial do saldo financiado, mesmo que o empreendedor privado se torne insolvente ou sofra a decretação de falência, e mesmo que o projeto não consiga operar e gerar receitas nas condições mínimas projetadas.[75]

Outros países desenvolvidos e com grande afinidade cultural com o Brasil, como Portugal, Espanha e Itália, dentre outros, embora não apresentem a mesma pujança econômica daquele primeiro grupo, registram também longo e favorável histórico de crédito. Além disso, integrando a União Europeia, obrigam-se a uma disciplina orçamentária e fiscal rigorosa, a par da política monetária comum. Inadimplementos soberanos seriam desastrosos para qualquer um desses países, ameaçando sua permanência no bloco. Tal cenário, por certo, já constitui desincentivo suficiente ao inadimplemento.[76]

---

[75] Tal mecanismo de garantia foi empregado em projetos emblemáticos como o Trem de Alta Velocidade ou a nova linha de metrô que cruzará, em níveis mais profundos, toda a cidade de Londres. São projetos tão desafiadores que a legislação inglesa prefere tratá-los fora do arcabouço geral das PPPs, admitindo, em caráter excepcional, a outorga de garantias públicas diretamente aos financiadores, para mitigação do risco de financiamento a cargo do concessionário. Cf. resumo no site oficial do governo britânico: *"The scheme guarantees the principal and interest payments on infrastructure debt issued by the borrower to banks or investors. All guarantees are issued on a commercial basis. They are managed by infrastructure finance specialists in the Infrastructure and Projects Authority (IPA)."* (REINO UNIDO. Infrastructure and Projects Authority; HM Treasury **UK Guarantees Scheme**. Disponível em: <https://www.gov.uk/guidance/uk-guarantees-scheme>. Acesso em: 9 dez. 2017). Cf. ainda ALLEN & OVERY. **The UK Guarantees Scheme for Infrastructure Projects**: a brief overview of the standard documents. 2013. Disponível em: <https://www.gov.uk/government/uploads/system/uploads/attachment_data/file/209806/UK_Guarantee_-_A_brief_overview_-_Allen___Overy.pdf>. Acesso em: 9 dez. 2017.

[76] Nesse sentido, é ilustrativo o caso da Grécia, que vem lutando sem muito sucesso contra uma grave crise econômica instalada no país desde 2009, deflagrada pela crise global de 2008 e pela revelação de que dados e projeções financeiras estavam sendo artificialmente manipulados pelo governo anterior para ocultar a realidade da economia. No período de

A seu turno, países da América Latina com grau de desenvolvimento e desafios mais próximos aos nossos, como Argentina, Peru, Uruguai, Paraguai e Equador, dentre outros, também adotam garantias quanto ao adimplemento das obrigações assumidas por entes públicos nos seus contratos de PPP.[77]

Considerando, assim, que o Brasil não compartilha a mesma capacidade econômica dos países desenvolvidos acima citados, e, de outro lado, apresenta, como veremos em maiores detalhes, um reiterado histórico de mau pagador, acreditamos que a adoção da garantia pública como solução legal no sistema brasileiro em nada conflita com o Direito

---

2009 a 2017, a crise exigiu pelo menos 12 (doze) rodadas de medidas de austeridade e aumentos fiscais, que por sua vez têm gerado incessantes protestos e greves. Receando que a crise da Grécia pudesse se alastrar para o resto da União Europeia, o bloco negociou pelo menos 3 (três) planos de socorro e recuperação com a Grécia, envolvendo empréstimos condicionados a mais medidas de austeridade e controle fiscal. Falta de apoio político para a implementação de certas medidas e o fechamento do sistema bancário por algumas semanas, obrigaram o Governo a inadimplir um dos financiamentos de emergência concedidos pelo Fundo Monetário Internacional – FMI, tornando-se o primeiro país desenvolvido a se deparar com tal situação. Ao final de 2017, a Grécia já sinalizava com medidas para remediar tal inadimplemento. Em última instância, se a Grécia não for capaz de demonstrar um plano viável para reequilibrar as suas finanças, poderá ser expelida da União Europeia, com danos ainda maiores para a sua economia. Para um resumo dos principais eventos que caracterizaram a crise grega, cf. a compilação de notícias e documentos organizada pelo Professor Aristides Hatzis, da Universidade de Atenas: HATZIS, Aristides (Org.). **The Greek Crisis**. Disponível em: <http://www.greekcrisis.net>. Acesso em: 9 dez. 2017; e, ainda, GREEK government-debt crisis. **Wikipedia**. Disponível em: <https://en.wikipedia.org/wiki/ Greek_government-debt_crisis>. Acesso em: 9 dez. 2017.

[77] A título ilustrativo, cf., na Argentina, o Decreto n. 967/2005, instituindo o "Regimen Nacional de Asociacion Publico-Privada", bem como o Decreto n. 1.299/2000, para *"la promoción de la participación privada en el desarrollo de infraestructura económica o social"*, e ainda o Decreto n. 676/2001, que alterou este último, criando o "Fondo Fiduciario de Desarrollo de Infraestructura", cujos recursos *"se afectarán para garantizar los pagos a cargo de los Entes Contratantes en los Contractos"*. No Peru, cf. a "Ley Marco de Inversión Privada Mediante Asociaciones Público Privadas y Proyectos en Activos", editada com base na Lei n. 30.335 e cujo art. 24.2 prevê que *"el Estado queda autorizado para otorgar mediante contrato, a las personas naturales y jurídicas, nacionales y extranjeras, que realicen inversiones al amparo de la presente norma, las seguridades y garantías que mediante Decreto Supremo, en cada caso, se consideren necesarias para proteger sus inversiones [...]"*. Para uma análise e contextualização de tal legislação, bem como a de outros países da América Latina e outras regiões, vide também: CORRÁ, María Inés; ROSSI, Leopoldo Silva. Argentina. In: WERNECK, Bruno; SAADI, Mário (Orgs.). Op. cit., p. 1-9; e CISNEROS, Miguel S. M.; SALVATIERRA, Pierre Nalvarte. Peru. In: WERNECK, Bruno; SAADI, Mário (Orgs.). Op. cit., p. 195-205.

comparado das nações desenvolvidas, ao mesmo tempo que se mostra consistente com o sistema legal vigente na maioria dos países da América Latina.

2.3.2. Inexistência de Garantias do Poder Público nos Contratos Administrativos em Geral (Lei n. 8.666/1993) e Contratos de Concessão Comum

Embora a legislação brasileira em matéria de contratos administrativos e concessões comuns de serviço público não tenha tradicionalmente contemplado ou mesmo admitido a outorga de garantias contra o eventual inadimplemento do Poder Público, isto não significa que a legislação de PPPs não tenha contribuído positivamente ao aprimoramento do nosso Direito Público ao oferecer tal inovação.

De fato, não acreditamos que seria o caso de suprimir as garantias públicas nas PPPs para atribuir-lhes o mesmo regime tradicionalmente aplicável às demais concessões e contratos administrativos. Ao contrário, como muitas inovações positivas introduzidas pela Lei de PPPs e depois estendidas às concessões comuns e outras contratações,[78] nos parece que seria o caso de admitir-se as garantias também em outros contratos administrativos, presentes circunstâncias especiais que as justifiquem, como obras de grande vulto, objeto de alta complexidade ou mesmo uma conjuntura econômica de pouca atratividade à iniciativa privada.

Ainda que obras públicas e concessões comuns não apresentem o mesmo grau de exposição ao risco de inadimplência do Poder Público verificado nas PPPs – as quais cumulam o longo prazo próprio das concessões com a necessidade de pagamentos regulares oriundos da Administração Pública –, mesmo naquelas tal risco existe e não pode ser negligenciado.

---

[78] Podemos citar como exemplos a arbitragem como mecanismo de resolução de disputas entre concessionário e poder concedente; inversão de fases de julgamento e habilitação nos processos licitatórios para outorga de concessões; e possibilidade de intervenção dos financiadores na concessionária (*step-in rights*). Foram todas essas soluções originalmente propostas pela Lei federal de PPPs e posteriormente incorporadas à Lei Geral de Concessões, por meio da Lei n. 11.196/2005, chamada "Lei do Bem", porque trazia também diversas outras benesses, sobretudo fiscais.

GARANTIAS DE ADIMPLEMENTO DA ADMINISTRAÇÃO PÚBLICA

No tocante a obras públicas, prova de tal risco pode ser encontrada em conhecidos precedentes judiciais de demandas envolvendo centenas de milhões ou mesmo bilhões de reais, fundadas justamente em descumprimento contratual por parte da Administração Pública e que tramitaram por décadas até que seus respectivos precatórios fossem emitidos e outras décadas até que tais títulos fossem finalmente pagos aos contratados lesados.[79]

Não obstante as concessões comuns não contemplarem ordinariamente pagamentos por parte do Poder Concedente, há também vastos precedentes de indenizações bilionárias fundadas no direito à recomposição do equilíbrio financeiro, não reconhecido administrativamente, e que tramitam por décadas sem que os respectivos pagamentos sejam ultimados.[80]

---

[79] Tal risco era particularmente exacerbado em períodos de hiperinflação, em que não raramente a Administração Pública negava-se ao pagamento do preço de obras públicas, ou de suas parcelas, com a devida correção monetária, obrigando o contratado a incorrer em custos financeiros expressivos no mercado para sobreviver, para então pleitear judicialmente a referida correção cumulada com indenização por perdas e danos. A título exemplificativo, conferir a ação judicial, com fundamento e desfecho semelhante a tantas outras, ajuizada contra o Departamento de Estradas de Rodagem – DER, autarquia do Estado de São Paulo, pela Construtora Tratex S.A., em 1994, para receber o valor integral, com juros e correção monetária, do anel viário por ela construído na cidade de Campinas, e cujos pagamentos foram feitos com bastante atraso, pelos seus valores nominais e em período de alta inflação. A ação, que alcança valor bilionário que continua a crescer em função da incidência de juros proporcionais à procrastinação da Fazenda Estadual, também pleiteou com sucesso danos correspondentes aos custos incorridos no mercado financeiro para financiar as insuficiências de caixa durante os períodos de inadimplemento do DER. Ao final de 2017, a ação já tramitava há nada menos que 23 (vinte e três) anos, sem que qualquer valor tivesse sido pago. Embora a ação já tivesse transitado em julgado no seu mérito, e quanto à liquidação de seu valor, teve ainda que percorrer uma longa ação rescisória com decisões favoráveis ao contratado no Tribunal de Justiça de São Paulo e no Superior Tribunal de Justiça. Vencida a primeira ação rescisória, a empresa ainda sofre uma segunda ação rescisória ajuizada pela Fazenda Estadual em 2015 (Processo n. 2210507-80.2015.8.26.000), contra o acórdão proferido na primeira. Não obstante a aberrante rescisória da rescisória, a Fazenda Estadual logrou medida cautelar para suspender qualquer pagamento à Construtora, ou seus cessionários, durante o trâmite da nova rescisória.

[80] Um dos casos mais emblemáticos é o da indenização à Varig pelo desequilíbrio econômico-financeiro de sua concessão de transporte aéreo, ocasionado pelo congelamento de tarifas na década de 1980. A demanda, julgada procedente no Superior Tribunal de Justiça, só veio transitar em julgado no STF em novembro de 2017 após mais de 20 (vinte) anos de tramitação, sendo provável, ainda, que muitos anos ou décadas se passem até que, vencidos

Por essas e outras razões, dentre as diversas propostas legislativas meritórias que têm visado à modernização da Lei n. 8.666/1993, há proposições buscando justamente dar maior segurança ao contratado de que a Administração Pública adimplirá a tempo e modo os pagamentos por ela contratualmente devidos.

É o caso, por exemplo, do Projeto de Lei do Senado Federal apresentado em dezembro de 2013 pela Comissão Especial Temporária de Modernização da Lei de Licitações e Contratos, sob relatoria da Senadora Kátia Abreu. O Projeto, que pretende instituir um novo e consolidado diploma de licitações e contratos, em substituição à Lei n. 8.666/1993, à Lei n. 10.520/2002 (pregão) e à Lei n. 12.462/2011 (RDC), estabeleceu em seu capítulo X, artigos 122 e seguintes, a possibilidade de o edital prever, no contexto de obras de grande vulto ou compra por encomenda, o depósito prévio em conta vinculada do preço contratual a cargo da Administração Pública, a ser liberado em favor do contratado, condicionado "apenas à execução satisfatória e ao recebimento parcial da etapa ou definitivo do objeto" (art. 123, § 2º)

No seu relatório final, a relatora Senadora Kátia Abreu explica que, dentre as principais contribuições do projeto,

> está também previsto o pagamento em conta vinculada, instrumento por meio do qual é garantida ao contratado maior tranquilidade quanto à existência dos recursos a que fizer jus. Não são raros os casos de inadimplência não motivada, com claros prejuízos imediatos aos contratados e efeitos inflacionários sobre os contratos futuros com a administração pública de modo geral.[81]

---

os embargos à execução, eventual ação rescisória e todos os recursos e incidentes cabíveis quanto à quantificação dos danos, o precatório federal possa ser emitido e a final quitado. Embora se reconheçam os notórios problemas na gestão do Grupo Varig, a indenização, que em valores atuais excede com folga o marco de dez bilhões de reais, poderia ter evitado a recuperação judicial e posterior falência do grupo, tivesse a demanda e seu pagamento sido concluídos num prazo razoável. Vide Recurso Extraordinário n. 571.969, de Relatoria da Ministra Carmen Lúcia.

[81] BRASIL. Senado Federal. **Projeto de Lei do Senado n. 559, de 2013**. Disponível em: <https://www25.senado.leg.br/web/atividade/materias/-/materia/115926>. Acesso em: 9 dez. 2017, p. 25.

2.3.3. *Risco de Crédito do Poder Público na Teoria Econômica Clássica*

Embora possamos aceitar, sob o princípio da presunção de solvência estatal, que, mesmo em países como o Brasil, o risco de inadimplemento total e absoluto do Tesouro Nacional seja remoto, não se pode dizer o mesmo do risco de mora e iliquidez, notadamente em face de obrigações devidas por Estados e Municípios.

Para uma empresa contratada pela Administração Pública, que necessita do recebimento do seu crédito no curto prazo para pagar seus empregados e manter-se operando (como, aliás, é invariavelmente o caso das concessionárias de PPPs, constituídas como sociedades de propósito específico por exigência legal e, portanto, sem outras fontes de receita para assegurar a sua subsistência), a certeza de recebimento do seu crédito ao final de uma demanda judicial sem qualquer garantia de duração razoável, em um futuro remoto e totalmente imprevisível, pode ter valor bastante limitado.

Apenas a título ilustrativo, o Estado de São Paulo, estado mais rico da federação, vinha, segundo lista publicada pelo Tribunal de Justiça em 30 de novembro de 2017, pagando em 2017 precatórios alimentares[82] emitidos no ano de 2000, revelando um atraso de nada menos do que 16 (dezesseis) anos na fila inteira de pagamento, que então registrava 14.150 (catorze mil, cento e cinquenta) precatórios incluídos para pagamento no orçamento estadual.[83] Some-se a isso as décadas enfrentadas no trâmite judiciário das respectivas ações de conhecimento, liquidação e execução que antecederam à emissão dos respectivos precatórios.

Não bastasse isso, como veremos em mais detalhes adiante, o histórico de calotes do governo brasileiro e seus entes federativos revela incerteza não só sobre o momento do pagamento, mas também sobre sua integralidade.

Basta, por ora, relembrar os inúmeros planos econômicos e episódios de manipulação pelo Poder Público dos índices inflacionários – alguns ainda em discussão no nosso judiciário –, com resultado prático de

---

[82] Segundo a regra de precedência do art. 100 da Constituição Federal, todos os precatórios alimentares de determinado ano devem ser pagos antes que o ente público possa iniciar o pagamento dos precatórios não alimentares do respectivo ano.

[83] A lista pode ser consultada em: São Paulo (Estado). Tribunal de Justiça. **Consulta de precatórios pendentes de pagamento**. Disponível em: <http://www.tjsp.jus.br/cac/scp/webRelPublicLstPagPrecatPendentes.aspx>. Acesso em: 5 dez. 2017.

redução artificial e expropriação parcial de créditos, sobretudo contra o Estado, créditos esses que, de acordo com seus termos originais, deveriam estar plenamente indexados e protegidos dos efeitos inflacionários.

É por tais razões, portanto, que o argumento econômico ou o correspondente princípio jurídico da presunção de solvabilidade do Estado não deveriam ser considerados suficientes para afastar a necessidade de garantia pela Administração Pública de um país com o histórico brasileiro, com o objetivo de oferecer segurança de pagamento em prazo aceitável e liquidez de caixa mínima ao particular que contrata com o Estado.

2.3.4. *O Princípio da Supremacia do Interesse Público*

Acalorados debates vêm sendo travados na academia brasileira acerca da superação ou atualidade do princípio da supremacia do interesse público, o que por si só já demonstra que o princípio não é tão absoluto ou pelo menos de simples aplicação como se poderia crer no passado.[84]

Daniel Sarmento, um dos precursores na defesa de superação de tal princípio, argumenta que não se pode atribuir aprioristicamente uma prevalência ou supremacia absoluta ao interesse público, entendido como interesse coletivo. Entende o ilustre constitucionalista carioca que nossa Constituição Federal protege, com igual *status*, direitos e garantias individuais. Assim sendo, para o referido autor, é necessário que se busque conciliar interesse público e direitos e garantias individuais. Em caso de conflito inconciliável, tais interesses deverão ser cotejados e sopesados à luz do caso concreto, para que então se apure quais são os interesses a sofrer maior ameaça ou a merecer maior guarida nas circunstâncias em questão.[85]

---

[84] Cf. as seguintes obras reunindo respeitados autores sobre o tema: DI PIETRO, Maria Sylvia Zanella; RIBEIRO, Carlos Vinícius Alves (Coords.). **Supremacia do interesse público e outros temas relevantes do Direito Administrativo**. São Paulo: Atlas, 2010; ARAGÃO, Alexandre Santos de; MARQUES NETO, Floriano Azevedo (Coords.). **Direito Administrativo e seus novos paradigmas**. Belo Horizonte: Fórum, 2008; e ainda SARMENTO, Daniel (Org.). **Interesses públicos versus interesses privados**: desconstruindo o princípio da supremacia do interesse público. 2. tiragem. Rio de Janeiro: Lumen Juris, 2007. [1. tiragem, 2005].

[85] Cf. SARMENTO, Daniel. Supremacia do interesse público? As colisões entre direitos fundamentais e interesses da coletividade. In: ARAGÃO, Alexandre; MARQUES NETO, Floriano de Azevedo (Orgs.) **Direito Administrativo e seus novos paradigmas**. Belo Horizonte: Fórum, 2012, p. 97-144; e também SARMENTO, Daniel. Interesses públicos vs. interesses privados na perspectiva da teoria e da filosofia constitucional. In: SARMENTO, Daniel (Org.). **Inte-

A seu turno, Maria Sylvia Zanella Di Pietro, refutando a posição de Daniel Sarmento, argumenta que tal posição ou incide no erro de considerar que está inovando, quando apenas expõe com outras palavras ideias aceitas desde longa data, olvidando que o interesse público defendido pelo Direito Administrativo sempre conviveu com os direitos fundamentais do homem, ou se equivoca ao negar valor ao princípio da supremacia do interesse público, negando os próprios fins do Estado.[86] Revela, ainda, desconfiança em tal doutrina da superação, entendendo que ela se inspira no Direito Administrativo Econômico, de orientação neoliberal, o qual "vem crescendo na mesma proporção em que cresce a proteção do interesse econômico em detrimento de outros igualmente protegidos pelo ordenamento jurídico brasileiro".[87]

Com todo respeito às abalizadas opiniões acima, quer nos parecer que, interpretando-se o princípio da supremacia de maneira refletida e ponderada, a divergência apresenta natureza meramente semântica e, por isso mesmo, perfeitamente conciliável.

Concebendo-se o interesse público como o interesse do Estado ou do administrador público, ou ainda como os interesses majoritários de uma dada coletividade, forçoso seria reconhecer, com Daniel Sarmento e outros autores no mesmo sentido, pela superação do princípio da supremacia do interesse público.

Por outro lado, tomando-se o interesse público numa acepção mais ampla, para reconhecer que ele também compreende e se perfaz com a defesa de direitos e garantias individuais (pois à sociedade como um todo interessa que os indivíduos gozem de proteções mínimas, tais como asseguradas na Constituição), sendo inerente à aplicação de tal princípio um sopesamento entre todos os direitos e pretensões envolvidas à luz da Constituição,[88] então, com Maria Sylvia Di Pietro, não há

---

resses públicos versus interesses privados: desconstruindo o princípio da supremacia do interesse público. 2. tiragem. Rio de Janeiro: Lumen Juris, 2007. [1. tiragem, 2005], p. 23-116.

[86] Di Pietro, Maria Sylvia Zanella. O princípio da supremacia do interesse público: sobrevivência diante dos ideais do neoliberalismo. In: Di Pietro, Maria Sylvia Zanella; Ribeiro, Carlos Vinícius Alves (Coords.). **Supremacia do interesse público e outros temas relevantes do Direito Administrativo**. São Paulo: Atlas, 2010, p. 85-102 (p. 100).

[87] Di Pietro, Maria Sylvia Zanella. O princípio da supremacia do interesse público. Op. cit., p. 101.

[88] Defendendo a necessidade de tal sopesamento como elemento ínsito à noção de interesse público, vide Barroso, Luís Roberto. Prefácio: o Estado contemporâneo, os direitos funda-

que se falar em superação do princípio da supremacia do interesse público, mas na sua aplicação ponderada e razoável à luz de cada caso concreto.

Acreditamos, aliás, que essa, mais ampla, deva ser a acepção de interesse público, até porque, como bem assevera Celso Antônio Bandeira de Mello, em que pesem suas já referidas críticas ao instituto da PPP,

> é evidente, e de evidência solar, que a proteção do interesse privado nos termos do que estiver disposto na Constituição, é, também ela, um interesse público, tal como qualquer outro, a ser fielmente resguardado; ou seja: sua defesa não é apenas do interesse do particular que possa vir a ser afetado, mas é de interesse de toda a coletividade que seja defendido.[89]

Pertinente ainda o alerta do referido administrativista, segundo o qual

> só mesmo em uma visão muito pedestre ou desassistida do mínimo bom senso é que se poderia imaginar que o princípio da supremacia do interesse

---

mentais e a redefinição de supremacia do interesse público. In: SARMENTO, Daniel (Org.). **Interesses públicos versus interesses privados**: desconstruindo o princípio da supremacia do interesse público. 2. tiragem. Rio de Janeiro: Lumen Juris, 2007. [1. tiragem, 2005], p. vii – xviii. Segundo Barroso, o interesse público não pode ser tomado como sinônimo de interesses coletivos, devendo ser entendido como a "melhor situação possível, à vista da situação concreta a ser apreciada, da vontade constitucional, dos valores fundamentais que ao intérprete cabe preservar ou promover". (p. xvi). Maria Sylvia Zanella Di Pietro, por sua vez, não nega tal sopesamento, apenas prefere alcançá-lo com apoio no princípio da razoabilidade. "A exigência de razoabilidade na interpretação do princípio da supremacia do interesse público se faz presente na aplicação de qualquer conceito jurídico indeterminado; atua como método de interpretação do princípio (na medida em que permite a ponderação entre o interesse individual e o público) e não como seu substituto". (DI PIETRO, Maria Sylvia Zanella. O princípio da supremacia do interesse público. Op. cit., p. 102).

[89] BANDEIRA DE MELLO, Celso Antônio. **Curso de Direito Administrativo**. Op. cit., p. 69. O autor oferece ainda alguns didáticos e ilustrativos exemplos: "Assim, é de interesse público que o sujeito que sofrer danos por obra realizada pelo Estado seja cabalmente indenizado, como previsto no art. 37, § 6º, do texto constitucional. É de interesse público que o desapropriado receba prévia e justa indenização, a teor do art. 4º, XXIV, do mesmo diploma. E é também evidente que nisto há proteção ao interesse privado de quem sofreu lesão por obra do Estado ou de quem foi por ele desapropriado, de par com a proteção do interesse público abrigado nestas normas. De resto, tais provisões, como é meridianamente óbvio, foram feitas na Constituição exata e precisamente porque foi considerado de interesse público estabelecê-las." (p. 69)

público sobre o interesse privado não está a reger nos casos em que sua realização traz consigo a proteção de bens e interesses individuais e que, em tais hipóteses, o que ocorre [...] é a supremacia inversa, isto é, do interesse privado![90]

O problema, todavia, é que, no nível geralmente superficial em que são debatidas propostas legislativas que pretendem inovar no regime tradicional do Direito Administrativo, ou em que são proferidas decisões sobre questões ainda não assentadas em nossos tribunais superiores, abundam as "visões pedestres" a que se referiu Celso Antônio.

Entretanto, numa acepção mais ponderada e menos rasa, não deveria ser difícil reconhecer que há, inegavelmente, interesse público em se proteger com maior efetividade os direitos de um ente privado contratado ou concessionário, sobretudo o seu direito de receber os pagamentos que lhe sejam contratualmente devidos pela Administração Pública, a tempo, modo e na sua integralidade, até porque não poderia haver interesse público legítimo ao inadimplemento do Estado e à insolvência do seu jurisdicionado!

E isso não somente para que a conduta adimplente da Administração reverta em benefícios diretos para ela própria e também para a coletividade, reduzindo a repercussão do risco no preço de futuras contratações e criando um cenário de previsibilidade e estabilidade tão necessário ao desenvolvimento econômico de qualquer país, mas também porque o adimplemento integral e tempestivo da Administração em favor do seu contratado ou concessionário respeita as condições econômico-financeiras de sua proposta e constitui medida que prestigia a justiça, a moralidade administrativa, a segurança jurídica e a proteção aos contratos, todos direitos e garantias previstos ou derivados da nossa Constituição Federal.

E, infelizmente, se o histórico ou o regime orçamentário de um determinado Estado como o Brasil, no seu atual estágio, não oferecem segurança e previsibilidade quanto ao adimplemento voluntário de um contrato, e se nem mesmo o seu sistema judiciário é capaz de oferecer remédio efetivo diante do descumprimento contratual pelo ente público contratante – seja porque não há segurança de duração razoável do

---

[90] BANDEIRA DE MELLO, Celso Antônio. **Curso de Direito Administrativo**. Op. cit., p. 69.

processo ou porque, mesmo ao seu fim, o precatório ainda está sujeito a infindáveis expedientes de procrastinação não coibidos com efetividade pelo Judiciário –, a outorga de garantia de adimplemento pelo Poder Público ao seu contratado, sobretudo em contratos de longo prazo e alta exposição ao risco político, como são as PPPs, e desde que obviamente tratemos de contratos firmados com observância aos procedimentos e parâmetros legais, é medida que prestigia e não contradiz o interesse público.

Quiçá, num contexto de contratos garantidos contra o descumprimento oportunista e eleitoreiro, o Estado brasileiro e seus governantes reconheçam os benefícios do comportamento adimplente e planejamento responsável no longo prazo, construindo um histórico de confiabilidade que lhes permita prescindir, nas gerações futuras, de garantias em sentido estrito para atração de investimentos a custos consistentes com aqueles experimentados pelas nações desenvolvidas.

Assim, há de se concluir que a proteção de credores ou contrapartes do Estado contra o inadimplemento ou comportamento oportunista deste não deve ser tomada como favorecimento indevido do agente privado, captura do Estado pelo capital ou influência escusa dos ideais do neoliberalismo.

2.3.5. *Princípio da Inalienabilidade, Impenhorabilidade e Imprescritibilidade dos Bens Públicos*

O princípio da inalienabilidade e impenhorabilidade dos bens públicos não pode ser tomado como dogma para afastar, sem maior reflexão, qualquer estrutura de garantias reais sobre bens públicos no Direito Administrativo brasileiro, por simples apego à tradição.

Mesmo no Direito Administrativo francês, fonte inspiradora do nosso Direito Administrativo e dentro do qual tais princípios foram geridos, referidos princípios da inalienabilidade e impenhorabilidade dos bens públicos vêm sendo reinterpretados, admitindo-se crescente número de exceções ou atenuantes, a exemplo do que se verifica em novos modelos de contratação pública como o *bail emphytéotique administratif* (BEA) e as próprias parcerias público-privadas (*partenariat public-privé*), com as características próprias daquele país.[91]

---

[91] Cf. ENEI, José Virgílio Lopes. Revisitando o princípio da inalienabilidade e impenhorabilidade dos bens públicos à luz de parcerias público-privadas e novas modalidades de con-

Embora a legislação francesa não contemple a outorga de garantias reais pelo Poder Público, haja vista o histórico de credibilidade daquele país, ainda assim já admite a outorga de direitos reais sobre bens públicos, algo inconcebível num passado não tão distante, como forma de facilitar a obtenção de financiamento pelos respectivos outorgados, que assim podem oferecer seus direitos reais em garantia aos financiadores.[92]

No Brasil, há de se ter em mente, em primeiro lugar, serem inalienáveis apenas os bens públicos de uso coletivo ou afetados a um serviço público em sentido amplo, que o nosso Código Civil denomina de "bens de uso comum do povo" e "bens de uso especial", nos termos dos seus artigos 99 e 100, respectivamente. Os bens públicos desafetados, ditos dominicais, podem ser livremente alienados, observadas as exigências de avaliação prévia, aprovação legal e/ou licitação, conforme o caso, nos termos do art. 17 da Lei de Licitações.

É nesse sentido a expressa dicção do art. 101 do Código Civil brasileiro: "os bens públicos dominicais podem ser alienados, observadas as exigências da lei". O parágrafo único do art. 99 do referido Código vai além para desde logo reconhecer, como regra geral, a alienabilidade dos bens integrantes do patrimônio de empresas públicas e sociedades de economia mista, eis que, "não dispondo a lei em contrário, consideram-se dominicais os bens pertencentes às pessoas jurídicas de direito público a que se tenha dado estrutura de direito privado".

Por sua vez, doutrina e jurisprudência vêm interpretando o artigo 100 da Constituição Federal e o artigo 730 do Código de Processo Civil de 1973 (arts. 534 e 910 do Código de Processo Civil de 2015), dentre outros dispositivos pertinentes, para concluir que o regime do precatório como única forma de satisfação forçada de créditos contra a Fazenda Pública, dele decorrendo, portanto, a impenhorabilidade dos bens integrantes do patrimônio desta, aplica-se tão somente às entidades da Administração Pública regidas pelo Direito Público, excluídas, portanto, as fundações de Direito Privado, as empresas públicas e as sociedades de economia mista desenvolvedoras de atividades econômicas, cujos bens

---

tratação pela Administração Pública: o bail emphytéotique administratif, as partenariats e outras experiências do Direito Francês. In: CUNHA FILHO, Alexandre J. C.; ALVES, Angela L. A.; NAHAS, Fernando W. B.; MELONCINI, Maria Isabela H. (Coords.). **Temas atuais de Direito Público**: diálogos entre Brasil e França. Rio de Janeiro: Lumen Juris, 2016, p. 259-284.
[92] ENEI, José Virgílio Lopes. Revisitando... Op. cit.

são, dessa forma, passíveis de penhora no contexto de execução contra elas intentada e, ainda, sob outro ângulo, passíveis de serem oferecidos em penhor, hipoteca ou outra garantia real em favor de terceiros credores.[93]

Mesmo com relação às entidades da Administração regidas pelo Direito Público, parece-nos correto concluir que o princípio da ordem cronológica dos precatórios veda apenas que credores possam exigir, por meio do Poder Judiciário, o cumprimento forçado – via penhora de bens – dos seus créditos fora de uma ordem estritamente cronológica, contra uma administração pública que se nega a adimplir voluntariamente sua obrigação.

Contudo, tal princípio por óbvio não deveria constituir óbice a que essa Administração Pública cumpra suas obrigações voluntariamente, nem que, em termos legalmente admitidos, garantias sejam por esta prestadas, por iniciativa própria e voluntária, sobre bens públicos dominicais e, portanto, alienáveis, antes mesmo que qualquer inadimplemento seja materializado.[94]

---

[93] Não obstante, o STF decidiu, no Recurso Extraordinário n. 220.906-9, que os Correios, na qualidade de empresa pública dedicada à prestação de serviços em regime de exclusividade, estariam sujeitos ao regime do precatório, sendo, portanto, impenhoráveis os seus bens. Entretanto, a decisão por maioria foi alcançada sob diferentes fundamentos. Alguns Ministros entenderam que a mera qualidade de empresa pública prestadora de serviços públicos com exclusividade já ensejaria obrigatoriamente o regime dos precatórios para todo o seu patrimônio. Outros Ministros entenderam que a impenhorabilidade aplicar-se-ia tão somente aos bens afetados à prestação de serviços públicos, não impedindo que penhoras fossem constituídas sobre bens não afetados.

[94] Neste sentido, é esclarecedora a lição de Floriano de Azevedo Marques Neto, segundo o qual "a regra natural das coisas há de ser que o poder público quite regularmente seus débitos, descarecendo-se de execução forçada. Ninguém irá vislumbrar afronta ao art. 100 da CF pelo fato de, em um exercício orçamentário, o poder público utilizar verbas orçamentárias para quitar suas obrigações contratuais ou financeiras não objeto de precatórios. Portanto, em tese, a simples oneração de um bem alienável como garantia real de um débito não parece ser, de per se, contrária ao ordenamento jurídico." Cf. MARQUES NETO, Floriano de Azevedo. **Bens públicos**: função social e exploração econômica: o regime jurídico das utilidades públicas. Belo Horizonte: Fórum, 2014, p. 301. No mesmo sentido favorável à admissibilidade das garantias reais sobre bens públicos no âmbito das PPPs, cf. VIEIRA, Lívia Wanderley de Barros Maia. As garantias ofertadas pela Administração Pública nas Parcerias Público-Privadas. In: DI PIETRO, Maria Sylvia (Org.). **Direito Privado Administrativo**. São Paulo: Atlas, 2013, p. 273-288 (p. 277).

2.3.6. A Perspectiva do Direito Financeiro e Seus Princípios

Embora se reconheça o ideal de uma realidade orçamentária sem vinculações ou garantias, em que todo e qualquer compromisso da Administração Pública é assumido com grande planejamento e responsabilidade e o orçamento uno e universal é elaborado conservadoramente visando ao atendimento das prioridades ditadas pelo interesse público, mas conciliando-as com o respeito rigoroso e previsível aos compromissos contratualmente assumidos, contingenciando-se despesas apenas em situações raras e excepcionais, como vimos, não é essa a realidade brasileira, nem de muitos países em semelhante grau de desenvolvimento.

Optando por priorizar desde logo certas políticas públicas e não confiando exclusivamente no discernimento do gestor público e do legislativo na elaboração e aprovação das leis orçamentárias, a Constituição Federal estabeleceu uma série de vinculações, sendo as mais expressivas aquelas destinadas à saúde, à educação e à seguridade social, conforme seus arts. 198, 212 e 195, respectivamente, além das transferências constitucionais a Estados e Municípios.

De outro lado, a Constituição vedou, em seu art. 167, IV, outras vinculações de impostos, admitindo, a *contrario sensu*, vinculações de outros tributos (como, aliás, é próprio das taxas e contribuições) ou receitas públicas.

Ou seja, embora não se negue vigência ao princípio da não afetação de receitas públicas, tamanhas são no nosso sistema as exceções a tal princípio que a maior parte das receitas públicas da União e dos Estados está vinculada a destinações estabelecidas na Constituição ou na lei.

A Lei de Responsabilidade Fiscal, por sua vez, considerou como despesas obrigatórias, a serem necessariamente incluídas na lei orçamentária, todas as despesas relativas à dívida pública, mobiliária ou contratual, e as receitas que as atenderão (art. 5º, § 1º), não sendo, tais despesas, assim como outras obrigações constitucionais ou legais do ente público, passíveis de contingenciamento (art. 9º, § 2 º).[95]

Assim, a não ser que as obrigações pecuniárias do parceiro público oriundas da PPP sejam classificadas como dívida pública, o que consti-

---

[95] "§ 2º – Não serão objeto de limitação as despesas que constituam obrigações constitucionais e legais do ente, inclusive aquelas destinadas ao pagamento do serviço da dívida, e as ressalvadas pela lei de diretrizes orçamentárias."

tui exceção aplicável apenas aos contratos que aloquem risco excessivo ao Poder Público e que, por isso mesmo, se mostrem incompatíveis com uma verdadeira contratação de serviços e utilidades no longo prazo,[96] tais obrigações, classificadas mais comumente como despesas continuadas (ou ainda despesas ou transferências correntes ou de capital, na acepção da Lei n. 4.320/1964), constituirão despesa obrigatória (por se tratar de obrigações com respaldo na própria Lei de PPPs), mas não estarão protegidas contra o contingenciamento.

Não obstante, por serem as PPPs contratos de grande vulto e longo prazo de execução, envolvendo, via de regra, obras e serviços de elevado interesse público, contratos esses que, tanto quanto títulos de dívida pública, precisam ser capazes de atrair investidores, locais e estrangeiros, a custos economicamente suportáveis ao Estado e ao seu contribuinte, quer nos parecer que o inadimplemento público em obrigações continuadas derivadas de uma PPP seja tão prejudicial à economia, estabilidade regulatória e segurança jurídica do país como o inadimplemento da dívida pública.

É por isso, aliás, que Estados e Municípios estão sujeitos tanto a limites de endividamento como a limites no montante total de obrigações que possam assumir no âmbito de PPPs, ambos medidos como função da receita corrente líquida, dentre outros limites aplicáveis.

Nesse sentido, seria justificável que tais obrigações do Estado derivadas de PPPs estivessem protegidas do contingenciamento tanto quanto as obrigações associadas à dívida pública.

A bem da verdade, é possível vislumbrar risco ainda maior ao investidor concessionário de uma PPP do que ao investidor que adquire título da dívida pública. Isso porque, estando a dívida pública pulverizada nas mãos de milhares ou milhões de investidores, em títulos ou contratos em grande medida padronizados, dificilmente encontraria o Poder Público fundamento para inadimplir seletivamente apenas com este ou aquele investidor ou pequeno grupo de investidores. Inadimplir significaria atingir necessariamente um grande número de investidores, ainda que somente investidores locais ou estrangeiros, titulares de dívida

---

[96] A mensuração de tais riscos e a classificação das obrigações como endividamento ou não foram originalmente disciplinadas pela Portaria n. 614, de 21 de agosto de 2006, da Secretaria do Tesouro Nacional.

mobiliária ou contratual. Um grande número de investidores, por sua vez, tem claramente maior poder de influência ou dissuasão sobre as ações do Poder Público. Por outro lado, sendo os contratos de PPP em muito menor número, e geralmente customizados às características de cada projeto em particular, dispõe a Administração Pública de ampla margem para, ao pretexto das características distintivas deste ou daquele projeto, inadimplir onde lhe seja politicamente mais conveniente.

Daí porque se justifique, nas PPPs, uma gama de modalidades de garantias maior do que aquelas admitidas à dívida pública.

2.4. Histórico de Mau Pagador do Poder Público no Brasil

Muitas teorias tentam explicar o subdesenvolvimento do Brasil, assim como de outros países em estágio comparável, sobretudo na América Latina – desde visões fatalistas que pretendem relacioná-lo ao clima tropical[97] ou à menor aptidão ao trabalho dos índios ou negros, que tiveram contribuição determinante na formação do povo brasileiro, passando por teorias que atribuem responsabilidade à religião católica e sua recriminação moral à riqueza e ao lucro (ao contrário da ética protestante, por exemplo), às origens coloniais, à colonização portuguesa, à colonização extrativista e baseada na economia do *plantation*, à industrialização tardia, à dependência externa, ao jeitinho brasileiro.

Rejeitando-se desde logo as visões deterministas e preconceituosas ligadas a raça ou clima, nenhuma das demais teorias, isoladamente considerada, oferece explicação suficiente ou conclusiva quanto às raízes do subdesenvolvimento.

Não obstante, há razoável consenso entre sociólogos, economistas e historiadores modernos, dentre outros profissionais dedicados a essa temática, reconhecendo no Brasil, e em medida semelhante também em outros países da América Latina, uma cultura mais personalista, em que a sociedade, e sua elite, valorizam mais os laços pessoais de parentesco e amizade do que o respeito às leis ou aos contratos, deixados em segundo plano.[98]

---

[97] Friedrich Ratzel, no final do século XIX, foi um dos principais teóricos precursores do determinismo ambiental ou geográfico.
[98] O "homem cordial" de Sérgio Buarque de Holanda (HOLANDA, Sérgio Buarque de. **Raízes do Brasil**. 26. ed. São Paulo: Companhia das Letras, 1995) talvez seja a figura mais repre-

Relacionado ao personalismo, constata-se também nos países latinos uma cultura patrimonialista, em que esferas pública e privada se misturam. Governantes tratam a coisa pública como extensão do seu patrimônio próprio, utilizando-se dela em proveito pessoal, para atender a interesses particulares e não ao bem comum. Daí a corrupção, o coronelismo, a compra de votos, o clientelismo, o populismo como instrumento de alienação das massas e perpetuação do governante no poder, o fisiologismo etc.[99]

Tais características, verificadas desde os primórdios da nação brasileira, ainda se fazem intensamente presentes nos dias atuais, como nos dão conta os diversos escândalos eclodidos entre 2010 e 2017, incluindo Mensalões, Operação Lava Jato e suas dezenas de fases, Operação Zelotes, para ficar apenas em algumas investigações de maior repercussão na mídia.

No que interessa mais objetivamente à presente tese, fato é que ainda se constata no Brasil uma cultura de desapego à lei e ao contrato, de oportunismo e de tolerância excessiva ao inadimplemento, sendo a Administração Pública um dos principais protagonistas dessa cultura.

O administrador público, ao invés de dar o exemplo, é justamente quem mais corrobora a cultura do oportunismo e inadimplência, embora tal cultura esteja impregnada em quase toda a sociedade; o Poder Legislativo é omisso na aprovação de leis que possam corrigir tal situação;

---

sentativa dessa linha de pensamento que reconhece, no povo brasileiro, um traço cultural personalista, em que se valoriza o relacionamento e a afinidade pessoal muito mais do que a letra da lei ou dos contratos firmados. Enfatizando o patrimonialismo, vertente do traço personalista, com ampla pesquisa histórica desde a origem da colonização portuguesa, é também clássica a obra de Raymundo Faoro (FAORO, Raymundo. **Os donos do poder**: formação do patronato político brasileiro. 3. ed. São Paulo: Globo, 2001). Para uma perspectiva da história econômica e social do país e suas condicionantes sobre o desenvolvimento e industrialização tardia do Brasil, cf. FURTADO, Celso. **Formação econômica do Brasil**. 27. ed. São Paulo: Companhia Editora Nacional; Publifolha, 2000. Para uma perspectiva mais sociológica e influência do povo indígena e negro no desenvolvimento do Brasil, vide também FREYRE, Gilberto. **Casa-grande e senzala**: formação da família brasileira sob o regime da economia patriarcal. 51. ed. São Paulo: Global, 2015. Sobre o jeitinho brasileiro, cf. MATTA, Roberto da. **Carnavais, malandros e heróis**: para uma sociologia do dilema brasileiro. 6. ed. Rio de Janeiro: Rocco, 1997. Sobre as facetas do patrimonialismo e personalismo na economia brasileira moderna, cf. LAZZARINI, Sérgio G. **Capitalismo de laços**: os donos do Brasil e suas conexões. Rio de Janeiro: Elsevier, 2011.

[99] Cf. FAORO, Raymundo. Op. cit.; e LAZZARINI, Sérgio G. Op. cit.

as respostas do Judiciário são tímidas e em geral intempestivas; e o povo perde sua capacidade de indignação ou mesmo de reagir com racionalidade nas urnas.

Como restou escancarado na Operação Lava Jato, muitas empresas que dependem de contratos com o Estado preferem aceitar e se submeter às arbitrariedades da Administração Pública, mas se proteger ou mesmo se beneficiar com negociatas escusas, manipulação de planilhas e aditamentos, cartelização ou frustração da concorrência.[100]

Eis aí um ciclo vicioso de difícil superação. Um sistema de freios e contrapesos (*checks and balances*) deficiente, o qual não tem conseguido reconduzir a sociedade brasileira a um equilíbrio mais virtuoso e mais conducente ao progresso sustentável.

Douglass North, Prêmio Nobel de economia em 1993, foi um dos fundadores da nova economia institucional. Para Douglass North, a qualidade das instituições de um país e a sua capacidade evolutiva condicionam o desenvolvimento econômico, constituindo o principal fator de explicação do estágio de progresso econômico de uma determinada nação. Note-se que Douglass North referia-se a instituições num sentido mais amplo, compreendendo não apenas as organizações e as leis formais de um país, mas também as ideologias reinantes, os usos e costumes e a cultura de um modo geral.[101]

Douglass North rejeitava a teoria pura do racionalismo econômico, segundo a qual os agentes econômicos, inclusive eleitores, guiariam naturalmente suas ações ou decisões para um resultado que, mais cedo ou mais tarde (corrigindo-se erros ou desvios porventura incorridos), otimizasse o bem-estar dos referidos agentes, porque entendia que, no mundo real, tais agentes jamais disporiam de todas as informações necessárias para exercer os julgamentos mais racionais no seu próprio interesse. Diante de tal insuficiência informacional inerente ao mundo real, e considerando ainda os custos transacionais que oneram a busca

---

[100] Sérgio Lazzarini narra algumas das estratégias adotadas pelas empresas privadas na sua relação com o Estado. Afora a corrupção propriamente dita, "muitos empresários, na verdade, enxergam as doações de campanha a políticos como uma forma de se proteger contra ações discriminatórias ou disfunções da máquina estatal." (LAZZARINI, Sérgio G. Op. cit., p. 52).

[101] Cf. em particular NORTH, Douglass. **Institutions, Institutional Change and Economic Performance**. Cambridge: Cambridge Press, 1990.

de tais informações, as pessoas agiriam com base nas informações disponíveis, mas complementando-as com as suas ideologias, concepções, usos, costumes e cultura, todos desenvolvidos e influenciados pelo meio social.[102]

Essa teoria parece oferecer boa explicação do porquê governantes insistem em desrespeitar contratos, mudar as regras do jogo e burlar suas obrigações perante parceiros e contratados, em países como o Brasil (Argentina ou Venezuela, para citar alguns vizinhos mais notórios), à revelia dos graves prejuízos que tal comportamento acarreta no longo prazo ao desenvolvimento e progresso do país. É ilustrativa, ainda, do porquê o Poder Judiciário, o Poder Legislativo e os eleitores não conseguirem coibir ou responder com efetividade a tais práticas.

Outra teoria que poderia explicar esse oportunismo contumaz do governante brasileiro é a que observa que, mesmo aceitando a lógica clássica do comportamento racional em busca da maximização dos interesses, o benefício perseguido pelo político não é necessariamente o da sociedade ou o dos seus representados, mas o seu interesse próprio e individual de perpetuação no poder e ou de vantagens pessoais extraídas do cargo.[103]

Mas, para não ficarmos apenas na crítica teórica e abstrata, quais seriam, afinal, os eventos de inadimplemento ou oportunismo que configurariam esse histórico tão negativo da Administração Pública no Brasil?

Os professores de economia de Harvard, Carmen Reinhart e Kenneth Rogoff, são referências mundiais em crises financeiras, endividamento público, seu inadimplemento e reestruturação, reunindo vasta literatura sobre o tema e ampla pesquisa de dados. Em um de seus estudos mais famosos, publicado no contexto da crise de 2008, cobrindo um período de oito séculos, os autores catalogaram eventos de inadimplemento (*default*) e reestruturações da dívida pública externa verificados ao longo da história de praticamente todos os países do mundo.[104] Referida

---

[102] NORTH, Douglass. Op. cit.
[103] Public Choice Theory. Cf., dentre os seus principais formuladores, BUCHANAN, James M.; TULLOCK, Gordon. **The Calculus of Consent**: Logical Foundations of Constitutional Democracy. EUA: University of Michigan Press, 1962. Disponível em: <http://files.libertyfund.org/files/1063/Buchanan_0102-03_EBk_v6.0.pdf>. Acesso em: 9 dez. 2017.
104 Façamos aqui uma distinção: a mera reestruturação ou a revisão de contratos ou obrigações não devem ser qualificadas, por si só, como calotes ou quebra de contrato, consti-

compilação apontava nada menos que oito eventos de inadimplemento (*default*) e reestruturações da dívida pública externa brasileira, todos após a proclamação da República (1898, 1902, 1914, 1931, 1937, 1961, 1964 e 1983), indicando o Brasil como um dos líderes de reincidência no último século.[105]

Em estudo realizado pelo The Economist, o Brasil aparece como o quinto país do mundo com maior número de calotes à dívida externa, num total de nove ao longo de sua história, à frente apenas de quatro outros países latino americanos.[106]

O último desses calotes deu-se já no período pós-governo militar no Brasil, mais precisamente em fevereiro de 1987, durante o Governo de José Sarney. Seguindo os passos dados pelo México e pelo Chile em 1982, foi decretada a moratória da dívida externa pelo Brasil, de forma unilateral e hostil, sem negociação prévia com os credores. A moratória foi suspensa com a retomada do pagamento de juros em setembro de 1988, após imposição de elevado desconto e alongamento à dívida. Entretanto, o Brasil só logrou captar novamente recursos no mercado de capitais externo após 1995, e sofreu no período grande abalo em sua economia, mesmo no setor privado, diante da desconfiança internacional que se alastrou sobre o país. Só não foi pior porque a globalização ainda não havia alcançado a intensidade com que atualmente se impõe.[107]

---

tuindo frequentemente renegociação levada a efeito por devedor diligente e de boa-fé. No contexto aqui tratado, a reestruturação qualificada como calote seria aquela iniciada a partir da suspensão unilateral do cumprimento do contrato e negociada com o credor sob ameaça do inadimplemento total.

[105] Cf. REINHART, Carmen M.; ROGOFF, Kenneth S. This Time is Different: A Panoramic View of Eight Centuries of Financial Crises. **National Bureau of Economic Research Working Paper**, n. 13.882, mar. 2008. Disponível em: <http://www-management.wharton.upenn.edu/guillen/2008_docs/Reinhardt_Rogoff_ Financial_Crises_NBER_2008.pdf>. Acesso em: 12 abr. 2017.

[106] O ranking é liderado por Equador, Venezuela, Uruguai e Costa Rica, nessa ordem. A Argentina figura como sétima colocada. (USUAL Suspects. **The Economist**. Disponível em: <http://www.economist.com/blogs/graphicdetail/2014/07/daily-chart-23>. Acesso em: 12 abr. 2017).

[107] Sobre a moratória da dívida externa, cf. FONSECA, Eduardo Giannetti. A moratória brasileira e os antecedentes do Plano Brady (1987–1988). In: **Memórias de um trader**. São Paulo: Thomson, 2002, p. 211-243; e ainda CERQUEIRA, Ceres Aires. **Dívida externa brasileira**. 2. ed. Brasília: Banco Central do Brasil, 2013. Comentando recentemente a decretação unilateral da moratória, o economista Maílson da Nobrega, nomeado à função de Ministro da

Naturalmente, o calote não é privilégio da dívida externa.

Talvez o evento ainda relativamente recente e mais ilustrativo em nosso país tenha sido o confisco – à revelia de todos os contratos de conta corrente, poupança ou investimento então vigentes – promovido pelo governo Collor e sua Ministra Zélia Cardoso de Mello, em 1990, como parte do chamado Plano Collor I. 80% (oitenta por cento) de todos os recursos financeiros em conta corrente, poupança ou aplicações líquidas, como o *overnight*, que excedessem a 50 (cinquenta) mil cruzados novos foram compulsoriamente congelados, com previsão de liberação em apenas 18 (dezoito) meses e remuneração unilateralmente estipulada de 6% (seis por cento) ao ano mais a taxa de inflação oficial.

Diante do caos social que tais medidas provocam, em geral, e ressalvada, portanto, a notória exceção do Plano Collor I, o calote à dívida interna não assume configuração tão extrema e direta como um confisco, ou empréstimo compulsório, mas expedientes oblíquos como a manipulação de índices inflacionários oficiais, também ocorrida no Plano Collor e em praticamente todos os demais planos econômicos pós-redemocratização: Plano Cruzado (1986), Plano Bresser (1987), Plano Verão (1989) e o próprio Plano Real (1993).

Este, aliás, é também um bom exemplo da inefetividade do Poder Judiciário em repelir ou reparar tais manobras. Em 2017, transcorridas praticamente três décadas desses planos, o Supremo Tribunal Federal ainda não havia emitido decisão final sobre o tema, que, segundo os

---

Fazenda logo após tal evento, assim qualificou-o: "Foi claramente um erro. A moratória não se justificou como uma decisão racional do ponto de vista econômico. Ela teve, na verdade, um componente inequivocamente político, que era, de um lado, esconder o fracasso do Plano Cruzado e, de outro, recuperar a popularidade do governo. Havia uma percepção equivocada em Brasília de que a população apoiaria o calote contra as instituições financeiras internacionais, pois o prestígio delas não era muito grande. A medida foi influenciada também por razões ideológicas, de que era, por exemplo, preciso se contrapor aos credores externos – sobretudo ao Fundo Monetário Internacional (FMI), que é peça-chave de qualquer negociação. [...] Em resumo, o Brasil foi o único prejudicado por sua própria insensatez. Nossa credibilidade ruiu e a economia doméstica sofreu um choque." (SVERBERI, Benedito. Moratória brasileira foi um erro econômico e político. **Veja**, 9 jul. 2011. Disponível em: <http://veja.abril.com.br/economia/moratoria-brasileira-foi-um-erro-economico-e-politico>. Acesso em: 12 abr. 2017). O próprio Presidente José Sarney reconhece, atualmente, em seu blog o erro cometido à época, afirmando que "o certo era ter chamado os bancos para negociar". (SARNEY, José. **Moratória**. Disponível em: <http://www.josesarney.org/o-politico/presidente/moratória>. Acesso em: 12 abr. 2017).

cálculos do Governo poderia alcançar R$ 150 (cento e cinquenta) bilhões e 400 (quatrocentos) mil processos com tramitação suspensa, aguardando o julgamento dos recursos extraordinários admitidos com efeitos de repercussão geral.[108]

Contudo, todos os eventos acima narrados dizem respeito ao fenômeno da dívida pública, que tem certamente natureza contratual e, portanto, também evoca o tema da quebra de contrato, mas tais eventos não tratam de concessões ou outros contratos administrativos regidos preponderantemente pelo Direito Público, os quais constituem objeto central deste estudo. Poder-se-ia então questionar a necessidade de garantias em tais concessões ou contratos administrativos.

Mas também nesses o histórico brasileiro não é muito melhor.

As vicissitudes e incertezas orçamentárias dos contratos administrativos são antigas e notórias. São frequentes os relatos de obras públicas paralisadas em razão de indisponibilidade ou contingenciamento de receitas públicas, paralisações essas que, por sua vez, geram para o contratado custos extras de mobilização (ou remobilização), manutenção não originalmente prevista dos bens e equipamentos provisoriamente entregues ou parcialmente instalados, encargos financeiros e correção monetária, revisão de preços perante seus fornecedores e subcontratados etc.

E, não raramente, a Administração Pública se nega a reconhecer, total ou parcialmente, tais custos extras e revisar o contrato para recompor o seu equilíbrio financeiro (ou, pior ainda, exige contrapartidas indevidas para fazê-lo).

Em tempos de hiperinflação nas décadas de 1980 e 1990, era comum que a Administração Pública se negasse a corrigir monetariamente prestações pagas com atraso, prática essa repelida pelo Judiciário, disso

---

[108] Cf. BRÍGIDO, Carolina. Presidente do STF trata com bancos de julgamento sobre planos econômicos. **O Globo**, 11 jan. 2017. Disponível em: <http://oglobo.globo.com/economia/presidente-do-stf-trata-com-bancos-de-julgamento-sobre-planos-economicos-20757752>. Acesso em: 12 abr. 2017. Em dezembro de 2017, a imprensa noticiava uma tentativa de acordo global entre bancos e credores, o qual envolveria o reconhecimento de um débito total de cerca de R$ 12 (doze) bilhões em favor de quem quer que tenha participado de ações judiciais individuais ou coletivas para questionamento dos expurgos e planos econômicos, o que dispensaria o STF de proferir decisão final sobre o tema. (WIZIACK, Julio; CARNEIRO, Mariana. Acordo de plano econômico vai incluir ações individuais. **Folha de São Paulo**, 05 dez. 2017. Disponível em: <http://www1.folha.uol.com.br/mercado/2017/12/1940679-acordo-de-plano-economico-vai-incluir-acoes-individuais.shtml>. Acesso em: 5 dez. 2017).

gerando milhares de precatórios, muitos dos quais ainda aguardam pagamento, passadas mais de duas ou três décadas.

O mesmo problema se verifica comumente também em contratos de prestação continuada de serviços ou fornecimentos, com o agravante de que, muitas vezes, o Judiciário nega ao contratado o direito de suspender seus serviços ou fornecimentos, mesmo diante de atrasos no pagamento superiores aos 90 (noventa) dias previstos no art. 78, XV, da Lei n. 8.666, tendo em vista a essencialidade dos bens ou serviços no contexto em que demandados (por exemplo, fornecimento de energia, água ou gás natural para hospitais, escolas públicas e outras entidades estatais, serviços de coleta de lixo para a Municipalidade etc.[109]).

No terreno das concessões, ainda no regime anterior ao da Constituição Federal de 1988, podemos começar por um dos primeiros processos de retomada e estatização de concessões que tiveram sua origem no setor privado, como é o caso das concessões do setor elétrico, cujas atividades foram, também no Brasil, iniciadas pelo empreendedorismo privado no final do século XIX. A partir de 1961, governo federal e governo estadual decidiram retomar as concessões elétricas das empresas do grupo de capital norte-americano Amforp (American & Foreign Power Company) no Brasil. O governo do Rio Grande do Sul pretendeu levar a cabo a encampação da referida sociedade oferecendo uma indenização de apenas 1 cruzeiro pela subsidiária do grupo localizada naquele estado. Essa encampação por valor simbólico gerou uma crise diplomática de grandes proporções entre o governo brasileiro e o norte-americano, tendo como resultado a reestruturação da operação como uma compra e venda do controle acionário do grupo no país, desta vez pelo preço de 135 milhões de dólares. No entanto, tal aquisição do controle foi contemplada em contrato assinado em abril de 1963, mas protestos nacio-

---

[109] A esse respeito, vide a discussão travada por Fabio Amorim Rocha: "Outro aspecto problemático da questão são as dívidas dos Poderes Públicos, notadamente dos Municípios, pois, embora a suspensão do fornecimento em caso de inadimplência esteja legalmente prevista [...], dada a conotação social dos serviços, dificilmente a suspensão será praticada, por exemplo, da Iluminação Pública, sendo que, mesmo em relação aos demais serviços, o Judiciário tem mostrado forte tendência a conceder liminarmente ordens de restabelecimento da energia elétrica suspensa." (ROCHA, Fabio Amorim. **A legalidade da suspensão do fornecimento de energia elétrica aos consumidores inadimplementes**. Rio de Janeiro: Lumen Juris, 2004, p. 62-63).

nalistas suspenderam a consumação do negócio e pagamento do preço até novembro de 1964, já na vigência do governo militar.[110]

Já sob a égide da Constituição de 1988, da Lei Geral de Concessões de 1995 e da reabertura dos segmentos de infraestrutura à participação da iniciativa privada, exemplo maior de quebra e repúdio ao contrato, sob fundamento puramente ideológico e de propaganda eleitoral populista, foi aquele que se verificou no Estado do Paraná, em particular (mas não exclusivamente) durante o governo de Roberto Requião, no que se convencionou chamar de "Risco Requião"[111].

---

[110] Cf. ELETROBRAS. **A Conesp e a compra da Amforp**. Disponível em: <http://www.eletrobras.gov.br/40anos/interno_62-66.asp?id=7&descricao=Henry%20Sargent,%20presidente%20da%20American%20and%20Foreign%20Power%20Company%20(o%20primeiro%20sentado,%20E0%20direita),%20com%20o%20ministro%20das%20Rela%E7%F5es%20Exteriores,%20Juraci%20Magalh%E3es,%20o%20presidente%20da%20Eletrobr%E1s,%20Octavio%20Marcondes%20Ferraz,%20e%20um%20dos%20diretores%20da%20estatal%20brasileira,%20Ronaldo%20Moreira%20da%20Rocha,%20durante%20a%20assinatura%20do%20contrato%20de%20compra%20dos%20bens%20do%20grupo%20norte-americano,%20em%20Washington/Reprodu%E7%E3o%20fotogr%E1fica%20Gilson%20Ribeiro/%20Acervo%20Cpdoc%20-%2012/11/1964>. Acesso em: 9 dez. 2017; e também FUNDAÇÃO GETULIO VARGAS – FGV. Centro de Pesquisa e Documentação de História Contemporânea do Brasil. **Documentos relativos à compra das empresas pertencentes ao grupo AMFORP pela Eletrobrás**. Disponível em: <http://www.fgv.br/cpdoc/acervo/arquivo-pessoal/OMF/textual/documentos-relativos-a-compra-das-empresas-pertencentes-ao-grupo-amforp-pela-eletrobras-destacando-se-memorial-sobre-a-situacao-das-empresas-eletr>. Acesso em 12 de abril de 2017.

[111] "No Paraná, quando o interesse público está em jogo, não temos medo de romper contratos, de retomar empresas públicas. Não temos medo das agências internacionais ou dos sabujos nacionais que fixam as notas do "risco Brasil" ou que classificam um novo risco, o 'risco Requião'." Trecho de carta de Roberto Requião lida em Conferência Mundial da Paz, realizada em Caracas, em 8 a 13 de abril de 2008. (CARTA do governador Requião será lida em Conferência da Paz. **Vermelho**, 7 abr. 2008. Disponível em: <http://www.vermelho.org.br/noticia/33365-1>. Acesso em: 12 abr. 2017). "A Copel foi exposta durante oito anos ao fenômeno que ficou conhecido como "Risco Requião", expressão adotada para ilustrar o risco de ações políticas deflagradas pelo ex-governador do Estado do Paraná (2003-2006 e 2007-2010)". Cf. MÜLLER-MONTEIRO, Eduardo. Metodologia para análise e bloqueio de ações disruptivas derivadas do uso político em empresas do setor elétrico. In: SNPTEE SEMINÁRIO NACIONAL DE PRODUÇÃO E TRANSMISSÃO DE ENERGIA ELÉTRICA, 23. Foz do Iguaçu, 2015. Disponível em: <http://www.acendebrasil.com.br/media/academicas/2015_XXIII_SNPTEE_Premio_2oLugar_GEC31_Metodologia_para_analise_de_uso_politico_em_empresas_do_setor_eletrico_Rev_2.pdf>. Acesso em: 17 abr. 2017. [Artigo premiado com 2º Lugar no Grupo de Estudo de Aspectos Empresariais e de Gestão Corporativa – GEC]

Logo que assumiu o governo em 2003, opondo-se ideologicamente à política desestatizante que predominara no governo federal de Fernando Henrique Cardoso, e aprofundando medidas populistas que já haviam sido iniciadas no Governo anterior de Jaime Lerner[112], o governador Requião ordenou unilateralmente a suspensão dos contratos de longo prazo firmados pela Copel com nada menos que três empresas, a Usina Termelétrica Araucária, do Grupo El Paso, a transmissora CIEN, do Grupo Endesa, e a Usina Termelétrica do Grupo NRG. Três anos depois, no curso das diversas medidas judiciais e arbitrais intentadas pelas partes e sob forte pressão financeira em face dos prejuízos que se acumulavam sem pagamentos por parte da Copel, cliente única da geradora, a El Paso aceitou vender as ações da UTE Araucária à referida estatal por R$ 416 milhões. Típica técnica de confronto e repúdio ao contrato, para impor acordo em condições mais favoráveis ao Estado. Claramente não havia uma garantia de pagamento efetiva por parte da Copel que pudesse assegurar um equilíbrio financeiro à UTE Araucária durante o litígio.

Na sua batalha contra o capital privado nacional ou estrangeiro e o que classificava de entreguismo neoliberal, o governador prosseguiu na sua política estatizante, decretando, em janeiro de 2004, a desapropriação por utilidade pública de cinco das seis concessões rodoviárias no Estado do Paraná, quais sejam, Rodonorte (CCR), Rodovia das Cataratas, Viapar, Ecovia e Econorte, todas concessionárias que se negaram a aceitar a redução das tarifas de pedágio ou dos índices de reajuste a que fariam jus, mesmo não estando contratualmente obrigadas a fazê-lo. Naturalmente, Requião pretendia consumar a desapropriação sem justa e prévia indenização, a qual deveria seguir critérios previstos na Lei Geral de Concessões e já reconhecidos pela jurisprudência para o contexto de encampação ou, de modo geral, término antecipado de contrato sem culpa do contratado (indenização pelos investimentos vinculados a bens reversíveis não amortizados, acrescida de lucros cessantes).[113]

---

[112] Em 1998, depois de obras iniciais superiores a 250 milhões de dólares, o Governador Jaime Lerner diminuiu unilateralmente o valor da tarifa em 50%, alocando obras ao final do contrato. Disponível em: <https://www.folhadelondrina.com.br/cidades/lerner-cede--a-pressoes-reduz-valor-do-pedagio-em-ate-50-e-suspende-obras-86776.html>e<http://www1.folha.uol.com.br/folha/cotidiano/ult95u97504.shtml>. Acesso em: 25 mai. 2018.

[113] Cf. BRAGA, Sérgio Soares. **Roberto Requião**. In: FGV. Centro de Pesquisa e Documentação de História Contemporânea do Brasil. Disponível em: <http://www.fgv.br/cpdoc/

Sem o respaldo do Poder Legislativo e do Judiciário, não conseguiu consumar as pretendidas desapropriações sem justa indenização, nem tampouco impor uma redução compulsória ou congelamento das tarifas de pedágio à revelia do contrato de concessão.[114]

No entanto, numa clara política de retaliação, ajuizou dezenas ações contra as referidas concessionárias, pelos mais variados pretextos, afora interferências e medidas administrativas que certamente causaram muitos prejuízos àquelas concessionárias.

Em outra frente, Requião buscou, expedindo o Decreto n. 452/2003, anular o leilão de venda de ações e resultante acordo de acionista

---

acervo/dicionarios/verbete-biografico/roberto-requiao-de-melo-e-silva>. Acesso em: 12 abr. 2017. Tais medidas adotadas por Requião contribuíram para aumentar o "risco Brasil" e exigir retornos maiores aos investidores no setor de rodovias em todo país, como bem ilustra trecho da Nota Técnica 030 de 2006 da própria ANTT (SUREF): "No Brasil têm-se vários exemplos da presença do risco regulatório nas concessões de rodovias. (...) Alguns dos principais casos de aumento das incertezas relacionadas à questões políticas e regulatórias no país ocorreram no Paraná. Neste estado, por várias vezes o governo interferiu na cobrança de pedágio, ora encaminhando projetos de Lei com finalidade de encampar as concessões, ora tomando ação unilateral de reduzir o valor das tarifas cobradas. Estas medidas geraram, durante algum tempo, incertezas quanto à sua legalidade." Disponível em: < http://appweb2.antt.gov.br/acpublicas/apublica2006_34/NotaTecnica030.pdf>. Acesso em: 25 mai. 2018. Referida Nota Técnica estima, como impacto mínimo de tal risco, a necessidade de oferecimento de uma taxa interna de retorno ao investidor pelo menos 3% acima do que seria o percentual de outro modo aceitável.

[114] Dentre as diversas decisões sobre a matéria, podemos citar, a título ilustrativo acerca da postura do Tribunal Regional Federal da 4ª Região por rechaçar os argumentos meramente políticos do Estado do Paraná sob o Governo Requião: "EMENTA: ADMINISTRATIVO. CONTRATO DE CONCESSÃO. PEDÁGIO. REAJUSTE DE TARIFAS. LEGITIMIDADE PASSIVA DA UNIÃO E DA ANTT. CONFLITO CONFEDERATIVO NÃO-CONFIGURADO. HONORÁRIOS ADVOCATÍCIOS. [...] 4. Não tendo apresentado os fundamentos para infirmar o percentual obtido pela autora, deve ser aceito aquele ofertado pela concessionária, pois este é o critério eleito pelo próprio contrato. Da mesma forma que ocorreu no âmbito administrativo, em juízo o Estado do Paraná novamente faz uso apenas de fundamentos de cunho eminentemente político, abordando unicamente a questão de suposta contrariedade ao interesse público, não havendo a apreciação de questão técnica pertinente ao percentual de reajuste da tarifa, do que se presume sua regularidade. 5. Afastamento da condenação da União e da ANTT em honorários, pois, a despeito de sua legitimidade passiva, no presente caso, há absoluta ausência de causalidade por parte dos entes federais para o surgimento da ação, cujo objetivo é apenas suprir omissão do DER/PR e do Estado do Paraná no cumprimento do contrato de concessão". (TRF4, AC n. 0026929-92.2008.404.7000, 3ª T., Relator Nicolau Konkel Júnior, D.E. 21 ago. 2012).

anteriormente firmados pelo Estado do Paraná e que admitia investidor privado declarado vencedor (sociedade denominada Dominó Holdings S.A.) como acionista estratégico na Sanepar, com direitos de participação relevante na governança da referida empresa, titular de concessões de água e esgoto no Estado. Sem sucesso na anulação de tal acordo, conforme decisões proferidas pelo Superior Tribunal de Justiça[115] e pelo Tribunal de Justiça do Paraná,[116] dentre outras decisões em incidentes ou ações correlatas em instâncias diversas, Requião buscou, então, diluir artificialmente os investidores privados, estratégia que também foi repelida pelo Judiciário.[117] A exemplo do que houvera feito em relação à Copel, congelou as tarifas da Sanepar, acumulando novas disputas judiciais com a concessionária e seus acionistas privados. Pressionando os acionistas privados, obteve sucesso em forçar a aquisição pela estatal Copel das ações do acionista francês Vivendi. Não obstante, as diversas ações judiciais foram dirimidas apenas em 2013, com a celebração de novo acordo de acionistas entre a *holding* privada e o Estado do Paraná, já sob o Governo Beto Richa.[118]

Se, no curto prazo, tais estratégias trouxeram algum alívio ou benefício financeiro momentâneo ao Estado do Paraná, ou dividendos elei-

---

[115] Cf. Decisão proferida pela Ministra Eliana Calmon na Reclamação n. 3.016/PR (2008//0235433-9). Reclamante: Dominó Holdings S.A. Reclamado: Estado do Paraná. Datada de 29 jun. 2009. Pub. em 3 ago. 2009.

[116] Cf. Acórdão n. 484291-9, 5ª Câmara Cível do TJPR, Apelantes: Dominó Holdings e ex-Governador Jaime Lerner; Apelado: Estado do Paraná. Julg. em 20 jan. 2009, pub. DJ 16 fev. 2009. Relator: Desembargador Luiz Mateus de Lima. Da Ementa se extrai: "Não há falar em nulidade do Acordo de Acionistas que foi firmado atendendo às regras do Edital que o disciplinou e da legislação que autorizava a alienação das ações ordinárias da SANEPAR, sob pena de violação ao Princípio da Vinculação ao Instrumento Convocatório e da Boa-Fé que regem os negócios jurídicos. O Acordo de Acionista não implicou na perda do controle acionário do Estado do Paraná, haja vista que este continua detendo a maioria dos votos nas deliberações assembleares, bem como cabe ao ente estatal indicar e eleger a maior parte dos membros do Conselho de Administração e da Diretoria da SANEPAR."

[117] Cf. Decisão proferida na Medida Cautelar n. 13.304, Ministra Eliana Calmon, STJ. Da decisão se extrai: "5. Liminar acautelatória que se concede para impedir, até o julgamento definitivo da ação anulatória, a alteração do status quo. 6. Proibição de realizar-se a assembléia geral extraordinária para aumento do capital social."

[118] RELAÇÃO de Sanepar com Dominó foi turbulenta durante governo Requião. **Gazeta do Povo**, 19 de outubro de 2016. Disponível em: <http://www.gazetadopovo.com.br/economia/relacao-da-sanepar-com-domino-foi-turbulenta-durante-governo-requiao-10jatp890yhigzso4pgmdgxgn>. Acesso em: 12 abr. 2017.

torais no curto prazo (Requião foi reeleito em 2007), fato é que, no médio e longo prazo, a política populista e de repúdio aos contratos firmados defendida pelo governador Requião acarretou severas perdas de investimentos ao referido Estado e redução de sua contribuição ao produto nacional.[119]

Outro exemplo emblemático de resistência e procrastinação do Poder Público no cumprimento de obrigações derivadas de uma concessão de serviço público, com efeitos dramáticos ao concessionário, seus empregados e credores, é o caso da Varig.

Como outras concessionárias aéreas, a Varig ajuizou medida judicial contra a União Federal, visando à recomposição do equilíbrio econômico-financeiro de sua concessão por meio de indenização em razão do congelamento de tarifas ocorrido durante o Plano Cruzado, entre outubro de 1985 e janeiro de 1992.

A ação foi ajuizada em 1996,[120] quando a Varig ainda era a principal concessionária de transporte aéreo do Brasil.

Embora a demanda tenha sido julgada procedente em todas as suas instâncias, em linha com precedente firmado há muitos anos em favor da concessionária Transbrasil, passadas mais de duas décadas, em 2017 a União Federal ainda lograva sucesso com seus recursos e expedientes

---

[119] "O chamado "risco Requião", [...], contribuiu inclusive para afugentar investimentos para o estado nos últimos anos. O Paraná perdeu investimentos importantes, como os da Toyota, da fabricante de pneus Yokohama e da indústria de vidros Guardian. Arredio, Requião não costumava dialogar muito bem com as multinacionais. Comprou brigas com a Monsanto sobre os transgênicos, com as duas fabricantes de papel imprensa do estado – NorskeSkog e StoraEnso – e travou uma guerra judicial com o consórcio Dominó, sócio privado da Sanepar, pelo controle da gestão da companhia de saneamento. O Porto de Paranaguá foi outro ponto sensível. A baixa eficiência e a falta de investimentos, incluindo a dragagem do canal, fizeram o terminal acumular filas de caminhões na rodovia, perder cargas para outros portos e elevar os custos das empresas. Foi também nos anos Requião que o Paraná perdeu espaço na economia brasileira. Sucessivas quebras de safras, ausência de grandes investimentos industriais e o avanço dos estados do Norte e do Nordeste contribuíram para reduzir a participação dos paranaenses no total de riquezas geradas no país. O estado, que em 2003 representava 6,4% do total do Produto Interno Bruto (PIB) nacional, fechou 2009 com uma participação de 6,1%, segundo dados do Instituto Paranaense de Desenvolvimento Social (Ipardes)." (RIOS, Cristina. Luz verde para os investimentos. **Gazeta do Povo**, 22 ago. 2010. Disponível em: <http://www.gazetadopovo.com.br/economia/luz-verde-para-os-investimentos-47shhakw471fniohnhnf524b2>. Acesso em: 12 abr. 2017).

[120] Processo n. 96.01.11458-0/JFDF.

manifestamente procrastinatórios, praticados em todas as instâncias, inclusive no Supremo Tribunal Federal, protelando o trânsito em julgado até novembro de 2017 e impedindo a concessionária de fazer jus à expedição de precatório, que ainda dependerá do esgotamento do processo executário, seus embargos e incidentes.[121]

Durante o trâmite de tal demanda, a Varig sofreu a deterioração de suas finanças, foi a primeira grande empresa a ajuizar processo de recuperação judicial logo após o advento da Lei n. 11.101, de 9 de fevereiro de 2005, e não conseguiu evitar sua falência, decretada em agosto de 2010,[122] a qual ainda deixava, em 2017, milhares de empregados, pensionistas e credores desatendidos.

Tivesse recebido em prazo processual minimamente razoável – 10 (dez) anos, por exemplo –, ao menos parte de sua indenização, estimada em mais de R$ 10 (dez) bilhões em 2017, a Varig teria evitado sua falência e garantido a satisfação de todos os créditos trabalhistas e parcela relevante dos demais créditos, de sua grande comunidade de credores, incluindo aposentados beneficiários de sua entidade de previdência –

---

[121] Conferir Recurso Extraordinário n. 571969, de Relatoria da Ministra Carmen Lúcia. Tramitando no STF desde 2007, somente em 12 de maio de 2014 foi julgado improcedente o referido Recurso Extraordinário. Em 17 de março de 2016 o Plenário iniciou julgamento de embargos de declaração. Após o voto da Ministra Cármen Lúcia (Relatora), que negava provimento aos embargos de declaração, no que foi acompanhada pelos Ministros Edson Fachin, Roberto Barroso, Rosa Weber e Marco Aurélio, pediu vista dos autos o Ministro Gilmar Mendes. Em razão do pedido de vista, o julgamento dos referidos embargos declaratórios só foi concluído em 3 de agosto de 2017, acórdão publicado em 8 de novembro de 2017 (o documento pode ser acessado no endereço eletrônico <http://www.stf.jus.br/portal/autenticação>, sob o número 13591090) e trânsito em julgado finalmente certificado em 24 de novembro de 2017. Com isso, iniciar-se-á a fase de execução, sujeita ainda a embargos do devedor e todos os seus incidentes recursais. Da Ementa do Acórdão original do STF (julg. 12 maio 2014, se extrai: "EMENTA: RECURSOS EXTRAORDINÁRIOS. RESPONSABILIDADE DA UNIÃO POR DANOS CAUSADOS À CONCESSIONÁRIA DE SERVIÇO DE TRANSPORTE AÉREO (VARIG S/A). RUPTURA DO EQUILÍBRIO ECONÔMICO-FINANCEIRO DO CONTRATO DECORRENTE DOS EFEITOS DOS PLANOS "FUNARO" E "CRUZADO". DEVER DE INDENIZAR. RESPONSABILIDADE POR ATOS LÍCITOS QUANDO DELES DECORREREM PREJUÍZOS PARA OS PARTICULARES EM CONDIÇÕES DE DESIGUALDADE COM OS DEMAIS. OBSERVÂNCIA DO PRINCÍPIO DA LEGALIDADE, DO DIREITO ADQUIRIDO E DO ATO JURÍDICO PERFEITO."

[122] SENTENÇA que decretou falência da antiga Varig é publicada. **Info Aviação**. Disponível em: <http://www.infoaviacao.com/2010/08/sentenca-que-decretou-falencia-da.html>. Acesso em: 5 dez. 2017.

a AERUS –, levada à insolvência e submetida a liquidação extrajudicial desde fevereiro de 2014.[123]

Outros tantos exemplos de inadimplemento contratual por parte do Poder Público, nas suas mais variadas formas, poderiam ser aqui trazidos, mas prolongariam demasiada e desnecessariamente o ponto que se quer aqui demonstrar.[124]

Para encerrar a narrativa com o exemplo mais aberrante e extremo, falemos do regime dos precatórios no Brasil.[125]

Embora também sirvam de instrumento ao pagamento de outras obrigações pecuniárias do Estado, precatórios estão intimamente ligados

---

[123] BRASIL. Ministério da Previdência Social. Superintendência Nacional de Previdência Complementar – PREVIC. **Comunicado Aerus n. 001/2014**. Disponível em: <http://www.aerus.com.br/migration/ site/pdf/Comunicado_001_20141.pdf>. Acesso em: 5 dez. 2017.

[124] Como sintetizam pragmaticamente os autores IRWIN, Timothy; KLEIN, Michael et. al. Dealing with Public Risk in Private Infrastructure: An Overview. In: IRWIN, Timothy; KLEIN, Michael; PERRY, Guilherme; MATTEN, Thobani (Orgs.). Dealing with Public Risk in Private Infrastructure. Washington: World Bank Latin American and Caribean Studies, 1997, p. 2, apud ZANCHIM, Kleber. Op. cit.: "Antes de o investimento ser feito, o governo tem diversas razões para prometer tratar o investidor de forma justa – para permitir tarifas que cubram custos e para evitar alterações regulatórias de um modo que possa afetar negativamente o investidor. Feito o investimento, entretanto, o governo tem o incentivo de renegar suas promessas para satisfazer demandas políticas de redução de preços ou para se apropriar dos lucros do investidor" (p. 107-108). Com pensamento semelhante entre nós, já citamos Marçal Justen Filho e sua expressão "demagogia regulatória" (cf. nota 23, supra).

[125] Para um estudo mais amplo e específico sobre os precatórios e sua evolução e vicissitudes, cf. MOREIRA, Egon Bockmann; GRUPENMACHER, Betina Treiger; KANAYAMA, Rodrigo Luís; AGOTTANI, Diogo Zelak. **Precatórios**: o seu novo regime jurídico: a visão do direito financeiro, integrada ao direito tributário e ao direito econômico. São Paulo: Revista dos Tribunais, 2017. Cf. ainda, fazendo uma correlação óbvia entre risco de inadimplemento público e a inefetividade do sistema de precatórios: MIGUEL, Luiz Felipe Hadlich. **As garantias nas parcerias público-privadas**. Belo Horizonte: Fórum, 2011, p. 54-60. Em tom ainda mais crítico, CALDAS, Roberto. **Parcerias público-privadas e suas garantias inovadoras nos contratos administrativos e concessões de serviço público**. Belo Horizonte: Fórum, 2011. Para o autor, "enquanto o Governo brasileiro continuar criando regras para postergação e burla dos precatórios (dentre as quais, cita-se o parcelamento constitucionalizado de dez anos para seu pagamento nas hipóteses que abarca [...]), ninguém irá se iludir sobre o fato de que ainda lhe falta seriedade, a qual traria confiança para novos investimentos. Os Governos autóctones, de todos os entes da Federação, precisam começar a quere pagar o que devem de forma mais eficiente e eficaz ou, do contrário, qualquer sistema de garantias, por mais mirabolantes que seja, não incentivará os seus credores a voltarem a investir em infraestrutura, [...]" (p. 248).

ao tema dos contratos administrativos de modo geral, inclusive concessões, pela simples razão de que, na ausência de garantias sólidas e efetivas, o único remédio de que dispõe o contratado contra o inadimplemento do ente de Direito Público (entes federativos e suas autarquias) é justamente o precatório (ofício requisitório), o qual constitui a última, e não raramente a mais demorada e imprevisível etapa de um litígio (judicial ou excepcionalmente arbitral) contra o Estado, litígio que também pode envolver ações ou fases de conhecimento, liquidação, execução, embargos de devedor, bem como medidas cautelares e ações rescisória, transrescisória, rescisória da rescisória, dentre outras medidas, recursos ou incidentes adotados como padrão pelos entes públicos e sua representação judicial, muitas vezes com fins claramente procrastinatórios.

Fosse o precatório, uma vez emitido ao final do processo, rigorosamente pago segundo a regra geral do art. 100 da Constituição Federal – ou seja, até o último dia do exercício seguinte ao de sua requisição, se requerida até 30 de junho do ano corrente –, o remédio já seria pouco efetivo, ante a duração desarrazoada dos processos (com todos os seus recursos, incidentes e ações), mormente daqueles envolvendo a Administração Pública.

No entanto, como é de amplo conhecimento, em se tratando de Estados federativos, Municípios e suas autarquias, nem essa previsão é cumprida. Em muitos casos, simplesmente não há prazo algum ou remédio contra a procrastinação escandalosa!

No período de trinta anos desde o advento da Constituição Federal de 1988, o estoque acumulado de precatórios devidos e não pagos foi objeto de nada menos que cinco moratórias sucessivas, a começar pela moratória de até oito anos contemplada pelo próprio Ato das Disposições Constitucionais Transitórias – ADCT, em seu art. 33.

Em 2000, a Emenda Constitucional n. 30 (introduzindo o art. 78 ao ADCT) impôs nova moratória, desta vez autorizando Estados e Municípios a realizar o pagamento dos precatórios pendentes de pagamento, ou resultantes de demandas ajuizadas até 31 de dezembro de 1999, em prestações, iguais e sucessivas, ao longo do prazo máximo de dez anos.[126]

---

[126] A jurisprudência consolidou entendimento de que, não cumprida quaisquer das prestações devidas no prazo a elas aplicável, disporia o credor do remédio eficaz da ação de sequestro contra o ente público, sem prejuízo do direito de utilização do seu crédito com

Esclareça-se, desde logo, que são dez anos que se somam a todo o prazo de tramitação da ação de conhecimento, até seu trânsito em julgado, liquidação do crédito e trânsito em julgado dos embargos à execução, sem prejuízo de frequentes ações rescisórias e outros incidentes, não raramente demandando uma ou mais décadas.

Dando seguimento a esse total descaso com o direito dos credores, e subtraindo novamente a força das decisões judiciais transitadas em julgado contra o Estado, antes mesmo do decurso do prazo mínimo de dez anos da moratória introduzida pela Emenda n. 30/2000, a Emenda Constitucional n. 62, de 2009, didaticamente apelidada de "Emenda do Calote", concedeu nova moratória, desta vez com prazo mínimo de quinze anos ou, a critério do ente devedor, sob um regime especial que asseguraria a si o direito de destinar apenas um percentual previamente estipulado de sua receita corrente líquida anual ao pagamento de seus precatórios (máximo de 1,5% para municípios e 2% para os estados), independentemente de quanto tempo tal regime demandasse para a quitação integral do estoque de precatórios pendentes.

Tomando por base a receita corrente líquida de alguns Estados e Municípios e seu estoque de precatórios, tal regime propiciaria, em casos extremos, um prazo de até 40 ou 100 anos para regularização do estoque.

Em novembro de 2010, a Emenda Constitucional n. 30/2000 foi, então, no tocante à nova moratória por ela introduzida, considerada inconstitucional pelo Supremo Tribunal Federal e suspensa em medida cautelar na Ação Direta de Inconstitucionalidade n. 2.356.[127] No entanto, tal suspensão tardia teve pouco efeito prático, porque já decorridos mais de dez anos da promulgação da referida emenda e porque já vigente, à

---

poder liberatório para pagamento de tributos de competência do ente devedor (ou seja, compensação independentemente de prévia autorização). Não obstante, não tendo o ente devedor optado pelo parcelamento em até dez parcelas, não disporia o credor de qualquer remédio contra o pagamento dos precatórios pendentes fora do prazo do art. 100 da Constituição Federal, ainda que com atraso superior a dez anos, desde que o atraso não incorresse em desrespeito à ordem cronológica de apresentação dos respectivos ofícios requisitórios (ou seja, poderia o ente público atrasar a fila por inteiro, ficando nesse caso a salvo de qualquer sanção ou medida coibitiva).

[127] Julg. Plenário 25 nov. 2010, Rel. Min. Néri da Silveira. Redator do Acórdão: Min. Ayres Brito.

época da decisão, a nova moratória instituída pela Emenda Constitucional n. 62/2009.

Importante registrar que, além de uma terceira e mais agressiva moratória, a Emenda Constitucional n. 62/2009 também pretendeu promover outras inovações lesivas aos credores, dentre as quais a redução da remuneração (juros e correção monetária) paga sobre precatórios pendentes ou futuros, limitada à remuneração da poupança (Taxa Referencial mais 6% ao ano); exceções à regra de pagamento segundo a ordem cronológica, permitindo-se, por exemplo, que parcela relevante dos valores destinados ao pagamento de precatórios fosse paga por meio de leilão de deságio.

Todas essas alterações foram, em 2013, declaradas inconstitucionais pelo Supremo Tribunal Federal, com algumas poucas ressalvas, dentre as quais a que admitiu a destinação de até 50% dos valores ao pagamento de precatórios por meio de acordo direto com os respectivos credores que aceitem deságio limitado a quarenta por cento, desde que tal acordo seja oferecido sem discriminação segundo a ordem cronológica dos credores.[128]

Em que pese a declaração de inconstitucionalidade da nova moratória e do regime especial criados pela Emenda Constitucional n. 62/2009, e não obstante a suspensão da Emenda Constitucional n. 30/2000, a decisão do STF de 2013 silenciou-se quanto ao regime que passaria a ser aplicado a partir de então, gerando ainda maiores incertezas, notadamente pelo fato de que seria impossível aos Estados e Municípios quitarem, de imediato e sem planejamento orçamentário para tanto, todo um estoque histórico de precatórios pendentes até então. Uma nova decisão do STF era necessária para esclarecer ou modular os efeitos de sua decisão.

Em março de 2015, o STF proferiu então nova decisão fixando, em juízo de modulação, os efeitos da declaração de inconstitucionalidade da EC n. 62/2009 no período entre sua promulgação e a data de tal julgamento, bem como dali até 2020.[129]

A nova decisão determinou que, para o futuro, os entes públicos se enquadrassem na regra da Constituição Federal, de pagamento dos

---

[128] Decisão proferida nos autos da Ação Direta de Inconstitucionalidade n. 4.357-DF, julg. Plenário 14 mar. 2013, Rel. Min. Ayres Britto.
[129] Questão de Ordem na ADIN n. 4.425-DF, julg. Plenário 23 mar. 2015, Relator Min Luiz Fux.

precatórios integralmente no ano seguinte ao de sua requisição, mas admitiu que, com relação ao estoque pendente, fosse mantida a "vigência do regime especial de pagamento de precatórios instituído pela EC 62/2009 por 5 (cinco) exercícios financeiros a contar de primeiro de janeiro de 2016". Eis aí a quarta moratória, desta feita pelo período de cinco anos.

Embora fixando um termo final de 31 de dezembro de 2020 para quitação de todo estoque histórico, o STF novamente se omitiu quanto aos remédios e sanções que poderiam assegurar, na prática, o cumprimento de tal prazo. Limitou-se o STF a delegar ao Conselho Nacional de Justiça – CNJ a apresentação de proposta normativa que oferecesse solução à liquidação desse estoque no prazo determinado.

No final do ano de 2016, foi então promulgada a Emenda Constitucional n. 94, de 15 de dezembro de 2016, corroborando a decisão do Supremo, e criando instrumentos para que Estados e Municípios pudessem, em tese, cumprir o referido prazo ou ser responsabilizados pelo seu descumprimento.

Nesse sentido, a Emenda Constitucional n. 94/2016 admitiu que Estados e Municípios possam contrair endividamento fora dos limites da Lei de Responsabilidade Fiscal, desde que destinados exclusivamente à liquidação do estoque de precatórios. Autorizou, ainda, para tal finalidade, Estados e Municípios a utilizarem parcela dos recursos mantidos em depósitos judiciais. Previu o sequestro na hipótese de pagamentos não tempestivamente liberados, além de determinar que União ou Estados suspendam seus repasses constitucionais aos Estados ou Municípios, conforme o caso, depositando os valores assim retidos na conta em que o respectivo ente devesse depositar as parcelas devidas dos seus precatórios. Por fim, previu que os credores possam utilizar seus créditos para compensação com "débitos de natureza tributária ou de outra natureza que até 25 de março de 2015 tenham sido inscritos na dívida ativa dos Estados, do Distrito Federal ou dos Municípios, observados os requisitos definidos em lei própria do ente federado".

Não obstante todos esses instrumentos propostos pela Emenda Constitucional n. 94/2016, ao final de 2017 o mercado ainda era cético quanto à capacidade e disposição de Estados e Municípios de quitarem o estoque histórico de precatórios até 31 de dezembro de 2020. Embora muitos precatórios já aguardassem na fila desde antes de 2000, ou seja, há mais de vinte anos, num cenário de sucessivos calotes, a perspectiva de liquidação até 2020 parecia muito boa para ser verdade.

De fato, confirmando os receios do mercado, a Emenda Constitucional n. 99, atendendo ao pleito de Estados e Municípios, foi promulgada em 14 de dezembro de 2017 para novamente prorrogar o prazo limite para Estados e Municípios quitarem seu estoque de precatórios inadimplidos, desta vez até 31 de dezembro de 2024. Mais uma moratória que, inclusive, contradiz e desmoraliza as decisões do Supremo Tribunal Federal, para quem a moratória até 2020 seria a última e derradeira.

Diante de todo esse histórico de inadimplementos e calotes sucessivos, fica difícil imaginar como um investidor sério possa assumir contratos e investimentos de longo prazo cuja fonte de receita dependa do Poder Público, sem uma garantia sólida e idônea que prescinda do regime dos precatórios![130]

2.5. Conclusões do Capítulo

Os exemplos acima narrados estão longe de constituir um balanço exaustivo das quebras contratuais ou demais comportamentos oportunistas assumidos, em tempos remotos ou recentes, pela Administração Pública brasileira na sua relação com agentes privados contratados ou administrados de modo geral.

Tais exemplos revelam, na atualidade, uma enfermidade crônica do contrato administrativo, com uma Administração Pública viciada no inadimplemento imediatista, voltado ao interesse eleitoreiro de curto prazo, quando não a interesses ainda mais escusos.

Num contexto ideal, prestigiando-se o princípio da não afetação de receitas públicas, dentre outros, garantias não seriam necessárias ou

---

[130] Cf. OLIVEIRA, Fernão Justen. Garantias ao parceiro privado e comprometimento fiscal. In: JUSTEN FILHO, Marçal; SCHWIND, Rafael Wallbach (Coords.). **Parcerias público-privadas**: reflexões sobre os 10 anos da Lei 11.079/2004. São Paulo: Revista dos Tribunais, 2015, p. 459-474. "Como se sabe, os precatórios têm-se acumulado em quantidade e frequência tão grandes que a sua maioria absoluta demora muitos anos para ser paga. Na prática, isso acaba tornando inócuas as decisões judiciais que condenam o Estado a indenizar os particulares. Mais do que isso, pode funcionar como mecanismo estimulador de a Administração adotar práticas negociais descompromissadas com a satisfação das necessidades econômicas do particular contratado, tais como concebidas na oportunidade da contratação. Por isso, a Lei de PPP admite a prestação de garantias para adimplemento imediato ao parceiro privado, [...]." (p. 460).

mesmo recomendáveis para assegurar o adimplemento do Estado, tanto quanto não seria de se cogitar prescrição de remédio a paciente saudável. O respeito ao contrato e aos compromissos assumidos, bem como o comportamento ético dos governantes, representariam segurança mais do que suficiente para o administrado e para a sociedade.

Contudo, num contexto de enfermidade crônica, a garantia desponta como um remédio efetivo capaz de inibir a conduta oportunista e imediatista, forçando o governante, bem como seus sucessores, a respeitar e conviver com os compromissos assumidos, mesmo diante dos ciclos econômicos ou políticos, sem a opção cômoda do inadimplemento, cujas consequências, embora graves e onerosas à sociedade, podem, em geral, ser postergadas para mandatos governamentais e gerações futuras, como no caso dos precatórios.

Demais disso, a existência de garantia sólida e confiável de que a Administração Pública adimplirá suas obrigações a tempo e modo contratualmente estipulados, ao longo de toda a vigência de uma concessão de longo prazo, reduz o espaço para que agentes privados sejam induzidos a estabelecer relacionamentos questionáveis com agentes públicos, ou mesmo vislumbrem vantagem competitiva de fazê-lo, para assegurar tratamento menos arbitrário ou discriminatório, relacionamentos esses que, quando não ilícitos na partida, comumente evoluem para corrupção efetiva, como corrobora a nossa histórica recente.

Em suma, não nos parece que a ampla liberdade usualmente assegurada à Administração Pública para inadimplir suas obrigações contratuais, de forma arbitrária e sob os mais variados pretextos, usualmente postergando o custo de tal inadimplemento para administrações no futuro distante (quando o precatório deva ser afinal liquidado), atenda a interesse público relevante. Pelo contrário, a outorga de garantias contribui para um ambiente mais saudável de contratações administrativas, prestigiando a responsabilidade fiscal e o estabelecimento de relações contratualizadas e não personalistas e viabilizando, em última instância, projetos com um melhor custo-benefício para a sociedade.

3. Regime Jurídico das Garantias Públicas no Brasil

3.1. Compreensão das Garantias

Para delimitar com maior precisão a acepção e as modalidades de garantia que interessam ao presente trabalho, convém primeiramente compreender melhor o significado geral do termo "garantia".

O termo "garantia" é utilizado em diversas acepções. Mesmo no campo jurídico, a palavra é empregada em sentidos mais amplos ou específicos. Segundo De Plácido e Silva, "possui o sentido amplo de significar a segurança ou o poder de se usar, fruir ou de se obter tudo que é de nosso direito, segundo os princípios formulados em lei, ou consoante afirmativas asseguradas por outrem".[131]

Na acepção constitucional, tal como utilizada nas expressões "garantias constitucionais"[132] ou "garantias individuais", o termo "garantia" tem o significado de remédios ou proteções constitucionalmente asseguradas, porque consideradas fundamentais à luz dos valores albergados pela Constituição, a exemplo dos direitos essenciais à pessoa humana (direitos humanos). A expressão "garantias legais" tem significado igualmente amplo.

No campo dos Direitos Contratual e do Consumidor, alude-se a "garantia contra vícios ocultos" e a "garantia contra evicção", dentre outras.

---

[131] DE PLÁCIDO E SILVA, Oscar Joseph. **Vocabulário jurídico**. 11. ed. Rio de Janeiro: Forense, 1991, v. 2, p. 342.
[132] "É a denominação dada aos múltiplos direitos assegurados ou outorgados aos cidadãos de um país pelo texto constitucional". Ibidem, p. 342.

Nesse caso, o termo "garantia" é empregado como sinônimo de "responsabilidade", ou seja, prestar ou estar sujeito a garantia contra evicção significa responder por tal evento e pelas perdas e danos daí decorrentes. De outro lado, se ao vendedor corresponde uma responsabilidade por tais vícios ou risco, ao comprador ou contraparte corresponde um direito de ação.

Semelhante noção de responsabilidade é verificada no contexto dos contratos de seguro. Segundo o art. 757 do Código Civil, "pelo contrato de seguro, o segurador se obriga, mediante o pagamento do prêmio, a garantir interesse legítimo do segurado, relativo a pessoa ou a coisa, contra riscos predeterminados".

Na teoria geral da relação jurídica, o direito de ação, que como regra acompanha o direito subjetivo, podendo ser exercido em face de uma pretensão resistida, constitui uma garantia.[133]

Em matéria obrigacional, diz-se que o patrimônio do devedor constitui, perante seus credores, garantia geral quanto ao adimplemento de suas obrigações (art. 789 do Código de Processo Civil). Garantia geral na medida em que recai sobre a universalidade do patrimônio (excluídos os bens impenhoráveis) e porque, de outro lado, constitui garantia comum de todos os credores, sem conferir prioridade a qualquer um deles (*par conditio creditorum*).[134]

Admite-se, contudo, que tal garantia geral consistente no patrimônio do devedor possa ser reforçada por garantias especiais, na terminologia da doutrina portuguesa[135] e do art. 300 do nosso Código Civil, e

---

[133] Cf. GALBETTI, Luiz Mario; VANZELLA, Rafael. Contratos de garantia e garantia autônomas. **RDM**, n. 156, p. 44-69, jan./mar. 2011 (p. 47).

[134] Cf. VARELA, João de Matos Antunes. **Das obrigações em geral**. 7. ed. Lisboa: Almedina, 1997, p. 419-420. Nesse sentido: "A garantia propriamente dita é sempre um reforço da expectativa do credor criada pelo dever de prestar a cargo do devedor". Citando o verbete Garanzia, de Fragali (FRAGALI, M., Garanzia (dir. priv.). In: **Enciclopedia del diritto**: annali. Milano: Giuffrè, 1969, v. 18, p. 446-466, apud VARELA, João de Matos Antunes. Op. cit., v. 2, p. 419, nota 1), Varela registra que o autor italiano reserva "o termo garantia somente para aqueles casos (tradicionalmente chamados de garantias especiais) em que há um reforço singular, para determinado credor, da probabilidade de satisfação de seu crédito [...]". Cf. também PEREIRA, Caio Mario da Silva. **Instituições de Direito Civil**: v. 1: Teoria Geral das Obrigações. 25. ed. Revisão e atualização Guilherme Calmon Nogueira da Gama. Rio de Janeiro: Forense, 2012, p. 381 et seq.

[135] Cf. VARELA, João de Matos Antunes. Op. cit., p. 420: "Embora a garantia geral, bem como a garantia especial, só se destinem a ser executadas no caso de não cumprimento da obri-

que nós chamaremos também de garantias propriamente ditas, pois essa é a acepção mais estrita e específica, e a que nos interessa no presente estudo, do termo "garantia".

Tais garantias especiais ou propriamente ditas subdividem-se em duas grandes categorias, de um lado as garantias fidejussórias ou pessoais, como a fiança e o aval, e de outro as garantias reais, como a hipoteca, o penhor e a anticrese.

Há ainda uma série de outros negócios jurídicos que cumprem a função de garantia, assemelhando-se mais a uma ou outra categoria. Os negócios fiduciários, por exemplo, não constituem direitos reais de garantia, mas podem conferir direitos reais com escopo de garantia,[136] equiparando-se em sua função e efeitos às garantias reais.[137]

Por sua vez, um compromisso contingente de aportar capital em determinada sociedade, assumido por acionista em favor de credor desta, para supri-la de recursos necessários ao cumprimento de obrigação que, de outra forma, tal sociedade não teria meios econômicos de cumprir, embora não constitua uma fiança propriamente dita, aproxima-se em grande medida de uma garantia pessoal.

Embora integrem o tipo contratual seguro, o seguro de risco de crédito e o seguro-garantia contra determinados riscos de inadimplemento têm função e efeito muito semelhantes aos de uma fiança.

Nas garantias reais, "o bem dado em garantia fica sujeito, por vínculo real, ao cumprimento da obrigação" (art. 1.419 do Código Civil). Embora não seja lícito ao credor inadimplido simplesmente apropriar-se do bem dado em garantia (salvo em se tratando de dinheiro em espécie, até o limite do crédito vencido), por força da vedação ao chamado pacto comissório (art. 1.428 do Código Civil), pode o credor alienar (excutir) o bem, judicial ou extrajudicialmente se assim admitido pela lei e pelo contrato, para aplicar o preço recebido na satisfação do seu crédito.

---

gação, verdade é que a garantia geral acompanha a obrigação desde o nascimento desta, tal como as garantias especiais reforçam, desde a sua constituição, a consistência econômico-jurídica do vínculo obrigacional" (p. 420).

[136] Cf. CHALHUB, Melhim Namem. **Alienação fiduciária**: negócio fiduciário. 5. ed. Rio de Janeiro: Forense, 2017. Observa o autor que o negócio fiduciário pode ter outros escopos, como aquele realizado para fins de cobrança (a exemplo do endosso-mandato) ou administração, a exemplo dos fundos de investimento (p. 46 et seq.).

[137] Código Civil: "Art. 1.361. Considera-se fiduciária a propriedade resolúvel de coisa móvel infungível que o devedor, com escopo de garantia, transfere ao credor."

Tratando-se de garantia que recai sobre bem, a garantia real pode ser prestada pelo devedor, destacando do seu patrimônio bem individualizado sobre o qual o credor garantido gozará de preferência em relação a outros, sem prejuízo de também responder o devedor pelas suas obrigações com todo o restante do seu patrimônio, presente ou futuro.

Se o bem do devedor dado em garantia real já integrava o seu patrimônio e, portanto, já constituía, perante os seus credores, garantia geral de adimplemento de suas obrigações, o vínculo especial de preferência criado pela garantia real a determinado credor, em detrimento dos demais, constitui reforço qualitativo[138] de sua garantia.

Pode também a garantia real ser prestada por terceiro, hipótese em que bem estranho ao patrimônio do devedor é vinculado ao cumprimento da obrigação. Ao contrário do devedor, o terceiro não responde pela obrigação com o restante do seu patrimônio, mesmo que o bem por ele dado em garantia se revele insuficiente para assegurar o cumprimento da obrigação garantida.

Nesse caso, o reforço propiciado pela garantia real prestada por terceiro é de natureza qualitativa e quantitativa, na medida em que, além da preferência estabelecida, amplia o patrimônio sobre o qual possa recair a execução do crédito (de outra forma limitada aos bens do devedor).

Por outro lado, não se concebe a prestação de uma garantia pessoal pelo devedor para assegurar o cumprimento de obrigação própria, pois tal garantia pessoal em nada reforçaria à responsabilidade já existente e derivada da própria obrigação original. A garantia pessoal é, assim, por definição, aquela prestada por terceiro que não o próprio devedor da obrigação garantida. Pela obrigação assegurada por garantia pessoal, o terceiro garantidor responde com todo o seu patrimônio, sem, contudo, conferir preferência ao credor garantido. Aqui, tem-se um reforço meramente quantitativo.

Dentro do universo de garantias reais e pessoais propriamente ditas, o objeto desta tese, como registrado na introdução, são as garantias passíveis de serem outorgadas pela Administração Pública para assegurar o

---

[138] A ilustrativa referência às garantias reais ou pessoais como constituindo reforço qualitativo ou quantitativo da garantia geral que decorre do direito de ação normalmente ínsito às obrigações validamente constituídas (salvo pelas obrigações naturais), foi extraída de Cf. GALBETTI, Luiz Mario; VANZELLA, Rafael. Op. cit., p. 47.

adimplemento de suas obrigações contratuais, notadamente no âmbito de contratos de concessão e outros contratos administrativos e, em menor grau, no contexto de obrigações derivadas da dívida pública.

Para efeitos deste estudo, essas garantias – às quais poderemos nos referir como "garantias de adimplemento da Administração" ou simplesmente "garantias públicas" – poderão também compreender outros negócios jurídicos ou mecanismos com função e efeitos próximos aos daquelas garantias reais ou pessoais, a exemplo da vinculação de receitas públicas em garantia de determinadas despesas (vinculação – garantia).

No âmbito da Lei de Responsabilidade Fiscal ("LRF"), a concessão de garantias pelo setor público é definida como o "compromisso de adimplência de obrigação financeira ou contratual assumida por ente da Federação ou entidade a ele vinculada" (art. 29, IV). Ou seja, a LRF propõe uma definição duplamente incompleta: em primeiro lugar, porque concebe tão somente as garantias pessoais,[139] e além disso porque não distingue compromisso de adimplência de obrigações próprias em oposição ao compromisso de adimplência de obrigações de terceiro, somente este último uma garantia propriamente dita.

Nesse sentido, mais completa é a definição de "garantia", embora também abrangendo outros tipos legais com semelhante função (como o seguro de crédito), oferecida pela Resolução n. 48, de 2007, do Senado Federal, que dispõe sobre condições para a concessão de garantia da União em operações de crédito externo e interno, dentre outras matérias de competência do Senado Federal. Segundo tal Resolução, são garantias

---

[139] Poder-se-ia arguir que a LRF contemplou explicitamente apenas as garantias pessoais, na medida em que a administração direta não pode prestar garantias reais. Contudo, aplicando-se a lei também à Administração indireta dependente, não há dúvida de que esta poderia valer-se legitimamente das garantias reais. Além disso, pode-se questionar a afirmação de que a Administração direta não pode prestar garantias reais. A vinculação-garantia expressamente autorizada em determinados contextos pelo art. 167, § 4º, da CF é um exemplo. De outro lado, o princípio da impenhorabilidade dos bens públicos parece vedar a penhora forçada, e não o penhor voluntariamente prestado, dessa forma proibindo apenas que um credor satisfaça o seu crédito perante o Estado mediante a penhora judicial de bens públicos. Se o Estado pode validamente alienar seus bens dominicais, deveria também poder dá-los voluntariamente em garantia real, dentro do princípio de que, tudo aquilo que é alienável, é também passível de ser dado em garantia. Cf. Código Civil, art. 1.420. "Só aquele que pode alienar poderá empenhar, hipotecar ou dar em anticrese; só os bens que se podem alienar poderão ser dados em penhor, anticrese ou hipoteca."

as fianças e avais concedidos direta ou indiretamente pela União, em operações de crédito, inclusive com recursos de fundos de aval, a assunção de risco creditício em linhas de crédito, o seguro de crédito à exportação e outras garantias de natureza semelhante que representem compromisso de adimplência de obrigação financeira ou contratual.

Antes de nos aprofundarmos nas garantias admitidas mais especificamente nas PPPs, abordaremos a disciplina das garantias públicas na Constituição Federal, na Lei de Responsabilidade Fiscal e na regulamentação do Senado Federal, haja vista serem estes diplomas as principais fontes de normas gerais e nacionais sobre a matéria. Ainda que, nesse campo, Constituição Federal, LRF e resoluções do Senado Federal tenham dedicado maior atenção ao contexto da dívida pública, as normas gerais atinentes a vinculação ou cessão de receitas públicas revelar-se-ão de extrema importância também ao contexto das PPPs.

3.2. Regime Geral à Luz da Constituição Federal, LRF e Resoluções do Senado Federal

3.2.1. *Constituição Federal*

A Constituição Federal parece ter se preocupado com as garantias públicas propriamente ditas, ou seja, no sentido comum ao Direito Obrigacional, e não no sentido de expressões como garantias fundamentais ou individuais, ou ainda quando empregadas como sinônimo de prerrogativas (e.g., garantias dos juízes), apenas no contexto da dívida pública e das dívidas interfederativas em que a União figura como credora. Não há referência a garantias públicas em contratos de concessão, obras ou serviços.

Tanto é assim que essas garantias públicas estão, no texto constitucional, tratadas apenas no rol de competências do Senado Federal e no capítulo das Finanças Públicas, sempre na sequência ou no contexto do tema dívida pública ou, mais especificamente, para assegurar o pagamento de débitos dos Estados e Municípios para com a União.

O art. 52 da Constituição Federal estabelece as competências privativas do Senado Federal, dentre elas "dispor sobre limites e condições para a concessão de garantia da União em operações de crédito externo e interno" (inciso VIII), competência essa exercida, correntemente, por meio da Resolução n. 48, de 2007, daquela casa legislativa.

Embora o texto constitucional não aluda expressamente a garantias prestadas por Estados e Municípios, nem por entidades a eles vinculadas, a Resolução n. 43, de 2001, do Senado Federal, tratando de limites e condições para a concessão de tais garantias, é prova de que o Senado Federal considera-se competente para tanto, extraindo tal competência como implícita ou incidental aos incisos que lhe atribuem o dever de "fixar, por proposta do Presidente da República, os limites globais para o montante da dívida consolidada da União, dos Estados, do Distrito Federal e dos Municípios" (inciso VI); "dispor sobre limites globais e condições para as operações de crédito externo e interno da União, dos Estados, do Distrito Federal e dos Municípios, de suas autarquias e demais entidades controladas pelo Poder Público federal" (inciso VII); e, ainda, "estabelecer limites globais e condições para o montante da dívida mobiliária dos Estados, do Distrito Federal e dos Municípios" (inciso IX). Parece-nos uma interpretação adequada do Senado Federal, pois, dentre as principais "condições para as operações de crédito", é razoável que se considerem aí incluídas as garantias outorgadas aos credores e acessórias de tais operações.

Por outro lado, também resta claro que o Senado Federal não tem ou pretende ter competência para disciplinar limites ou condições de garantias prestadas no contexto de contratos de concessão, obras públicas ou serviços em geral.

Já no capítulo das Finanças Públicas, suas normas gerais estabelecem que caberá a lei complementar dispor tanto sobre dívida pública externa e interna (art. 163, inciso II) como sobre concessão de garantias pelas entidades públicas (art. 163, inciso III), dentre outras matérias financeiras ou cambiais. Como podemos desde logo consignar, acreditamos que a LRF possa ser reconhecida como a lei complementar demandada pelo art. 163 da Constituição Federal, inclusive no tocante ao tema das garantias públicas, embora elas tenham sido ali disciplinadas de forma pouco abrangente, talvez porque tanto a LRF como o art. 163, III, da CF parecem ter pretendido enfocar apenas as garantias a cargo do Estado no âmbito da dívida pública.

Por sua vez, o art. 167, IV, com a redação que lhe foi dada pela Emenda Constitucional n. 42, de 2003, veda a "vinculação de receitas de impostos", inclusive vinculações com finalidade de garantia, ressalvada expressamente "a prestação de garantias às operações de crédito por antecipação de receita", bem como o quanto disposto no parágrafo quarto daquele dispositivo.

O art. 167, § 4º, com a redação que lhe foi outorgada pela Emenda Constitucional n. 3, de 1993, amplia as exceções do inciso IV, admitindo ainda a vinculação de receitas próprias de impostos ou de receitas transferidas, "para a prestação de garantia ou contragarantia à União e para pagamento de débitos para com esta".

Note-se que o parágrafo único do art. 160 da Constituição (com a redação que lhe foi dada primeiramente pela Emenda Constitucional n. 3, de 1993, e posteriormente pela Emenda Constitucional n. 29, de 2000), na sua seção da Repartição das Receitas Tributárias, do capítulo do Sistema Tributário Nacional, já admitira que União e Estados condicionassem a entrega das transferências estabelecidas em favor dos demais entes federativos "ao pagamento de seus créditos, inclusive de suas autarquias". Embora constitua indubitavelmente um forte incentivo ao adimplemento, não se tratou aí, contudo, de garantia ou contragarantia propriamente ditas, pois o único remédio conferido por tal artigo à União e aos Estados foi o direito de retenção, e não necessariamente o direito de aplicar os recursos retidos à satisfação de seus créditos.

Diferentemente, quer nos parecer que o art. 167, IV e § 4º, tenha admitido hipóteses de garantia propriamente dita (garantia real em sentido estrito) sobre o direito de crédito às referidas transferências constitucionais.

Assim, ao contrário do mero direito unilateral e automático de retenção do parágrafo único do art. 160, a verdadeira garantia real admitida pelo art. 167, § 4º, dependente de prévio e mútuo acordo entre as partes e pressupõe, portanto, um instrumento contratual firmado voluntariamente pelo ente federativo devedor, prestador da garantia, sem prejuízo da necessária notificação ao Banco do Brasil ou outro banco administrador das contas pelas quais devam ser efetivadas tais transferências.

Baseada no princípio da não afetação e na evolução histórica de suas exceções, na impenhorabilidade dos bens e receitas públicas, bem como no pacto federativo, Misabel Derzi defende enfaticamente uma interpretação restritiva ao art. 167, § 4º.[140] Para ela, tal preceito estaria admitindo não uma garantia real propriamente dita, mas apenas um comando facultativo ao legislador estadual ou municipal, autorizando-o a vincular receitas públicas ao pagamento de débitos para com a União (ou seja, uma garantia com significado amplo de mera proteção ou conforto). Tal vinculação daria à União credora o conforto de que as receitas vinculadas por Estados ou Municípios só se prestariam à finalidade de pagamento do débito, constituindo fonte previsível de recursos, mas não o direito de compelir Estados e Municípios a fazê-lo, mediante a apropriação e aplicação compulsória dos recursos correspondentes. Sob tal lógica, Estados e Municípios teriam o poder de resistir ao pagamento tempestivo, restando à União apenas o recurso ao Judiciário e à via do precatório (ou, quando muito, o direito de reter, mas não se apropriar, das receitas abrangidas pelo dever de repasse, com fundamento no parágrafo único do art. 160, mas, neste caso, após o contraditório e a ratificação da liquidez e certeza do crédito).

Embora reconhecendo que a "maioria dos estudiosos entende que essa vinculação, autorizada pela parte final do inciso IV do art. 167 da CF, tem o sentido de garantia pignoratícia de que cuida o direito civil" e que "possibilitaria a sua excussão na hipótese de inadimplemento do poder público", Kiyoshi Harada compartilha o entendimento de Misabel Derzi, entendendo, com base no princípio da impenhorabilidade dos bens públicos e da autonomia federativa, que a parte final do inciso IV e o parágrafo 4º do art. 167 da Constituição Federal admitiram a vinculação de receitas de Estados e Municípios apenas na acepção restrita do Direito Financeiro, autorizando o legislador estadual ou municipal a assegurar tão somente uma fonte previamente segregada (carimbada) de receita pública para atendimento de determinada obrigação interfederativa, vedando o seu uso para outras finalidades, mas não assegurando necessariamente o cumprimento forçado da obrigação beneficiária da vinculação, como resultaria da excussão de uma garantia real propriamente dita.[141]

---

[140] Cf. Derzi, Misabel Abreu Machado. Op. cit.
[141] Cf. Harada, Kiyoshi. Operações de crédito por antecipação de receitas. **Revista Jus Navigandi**. Teresina, v. 5, n. 45, 1 set. 2000. Disponível em: <https://jus.com.br/artigos/1414>. Acesso em: 31 maio 2016. Nas palavras do autor: "A vinculação, ao nosso ver, nada tem a ver com os institutos da garantia real, regulados pelo Código Civil. Não possibilita ao

Em que pesem os bem articulados argumentos apresentados por Misabel Derzi[142] e Kiyoshi Harada,[143] acreditamos que a Constituição Federal tenha empregado, ao menos na parte final do inciso IV e no § 4º do art. 167, o termo "garantia" no seu sentido estrito, comum ao Direito Civil, autorizando União ou Estados a, em caso de inadimplemento dos entes federativos a quem tenham o dever de repasse ou partilha de receitas tributárias, não somente reter, mas também aplicar os recursos assim retidos na satisfação definitiva dos seus créditos, desde que autorizados por acordo previamente firmado nesse sentido.

Isto porque, a nosso ver, quisesse a Constituição Federal admitir tão somente o mero e limitado conforto defendido por Misabel e Harada, poderia ter sido clara e explícita nesse sentido. Como regra geral, há de se supor que a Constituição Federal empregue termos e expressões no seu sentido mais comum e usual, bem como no sentido que confira maior efetividade ao interesse protegido pela Constituição.

Até porque a redação dada pela Emenda n. 3 ao parágrafo 4º do art. 167, introduzido ao texto constitucional somente em 1993, teve por contexto um cenário de endividamento descontrolado dos Estados e Municípios, com grave risco à estabilidade nacional, o qual culminou na assunção de tais dívida pela União poucos anos depois em 1997, mediante refinanciamento por esta oferecido em condições menos onerosas e mais sustentáveis que as então suportadas pelos referidos entes, conforme previsto na Lei n. 9.496 daquele ano. Recorde-se que a mesma Emenda Constitucional n. 3 de 1993 também houvera autorizado a emissão de tí-

---

credor, na hipótese de inadimplemento do Poder Público, a execução da garantia. Essa vinculação surte efeitos exclusivamente no âmbito do Direito Financeiro. A Carta Magna facultou à entidade política promover despesas por conta das receitas estimadas de impostos, obtendo os respectivos recursos por meio de operações de crédito, vinculando as receitas tributárias futuras. A vinculação tem o sentido de preservar o equilíbrio entre o montante do empréstimo público (dívida pública) e o valor da receita antecipada, evitando-se situações de desequilíbrio orçamentário. Por isso, a entidade política mutuante é obrigada a manter, permanentemente, na lei orçamentária anual dotação específica para garantia do pagamento da dívida, enquanto esta perdurar. Tem, também, o sentido de inspirar credibilidade e confiança ao mutuante, que ficará sabendo de antemão, que o mutuário estará simplesmente suprindo deficiência momentânea de caixa, antecipando a receita, que nem sempre ocorre com a mesma intensidade nos doze meses do exercício."

[142] Derzi, Misabel Abreu Machado. Op. cit.
[143] Harada, Kiyoshi. Operações de crédito... Op. cit.

tulos públicos para que Estados e Municípios pudessem pagar seus estoques de precatórios, o que sinalizava um endividamento ainda maior. Tal cenário sugere que o parágrafo 4º do art. 167 tenha pretendido dizer exatamente o que disse: autorização para prestação de garantia propriamente dita e efetiva à União, e não mero conforto orçamentário!

Note-se que o art. 167, § 4º, autoriza não somente a vinculação de impostos em garantia, mas também para fins de contragarantia à União. Ora, a noção de contragarantia pressupõe uma proteção efetiva ao garantidor, caso este venha a ser chamado a honrar garantia em favor de terceiro. É por isso, aliás, que a LRF exige que a contragarantia seja "em valor igual ou superior ao da garantia concedida" (art. 40, § 1º) e admite que possa consistir na vinculação de receitas tributárias "com outorga de poderes ao garantidor para retê-las e empregar o respectivo valor na liquidação da dívida vencida" (art. 40, § 1º, II).

Para Misabel Derzi o art. 40, § 1º, II da LRF é inconstitucional ao admitir que o credor possa reter a receita vinculada em garantia ou contragarantia e aplicá-la no pagamento do seu crédito. De nossa parte, acreditamos que a única inconstitucionalidade identificável em tal dispositivo foi estender ao Estado, nos seus créditos perante os Municípios, as mesmas prerrogativas que o art. 167, IV, da Constituição Federal conferiu somente à União.

A corroborar a interpretação positivada pela LRF em 2000, constata-se que os contratos firmados pela União Federal para refinanciamento dos Estados à luz da Lei n. 9.496/1997 adotaram verdadeiras garantias reais, com cláusula autorizando a retenção das transferências constitucionais no montante equivalente aos débitos porventura inadimplidos, bem como a sua aplicação em pagamento da dívida garantida exigível.

Até outubro de 2017, passados mais de vinte anos da Lei n. 9.496/1997 e dos contratos firmados ao seu ensejo, não consta que tais garantias reais tenham sido invalidadas ou questionadas por tal motivo, embora por vezes sua execução tenha sido suspensa em casos concretos diante de circunstâncias consideradas excepcionais ou justificadas pelo Supremo Tribunal Federal, o que levou inclusive à edição da Lei Complementar n. 159, de 19 de maio de 2017, dispondo sobre o Regime de Recuperação Fiscal dos Estados e Distrito Federal.[144]

---

[144] Nesse sentido, em 7 de abril de 2016, o Plenário do Supremo Tribunal Federal concedeu medida liminar em mandado de segurança impetrado pelo Estado de Santa Catarina,

contra o Coordenador-Geral de Haveres Financeiros da STN, reformando decisão monocrática anteriormente proferida pelo Ministro Fachin (e que negava a medida liminar), para assim impedir que a União Federal retivesse transferências constitucionais devidas ao referido Estado, ou executasse suas garantias, no contexto da cobrança de quaisquer valores superiores aos que resultariam da aplicação de juros simples e não compostos à dívida do Estado, recalculados desde a data original da contratação da referida dívida interfederativa. Provimentos sob fundamento semelhante foram posteriormente concedidos pelo STF a diferentes outros Estados. No entanto, nenhum desses pleitos insurgiu-se contra a constitucionalidade das garantias ou direito de retenção contratualmente assegurados à União Federal, embasando-se diversamente na suposta inconstitucionalidade do Decreto n. 8.616, de 19 de dezembro de 2015, que regulamentou a Lei Complementar n. 148, de 2014, a qual, na visão dos Estados, deveria ser interpretada como determinando a repactuação e recálculo das dívidas estaduais com base em juros simples, e não juros compostos como ao final estabelecido pelo referido decreto, supostamente em desacordo com a referida Lei Complementar. Cf. MS n. 34.023//DF. Decisão órgão Plenário em sede de agravo regimental. Julg. 7 abr. 2016 (acórdão publicado no DJE em 13 out. 2017). O STF, entretanto, não chegou a emitir decisão de mérito em tais processos, suspendendo-os até que União, Estados e Municípios alcançassem um acordo, que, no caso do Estado de Santa Catarina, teve suas bases primeiramente noticiadas nos autos do referido Mandado de Segurança, fato que foi reconhecido pelo STF por meio da Questão de Ordem julgada pelo Plenário em 1 jul. 2016 (DJE de 12 jun. 2017). Posteriormente, as condições finais e oficiais do acordo, aplicáveis a todo e qualquer estado (ou Distrito Federal) que satisfizesse os requisitos exigidos, foram formalizadas por meio da Lei Complementar n. 156, de 28 de dezembro de 2016. Embora a referida lei tenha mantido os juros compostos originariamente pactuados, ofereceu a Estados e ao Distrito Federal a possibilidade de rescalonar as condições de pagamento da dívida, com um período de carência ou reduções substanciais na dívida por até 18 (dezoito) meses, mas sem redução do valor total a ser quitado, já que os descontos oferecidos seriam recuperados por meio de sua reincorporação ao principal e extensão do prazo original da dívida. De outro lado, a Lei Complementar exigiu contrapartidas dos Estados que viessem a aderir ao seu plano de auxílio e medidas de estímulo ao reequilíbrio fiscal, dentre elas um congelamento no aumento das despesas primárias correntes. Condições ainda mais generosas, como carência e reduções de até 36 (trinta e seis) meses, foram oferecidas posteriormente pela Lei Complementar n. 159, de 19 de maio de 2017, mas apenas a Estados com comprovado desequilíbrio financeiro e que atendessem a contrapartidas adicionais e mais rigorosas, como congelamento dos quadros do funcionalismo público e venda de ativos estatais. A Lei Complementar n. 159 respondeu também a outras decisões proferidas pelo Supremo Tribunal Federal ao longo de 2016 e primeiro semestre de 2017, todas em sede liminar e não de mérito, as quais suspenderam retenções de repasses pretendidas pela União Federal contra o Estado do Rio de Janeiro, por inadimplemento de prestações da dívida deste para com aquela, não com base em suposta ilegalidade dos juros compostos, mas simplesmente em reconhecimento do estado calamitoso das finanças do referido Estado e a ameaça que qualquer retenção representaria à capacidade do estado pagar servidores ativos e inativos, dentre outras obrigações de caráter mais

Aliás, referida Lei Complementar n. 159, longe de negar a possibilidade de vinculação de receitas como verdadeira garantia real, veio a admiti-la expressamente em diversos de seus dispositivos, como, por exemplo, no seu artigo 9, § 8º, segundo o qual o instrumento que repactue a dívida contraída pelo Estado frente à União nos termos da Lei n. 9.496/1997 contemplará a vinculação "em garantia à União" de receitas do ICMS e repasses constitucionais devidos ao Estado, ou no seu artigo 11, § 1º, que autoriza Estados a celebrarem financiamentos necessários à implementação das medidas contempladas no plano de recuperação, com o benefício de garantia da União ao respectivo financiador, condicionada esta a contragarantia, consistente justamente na vinculação de receitas do Estado e até mesmo penhor de ações de empresas estatais.

A vinculação de impostos como verdadeira garantia real ainda constitui prática difundida em operações de antecipação de receita orçamentária – ARO por entes federativos, também expressamente excepcionadas da vedação da vinculação de impostos em garantia (parte final do art. 167, IV), tanto quanto as dívidas interfederativas para com a União.

Embora ainda coexistam entendimentos em ambos os sentidos, a jurisprudência majoritária vem corroborando a licitude de tais garantias voluntariamente constituídas em operações de ARO, inclusive com cláusula-mandato conferindo poderes para que as respectivas instituições financeiras retenham as receitas vinculadas automática e unilateralmente, aplicando-as à pronta quitação da dívida.

---

emergencial. Nas palavras da Ministra Carmen Lúcia, responsável por mais de uma dessas liminares suspensivas, o "Estado Autor não nega a validade do contrato nem as cláusulas de contragarantia", mas a suspensão das retenções unilaterais e automáticas se justificava para que o estado pudesse exercer seu direito de defesa prévia e contraditório, pela "excepcional situação de calamidade financeira declarada, formalmente, pelo Estado do Rio de Janeiro" e, citando precedente da Corte, "com o propósito de neutralizar a ocorrência de risco que possa comprometer, de modo grave e/ou irreversível, a continuidade da execução de políticas públicas ou a prestação de serviços essenciais à coletividade" (STF, ACO n. 2.972, decisão de 9 jan. 2017, pub. DJE 2 fev. 2017, no mesmo sentido daquela proferida em 4 jan. 2017 e da decisão do Ministro Lewandwiski de ACO n. 2898, dec. de 18 jul. 2016, pub. DJE 22 nov. 2016). Não por coincidência, o Estado do Rio de janeiro foi o primeiro, com base na Lei Complementar n. 159, a firmar acordo de recuperação com a União, homologado em 5 de setembro de 2017. Em outubro de 2017, o Estado do Rio Grande do Sul parecia o próximo candidato à celebração do acordo.

Relevante, a nosso ver, pela sua análise cuidadosa e acertada, o julgado proferido pelo Tribunal de Alçada Civil do Estado de São Paulo em 9 de outubro de 1997, sob relatoria do Desembargador Silveira Paulilo, que enfrentou o tema da validade e constitucionalidade de garantia prestada pelo Município de Mauá no âmbito de operação de ARO realizada com instituição financeira, à luz do inciso IV do art. 167 da Constituição Federal.[145]

Divergindo dos pareceres apresentados pelo Município de Mauá, de lavra de Celso Antônio Bandeira de Mello e Ives Gandra Martins, que consideravam inconstitucional e inexequível a prerrogativa conferida a instituição financeira para reter quota parte do ICMS atribuível ao município, o Tribunal, respaldado em Geraldo Ataliba, concluiu pela licitude e eficácia de tal garantia.

Interessante a passagem do mencionado Acórdão que, citando Ataliba, aborda a natureza e peculiaridade da operação de ARO:

> não se vislumbre no contrato autorização para apropriação de receitas que não chegariam sequer a ingressar no patrimônio do Município. Como diz Geraldo Ataliba, a operação de crédito por antecipação é um tipo de empréstimo (cf. ob. cit.). Não se veja, assim, só o mútuo, mas essa característica própria, que a distingue dos empréstimos em geral, que é a de antecipar receita. A instituição financeira, desta forma, não se apropria de receita do Município na medida em que já a antecipou. Entregou receita nas mãos do Município, e não outra coisa. Nada mais justo e natural, portanto, que fique com o numerário dado em garantia, que tem a mesma natureza jurídica: receita.

Digna de nota, ainda, a passagem que refuta a alegada burla ao princípio do precatório:

> com o devido respeito do douto parecer de Celso Antônio, o pagamento por precatórios não pode dizer respeito à antecipação de receita. Violentaria a lógica do sistema, aliás, que um Banco entregasse receita à Adminis-

---

[145] 1º TACIVIL, 11ª Câm. Ap. n. 715.815-8-São Paulo; Rel. Juiz Silveira Paulilo; j. 09 out. 1997; v.u. BAASP, 2060/612-j, de 22 jun. 1998.

tração e lhe fosse proibido receber a mesma coisa, ingressando na vala comum do pagamento por precatórios.[146]

Também o Superior Tribunal de Justiça já teve a oportunidade de referendar a legalidade e exequibilidade da garantia e sua cláusula mandato no âmbito de operação de ARO, a exemplo do acórdão da Primeira Turma de 5 de dezembro de 2006, relatado pelo Ministro Teori Zavascki, que assim refutou o posicionamento que havia prevalecido em 2ª instância, não admitindo a execução forçada da garantia:

---

[146] No mesmo sentido, o julgado de 11 de agosto de 2010 (pub. 20 ago. 2010) da 12ª Câmara de Direito Privado do Tribunal de Justiça do Estado de São Paulo (Apelação n. 990093666324-SP), sob relatoria do Desembargador José Reynaldo, cuja ementa consignou: "Ementa: Contrato Bancário – Operação de Antecipação de Receita Orçamentária – Vinculação de receitas tributárias e outorga de mandato ao credor para receber o valor da caução e imputação no pagamento do crédito – Legalidade – Taxa Básica Financeira – Utilização como base de juro remuneratório e não como indexador – Legalidade – Lei n. 10.192/2001, artigo 5º – Inteligência – Ação revisional – Possibilidade – Ausência de vícios – Improcedência – Recurso Provido." Cite-se ainda o acórdão da 13ª Câmara Cível do Tribunal de Justiça do Paraná, de 23 de fevereiro de 2011 (Apelações Cíveis n. 727.006-0 e 727.024-8; Apelantes Banco do Brasil e Município de Foz do Iguaçu), sob relatoria do Desembargador Fernando Wolff Filho, que confirmou a decisão do juízo singular, reproduzindo sua fundamentação: "os contratos de empréstimos garantidos por antecipação de receita orçamentária são permitidos pela Constituição da República, no artigo 167, inciso IV, e representam exceção ao princípio da não-vinculação. Tendo o autor livremente contratado o empréstimo por antecipação de receita orçamentária, recebido da instituição financeira tais valores, e cedido em favor do banco os créditos de depósitos provenientes das quotas do fundo de participação (FPM) e cotas do ICMS, a atitude do réu em abater os valores correspondentes ao crédito nada mais é do que o cumprimento do contrato, não havendo que se falar em qualquer ilegalidade ou apropriação indevida de receita orçamentária". E, ainda, o acórdão do Tribunal de Justiça de Santa Catarina (AI n. 81470/SC 1196.008147-0, pub. 21 ago. 1997) "Ementa: AGRAVO DE INSTRUMENTO. CONTRATO DE ANTECIPAÇÃO DE RECEITA ORÇAMENTÁRIA. DECISÃO LIMINAR QUE ORDENA INSTITUIÇÃO BANCÁRIA A ABSTER-SE DE BLOQUEIO DE CRÉDITOS TRIBUTÁRIOS REPASSADOS AO MUNICÍPIO PELO ESTADO E UNIÃO, DADOS EM GARANTIA. RECURSO PROVIDO. O contrato de mútuo por antecipação da receita orçamentária (A.R.O.) constitui instrumento de captação de recursos manejado pela Administração Pública, que recebe numerário adiantado de instituições financeiras privadas e dá, como garantia, futuras e determinadas arrecadações orçamentárias. Tal operação rege-se por normas legais que apresentam verdadeira exceção aos princípios da indisponibilidade das receitas públicas e da não vinculação da receita orçamentária, consoante o § 8º, do art. 165 e inc. V, do art. 167, da Carta Magna."

esse entendimento é incompatível com a natureza da garantia do crédito e com os objetivos da função jurisdicional. Ele retira da garantia a sua finalidade essencial e a sua própria razão de ser. O cumprimento extrajudicial das obrigações está estreitamente vinculado à vontade do devedor, não havendo razão para estipular cláusula de garantia para vigorar apenas extrajudicialmente. Ao contrário: as cláusulas de garantia são estipuladas justamente para produzir efeitos quando há inadimplemento. Elas se destinam a impor o cumprimento das obrigações nas hipóteses em que o devedor não pode ou se nega a atender espontaneamente a sua obrigação. Em outras palavras: as garantias são estipuladas para vigorar em hipóteses de execução forçada da obrigação. Seria inteiramente inútil a norma constitucional dos arts. 165, § 8º, e 167, inciso IV, bem como a correspondente cláusula contratual com base nela estipulada, se a garantia ali prevista não pudesse ser executada judicialmente. Se a Constituição autorizou a outorga da garantia, autorizou também, ainda que implicitamente, a sua execução forçada. Do contrário, a cláusula não passaria de mera e inútil formalidade.[147]

Assim sendo, tratando o art. 167, IV, de verdadeira garantia real à União sobre direitos de crédito dos Estados e Municípios, regida em sua essência pelo Código Civil (arts. 1.451 e seguintes) e pelo respectivo contrato de penhor ou caução, também não nos parece procedente o entendimento de Misabel Derzi[148] no sentido de que a execução da garantia exigiria necessariamente um inadimplemento líquido e certo, previamente confirmado por decisão judicial ou administrativa, após ampla oportunidade ao contraditório, haja vista não se poder confundir a execução de garantia com a figura da compensação de créditos. Não havendo disposição em contrário no respectivo contrato de garantia ou na necessária lei estadual ou municipal que tenha autorizado a operação de crédito ou outorga da garantia, o direito de retenção dos recursos dados em garantia (que, aliás, já seria facultado à luz do parágrafo único do art. 160, embora ali se possa concordar com a necessidade de liquidez e certeza do crédito, como propugnado por Misabel Derzi[149]) e

---

[147] Recurso Especial n. 591.896-SP (2003/0175804-2). Recorrente: Banco Santos; Recorrido: Município de Araranguá. Pub. DJ em 14 dez. 2006.
[148] DERZI, Misabel Abreu Machado. Op. cit., p. 342 et seq.
[149] DERZI, Misabel Abreu Machado. Op. cit. Do texto destaca-se a seguinte passagem: "É inadmissível aceitar que, em um Estado de Direito, um ente político estatal, com altas res-

de sua aplicação à satisfação do crédito inadimplido é efeito próprio do contrato de penhor, nesse caso desde que conferidos poderes expressos ao credor para tanto, como tem sido usualmente o caso dos contratos de financiamento acima narrados.

Por outro lado, desnecessárias maiores digressões para concluir que União ou Estados estariam sujeitos a devolver os recursos retidos e aplicados em seus créditos, aos entes devedores, sem prejuízo de indenização pelas perdas e danos suplementares, caso comprovada a execução indevida de tal garantia.

3.2.2. *Lei de Responsabilidade Fiscal*

A LRF trata das garantias e contragarantias no seu artigo 40, que por sua vez integra a seção V – Da Garantia e da Contragarantia, no contexto do capítulo VII – Da Dívida e do Endividamento, da referida lei.

O *caput* do art. 40 admite de forma ampla a outorga de garantias em operações de crédito internas e externas, determinando, contudo, a observância dos limites e condições relativos a operações de crédito de modo geral por cada ente federativo, a serem verificados pelo Ministério da Fazenda, nos termos do art. 32 da própria LRF,[150] assim como os limites e condições estabelecidos pelo Senado Federal.

Embora a LRF refira-se tão somente aos limites e condições ditados pelo Senado Federal em relação à União, como já observamos acima, o Senado Federal também estabeleceu limites e condições para as garantias de Estados e Municípios, nos termos da sua Resolução n. 43, de 2001. A não ser que se entenda que o Senado Federal extrapolou suas competências, o que não nos parece ser o caso, tais limites e condições relativos a Estados e Municípios também deverão ser observados.

---

ponsabilidades administrativo-territoriais perante seu povo, possa ser despido do mais elementar direito de ser ouvido, quer em processo administrativo, quer judicial, e sofra, de forma arrasadora e constrangedora, retenções de receitas que lhe pertencem, concedendo-se ao credor o direito incontrastável de formação unilateral de seu crédito. Tais créditos, para ensejar o condicionamento da entrega dos recursos das transferências constitucionais, deveriam ser líquidos, certos e reconhecidos em processo administrativo ou judicial" (p. 342).

[150] "Art. 32.O Ministério da Fazenda verificará o cumprimento dos limites e condições relativos à realização de operações de crédito de cada ente da Federação, inclusive das empresas por eles controladas, direta ou indiretamente."

A observância de tais limites ditados pela lei e pelo Senado Federal é de suma importância, pois a consequência da desconformidade é drástica: a garantia será nula (art. 40, § 5º) e, portanto, imprestável ao seu propósito de dar segurança ao credor.

Curioso que o art. 40 da LRF autorize a concessão de garantias por um ente federativo em favor de obrigações de outro, exigindo tão somente contragarantia em valor igual ou superior e a adimplência do ente afiançado perante o ente garantidor, quando, no seu art. 35, a mesma LRF vedou terminantemente "a realização de operação de crédito entre um ente da Federação, diretamente ou por intermédio de fundo, autarquia, fundação ou empresa estatal dependente, e outro, inclusive suas entidades da administração indireta". A aparente contradição se verifica no fato de que a concessão de garantia encerra, ela também, uma relação de crédito (contingente), ainda que não definida como tal pela LRF.

Os parágrafos 6º e 7º do art. 40 admitem a prestação de garantias por empresas públicas e sociedades de economia mista em favor de suas controladas ou subsidiárias, reconhecendo prática comum e relevante no contexto empresarial de modo geral. Subsidiárias são criadas para desenvolver com maior eficiência projetos ou atividades delimitados, ou para abrigar sócios específicos em tais empreendimentos, mas frequentemente tais subsidiárias, sem um histórico de crédito consolidado ou patrimônio robusto, necessitam do apoio e garantia de suas controladoras para captação de financiamentos, celebração de contratos de longo prazo de maior expressão e consecução de seus objetivos de modo geral.

Fora dessas hipóteses de garantia de estatal para suas controladas ou subsidiárias, e ressalvadas ainda garantias prestadas por instituições financeiras privadas a entes estatais ou por instituições financeiras estatais a entes privados, ambas sujeitas a regime próprio, as garantias propriamente ditas foram vedadas, como regra geral, no contexto da Administração Pública indireta, a teor do parágrafo 6º do art. 40.

Questionável talvez tenha sido a falta de autorização expressa para garantias prestadas por subsidiárias em favor de suas controladoras estatais, haja vista ser prática também relativamente comum no mercado empresarial privado e que seria justificável desde que houvesse demonstração de proveito econômico ou comercial à própria subsidiária garantidora.[151]

---

[151] Econômica e comercialmente justificável, por exemplo, no contexto de sociedade (*holding*) controladora que, por medida de maior eficiência ou mesmo por exigência dos

3.2.3. *Resoluções do Senado Federal*

Em 21 de dezembro de 2001, o Senado Federal editou a Resolução n. 40, que dispõe sobre os limites globais para o montante da dívida pública consolidada e da dívida pública mobiliária de Estados e Municípios, e a Resolução n. 43/2001, que dispõe sobre as operações de crédito interno e externo de Estados e Municípios, inclusive concessão de garantias, seus limites e condições de autorização.

A Resolução n. 40/2001 estabelece o limite de 200% (duzentos por cento) e 120% (cento e vinte por cento) da respectiva receita corrente líquida para a dívida consolidada líquida de Estados e Municípios, respectivamente, a ser alcançado gradualmente até 1º de janeiro de 2017.

Por sua vez, o art. 9º da Resolução n. 43/2001 dispõe que o saldo global das garantias concedidas por Estados e Municípios não poderá exceder a 22% (vinte e dois por cento) da receita corrente líquida de tais entes, limite este que poderá ser elevado para 32% (trinta e dois por cento) desde que os respectivos entes garantidores não tenham sido chamados a honrar garantias nos últimos 24 (vinte e quatro) meses e estejam em conformidade com os limites de endividamento, de gastos com pessoal, e com suas obrigações no contexto do Programa de Ajuste Fiscal acordado com a União em contrapartida ao refinanciamento de suas dívidas no âmbito da Lei n. 9.496/1997.

O art. 10º limita o saldo devedor das operações por antecipação de receita orçamentária a 7% (sete por cento) da receita corrente líquida do ano em que tal saldo esteja sendo apurado.

Os arts. 21 e 23, por sua vez, estipulam as condições que devem ser atendidas por Estados e Municípios para solicitação, ao Ministério da Fazenda, de autorização em favor de operações de crédito interno ou externo com aval ou garantia da União Federal (sem prejuízo da competência do Ministério da Fazenda para verificação dos limites de endividamento de modo geral, nos termos do art. 32 da LRF). Dentre tais requisitos, destacam-se a demonstração de autorização legislativa no âmbito do respectivo ente para a realização da operação; pedido de

---

financiadores, contrai financiamento no seu nome, embora desde logo contemplando o subsequente repasse dos recursos a determinada subsidiária. Nada mais natural que tal subsidiária contribuísse, juntamente com sua controladora, à prestação de garantias aos financiadores.

chefe do Poder Executivo acompanhado de pareceres técnicos e jurídicos, demonstrando a relação custo-benefício, o interesse econômico e social da operação e o cumprimento dos limites e condições aplicáveis; demonstração de inclusão dos recursos pleiteados no orçamento e sua destinação para despesas com investimentos; certidão do Tribunal de Contas atestando regularidade das contas; adimplência do ente perante suas obrigações com a União Federal etc.

Finalmente, a Resolução n. 48, de 21 de dezembro de 2007, dispôs sobre os limites globais para as operações de crédito externo e interno da União, de suas autarquias e demais entidades controladas pelo poder público federal, e estabeleceu limites e condições para a concessão de garantia da União em tais operações de crédito.

O art. 9º da referida Resolução n. 48/2007 fixou o limite de garantias concedidas pela União em 60% (sessenta por cento) de sua receita corrente líquida, mas admitiu a elevação temporária, em caráter excepcional, de tal limite, a pedido do Poder Executivo.

3.2.4. *As Resoluções do Senado e a Disciplina da Cessão Definitiva ou em Garantia de Royalties e Dívida Ativa*

Relevante ainda ao objeto deste estudo é o que dispõe o artigo 5º, incisos VI e VII, da Resolução n. 43/2001 do Senado Federal, disciplinando, respectivamente, a cessão, inclusive em garantia, por Estados e Municípios, de receitas futuras de *royalties* e receitas públicas análogas (participações especiais e compensações financeiras no resultado da exploração de petróleo e gás natural, de recursos hídricos para fins de energia elétrica e de outros recursos minerais no respectivo território), bem como a cessão de dívida ativa objeto ou não de parcelamento.

3.2.4.1. *Cessão Definitiva ou em Garantia de Royalties*

Registre-se, desde logo, que a vedação à vinculação de impostos, contida no art. 167, IV, da Constituição Federal, não é pertinente às cessões de *royalties* e receitas públicas análogas, por não terem natureza jurídica de imposto, ou mesmo de tributos, correspondendo a mera contrapartida contratual pela exploração de bens e direitos de titularidade do Estado.[152]

---

[152] É possível defender também sua natureza indenizatória, na medida em que se sustente que *royalties* e receitas assemelhadas visam compensar os danos ambientais e sobrecarga da

Ao vedar apenas certas operações, o inciso VI do art. 5º da Resolução n. 43/2001 admite, a *contrario sensu*, a cessão de receitas futuras de *royalties*, de forma definitiva ou em garantia, que não ultrapassem o período do mandato vigente do respectivo chefe do Poder Executivo (art. 5º, VI, alíneas "a" e "b", respectivamente). Parece não haver destinação compulsória aos recursos obtidos com tais cessões definitivas (art. 5º, VI, alínea "a"). Contudo, os recursos captados a partir de cessões em garantias deverão ser aplicados exclusivamente à capitalização de fundos de previdência ou à amortização extraordinária de dívidas com a União (art. 5º, VI, alínea "b", § 2º).

São admitidas, ainda, cessões definitivas cujas receitas de *royalties* ultrapassem o período do mandato dentro do qual a operação seja realizada, mas nesse caso desde que os recursos recebidos em contrapartida de tal alienação tenham a mesma destinação obrigatória, acima referida, que os recursos captados com lastro em cessões em garantia (art. 5º, VI, alínea "a").[153]

O parágrafo 4º do art. 5º, acrescido pela Resolução n. 2, do Senado Federal, de 28 de maio de 2015, admitiu ainda, excepcionalmente, que

---

infraestrutura (exigindo maiores investimentos que não necessariamente aproveitam o restante da sociedade) decorrentes da exploração de recursos minerais em território de determinados Estados e Municípios. Entretanto, mesmo sob tal perspectiva, resta evidente a natureza não tributária de tal cobrança.

[153] Curioso que Kyoshi Harada, usualmente bastante conservador em suas opiniões (contrário, por exemplo, à possibilidade de instituição de garantia real propriamente dita com base na parte final do inciso IV ou no § 4º do art. 167, ou mesmo à cessão de dívida ativa, em que pese autorização expressa do Senado Federal), considera a operação de cessão de receitas de *royalties* e assemelhados não só válida e legal, como entende possível a destinação de recursos oriundos de cessão de receitas que venham a ultrapassar o mandato do governante em vigor, para projetos de infraestrutura contemplados no Plano Plurianual, e não somente para capitalização de fundo de previdência ou amortização extraordinária de dívida com a União, conforme expressamente previsto na Resolução n. 43, de 2001, do Senado Federal, seja na sua redação original, seja na redação outorgada pela Resolução n. 17, de 2015. Para Kyoshi Harada, não sendo a cessão definitiva de *royalties* qualificável como uma operação de crédito, não estaria ela sujeita à disciplina do Senado Federal, competente apenas para impor limites e condições às operações de crédito de Estados e Municípios e suas garantias. Cf. HARADA, Kiyoshi. Cessão de créditos de *royalties* de recursos minerários para investimento em infraestrutura. **Revista Jus Navigandi**, Teresina, v. 16, n. 3.093, 20 dez. 2011. Disponível em: <https://jus.com.br/pareceres/20680>. Acesso em: 3 jun. 2016.

Estados e Municípios que tenham sofrido perdas relevantes em sua arrecadação de *royalties* e receitas similares, em razão da queda do preço do petróleo ou da alteração dos critérios de partilha, poderão ceder até 10% de sua arrecadação anual em garantia de operações de financiamento no valor máximo das perdas de arrecadação correspondentes "à diferença entre a média aritmética do total dos recursos recebidos nos exercícios de 2013 e 2014 pelo respectivo ente federado e a previsão para os anos de 2015 e 2016", sem que os recursos derivados de tal cessão extraordinária tenham que ser aplicados na capitalização de fundos de previdência ou na amortização extraordinária de dívidas com a União.

3.2.4.2. *Cessão Definitiva ou em Garantia de Dívida Ativa*

O art. 5º, VII, da Resolução n. 43/2001 veda a cessão de fluxo de recebimentos de créditos inscritos em dívida ativa de forma não definitiva ou com cláusula revogatória (alínea "a", com redação dada pela Resolução n. 17 do Senado, de 11 de novembro de 2015), ou, ainda, com assunção, pelo Estado ou Município, perante o cessionário, "de responsabilidade pelo efetivo pagamento a cargo do contribuinte ou de qualquer outra espécie de compromisso financeiro que possa, nos termos da [LRF], caracterizar operação de crédito" (alínea "b", com redação dada pela já mencionada Resolução n. 17/2015).

Ou seja, a Resolução n. 43/2001 veda qualquer operação de crédito com garantia baseada em estoque de dívida ativa do ente federativo, mas não veda a cessão definitiva, no todo ou em parte, de tal estoque.

Embora a Resolução n. 43, de 2001, do Senado Federal vede a cessão em garantia de direitos creditórios oriundos de estoque de dívida ativa de Estados ou Municípios, a Resolução 33 do Senado Federal, de 13 de julho de 2006, introduziu uma exceção a tal regra geral, autorizando Estados e Municípios a "ceder a instituições financeiras a sua dívida ativa consolidada, para cobrança por endosso-mandato, mediante a antecipação de receita de até o valor de face dos créditos" (art. 1º).

Segundo o art. 4º da Resolução n. 33/2006, a instituição financeira endossatária repassará a Estados e Municípios os valores por ela arrecadados apenas após amortizar a antecipação de receita realizada, o que denota uma verdadeira garantia real, equiparável a um penhor de direitos e títulos de crédito (arts. 1.451 e seguintes)[154] ou, quando menos, um negócio fiduciário (mandato) com escopo de garantia, na medida em que autoriza a instituição financeira a reter ela própria o produto da arrecadação e aplicá-lo unilateralmente na amortização do seu crédito, liberando apenas o saldo remanescente ao ente federativo competente. Corrobora, ainda, tal constatação o disposto no art. 5º, segundo o qual "o endosso-mandato é irrevogável enquanto não amortizada a antecipação [...]".

A antecipação de receita mediante cessão em garantia, via endosso-mandato, prevista na Resolução n. 33/2006 do Senado Federal, tem a mesma natureza e estrutura das operações de ARO, com a ressalva de que as operações da Resolução n. 33/2006 não estão sujeitas à obrigação de serem contraídas e liquidadas dentro mesmo exercício orçamentário.

---

[154] Cf. "Art. 1.458. O penhor, que recai sobre título de crédito, constitui-se mediante instrumento público ou particular ou endosso pignoratício, com a tradição do título ao credor, regendo-se pelas Disposições Gerais deste Título e, no que couber, pela presente Seção". Tecnicamente, entretanto, a Resolução n. 33/2006 não estaria instituindo um penhor propriamente dito, pois, a teor do art. 1.458 do Código Civil, sua constituição dependeria de um endosso pignoratício, e não de um endosso-mandato. Contudo, a Resolução n. 33/2006 parece empregar inapropriadamente a figura do endosso-mandato, que em geral se presta tão somente a transferir a atividade de cobrança ao endossatário, podendo este para tanto valer-se dos direitos conferidos pelo título de crédito endossado, mas recebendo os recursos daí decorrentes em nome e benefício do endossante, como seu mero procurador, e não em garantia de uma operação subjacente de crédito com este realizada. Não bastasse isso, ainda que, ao contrário do endosso normal, não transfiram a titularidade definitiva do crédito ao endossatário, tanto o endosso pignoratício como o endosso-mandato são atos jurídicos relacionados à circulação de título de crédito, que não se faz presente no contexto de cessão de crédito de dívida ativa, verificando-se aí mais uma impropriedade jurídica da Resolução n. 33/2006 do Senado. Com efeito, mesmo reconhecendo na certidão de dívida ativa – CDA um título executivo dotado de presunção de certeza e liquidez (art. 3º da Lei n. 6.830/1980), não se trata de título de crédito, haja vista não conferir um direito autônomo nem ao fisco, seu titular original, nem a seus eventuais sucessores, como seria próprio dos títulos cambiários, pois o direito inscrito na CDA está irremediavelmente vinculado ao crédito tributário que lhe deu origem. Aliás, o próprio fato de constituir uma mera certidão, reproduzindo os elementos do Termo de Inscrição da Dívida Ativa e gozando de presunção meramente relativa (art. 2, § 6º, e art. 3º da Lei n. 6.830/1980), é bastante revelador quanto à sua natureza não autônoma.

3.2.4.3. *Interpretação Sistemática: Cessão Definitiva e Cessão em Garantia*

As resoluções do Senado Federal, cotejadas com a disciplina da LRF e do art. 167, IV, da Constituição Federal, permitem algumas distinções importantes.

Desde que estruturadas como cessões onerosas e definitivas, sem que os cedentes assumam ou compartilhem o risco de inadimplência (*performance*) dos recebíveis, é possível concluir que tais operações com *royalties* ou dívida ativa não se enquadram como operações de crédito, mas como venda de ativos.[155]

Tais cessões de receitas futuras, usualmente realizadas em favor de um conjunto de investidores por meio de Fundo de Investimento em Direitos Creditórios – FIDC ou veículo societário que cumpra a função de isolar os direitos creditórios cedidos do risco de solvência ou *performance* do cedente originador ("*bankruptcy remote*"), são chamadas, no jargão do mercado, de operações de securitização.[156]

---

[155] Nesse sentido, a conclusão categórica do Parecer n. 1579, de 2014, emitido pela Coordenadoria de Assuntos Financeiros da Procuradoria Geral da Fazenda Nacional, em apoio à verificação, pela Secretaria do Tesouro Nacional, do cumprimento dos limites de endividamento aplicáveis a Estados e Municípios: "As operações de cessão definitiva de direitos creditórios ou do fluxo financeiro decorrente de tais direitos, quando não implicar, direta ou indiretamente, qualquer compromisso de garantir o recebimento do valor do crédito cedido, em caso de inadimplemento por parte do devedor, não constitui operação de crédito, no sentido da LRF." (BRASIL. Advocacia-Geral da União. Procuradoria Geral da Fazenda Nacional. Coordenadoria de Assuntos Financeiros. **Parecer n. 1579, de 2014**. Disponível em: <http://www.tlon.com.br/attachments/article/12628/Parecer-PGFN-1579-TLON.pdf>. Acesso em: 9 dez. 2017).

[156] O Resolução n. 11, de 31 ago. 2015, do Senado Federal, alterando a redação da Resolução n. 43/2001, explicitava como seu objetivo "permitir que as estruturas de FIDC (Fundo de Investimento em Direitos Creditórios), com base em recebíveis originados pelo parcelamento de dívida ativa, não sejam considerados e enquadrados como operação de crédito conforme estabelecido pela Lei Complementar n. 101/2000". Registre-se, entretanto, a decisão do Tribunal de Contas da União que, ao fiscalizar o caso do FIDC-NP (fundo de investimento em direitos creditórios não padronizados) criado para securitizar a dívida ativa do Município de Nova Iguaçu, no Rio de Janeiro (o mesmo que deu ensejo ao já citado Parecer PGFN 1579/2014), para avaliar se a respectiva operação se qualificava como operação de crédito (por contar com a coobrigação explícita ou disfarçada do Município) e como tal se havia se submetido ao controle da Secretaria do Tesouro Nacional – STN, na qualidade de órgão responsável por delegação do Ministério da Fazenda pela verificação do cumprimento dos limites e condições para a realização de tais operações de crédito. Em tal decisão, publicada em 11 dez. 2014 (DOU Seção 1, n. 240, p. 98) e que ainda estava em vigor em junho de 2016,

Embora juridicamente propiciem o recebimento de um preço de venda ao cedente, tais operações têm o efeito econômico de antecipar (monetizar) um fluxo de receitas futuras (tenham sido elas já materializadas ou não pela ocorrência dos respectivos fatos geradores ou contraprestações que as tornam juridicamente exigíveis), impondo-se um desconto que corresponde, economicamente falando, às despesas e taxa de juros implícitas na operação, assim como uma provisão (contingência) para eventuais perdas com inadimplência (ou com mera redução dos níveis de arrecadação, no caso de receitas futuras ainda dependentes da ocorrência dos respectivos fatos geradores), se tais riscos se fizerem presentes.

Por outro lado, sendo a cessão realizada com escopo de garantia no contexto de operação mais convencional de financiamento ao ente federativo cedente, ou de outro modo mantendo-se o risco da adimplência do crédito cedido no referido ente público, tratar-se-á de operação de crédito sujeita aos respectivos limites de endividamento.

Note-se que a LRF, em seu art. 37, I, equipara a operação de crédito a "captação de recursos a título de antecipação de receita de tributo ou contribuição cujo fato gerador ainda não tenha ocorrido". Poder-se-ia em tese interpretar mais amplamente tal expressão "captação de recursos a título de antecipação de receita de tributo" para abranger tanto a cessão definitiva como a cessão em garantia, mas quer nos parecer que a LRF a tenha empregado e que deva ser interpretada apenas no último sentido, mais estrito, embora em termos mais genéricos ou econômicos se possa dizer que toda a alienação de bens que produzam renda ou de direitos de crédito tem potencial efeito de antecipação de receitas.[157]

---

o TCU, entendendo que a securitização pretendida se qualificava como operação de crédito, expediu ordem à CVM determinando que esta se abstivesse de registrar novos FIDC-NP, cuja política de investimento possibilite a aquisição de créditos originados por entes públicos, onde o ente não tenha se submetido à verificação do Ministério da Fazenda (STN) para realizar operações de crédito. Ressalte-se, contudo, que o TCU inadvertidamente acabou vedando o uso legítimo de FIDC-NP inclusive para operações de cessão definitiva de dívida ativa ou royalties, ou seja, não caracterizáveis como operações de crédito e não sujeitas à verificação do MF/STN, obrigando o mercado a utilizar, com perda de eficiência, veículos societários (sociedade anônima) para viabilizar tais operações. Cf. VIDIGAL NETO, Rubens; SOUZA, Allan Crocci. O FIDC-NP na securitização de dívida ativa. **Valor Econômico**, Caderno Legislação & Tributos, p. E2, 8 jun. 2016.

[157] Cf. nesse sentido o item 16 do Parecer n. 1.579/2014 da PGFN: "Digamos que um determinado ente público seja proprietário de um prédio de salas comerciais de oito andares com

Diante da ausência de um esclarecimento expresso a esse respeito, justificamos abaixo nosso entendimento, que é baseado numa interpretação conciliadora do art. 167, IV, da Constituição Federal, da LRF e das citadas resoluções do Senado Federal.

O primeiro indício pode ser colhido do art. 5º, VI, da Resolução n. 43/2001, que segrega as operações com *royalties* em duas alíneas distintas, com diferentes regramentos: de um lado a cessão definitiva de direitos (letra "a"), e, de outro, "dar em garantia ou captar recursos a título de adiantamento ou antecipação".

Veja-se que tal segregação não é acidental ou desprovida de relevância, pois, afora a necessidade de sujeição ou não aos limites globais de endividamento, os recursos oriundos de cessão definitiva de direitos relativos ao período do mandato em que a operação é realizada não têm destinação obrigatória, ao passo que toda e "qualquer receita proveniente da antecipação de receitas de *royalties*", ultrapasse ou não o mandato em vigor, deverá ser obrigatoriamente destinada aos Fundos de Previdência do respectivo ente ou à amortização de dívidas com a União.

Revelador, ademais, o fato de que, na disciplina da cessão de *royalties* na Resolução n. 43/2001, a distinção entre cessão definitiva (alienação) e cessão em garantia (operação de crédito) não dependa do momento em que os respectivos fatos geradores de tal obrigação (que de todo modo não tem natureza de imposto nem mesmo de tributo ou contribuição, mas de contrapartida à exploração de recursos naturais públicos) tenham ocorrido ou venha a ocorrer, mas sim a natureza jurídica da cessão: definitiva, como em uma alienação translativa da propriedade

---

seis salas em cada andar, cujo prazo de depreciação seja de vinte anos. Digamos ainda que o valor médio do aluguel de uma sala comercial semelhante no mesmo bairro seja de mil reais por mês. Ora, a preços atuais, então, o ente público poderia receber uma receita anual em aluguéis equivalente a quinhentos e setenta e seis mil reais durante vinte anos. Ora, se o ente resolve vender o referido imóvel por, digamos, cinco milhões de reais a vista, ele estaria abdicando de uma receita futura de onze milhões e quinhentos e vinte mil reais, equivalentes à receita total de vinte anos de aluguéis, em troca de uma receita presente de cinco milhões de reais. Qualquer que seja nossa opinião sobre a sabedoria ou falta de sabedoria fiscal em realizar tal venda, o fato é que, apesar de ser claramente, como demonstrado, uma 'antecipação de recursos futuros', não se pode chamar tal operação de venda de um ativo imobiliário de operação de crédito no sentido da Lei de Responsabilidade Fiscal." (BRASIL. Advocacia-Geral da União. Op. cit.).

plena sobre um bem ou direito, presente ou futuro; ou em garantia, hipótese em que a cessão tem natureza precária e provisória, subsistindo somente até que o crédito garantido seja satisfeito.

O art. 5º, VII, alíneas "a" e "b", da mesma Resolução n. 43/2001, tratando de operações com dívida ativa, autoriza ainda mais claramente o entendimento de que não se qualifica como operação de crédito a cessão definitiva, sem cláusula revogatória e sem a assunção do risco de inadimplência pelo cedente, na sua relação com o cessionário. Aqui, como na Resolução n. 33/2006 do Senado, o critério também não é o momento da ocorrência do fato gerador, pois toda dívida ativa refere-se, por definição, a fatos geradores já ocorridos. O critério qualificador da operação como de crédito ou não é a natureza e definitividade da cessão.

Coerente com tal raciocínio, a cessão via endosso-mandato operada pela Resolução n. 33 tem natureza flagrantemente precária e provisória, e não à toa a Resolução 33 emprega a expressão "antecipação de receita", que ademais deverá ser devidamente amortizada, em clara hipótese de operação de crédito e não de alienação pura e definitiva de direitos.

Aliás, a já referida operação de Antecipação de Receitas Orçamentárias – ARO, objeto de tratamento bastante peculiar, é indiscutivelmente tratada como uma operação de crédito, conforme estabelece expressamente, por exemplo, o art. 10 da Resolução n. 43/2001, impondo o limite de 7% da receita corrente líquida ao "saldo devedor das operações de crédito por antecipação de receita orçamentária", e sob mesma natureza a LRF, dispondo o seu artigo 38 que "a operação de crédito por antecipação de receita destina-se a atender insuficiência de caixa durante o exercício financeiro [...]".

3.2.4.4. *O art. 167, IV, da CF e a Cessão de Dívida Ativa*

Poder-se-ia, contudo, questionar a constitucionalidade da cessão definitiva ou em garantia (que não em operações de ARO) de receitas oriundas de crédito inscrito em dívida ativa, à luz do art. 167, IV, da CF, haja vista tais créditos compreenderem potencialmente, na sua maior parte, impostos não recolhidos no prazo legal.

Kyioshi Harada, por exemplo, entende que o Senado Federal não teria competência para disciplinar a cessão de dívida ativa, operação que, na sua visão, constituiria uma nova hipótese de antecipação de receita orçamentária – ARO de impostos, em condições não admitidas pelo art. 167, IV, combinado com o art. 165, § 8º, da Constituição Federal, e pelo art. 38 da Lei de Responsabilidade Fiscal, o qual circunscreve a ARO a operações de curto prazo, destinadas a atender insuficiências momentâneas de caixa, sempre dentro do mesmo exercício orçamentário. Conclui, finalmente, tratar-se de operação de crédito nos termos do art. 29, III, da LRF.[158]

Não obstante, quer nos parecer que a cessão de receitas oriundas de créditos inscritos em dívida ativa, ainda que decorrentes do não recolhimento de impostos de competência do respectivo ente federativo, não incorra na vedação do art. 167, IV, da CF por razões que passamos a demonstrar.

Em primeiro lugar, tratando-se de dívida ativa, o objeto da cessão compreenderá impostos e outras exações cujos fatos geradores já tenham ocorrido, tendo sido frustrada, portanto, a expectativa de recebimento de tal receita no seu prazo ordinário de vencimento, tal como projetada nas previsões orçamentárias. Tendo em vista o necessário equilíbrio orçamentário, eventual prejuízo, contingenciamento ou corte de despesas já terá se materializado contemporaneamente à frustração da receita e, portanto, não se propagará para os orçamentos subsequentes.[159]

Daí em diante, a dívida ativa deixa de representar um fluxo de receitas previsível e por isso mesmo contrapartida adequada ao atendimento tempestivo das despesas públicas previstas no orçamento, e passa a constituir um ativo patrimonial (direito de crédito exigível no presente) do respectivo ente de realização incerta no tempo e no seu valor.

Por sua vez, o art. 167, IV, da CF, ao vedar a vinculação de receitas de impostos, explicita o princípio da não afetação, visando assegurar ao gestor público, e às novas gerações por ele representadas, o não com-

---

[158] Cf. HARADA, Kiyoshi. Cessão de crédito tributário viola da Lei de Responsabilidade Fiscal. **Revista Jus Navigandi**. Teresina, v. 18, n. 3.654, 3 jul. 2013. Disponível em: <https://jus.com.br/artigos/24869>. Acesso em: 3 jun. 2016.

[159] Cf. nesse sentido trecho do já citado Parecer PGFN n. 1.579, de 2014: "[...] a condição para qualquer crédito ser inscrito em dívida ativa e seu inadimplemento no prazo, ou seja, trata-se de crédito que deveria ter sido recebido e não o foi, portanto, que deveria ter impactado, para usar a terminologia do parecer supra transcrito, a receita passada do ente e que, por isso mesmo, é devido no presente, tanto assim que sobre ele incidem juros de mora." (BRASIL. Advocacia-Geral da União. Op. cit.).

prometimento das receitas futuras mais elementares (impostos), que deverão fazer frente às despesas públicas desses mesmos períodos futuros.

Assim sendo, a venda ou cessão de um estoque de dívida ativa em nada compromete as receitas futuras do gestor público presente ou dos gestores que o substituirão em mandatos subsequentes, os quais continuarão a contar com a integralidade da base de receitas de impostos recolhidos tempestivamente, decorrentes do universo de fatos geradores que venham a se materializar em períodos futuros.

No caso de cessão definitiva, não há que se falar sequer em vinculação, e muito menos em garantia, haja vista que haverá uma alienação perfeita e acabada de um conjunto de ativos patrimoniais, gerando uma receita extraordinária, sem qualquer risco ou responsabilidade futura para o ente cedente. Ou seja, não há vinculação (tampouco "antecipação de receitas"), mas alienação presente e definitiva de estoque de dívida ativa. Também não se cogitará, outrossim, da aplicação de quaisquer limites de endividamento.

No caso de cessão em garantia, o ente público manterá consigo o risco de responder pela dívida garantida, com receitas públicas ordinárias, caso o adimplemento voluntário ou via execução da dívida ativa não ofereça recursos em montante ou prazo suficientes para a amortização tempestiva do financiamento. Por essa razão, os limites e controles de endividamento serão aplicáveis. Nesse contexto, é razoável falar-se em vinculação, e mais especificamente em vinculação dos recursos provenientes do estoque de dívida ativa, mas não na "vinculação de receita de impostos" de que trata o art. 167, IV, da Constituição Federal.

Diferentemente, incidiria na vedação do art. 167, IV, porque totalmente contrária ao espírito e finalidade de tal norma, uma cessão definitiva ou em garantia de impostos futuros, ou ainda do fluxo do seu recebimento regular, ou seja, uma cessão de receitas sequer materializadas, ainda dependentes da ocorrência de fatos geradores futuros, que são justamente as receitas cuja integridade e desoneração a Constituição buscou preservar em favor dos gestores e gerações futuras.

3.2.4.5. *Cessão de Dívida Ativa e Outros Questionamentos*

Não vamos aqui nos aprofundar em outros questionamentos usualmente dirigidos às operações de cessão de dívida ativa, sejam elas cessões definitivas ou em garantia, mas convém citar as Ações Diretas de

Inconstitucionalidade n. 3.845 e 3.786, de autoria da Federação Brasileira de Associações de Fiscais de Tributos Estaduais –FEBRAFITE e da Associação Nacional dos Procuradores de Estado – ANAPE, respectivamente, ainda pendentes de julgamento pelo Supremo Tribunal Federal em maio de 2018. Em que pesem os pedidos nela formulados, tais demandas não contaram com provimento acautelatório para fins de suspender ou restringir tais operações.

Dentre outros tantos argumentos, alega-se a competência privativa da procuradoria da Fazenda e a impossibilidade de substituição do ente federativo, de forma definitiva ou temporária, por um agente particular no polo ativo de uma execução fiscal.

Em se tratando de dívida ativa relativa a tributos que devam ser partilhados ou repassados via fundos de participação a outros entes federativos, alega-se, ainda, que o ente arrecadador não poderia ceder a parcela a ele não atribuível.

Cabe registrar, entretanto, a existência de muitos precedentes de leis estaduais ou municipais autorizativas de tais operações, com fundamento nas Resoluções n. 43/2001 e 33/2006 do Senado Federal, e da conclusão de diversas cessões de tal natureza, cumprindo os objetivos a que se propunham.

Os Estados, por exemplo, com autorização expressa do Convênio ICMS n. 104/2002 do Conselho Nacional de Política Fazendária – CONFAZ, vêm editando leis autorizativas de cessões onerosas de créditos inscritos em dívida ativa ou em parcelamento.[160]

Para conciliar a autorização da cessão da dívida ativa com a obrigação dos Estados de partilhar ou repassar parte da arrecadação do ICMS e outros impostos aos Municípios, o referido Convênio faculta aos Estados ceder a integralidade dos créditos oriundos de dívida ativa ou parcelamento, partilhando ou repassando a receita daí auferida na mesma proporção de outra forma assegurada aos Municípios, ou, alternativamente, ceder apenas a parcela atribuível a si próprio, ressalvando aos Municípios as transferências a que façam jus quando do eventual recebimento do crédito inscrito ou parcelado.

---

[160] Conferir, dentre outras, em âmbito estadual a Lei de Minas Gerais n. 13.243/1999 (anterior inclusive ao próprio Convênio Confaz de 2002), a Lei do Rio de Janeiro n. 4.004/2002, a Lei do Rio Grande do Sul n. 12.070/2004 e a Lei de Goiás n. 14.679/2004. E, no âmbito municipal, a Lei de Belo Horizonte n. 7.932/1999 e a Lei de Londrina n. 7.649/1999.

Registre-se o caso do Estado de São Paulo, cuja Lei n. 13.723/2009 admitiu a cessão onerosa de créditos vencidos parcelados ou inscritos em dívida ativa, inclusive relativos ao ICMS, IPVA e ITCMD, em favor da Companhia Paulista de Parcerias – CPP, da Companhia Paulista de Securitização – CPSEC ou de fundo de investimento em direitos creditórios (FIDC).[161]

Até o final do exercício de 2015, a CPSEC, por exemplo, já havia realizado três emissões de debêntures, lastreadas ou garantidas por receitas de créditos parcelados (oriundos do Programa de Parcelamento Incentivado – PPI e Programa de Parcelamento Especial – PEP), a ela transferidos pelo Estado de São Paulo.[162]

Note-se, entretanto, que o art. 2º da lei paulista, a exemplo da estrutura adotada em outros Estados, estabelece que a cessão

> não modifica a natureza do crédito que originou o direito creditório objeto da cessão, o qual mantém suas garantias e privilégios, não altera as condições de pagamento, critérios de atualização e data de vencimento, não transfere a prerrogativa de cobrança judicial e extrajudicial dos créditos originadores, que permanece com a Procuradoria Geral do Estado.

Estabelece, ainda, que o valor da verba honorária, associada a tal dívida ativa, não é abrangido pela cessão, competindo exclusivamente à Procuradoria Geral do Estado, para distribuição aos integrantes da carreira de Procurador do Estado.

Assim estruturada, a cessão não se sujeita a alguns dos principais óbices invocados pelas ações diretas de inconstitucionalidade acima referidas.

---

[161] Cf., no âmbito municipal, a Lei do Município de São Paulo n. 15.406, de 8 de julho de 2011, que autorizou operações de cessão de créditos tributários e não tributários, inscritos ou não em dívida ativa, e para tanto também autorizou a criação da SP Securitização – Companhia Paulistana de Securitização (art. 38). A cessão é autorizada em favor de tal sociedade de propósito específico estatal, assim como à Companhia São Paulo de Desenvolvimento e Mobilização de Ativos – SPDA ou ainda a fundos de investimento em direitos creditórios.

[162] Cf. São Paulo (Estado). Secretaria da Fazenda. **Demonstrações financeiras do exercício de 2015**. Disponível em: <https://portal.fazenda.sp.gov.br/Institucional/Documents/balanco_dez15.pdf>. Acesso em: 3 jun. 2016.

Nesses casos, todavia, a cessão tem geralmente por objeto não a dívida ativa propriamente dita, mas o resultado ou fluxo econômico da sua arrecadação.

A respeito da cessão de fluxo, observa o Parecer n. 1.579 da PGFN

> um complicador, em relação a esse entendimento básico, é o caso da chamada cessão do fluxo financeiro decorrente de créditos inscritos em dívida ativa. Isto porque, nesse caso, a titularidade do crédito não é propriamente transferida pelo cedente ao cessionário, permanecendo, pois, no ativo do primeiro; mas tão somente o fluxo financeiro decorrente dos pagamentos efetuados pelos devedores ao credor.

Em seguida, o Parecer conclui que tal cessão de fluxo financeiro é igualmente válida e também não caracteriza operação de crédito, desde que o respectivo ente federativo não assuma a obrigação de garantir eventual crédito inadimplido pelo contribuinte, seja em dinheiro ou mediante substituição do crédito cedido, "já que, inexistiria obrigação de pagar por parte do cedente, mas, apenas obrigação de fazer, no caso, repassar ao cessionário o numerário entregue ao credor pelo devedor inscrito em dívida ativa".

3.3. Conclusões do Capítulo

Considerando a complexidade do exposto no presente tópico, cremos ser útil sintetizar algumas conclusões deste capítulo:

i. A legislação aplicável reserva tratamento distinto e, portanto, faz-se necessário distinguir entre cessões definitivas de *royalties*, dívida ativa ou outras receitas públicas, tributárias ou não, de meras cessões em garantia.

ii. Cessões em garantia são realizadas no contexto de operações de crédito, sujeitas aos diversos limites de endividamento aplicáveis, enquanto a cessão pura e simples, desde que definitiva, é reconhecida juridicamente como uma operação de alienação de direitos, podendo encontrar limitações próprias, como a que restringe a cessão definitiva de *royalties* futuros relativos a período que ultrapasse o mandato do chefe do Poder Executivo em vigor (salvo para finalidades bastante específicas), ou a vedação geral à alienação de impostos futuros.

iii. A expressão "antecipação de receitas" é geralmente reservada às operações de crédito, a exemplo da operação de ARO, realizada e liquidada necessariamente dentro do mesmo exercício orçamentário.
iv. O termo "vinculação" pode tanto significar, mais usualmente, uma mera vinculação orçamentária em garantia, que garante destinação específica de receita pública ao atendimento de determinada despesa, com exclusão de outras, mas que ainda assim sujeita tal despesa pública ao risco do contingenciamento, além dos demais riscos próprios das etapas de processamento da despesa pública (dotação, empenho, liquidação e pagamento), como também pode significar, em contextos bem delimitados, uma verdadeira garantia real, a exemplo do que admitem a parte final do inciso IV e o § 4º do art. 167, da CF; o art. 40, § 1º, II, da LRF e a Resolução n. 33/2006 do Senado Federal.
v. O art. 167, IV, da Constituição Federal veda a vinculação ou cessão em garantia de impostos (salvo em favor da União Federal ou em operações específicas de ARO), mas não de receitas públicas de outras naturezas, como os *royalties*. Reforça, ainda, o entendimento de que receitas públicas outras que não impostos podem ser objeto não somente de vinculação, mas de verdadeiras garantias reais, observados os regramentos e limites aplicáveis.

4. O Sistema de Garantias Públicas nas PPPs

4.1. A Concepção das PPPs no Brasil sob a Premissa de Necessidade de Garantia do Setor Público

Conforme expusemos nos capítulos anteriores e em que pese o histórico de inadimplência da Administração Pública brasileira, seja no nível federal, seja, com ainda maior intensidade, nas relações envolvendo entes subnacionais, a outorga de garantias pelo setor público era, até 2003, confinada a um universo de operações bastante limitado, compreendendo basicamente algumas operações de dívida pública, operações de dívida interfederativas, antecipações de receita orçamentária (ARO) e operações pontuais de antecipação de *royalties*, ressalvadas ainda as garantias prestadas, no curso de suas atividades econômicas, por empresas estatais regidas preponderantemente pelo Direito Privado.

Até então e ressalvadas novamente as estatais regidas pelo Direito Privado, não havia histórico de outorga de garantias pela Administração Pública em contratos administrativos ou análogos, fossem obras públicas, contratos de prestação de serviços ou concessões de longo prazo.

Embora a ausência de tais garantias já incutisse nos agentes privados preocupação relevante com o risco político e de inadimplência governamental, tal risco ainda não era tão grave a ponto de inviabilizar novas contratações, mesmo que impactasse o seu preço. Como vimos, o risco não era tão grave na medida em que a remuneração do concessionário nas concessões comuns de serviço público advinha precipuamente de tarifas cobradas dos próprios usuários e não do Poder Concedente, ao passo que, nos contratos administrativos de obra pública e de prestação de serviços, embora o pagamento do preço coubesse à Administração Pública, tal pagamento era exigível à medida da evolução da obra ou da prestação do serviço, com possibilidade de interrupção do serviço ou da obra em caso de inadimplemento prolongado, gerando, portanto, menor exposição financeira ao agente privado contratado.

A crescente e bem-sucedida experiência internacional, a partir das PFIs (*private finance initiatives*) e PPPs (*public private-partnerships*) inglesas, revelou ao Brasil uma nova alternativa para o desenvolvimento de projetos de relevante interesse social, associados ou não à prestação de serviços públicos em sentido estrito, que poderiam ser implementados com maior eficiência por modalidades de concessões não especificamente contempladas pela legislação brasileira (Lei Geral de Concessões de Serviços Públicos – Lei n. 8.987/1995).

Tais novas modalidades diferiam das concessões comuns na medida em que caberia ao próprio poder público efetuar ou assegurar o pagamento de toda ou de parte substancial da remuneração demandada pelo concessionário privado. Diferiam dos contratos administrativos tradicionais em razão do seu longo prazo de vigência, normalmente compreendendo uma fase de investimentos expressivos e outra fase operacional, em que a concessionária perceberia remuneração suficiente para amortizar seus investimentos e fazer frente às despesas de operação e manutenção.

Esses novos arranjos de contratação administrativa constituiriam, entre nós, o gênero parcerias público-privadas em sentido estrito (PPPs), cujas espécies viriam a se denominar "concessão patrocinada" e "concessão administrativa". Tais arranjos mostravam-se aptos à execução de uma imensa gama de projetos públicos, como regra inviáveis dentro do regime das concessões comuns, tais como hospitais e escolas públicas, postos de saúde, presídios, centros e prédios administrativos, gestão de resíduos sólidos, abastecimento de água, esgotamento sanitário, residências populares, iluminação pública, rodovias com demanda insuficiente de usuários, metrôs, VLTs, monotrilhos e outras modalidades de trens urbanos, estádios de futebol e outros equipamentos esportivos, equipamentos culturais etc.

O SISTEMA DE GARANTIAS PÚBLICAS NAS PPPS

Coube então ao Estado de Minas Gerais, de forma precursora, aprovar a primeira lei de PPPs no país, a Lei estadual n. 14.868, de 16 de dezembro de 2003.[163]

Diante do evidente e agravado risco de inadimplemento estatal, as PPPs em Minas Gerais e no resto do Brasil foram, desde sua origem, concebidas dentro de um arcabouço que pressupunha a necessidade de garantia idônea de adimplemento por parte do ente público contratante.[164] Nesse contexto, o artigo 16 da lei mineira listou as garantias

---

[163] "Art. 1º – Esta Lei institui o Programa Estadual de Parcerias Público-Privadas, destinado a disciplinar e promover a realização de parcerias público-privadas no âmbito da Administração Pública Estadual. Parágrafo único. As parcerias público-privadas de que trata esta Lei constituem contratos de colaboração entre o Estado e o particular por meio dos quais, nos termos estabelecidos em cada caso, o ente privado participa da implantação e do desenvolvimento de obra, serviço ou empreendimento público, bem como da exploração e da gestão das atividades deles decorrentes, cabendo-lhe contribuir com recursos financeiros, materiais e humanos e sendo remunerado segundo o seu desempenho na execução das atividades contratadas." Da exposição de motivos (Mensagem n. 86/2003) que acompanhou o Projeto de Lei n. 889, de 2003 (que deu origem à Lei mineira de PPPs), publicado no Diário do Legislativo de 12 de julho de 2007, extrai-se "O presente projeto de lei justifica-se na medida em que o incentivo ao desenvolvimento econômico do Estado de Minas Gerais e o incremento do bem-estar da população mineira passam, necessariamente, pela instituição de um arcabouço jurídico apto a promover estas espécies de parcerias. De maneira mais específica, as parcerias público-privadas tornaram-se uma via moderna para enfrentar o grande desafio de suplantar o déficit de projetos estruturadores em áreas essenciais como transportes, saneamento e saúde, atentando-se, simultaneamente, para o grave problema da escassez de recursos orçamentários para projetos de alto custo. É neste contexto – de escassez de recursos orçamentários e necessidade de projetos setoriais estruturadores – que, em muitos países, a exemplo da Inglaterra, têm sido concebidas e implementadas novas formas de parceria com a iniciativa privada na administração dos negócios do Estado. O presente projeto de lei está alinhado com o desenvolvimento internacional do tema e pretende aproveitá-lo para o aprimoramento do ordenamento jurídico do Estado de Minas Gerais, sempre com atenção às peculiaridades da realidade mineira (em que a dita escassez de recursos e o déficit de investimentos são ainda mais alarmantes). Assim, pode-se dizer que também se persegue o objetivo, com a colocação em pauta deste projeto de lei, de dar impulso à implementação, em Minas Gerais, de um modelo que tem servido – mundialmente – para o enfrentamento da demanda por investimentos em meio a problemas de crise fiscal."

[164] De fato, a já citada exposição de motivos do projeto de lei das PPPs mineiras, já admitia a esse respeito que "é preciso destacar, ainda, que há, tanto no diploma geral das licitações e contratos quanto no diploma geral das concessões e permissões, uma insuficiência das regras de proteção do crédito do particular frente à Administração. Trata-se de inegável fator que leva à falta de motivação, por parte do investidor privado, em tornar-se um parceiro do Estado na realização de cometimentos de interesse público."

passíveis de serem prestadas em segurança do crédito atribuível ao parceiro privado, prevendo genericamente em seu rol garantias reais, pessoais e seguro, mas também a eventual outorga ao parceiro do direito de faturamento e de arrecadação de tarifas pagas por terceiros (e presumivelmente de retenção dos valores a ele próprio devidos), se aplicável, e finalmente a vinculação-garantia de receitas públicas que não impostos.[165]

Interessante notar que, não possuindo competência para instituir nova modalidade de contratação administrativa à revelia de normas gerais a cargo da União Federal, a Lei mineira de PPPs enquadrou inicialmente suas parcerias como espécie particular de concessões de serviço público (art. 12), mas nem por isso considerou haver qualquer óbice à previsão em lei, então sem precedente, de garantia pelo poder público concedente.

Por sua vez, a Lei estadual n. 14.869, editada no mesmo 16 de dezembro de 2003, autorizou a criação do fundo de parcerias no âmbito do Estado de Minas Gerais, entidade contábil destinada a dar sustentação financeira ao Programa Estadual de Parcerias Público-Privadas, com funções programática, de pagamento e de garantia.

No dia seguinte, foi ainda editada a Lei estadual n. 14.892, que, alterando a denominação e o objeto social da Companhia Mineradora de Minas Gerais – Comig, criou a Companhia de Desenvolvimento Econômico de Minas Gerais – Codemig, com amplas competências, dentre elas a de contratação de parcerias e de prestação de garantias em tais contratos, podendo, para tanto, valer-se de bens dominicais do Estado atribuídos à sua administração.

Cinco meses depois, foi a vez do Estado de São Paulo editar a Lei estadual n. 11.688, de 19 de maio de 2004, instituindo o programa de PPPs no âmbito daquele estado. Sem limitar a incidência de lei federal que viesse a reger a matéria, a Lei paulista optou por prever a criação

---

[165] "Art. 16 – Os créditos do contratado poderão ser protegidos por meio de: I – garantia real, pessoal, fidejussória e seguro; II – atribuição ao contratado do encargo de faturamento e cobrança de crédito do contratante em relação a terceiros, salvo os relativos a impostos, prevista a forma de compensação dos créditos recíprocos de contratante e contratado; III – vinculação de recursos do Estado, inclusive por meio de fundos específicos, ressalvados os impostos"

da Companhia Paulista de Parcerias – CPP, empresa pública controlada pelo Estado, mas não dependente, com a função precípua de apoiar as parcerias público-privadas do Estado, inclusive por meio da prestação de garantias para assegurar o adimplemento das obrigações do parceiro público em tais contratos (art. 15, VI e § 2º).

A Lei federal de PPPs, Lei n. 11.079, foi então editada apenas em 26 de dezembro daquele ano de 2004, disciplinando as PPPs em nível federal e oferecendo normas gerais aplicáveis a todos os Estados, Distrito Federal e Municípios.

Com base em tais normas gerais, já haviam sido editadas em 2017 leis locais de PPPs em praticamente todos os Estados federativos e em dezenas de Municípios com maior demanda de projetos passíveis de estruturação sob o regime de PPPs.[166]

Tal legislação local apresenta pouca ou nenhuma inovação em relação ao sistema de garantias concebido pela Lei federal de PPPs.

Em seu artigo 8º, a Lei federal de PPPs previu, dentre as modalidades admitidas de garantia pública, a vinculação de receitas não abrangidas pela vedação do art. 167, IV, da Constituição Federal (inciso I); a instituição ou utilização de fundos especiais legalmente previstos (inciso II); a contratação de seguro-garantia com seguradoras não controladas pelo Poder Público (inciso III); garantias prestadas por multilaterais ou instituições financeiras não controladas pelo Poder Público (inciso IV); garantias prestadas por fundo garantidor ou estatal criada para tal finalidade (inciso V), tudo sem prejuízo de outros mecanismos legalmente admitidos (inciso VI).

Antes de abordarmos mais detalhadamente cada uma dessas modalidades de garantia, vale relembrar que a promulgação da Lei federal de PPPs foi, desde o início, alvo de questionamentos contundentes, especialmente em relação ao seu sistema inovador de garantias.

Conforme já citamos anteriormente, Celso Antônio Bandeira de Mello foi um dos primeiros e mais ferrenhos críticos. Para ele, a Lei federal de PPPs é uma aberração neoliberal e inconstitucional em pratica-

---

[166] Pressupondo, antes de mais nada, contratos com valor superior a vinte milhões de reais, em conformidade com o art. 2º, §4º, I, da Lei federal.

mente todos os seus aspectos, mas sobretudo no tocante às garantias do setor público, citando em particular a ausência de lei complementar.[167]

Sobre esse tema, já tivemos oportunidade de antecipar alguns comentários acima. O art. 163 estabelece que caberá a lei complementar dispor tanto sobre dívida pública externa e interna (inciso II) como sobre concessão de garantias pelas entidades públicas (inciso III), dentre outras matérias financeiras ou cambiais. Acreditamos que a Lei de Responsabilidade Fiscal seja justamente essa lei complementar, tendo cumprido as funções demandadas pelos incisos I e II do art. 163, dentre outros. É verdade que a LRF não trata de garantias do setor público em PPPs, ou mesmo em contratos administrativos de concessão, obras, fornecimentos ou serviços de modo geral. No entanto, não acreditamos que se possa extrair de tal omissão uma vedação deliberada à possibilidade de garantias do setor público nesses contratos. Simplesmente, quer nos parecer que o foco do art. 163 da CF, inserto no capítulo das finanças públicas, assim como da LRF e das garantias públicas por ela tratadas na seção V, sequencialmente à seção IV ("Das Operações de Crédito"), ambas no capítulo VII ("Da Dívida e do Endividamento"), tenha sido disciplinar tão somente as garantias circunscritas ao contexto da dívida pública, sem a pretensão de disciplinar garantias admissíveis em qualquer outro contexto envolvendo a Administração Pública.[168]

---

[167] Cf. BANDEIRA DE MELLO, Celso Antônio. Parcerias Público Privadas. Op. cit. Tais críticas foram posteriormente incorporadas ao seu "Curso de Direito Administrativo". Cf. BANDEIRA DE MELLO, Celso Antônio. **Curso de Direito Administrativo**. Op. cit., p. 813 et seq.

[168] Afastando a alegação de inconstitucionalidade formal à luz do art. 163, III, da Constituição Federal, cf., dentre outros, RIBEIRO, Mauricio Portugal; PRADO, Lucas Navarro. **Comentários à Lei de PPP – parceria público-privada**: fundamentos econômicos-jurídicos. São Paulo: Malheiros, 2007, p. 212 (para os autores, o art. 163 pretende tratar apenas de garantias que possam impactar o endividamento público e não garantias em contratos administrativos); MIGUEL, Luiz Felipe Hadlich. Op. cit., p. 66; GUIMARÃES, Fernando Vernalha. **PPP: parceria público-privada**. São Paulo: Saraiva, 2012 – ver capítulo 6: "O regime das garantias nas PPPs", p. 358 et seq., seja porque nenhuma das hipóteses do art. 8º da Lei de PPPs trata especificamente de garantia concedida diretamente por ente de Direito Público (na visão do autor, a vinculação de receitas não seria uma garantia, mas mero instrumento orçamentário), seja porque "o inciso III do art. 163 da Constituição Federal não reserva competência ao legislador complementar para a disciplina de todos os ângulos acerca da concessão de garantias, mas especificamente àquele relacionado com o comprometimento fiscal decorrente de seu estabelecimento" (p. 361); SCHIRATO, Vitor Rhein. O sistema de garantias nas parcerias público-privadas. In: MARQUES NETO, Floriano de Azevedo; SCHIRATO,

Outra crítica genérica ao sistema de garantias nas PPPs, formulada publicamente pela primeira vez com maior peso por Kiyoshi Harada, em parecer emitido em janeiro de 2005 à Comissão de Precatórios da seccional paulista da Ordem dos Advogados do Brasil, é de que tais garantias constituiriam uma burla ao princípio da ordem cronológica dos precatórios, criando uma classe privilegiada de credores garantidos em contraposição aos demais credores sujeitos ao regime do precatório, o que violaria o art. 100 da Constituição Federal.[169]

A nosso ver, contudo, o princípio da ordem cronológica dos precatórios veda apenas que credores possam exigir, por meio do Poder Judiciário, o cumprimento forçado – via penhora de bens – dos seus créditos fora de uma ordem estritamente cronológica, contra uma Administração Pública que se nega a adimplir voluntariamente sua obrigação. Contudo, tal princípio não veda que essa Administração Pública cumpra suas obrigações voluntariamente, nem que, em termos legalmente admitidos, garantias sejam prestadas, por iniciativa própria, antes mesmo que qualquer inadimplemento seja materializado.[170]

Vitor (Coords.). **Estudos sobre a lei das parcerias público-privadas**. Belo Horizonte: Fórum, 2011, p. 143-194, para quem "PPP não é operação de crédito", enquanto o art. 163 trata "Daquelas garantias fidejussórias prestadas pelas entidades públicas em operações de crédito, sobretudo àquelas que importem em garantia soberana da União Federal a operações contratadas por entidades a ela vinculadas ou por Estados e Municípios". No mesmo sentido, mas sob o argumento diverso de que a Lei de PPP, no tema das garantias, funcionaria como regulamento do art. 32 da Lei de Responsabilidade Fiscal, cf. BINENBOJM, Gustavo. As parcerias público-privadas (PPPS) e a Constituição. **Revista de Direito Administrativo**. Rio de Janeiro: Renovar, n. 241, p. 170, jul./set. 2005. Em sentido diverso, vislumbrando a inconstitucionalidade formal do sistema de garantias inserto na Lei de PPPs, por violação à reserva de lei complementar, cf. FERREIRA, Luiz Tarcício Teixeira. **Parcerias público-privadas**: aspectos constitucionais. Belo Horizonte: Fórum, 2006, p. 171 et seq.

[169] Íntegra do Parecer disponível em: HARADA, Kiyoshi. OAB paulista pode contestar parcerias público-privadas no STF. **Consultor Jurídico**, 21 jan. 2005. Disponível em: <http://www.conjur.com.br/2005-jan-21/oab-sp_lei_ppps_pontos_inconstitucionais>. Acesso em: 29 maio 2017.

[170] Cf. nota 93, supra. Sobre a constitucionalidade do sistema de garantias em PPPs, não obstante o regime de precatórios, vide ainda BINENBOJM, Gustavo. As parcerias público--privadas (PPPS) e a Constituição. Op. cit.; GUIMARÃES, Fernando Vernalha. A constitucionalidade do Sistema de Garantias ao Parceiro Privado previsto pela Lei Geral de Parceria Público-Privada. **Revista Eletrônica de Direito Administrativo Econômico**. Salvador: Instituto Brasileiro de Direito Público, n. 16, nov./dez./jan., 2009, p. 12-13; MIGUEL, Luiz Felipe Hadlich. Op. cit.; e SCHIRATO, Vitor Rhein. O sistema de garantias... Op. cit.

4.2. Vinculação de Receitas em Garantia

A primeira modalidade de garantia prevista no art. 8º da Lei federal de PPPs (inciso I) é justamente a vinculação de receitas públicas, a qual deverá observar "o disposto no inciso IV do artigo 167 da Constituição Federal".

Vinculação de receitas não é expressão típica do Direito Civil ou Comercial, de modo que o seu significado mais preciso deve ser buscado no Direito Público, particularmente nos seus ramos financeiro e orçamentário. Com benefício na análise empreendida no capítulo 3, precedente, poderemos compreender melhor as características e limitações de tal modalidade de garantia à luz da Constituição Federal, LRF, resoluções do Senado Federal e outras normas pertinentes.

4.2.1. *Premissas*

Primeiramente, podemos retomar como ponto de partida algumas das conclusões alcançadas no capítulo anterior com relação a garantias passíveis de serem prestadas no contexto das PPPs. Embora não ignorando posições contrárias tanto na doutrina como no posicionamento de nossos tribunais, as seções do capítulo 3, precedente, corroboraram a possibilidade constitucional e legal de, a par da mera vinculação como segurança de segregação de receitas orçamentárias, haver também:

i. instituição por Estados e Municípios de verdadeira garantia real (e não mera retenção) em favor da União Federal sobre quaisquer receitas públicas não vinculadas para outro fim, inclusive tributos próprios ou objeto de transferências constitucionais, no contexto de dívidas ou contragarantias interfederativas;

ii. instituição por quaisquer entes federativos[171] de garantia real sobre quaisquer receitas públicas não vinculadas para outro fim, inclusive tributos próprios ou objeto de transferências constitu-

---

[171] Cabe ressalvar aqui, como em outros itens que tratem potencialmente de todos os entes federativos, o fato de que tais operações se revelam mais pertinentes e importantes aos Estados e Municípios, já que a União Federal, como regra, conta com um mercado de dívida pública interna e externa, sobretudo mobiliária, com maior aceitação e menor complexidade, independentemente de garantias. A seu turno, Estados e Municípios não só se sujeitam a limites de endividamento mais rigorosos, como também estão impedidos de emitir títulos de dívida pública até 31 de dezembro de 2020 (prazo que possivelmente será prorrogado, com algumas ressalvas), salvo para refinanciamento do principal monetariamente corrigido

cionais em favor de instituições financeiras, no âmbito de operações de ARO em sentido estrito, isto é, daquelas contratadas e liquidadas no mesmo exercício, para atender insuficiências transitórias de caixa;

iii. instituição de garantia real por quaisquer entes federativos, via endosso-mandato com autorização para aplicação direta dos valores arrecadados à amortização da dívida, sobre direitos creditórios associados à dívida ativa de tais entes federativos, em operações de antecipação de receita com horizonte superior a um exercício, com fundamento na Resolução n. 33/2006 do Senado Federal;

iv. instituição por quaisquer entes federativos de garantia real sobre receitas futuras de *royalties* ou receitas não tributárias assemelhadas, à luz do art. 5º, VI, "b", da Resolução n. 43/2001 do Senado Federal, em operações de crédito com prazo que não ultrapasse o mandato em vigor do respectivo governante, observada a destinação obrigatória dos recursos antecipados;

v. captação por quaisquer entes federativos de recursos por meio da cessão definitiva e sem qualquer coobrigação de receitas futuras de *royalties* ou de estoque de dívida ativa, nos termos do art. 5º, VI, "a", e VII, respectivamente, da Resolução n. 43/2001 do Senado Federal (no primeiro caso, observada, em princípio, a destinação obrigatória dos recursos na hipótese de receitas que ultrapassem o mandato do governante em vigor, salvo para reposição de perdas arrecadatórios na forma excepcionalmente autorizada pelo art. 5º, § 4º, da Resolução n. 43/2001). Esclareça-se que, sob o prisma jurídico, a cessão definitiva e sem coobrigação por parte do cedente não se qualifica nem se equipara a operação de crédito com garantia real sobre os recebíveis. No entanto, sob o ponto de vista econômico, tal operação pode alcançar resultados idênticos ao de uma operação de crédito: propiciar recursos financeiros para cobrir insuficiências de outras receitas públicas.

---

de sua dívida mobiliária previamente constituída (art. 11 da Resolução n. 43/2001 do Senado Federal, com redação dada pela Resolução n. 29, de 2009).

4.2.2. Vinculação em Garantia de Obrigações Pecuniárias da Administração em Contratos de PPPs

Estabelecidas como premissas as conclusões acima, cabe indagar acerca da viabilidade constitucional e legal de os entes federativos vincularem, tanto no sentido de mera segregação de recursos orçamentários (doravante "vinculação-orçamentária") como no sentido de garantia real propriamente dita (doravante "vinculação-garantia"), determinadas receitas públicas para o fim de assegurar obrigações contratuais assumidas pela Administração Pública em favor de agentes privados.

No universo de obrigações contratuais assumidas pela Administração Pública, vamos então enfocar naquelas oriundas de contratos de parcerias público-privadas – PPPs.

Embora claro o permissivo legal constante do art. 8º, I, da Lei federal de PPPs, o art. 167, IV, da Constituição Federal, a que o permissivo faz referência meramente didática (já que, como norma constitucional, seria aplicável independentemente de qualquer remissão), não contempla qualquer exceção em favor de PPPs à regra geral que veda a vinculação de receitas de impostos.

Por outro lado, não havendo limitação constitucional à vinculação de receitas outras que não de impostos (e, naturalmente, excluídas também as receitas com destinação estabelecida constitucionalmente para finalidades incompatíveis com as despesas oriundas das PPPs), e na medida em que nossos tribunais têm interpretado a vinculação de receitas públicas como admitindo a instituição de verdadeira garantia real e não mero conforto orçamentário, acreditamos que a vinculação-garantia possa ser legitimamente outorgada em favor de concessionários privados, em garantia do adimplemento de obrigações pecuniárias da Administração Pública no âmbito de PPPs validamente contratadas.

Com efeito, a mera vinculação-orçamentária ofereceria pouca proteção ao concessionário, na medida em que apenas asseguraria uma fonte segregada (carimbada) de receitas públicas para atendimento da PPP, sem, contudo, assegurar: (i) dotação orçamentária suficiente para atendimento das obrigações apuradas em determinado exercício; (ii) empenho e liquidação das dotações efetivamente realizadas; (iii) não contingenciamento das obrigações empenhadas em razão de não concretização das receitas projetadas ou de limites financeiros de pagamento não suficientes para cobrir os restos a pagar de exercícios anteriores cumulados com as obrigações empenhadas e liquidadas no próprio exercício etc.[172]

Daí a importância de vinculação-garantia que constitua efetiva garantia real em favor do concessionário.

4.2.3. *Autorização Legal Específica*

Necessário consignar, ainda, que a autorização contemplada no art. 8º, I, da Lei federal de PPPs parece autorizar a vinculação-garantia em contratos de PPP apenas como normal geral, até porque, como tal, não poderia legislar sobre as receitas públicas dos Estados e Municípios, não dispensando, portanto, lei específica do respectivo ente federativo que autorize inequivocamente a vinculação de receita pública devidamente identificada e delimitada, nos limites e percentuais previstos na lei.

4.2.4. *Vinculação-Garantia de Royalties e Assemelhados em PPPs*

Dentre as receitas públicas outras que não de impostos poderíamos aventar, primeiramente, em razão do que pudemos concluir nas seções anteriores, as receitas de *royalties* e assemelhados. No entanto, o art. 5º, § 2º da Resolução n. 43/2001 parece impedir a cessão em garantia de receitas futuras de *royalties* em favor de concessionários de PPPs, haja vista a previsão categórica de que "qualquer receita proveniente da antecipação de receitas de *royalties* será exclusiva para capitalização de Fundos de Previdência ou para amortização extraordinária de dívidas com a União".

A solução possível seria, então, recorrer às cessões definitivas, em relação às quais não se impõe tal destinação obrigatória dos recursos captados, se as receitas de *royalties* cedidas se circunscreverem ao período do mandato governamental em vigor, ou se, ultrapassando tal período, forem abrangidas pela autorização excepcional conferida pelo art. 5º, § 4º, da Resolução n. 43/2001, para reposição das perdas arrecadatórias do ente competente, até o limite de 10% das receitas projetadas anualmente.

---

[172] Cf. RIBEIRO, Mauricio Portugal; PRADO, Lucas Navarro. Op. cit., p. 205 et seq. Nas páginas 206 e seguintes, os autores detalham de forma bastante didática, inclusive com tabela sumária (p. 210-211), todos esses riscos próprios do nosso regime orçamentário, não impositivo e contingenciável.

Nesse caso, a cessão definitiva a ser realizada contemporaneamente à assinatura e eficácia do contrato de PPP,[173] mediante desconto em seu valor de face a taxas de mercado e com a devida e específica autorização legal do ente competente, poderia ser empregada: (i) em dação em pagamento, diretamente ao concessionário, das obrigações pecuniárias contempladas no contrato de PPP, com a ressalva, entretanto, de que, não admitindo a Lei federal de PPPs o pagamento de contraprestação pública que anteceda à respectiva disponibilização do serviço ou de sua parcela fruível (art. 7º), nem mesmo o aporte de recursos em descompasso com o ritmo de execução das etapas da obra, tal alternativa teria utilidade limitada como instrumento de mitigação de risco de inadimplemento ao concessionário, aplicando-se apenas às parcelas exigíveis; (ii) para captação de recursos à vista, via fundo de investimento em direitos creditórios, aplicando-se os recursos assim captados em subscrição em dinheiro do capital de estatal ou fundo garantidor, que então se incumbiria de constituir garantia real com maior flexibilidade, tal como penhor ou cessão fiduciária de recursos em conta-vinculada, ou de quotas de um fundo de investimento que assegure rentabilidade e liquidez aos seus recursos; ou, finalmente, (iii) para subscrição do capital de estatal ou fundo garantidor diretamente em direitos, consistentes justamente em tal fluxo devidamente especificado de receitas futuras de *royalties* e assemelhados, a ser posteriormente repassado em garantia, ou como lastro de garantia, ao concessionário.

4.2.5. *Vinculação-Garantia de Dívida Ativa em PPPs*

À semelhança do que se concluiu em relação às receitas de *royalties*, também as receitas resultantes da realização, ao longo do tempo, do estoque de dívida ativa de determinado ente federativo não poderiam ser diretamente cedidas em garantia no âmbito de contratos de PPPs, já que, de um lado, a Resolução n. 43/2001 do Senado Federal não admite a cessão de dívida ativa que não definitiva, e, de outro, a Resolução n. 33/2006 admite a cessão em garantia, via endosso mandato, apenas para instituições financeiras.

---

[173] Do contrário, se o concessionário depender de ato da Administração subsequente à assinatura e eficácia do contrato de PPP, e sobretudo após a realização dos investimentos iniciais da maior monta, tal cessão não teria o condão de proteger o concessionário do risco do inadimplemento público.

Assim, a exemplo do que se aventou em relação aos *royalties*, tais receitas de dívida ativa poderiam ser cedidas, em bases definitivas, ou para captar recursos à vista que fossem então aportados em estatal ou fundo garantidor para constituição das devidas garantias, ou então diretamente empregados na integralização de capital de tais entes garantidores.

4.2.6. Outras Receitas Públicas Diretamente Arrecadadas e Passíveis de Vinculação

Determinados serviços públicos podem ser custeados pelo Poder Público, no todo ou em parte, por receitas públicas vinculadas, como taxas e contribuições.

Muitos Municípios, por exemplo, têm instituído taxas para custeio da coleta e disposição de lixo (resíduos sólidos), com a ressalva de que tais taxas devem guardar proporção razoável ao custo do serviço e ao seu grau de utilização (no caso, geração de lixo) de cada contribuinte.

A própria Constituição Federal já admitiu que Municípios instituam contribuição específica para custeio de seus serviços de iluminação pública, a qual poderá ser cobrada na fatura de consumo de energia elétrica (art. 149-A).

A seu turno, é o próprio art. 167, IV, da Constituição Federal que, de um lado, veda a vinculação de receita de impostos, mas, de outro, excepciona expressamente de tal vedação "a destinação de recursos para as ações e serviços públicos de saúde, para manutenção e desenvolvimento do ensino e para realização de atividades da administração tributária, como determinado".

Segundo a Lei n. 10.336, de 2001, que instituiu a CIDE-combustíveis, reproduzindo o comando do art. 177, § 4º, inciso II, da Constituição Federal, a receita de sua arrecadação terá as seguintes destinações:

I – pagamento de subsídios a preços ou transporte de álcool combustível, de gás natural e seus derivados e de derivados de petróleo II – financiamento de projetos ambientais relacionados com a indústria do petróleo e do gás; e III – financiamento de programas de infra-estrutura de transportes.

Ora, em todos esses casos, parece bastante lógico e razoável concluir que tais receitas constitucional ou legalmente destinadas a determinada finalidade possam ser objeto de vinculação-garantia em favor de concessionário de PPPs, se e na medida em que o contrato de PPP assim garantido e viabilizado tiver por objeto o atendimento da finalidade específica para a qual a referida taxa ou contribuição tenha sido criada.[174]

Assim, as receitas públicas futuras de arrecadação da taxa do lixo poderiam ser cedidas, diretamente ou por meio de estatal ou fundo garantidor, em garantia real das obrigações pecuniárias assumidas pela Administração Pública no âmbito de PPP destinada à prestação de serviços de coleta e disposição de resíduos sólidos. Aliás, tais receitas futuras poderiam ser oferecidas não somente como garantia contra inadimplemento eventual da administração, mas também como fonte de pagamento e liquidação das obrigações pecuniárias exigíveis mês a mês, casando-se o fluxo arrecadatório com o fluxo das contraprestações e aportes públicos. Nesse caso, as receitas da taxa do lixo constituiriam, a um só tempo, garantia e fonte de pagamento.

As mesmas conclusões podem ser traçadas, *mutatis mutandis*, para as demais receitas vinculadas pela sua natureza, tais como a contribuição de iluminação pública, a CIDE-combustíveis, ou as receitas obrigatoriamente destinadas à saúde ou à educação.

A contribuição para custeio do serviço de iluminação pública – COSIP, de competência dos Municípios na forma do art. 149-A da Constituição Federal, oferece ao concessionário privado o conforto adicional de não poder ser destinada a qualquer outra finalidade (na CIDE-Combustível esse conforto tem menor extensão, pois o art. 177, §4, da Constituição Federal admite destinações mais amplas; no caso da taxa do lixo, o Município poderia desvincular até 30% do produto de sua arrecadação, em razão da desvinculação de receitas estaduais e municipais admitida pela Emenda Constitucional 93 de 2016). Assim, o Poder Público municipal não teria qualquer incentivo para frustrar o emprego da COSIP em favor de projetos de iluminação, na medida em que, mesmo diante de uma crise fiscal, não poderia utilizar os recursos arrecadados sob tal título para qualquer outro fim, a menos que o fizesse em clara violação

---

[174] Nesse sentido, cf. o Acórdão do STF na ADI n. 3643, Rel.: Min. Carlos Britto, Tribunal Pleno, j. 8 nov. 2006, DJ 16 fev. 2007, de cuja ementa oficial se extrai: "É constitucional a destinação do produto da arrecadação da taxa [...]. O inciso IV do art. 167 da Constituição passa ao largo do instituto da taxa, recaindo, isto sim, sobre qualquer modalidade de imposto."

da Constituição Federal e sob o risco das sanções legais aplicáveis. Registre-se, entretanto, que já há notícia de Municípios, como o de Mauá, defendendo a tese de que a referida desvinculação de receitas dos Estados e Municípios admitiria a desvinculação de até 30% das receitas arrecadadas com quaisquer tributos e contribuições, inclusive a COSIP, não obstante o texto da referida emenda fazer referência apenas às receitas relativas a impostos, taxas e multas, categorias que claramente não abarcam as contribuições.

Poder-se-ia arguir que as vinculações legal ou constitucionalmente estabelecidas em favor das finalidades acima seriam destináveis exclusivamente à própria Administração Pública, e não a agentes privados, como aqueles titulares de concessões em regime de PPP.

A nosso ver, contudo, tal alegação não teria sólido fundamento. Considerando que o Estado não é autossuficiente e, portanto, não pode prescindir da colaboração do setor privado, seja por meio de contrato administrativo ordinário que lhe proveja os serviços, compras ou obras demandados, seja por meio de concessão comum ou PPP, não existe diferença juridicamente relevante entre a despesa pública que o administrador público incorre ao abrigo da Lei n. 8.666/1993, da Lei n. 8.987/1995 ou da Lei n. 11.079/2004, desde que a finalidade constitucional ou legalmente exigida seja plenamente atendida. Afinal, as receitas acima citadas são todas objetivamente vinculadas a determinados usos e finalidades e não a beneficiários.[175]

---

[175] Cf. nesse sentido COHEN, Isadora Chansky; MARCATO, Fernando S. Garantias públicas nos contratos de parcerias público-privadas. In: CARVALHO, André Castro; CASTRO, Leonardo F. de Moraes. **Manual de project finance no Direito brasileiro**. São Paulo: Quartier Latin, 2016, p. 461-502. Sobre o ponto, em particular, observam os autores: "Não parece haver lógica, nem jurídica nem econômica, em restringir a destinação de recursos carimbados sob o argumento de que tais recursos não serão destinados para uso direto pelo Estado ou para os pagamentos por este realizados. Se a vinculação de receitas é finalística – ou seja, relacionada a um compromisso de prestação de determinada atividade: (i) não deveria importar se o próprio Estado a presta ou se a presta de forma indireta (por meio de alguma forma de delegação); e, ainda, (ii) parece-nos que a interpretação da destinação do recurso deva abranger, de forma sistêmica, todas as atividades que propiciam o atingimento de tal finalidade. Assim, por exemplo, não parece haver impedimento na utilização destes recursos vinculados como garantias aos projetos de PPPs, já que o empenho de tais recursos, enquanto garantias, se presta – justamente – a fazer com que os serviços sejam devida e continuamente prestado." (p. 496-497, nota 58 da obra citada).

4.2.7. *Vinculação de Receitas Oriundas dos Fundos de Participação*

O último e polêmico ponto a ser enfrentado nesta seção diz respeito, diante da frequente indisponibilidade de outras receitas vinculáveis e arrecadadas pelo próprio ente contratante da PPP, à possibilidade de vinculação de receitas públicas que sejam a ele repassadas por meio do fundo constitucional de participação dos Estados – FPE ou do fundo constitucional de participação dos Municípios – FPM.

Segundo Kiyoshi Harada, a Constituição Federal contempla três hipóteses distintas de participação de Estados e Municípios nos tributos arrecadados pela União e Estados (isto é, transferências obrigatórias em oposição àquelas voluntárias), a saber: (i) "participação direta dos Estados e Municípios no produto da arrecadação do imposto sobre a renda, incidente na fonte, sobre rendimentos pagos pela entidade beneficiada ou suas autarquias e fundações (arts. 151, I, e 158, I, da CF)"; (ii) "participação no produto de impostos de receita partilhada", e (iii) a participação via fundos (FPE e FPM).[176]

Como convincentemente ponderado pelo referido autor, na participação direta de Estados e Municípios no imposto na fonte sobre os rendimentos de seus servidores públicos, assim como nas receitas partilhadas de que tratam os arts. 157, II, e 158, II, III e IV, da Constituição Federal, Estados e Municípios têm um direito originário à receita dos referidos impostos, na proporção estabelecida no texto constitucional. No tocante a tais valores, União e Estados são meros arrecadadores de receita de terceiros. Tanto que a Constituição Federal diz que tais percentuais na arrecadação deste ou daqueles impostos "pertencem" a Estados e Municípios – do que se extrai que tais receitas partilhadas incorporam-se ao patrimônio dos entes titulares desde sua arrecadação, ainda que pendente a respectiva "restituição" pelo ente arrecadador.[177]

Por outro lado, as receitas previstas no art. 159 da CF deverão ser "entregues" pela União aos demais entes, por meio dos respectivos fundos de participação. Juridicamente, o ente beneficiário do fundo "tem a mera expectativa de receber o que lhe cabe",[178] configurando-se uma verdadeira hipótese de repasse.

---

[176] Cf. HARADA, Kiyoshi. Operações de crédito... Op. cit.
[177] Ibidem.
[178] Ibidem.

Embora questionável a afirmação de que os recursos repassados por meio de fundos de participação ensejam mera expectativa de recebimento aos seus beneficiários, o texto constitucional parece, de fato, oferecer uma distinção juridicamente relevante entre a hipótese de partilha das receitas – em que o direito de Estados e Municípios é mais direto, e, nesse sentido, sugere manter a natureza de imposto meramente arrecadado por terceiro – e a hipótese de receitas que são depositadas em um fundo e, segundo critérios previstos em lei complementar, são posteriormente rateadas entre Estados e Municípios objetivando promover o equilíbrio socioeconômico entre tais entes.[179]

Aceita essa distinção, poder-se-ia concluir, mais conservadoramente, que as receitas partilhadas, ou das quais Estados e Municípios participam diretamente (imposto de renda na fonte), mantêm a natureza de imposto tanto para o ente arrecadador como para o titular que faça jus à restituição de sua parcela originária. Assim sendo, sua vinculação restaria terminantemente vedada pelo art. 167, IV, da Constituição Federal, salvo para as exceções ali expressamente previstas, que não contemplam despesas oriundas de contratos de PPP, exceto quando puderem se qualificar como projetos de saúde ou educação elegíveis aos recursos previstos nos arts. 198, § 2º, e 212 do texto constitucional (já que atividades de administração tributária seriam, em princípio, indelegáveis no âmbito de uma PPP).[180]

Passamos, então, a examinar a possibilidade de vinculação das receitas de Estados e Municípios oriundas dos seus respectivos fundos de participação.

Neste caso, parece mais correto concluir que as receitas provenientes dos respectivos fundos constitucionais, embora originadas de parcela do

---

[179] Em sentido contrário, cf. CARVALHO, André Castro. **Vinculação...** Op. cit. "Não entendemos desta forma, uma vez que não há esta diferenciação prática na Carta Magna: as receitas já são de titularidade do ente beneficiado, quer transferidas ou partilhadas." (p. 157).

[180] Não obstante, cite-se decisão do próprio Supremo Tribunal Federal que considerou válida a vinculação de receita de ICMS atribuída aos Municípios já na égide da CF de 1988, sem fazer distinção entre receitas partilhadas e receitas repassadas pelo FPM. Cf. STF. RE n. 184.116, Rel. Ministro Marco Aurélio, 2ª T., j. 7 nov. 2000, DJ. 16 fev. 2001. Da ementa oficial se extrai: "Inexiste ofensa ao inciso IV do artigo 167 da Constituição Federal, no que utilizado o produto da participação do município no ICMS para liquidação de débito. A vinculação vedada pelo Texto Constitucional está ligada a tributos próprios".

produto da arrecadação pela União Federal do imposto sobre a renda, IPI e CIDE-combustível, não têm mais, contábil ou juridicamente, natureza de imposto ou de contribuição quando recebidas por Estados e Municípios, constituindo receitas financeiras a estes repassadas e, portanto, livres da vedação do art. 167, IV, da Constituição Federal.

Esse foi o entendimento esposado, *mutatis mutandis*, por Hely Lopes Meirelles, ainda na década de 1980, para quem as cotas de ICM constituíam "receitas de transferência, receitas financeiras, mas não receitas tributárias" para os respectivos Municípios,[181] citado em Acórdão julgado em 1997 do 1º Tribunal de Alçada Civil de São Paulo, que considerou válida a vinculação em garantia, com cláusula mandato, de operação de crédito contraída pelo Município de Mauá perante instituição financeira.[182] Embora ao abrigo da Constituição Federal anterior (Emenda Constitucional de 1969), no que interessa ao ponto em discussão, o contexto constitucional no qual foi emitido o parecer de Hely Lopes Meireles era muito semelhante ao presente. O art. 62, § 2º, do então texto constitucional vedava a vinculação de tributos, salvo por algumas exceções ali previstas (imposto sobre combustível ou exploração minerária e vinculação legalmente admitida em favor de despesas de capital), nenhuma das quais contemplava a vinculação de ICM em garantia de operação de crédito com instituição financeira. Por sua vez, o art. 23, § 8º, estabelecia que 20% da receita do ICMS seria repassado aos Municípios mediante crédito "em contas especiais, abertas em estabelecimentos oficiais de crédito, na forma e no prazo fixados em lei federal".[183]

Mais recente e não menos embasada é a opinião de Gustavo Binenbojm, para quem FPE e FPM

---

[181] MEIRELLES, Hely Lopes. **Revista dos Tribunais**, v. 574, p. 38-39, 1983, p. 38-39.

[182] 1º TACIVIL – 11ª Câm.; Ap. n. 715.815-8-São Paulo; Rel. Juiz Silveira Paulilo; j. 09 out. 1997; v.u. BAASP, 2060/612-j, de 22 jun. 1998.

[183] No mesmo sentido a opinião de Arnoldo Wald citado em Acórdão do Tribunal de Justiça de Santa Catarina, julgado em 21 de agosto de 1997, o qual reformou a decisão liminar que pretendia obstar o direito de instituição bancária, o Banco BMC S/A., de reter e aplicar à amortização de seu crédito as cotas de ICM a ele vinculadas em garantia pelo Município de Caçador. Cf. TJ-SC – Agravo de Instrumento AI n. 81470/SC (1996.008147-0), sob relatoria do Desembargador Francisco Borges. Disponível em: <http://tj-sc.jusbrasil.combr/jurisprudencia/4917789/agravo-de-instrumento-ai-81470-sc-1996008147-0/inteiro-teor-11455647>. Acesso em: 3 jun. 2016.

consistem em uma transferência constitucional voltada à redução das disparidades regionais historicamente existentes no Brasil. Embora, em sua origem, o Fundo seja nutrido por impostos federais, consoante o art. 159 da CRFB, é incorreto dizer que os recursos do fundo mantenham tal natureza quando do seu ingresso nos cofres dos Estados. Após sua regular constituição e distribuição, tais receitas transformam-se em típica receita pública do ente federativo que a recebe.[184]

Além dos diversos precedentes judiciais sobre a matéria,[185] na seara administrativa, e em particular no exercício do controle externo da administração, destaca-se precedente do Tribunal de Contas do Estado de Minas Gerais, segundo o qual

a receita decorrente do FPM é classificada como transferência, o que não se confunde com receita de impostos, esta, sim, impossível de ser vinculada previamente a órgão, fundo ou despesa. [...] Essa transferência é composta

---

[184] Cf. BINENBOJM, Gustavo. As parcerias público-privadas e a vinculação de receitas dos fundos de participação como garantia das obrigações do Poder Público. In: **Estudo de Direito Público**: artigos e pareceres. Rio de Janeiro: Renovar, 2015, p. 445-465 (p. 463). O respeitado administrativista carioca reforça ainda sua posição, lembrando que "a finalidade constitucional dos Fundos de Participação se traduz na preservação do equilíbrio federativo. É o que depreende do art. 160 da Constituição, que impede 'qualquer restrição à entrega e ao emprego dos recursos atribuídos, nesta seção', nos quais se incluem aqueles do referido Fundo constitucional, previstos no art. 159 da Constituição. Vale dizer: na Federação, em harmonia com o disposto no art. 18, a origem federal dos valores do FPE e do FPM não pode cercear a liberdade de definição dos Estados quanto a seus gastos, inclusive se decidirem por afetar estes recursos a um determinado fim" (p. 463).

[185] Cite-se, adicionalmente, o Acórdão do TRF-1ª Região. AC n. 0017847-26.1995.4.01.0000//GO, Rel. Juiz Olindo Menezes, Segunda Turma, DJ p. 13576 de 11 mar. 1996, em que constou da ementa oficial: "Não é ilegal a inserção, em parcelamento do FGTS, de cláusula que com autorização legislativa, estipule, a título de garantia do ajustado, a vinculação de cotas do Fundo de Participação dos Municípios", bem como o Acórdão do TRF – 4a Região. AR nº 2004.04.01.006541-0, Primeira Seção, Relator Otávio Roberto Pamplona, D.E. 23.5.2008, de cuja ementa oficial se extrai: "Conquanto haja proibição constitucional acerca da retenção de valores do Fundo de Participação dos Municípios para pagamento de créditos, não se enquadra nessa situação aquela que o Município tem os valores repassados em virtude de cláusula contratual na qual se compromete a repassar 3% dos valores para pagamento de dívidas do FGTS. Nessa hipótese, não há retenção imposta pelo ente repassador dos recursos, a União, mas, sim, execução de garantia contratual previamente estipulada pelo próprio Município com a CEF."

por dois impostos – de Renda e Sobre Produtos Industrializados – ambos de competência da União. No entanto, relativamente aos municípios, esses recursos não constituem receita de seus impostos, uma vez que foge à sua competência a respectiva arrecadação, ingressando em sua Receita como transferências intergovernamentais. Dessa forma, desde já, firmo o entendimento de que o inciso IV, do art. 167, da Carta Magna, e, por conseguinte, a Súmula TCMG n. 96, não se aplicam aos recursos do FPM, pois estes recursos, no âmbito do município, não são receitas de impostos, mas sim receitas correntes provenientes de transferências constitucionais. Portanto, respondo o primeiro questionamento da Consulente, no sentido de que nada impede que o município vincule percentual do FPM para custear despesa com contribuição devida a Associação de Municípios.[186]

Entretanto, não obstante o quadro majoritariamente favorável à possibilidade de vinculação por Estados e Municípios, inclusive em garantia, de suas receitas provenientes de FPE e FPM, não se ignoram as opiniões em contrário,[187] a exemplo de André Castro Carvalho, que entende que a natureza de imposto não se perde quando tais valores são recebidos por Estados e Municípios, ou em razão de partilha ou de repasse via fundos constitucionais. Para o autor, a vinculação de tais receitas de impostos, mesmo quando recebidas por meio dos fundos constitucionais, só seria possível nos estritos limites das exceções previstas no art. 167, IV – como garantia e contragarantia à União –, e não para outras finalidades, como em favor de projetos de PPPs.[188]

---

[186] Cf. TCE/MG, Processo n. 809502, Consulta. Conselheiro Relator: Antônio Carlos Andrada, p. 4. Disponível em: <http://www.antoniocarlosandrada.com.br/files/julgados/050520101643597995.pdf>. Acesso em: 6 jun. 2016.

[187] Considerando que, embora majoritário, não é livre de questionamentos o entendimento quanto à possibilidade de vinculação em garantia de receitas provenientes de fundos constitucionais, frustrando ao menos em parte a segurança jurídica reclamada pelas PPPs e suas garantias, seria oportuna emenda constitucional ou lei federal interpretativa, seguida de ação declaratória de constitucionalidade, que pudesse conferir tal certeza.

[188] Cf. Vinculação de receitas públicas. Op. cit., p. 166. No mesmo sentido, podem ser citados alguns julgados minoritários: TJ-RS ADI 70027889294-RS, Rel. José Aquino Flores de Camargo, j. 17.8.2009, Tribunal Pleno, DJ 9.9.2009. TJ-SE: AC 0861/2001, 1ª Câmara Cível, Rel. Des. Roberto Eugenio da Fonseca Porto, j. 15.4.2002, DJ 15.4.2002.

Assim, sem embargo das posições em contrário, entendemos que, sendo observada a necessidade de lei específica do respectivo ente federativo, poderiam tais receitas ser livremente vinculadas em garantia de contratos de PPP, seja diretamente pelo ente titular de tais receitas, seja, como vimos, transferindo tais receitas ao capital de estatal ou fundo garantidor.

É o que já estabeleceu, por exemplo, a Lei n. 11.477, de 2009, do Estado da Bahia, que autorizou, em seu art. 1º, a transferência pelo referido ente federativo de 12% dos recursos oriundos do FPE, por meio do agente financeiro responsável, à Agência de Fomento do Estado da Bahia S.A. – DESENBAHIA, "para fins de adimplemento das obrigações contraídas pelo Estado da Bahia e por entidades de sua administração indireta nos contratos de parceria público-privada".

Por sua vez, a Lei baiana n. 12.406, de 2012, incrementou o percentual vinculável para 18%, admitindo, ainda, a transferência dos recursos "diretamente à conta do concessionário ou de seus financiadores, conforme disposto nos contratos de parcerias público-privada".

Com base em tal autorização legal específica, a vinculação-garantia das receitas provenientes do FPE já havia sido empregada, até o final e 2015, em vários projetos de PPPs daquele Estado, a exemplo do Hospital Público do Subúrbio, da PPP da Nova Fonte Nova, do Centro de Diagnósticos, dentre outros.

Em síntese dos capítulos 3 e 4, propomos o quadro 1, abaixo, de nossa autoria, elaborado com conclusões extraídas dos tópicos acima, para permitir a melhor visualização das diferentes receitas passíveis de vinculação em garantia (ou cessão definitiva a estatais ou fundos garantidores) de PPPs:

Quadro 1 – Síntese das modalidades de vinculação ou cessão de receita pública conforme natureza da receita

	Cessão definitiva			Garantia de financiamento/ vinculação-garantia/ antecipação de receitas		
	Receitas futuras dentro do mandato	Receitas futuras extrapolam mandato	Operação de crédito (coobrigação de cedente etc.)	Receitas futuras dentro do mandato	Receitas futuras extrapolam mandato	ARO (antecipação dentro do ano)
Royalties (LRF; art. 5, VI, Resolução SF n. 43/2001)	Permitida, para qualquer finalidade	Permitida, mas só para Fundos de Pensão e amortização de dívidas com União	Permitida, sujeita aos limites de endividamento do ente federativo	Permitida, mas só para Fundos de Pensão e amortização de dívidas com União e observados limites de endividamento	Permitida, mas apenas para financiar perdas de arrecadação dos *royalties* verificadas em 2014 e 2015, observado o limite de 10% da receita anual	Permitida, sujeita a limite próprio de 7% da RCL projetada para o exercício
Dívida ativa (LRF; art. 5º, VII, Resolução SF n. 43/2001 e Resolução SF n. 33/2006)	Permitida a cessão definitiva de dívida ativa, sem coobrigação do cedente ou cláusula revogatória		Não permitida.	Permitida nos termos da Resolução SF n. 33/2006, via endosso-mandato irrevogável para amortização da antecipação por instituição financeira		Não aplicável
Transferências/ FPE e FPM (art. 167 CF; LRF)	Não permitida			Sim, para garantia de dívidas com União, com direito de retenção, cf. art. 167 CF (ou dos Municípios com Estados, nos termos da LRF). Defensável, mas sujeita a questionamentos, como garantia de PPPs, desde que qualificada como receita financeira e não de impostos		Permitida, sujeita a limite próprio de 7% da RCL projetada para o exercício
Impostos (art. 167 CF, LRF)	Não permitida			Sim, para garantia de dívidas com União, com direito de retenção, cf. art. 167 CF (ou dos Municípios com Estados, nos termos da LRF). Vedada para PPPs.		Permitida, sujeita a limite próprio de 7% da RCL projetada para o exercício

4.3. Garantias Bancárias, Seguro-Garantia e Garantias Prestadas por Organismos Internacionais

Segundo o art. 8º, IV, da Lei federal de PPPs, o poder público poderia, em tese, contratar fiança bancária a ser emitida por instituição financeira privada tendo por objeto a garantia do adimplemento das contraprestações públicas, dentre outras obrigações pecuniárias, contratualmente devidas pelo ente público contratante ao concessionário.

Na prática, entretanto, nenhuma PPP firmada até outubro de 2017 valeu-se dessa suposta alternativa, por dois óbices principais, afora o elevado custo que tal alternativa, pudesse ela superar os referidos óbices, imporia ao respectivo projeto de PPP.

O primeiro e principal obstáculo decorre da conhecida Resolução n. 2.827, de 30 de março de 2001, do Conselho Monetário Nacional,[189] recentemente atualizada e substituída pela Resolução 4.589, de 29 de junho de 2017, eficaz a partir de 1o de janeiro de 2018. A nova Resolução, tal como a antiga, limita o montante das operações de crédito que instituições financeiras estão autorizadas a contratar com órgãos e entidades do setor público, ressalvadas as operações de responsabilidade ou com garantia formal, integral e solidária do Tesouro Nacional.

Os limites impostos por tal resolução, sua versão original editada contemporaneamente a um conjunto de medidas – sendo a Lei de Responsabilidade Fiscal a mais importante delas – que visavam assegurar maior equilíbrio e austeridade às finanças públicas, são de duas ordens principais: instituições financeiras não podem conceder créditos ao setor público acima de 45% (quarenta e cinco por cento) de seu patrimônio de referência, e as novas operações de crédito realizadas pelas instituições financeiras e equiparadas com o setor público deverão, no seu conjunto, observar um limite global anual fixado anualmente pelo Conselho Monetário Nacional (pela Resolução 2.827, nesse aspecto revogada, as operações realizadas a partir de sua edição em 2001 não podiam exceder ao limite global de R$ 1 (um) bilhão, ressalvadas as diversas exceções desde logo previstas no texto original da própria resolução ou a ela acrescidas ao longo de sua vigência).

Embora já fosse possível concluir nesse sentido, o art. 1º, § 1º, II, "d", da Resolução 4.589, assim como o texto da resolução substituída, esclarece didaticamente que se consideram operações de crédito, dentre

---

[189] A competência do Conselho Monetário Nacional para regulamentar tal matéria é extraída do art. 4º, VI, da Lei n. 4.595/1964 – Lei do Sistema Financeiro Nacional: "Compete ao Conselho Monetário Nacional, segundo diretrizes estabelecidas pelo Presidente da República: VI – Disciplinar o crédito em todas as suas modalidades e as operações creditícias em todas as suas formas, inclusive aceites, avais e prestações de quaisquer garantias por parte das instituições financeiras."

outras, "a concessão de garantias de qualquer natureza". A alínea seguinte prossegue considerando ainda como operação de crédito "toda e qualquer operação que resulte, direta ou indiretamente, em concessão de crédito e/ou captação de recursos de qualquer natureza, inclusive com uso de derivativos financeiros".

Como nenhuma das PPPs firmadas até outubro de 2017 foi de responsabilidade da União Federal, nem contou com garantia do Tesouro, e como o limite global de R$ 1 (um) bilhão previsto na Resolução 2.827 encontrava-se esgotado desde 2003, tal resolução inviabilizava a contratação de garantia bancária pelo setor público no âmbito de projetos de PPP. Embora a Resolução 4.589 tenha ampliado o limite global anterior, ao estabelecer limites globais que se renovam anualmente, a tendência é que eventuais limites adicionais sejam tomados com operações de financiamento propriamente ditas, concedidas diretamente ao setor público, sem que haja espaço para meras operações de garantia.

A segunda razão é que, ainda que houvesse limite de crédito, a contratação pelo ente público de fiança bancária em favor do concessionário privado obrigaria tal ente público a prestar uma contragarantia idônea, em valor igual ou superior ao da fiança, à instituição garantidora. Ou seja, a incapacidade ou indisponibilidade do poder público de prestar garantia própria não seria remediável com a contratação de fiança bancária, pois tal contratação pressuporia a disponibilidade de uma contragarantia equivalente ao agente fiador.

Essa é a mesma razão, aliás, pela qual o seguro-garantia também não apresenta grande serventia como modalidade de garantia pública nas PPPs. A contratação do seguro-garantia poderia resolver o problema do concessionário, mas obrigaria o poder público a oferecer contragarantia confiável ao segurador. Em se tratando de uma companhia seguradora privada, que tenha pressão por precificar e mitigar adequadamente os riscos assumidos em seu portfólio, não há porque se supor que a contragarantia por ela exigível pudesse ser menos robusta ou onerosa que uma garantia aceitável diretamente pelo concessionário e seus financiadores.

Assim sendo, o seguro-garantia encontraria espaço e utilidade apenas na medida em que a seguradora aceitasse prestar sua garantia sem contragarantia equivalente ou mediante contragarantia em condições substancialmente menos onerosas ao poder público do que aquelas demandadas diretamente pelo concessionário e seus financiadores.

O SISTEMA DE GARANTIAS PÚBLICAS NAS PPPS

No entanto, tal situação somente seria cogitável caso a companhia seguradora fosse ela própria um ente estatal, vinculado a um interesse público que pudesse justificar exceções às práticas de mercado voltadas à otimização do resultado empresarial. Tal hipótese, contudo, é vedada pelo art. 8º, III, da Lei federal de PPPs, que não admite a contratação de seguro-garantia junto a seguradora controlada pelo poder público.

Descartando a fiança bancária e o seguro-garantia, poderíamos então conceber garantias contratadas pelo poder público, em favor de seus concessionários, junto a organismos internacionais ou multilaterais, como o Banco Mundial, seu braço garantidor Multilateral Investment Guarantee Bank – MIGA, ou o Banco Interamericano de Desenvolvimento – BID.

Não estando tais instituições sujeitas às limitações impostas pelo Conselho Monetário Nacional às instituições integrantes do sistema financeiro nacional, não haveria óbice legal à contratação de garantias emitidas por tais entidades, que, aliás, contemplam tal produto em seu objeto. Como as multilaterais têm propósito reconhecidamente desenvolvimentista e maior aptidão para assumir risco político e governamental (diante da dependência e relação de longo prazo estabelecida com tais organismos, governos tendem a priorizar o cumprimento de suas obrigações perante tais entes[190]), é perfeitamente concebível que tais organismos aceitem contragarantia com menor cobertura ou exequibilidade, em condições que provavelmente não seriam aceitas pelo concessionário privado e seus financiadores.

Aliás, como tais organismos são conhecidos propagadores das parcerias público-privadas em países emergentes, tanto BID como Banco Mundial já manifestaram sua disposição de ofertar garantias a entes públicos brasileiros, seja viabilizando ou reforçando estatais ou fundos garantidores existentes, seja prestando garantias diretamente em favor de concessionários privados ou seus financiadores, tomando em contragarantia compromissos de tais fundos ou estatais garantidoras.[191]

---

[190] Consta que o governo brasileiro não tenha inadimplido com suas obrigações perante organismos multilaterais mesmo durante a vigência da moratória à dívida externa decretada em 1987.
[191] Nesse sentido, vale conferir relato constante do Portal do Governo de São Paulo sobre propostas de apoio oferecidas pelo BID em favor de PPPs paulistas. (São Paulo (Estado). Secretaria de Planejamento e Gestão. **Veja os projetos beneficiados com recursos do**

Até outubro de 2017, entretanto, não havia registro de garantias efetivamente prestadas por organismos multilaterais para fins de assegurar as obrigações pecuniárias do parceiro público em qualquer das PPPs até então firmadas. Considerando a inexistência de óbice legal, e o interesse de tais organismos em oferecer tal solução, supõe-se que tais garantias não tenham se viabilizado por razões meramente comerciais ou negociais.

4.4. Fundo Garantidor

No contexto empresarial e das relações com o poder público, o termo "fundos" usualmente designa duas figuras muito distintas: de um lado, a dos fundos públicos, e, de outro, a dos fundos privados.

Os fundos públicos, também chamados fundos especiais, regidos pelos arts. 71 e seguintes da Lei n. 4.320/1964 (Lei de Orçamentos Públicos),[192] são meras segregações na contabilidade da Administração Pública direta, criadas por lei, servindo ao propósito de excepcionar o princípio da universalidade e a lógica da conta única do ente público. Tais fundos não têm personalidade jurídica própria e mantém-se sob plena titularidade do ente público tanto quanto os recursos mantidos em conta única e universal de tal ente. A diferença é que, ao contrário dos recursos recebidos e mantidos na conta única, que não se sujeitam a qualquer afetação ou vinculação prévia, os recursos alocados a fundo especial estão afetados e vinculados a determinada finalidade, não podendo ser destinados a uso estranho àquele estabelecido na lei de sua criação, sob pena de responsabilidade funcional.

Embora a instituição de fundo público e a alocação a ele de recursos orçamentários para garantia de contratos de PPP possam oferecer algum conforto ao concessionário privado e seus financiadores, tal conforto limita-se à existência de recursos carimbados e vinculados à satisfação de obrigações pecuniárias do ente público no âmbito de uma ou

---

BIRD e do BID, 11 maio 2015. Disponível em: <http://www.saopaulo.sp.gov.br/spnoticias/ultimas-noticias/veja-os-projetos-beneficiados-com-recursos-do-bird-e-do-bid>. Acesso em: 24 maio 2017).

[192] "Art. 71. Constitui fundo especial o produto de receitas especificadas que por lei se vinculam à realização de determinados objetivos ou serviços, facultada a adoção de normas peculiares de aplicação."

mais PPPs. Se é verdade que a vinculação a fundo especial, via de regra, impede que o ente público possa utilizar os recursos assim alocados em finalidade estranha ao seu propósito legal, a mera existência do fundo e de recursos a ele alocados não assegura que o ente público, no final das contas, ordenará o empenho, liquidação e pagamento efetivo das obrigações garantidas pelo fundo.

Negando-se o ente público a ordenar voluntariamente o pagamento de despesas, não restaria ao concessionário privado, muito menos aos seus financiadores, o direito de, via execução específica ou de outro modo, compelir o ente público a empregar os recursos alocados ao fundo na satisfação das obrigações devidas no âmbito do contrato de PPP. Só lhes restaria o recurso à tortuosa via do precatório.

Alguns Estados e Municípios têm reforçado o propósito de fundos especiais criados para a finalidade de garantir PPPs, mediante a nomeação de agente administrador do fundo e instituição de contas vinculadas, com instruções claras ao agente de aplicação dos recursos disponíveis nessas contas ao pagamento de obrigações devidas no âmbito dos contratos garantidos.

Embora a instituição de conta vinculada e nomeação de agente independente possa de fato aumentar a perspectiva de adimplemento voluntário da garantia, até mesmo pela esperada atuação proativa do agente, caso este venha a acatar uma contraordem da Administração Pública, que poderia inclusive se revestir de ato normativo – como um decreto –, afora outros instrumentos de pressão política, é improvável que o concessionário lograsse ordem judicial compelindo o ente público, ou agente administrador do fundo, a efetuar pagamento forçado em juízo, considerando que as contas vinculadas e seus recursos ainda estariam em nome do ente público, em princípio protegidos pela lógica da impenhorabilidade do bem público e sujeitando-se ao regime do precatório.

Diante das constatações acima, tais fundos públicos não parecem constituir garantia muito sólida e exequível em favor do concessionário privado e seus financiadores, ainda que os recursos alocados a tais fundos sejam mantidos em contas vinculadas, sob gestão de agente independente.

De outro lado, existem os fundos de natureza privada, tendo por titulares quotistas públicos ou privados e geridos por administrador independente.

No Brasil, os mais comuns são os fundos de investimento, que possuem diversas modalidades, todas elas reguladas pela CVM. Em geral, não se reconhece personalidade jurídica própria aos fundos de investimento, atribuindo-se a eles a natureza de meros condomínios de bens e direitos. No entanto, vem ganhando força o entendimento de que algumas modalidades de fundos de investimento, os quais negociam ativamente contratos diversos em nome próprio, sendo claramente titulares de patrimônio próprio e segregado daquele de seus quotistas ou administrador, possuem sim personalidade jurídica. É o caso, principalmente, dos Fundos de Investimento em Participações – FIPs e dos Fundos de Investimento Imobiliário – FIIs. Estes últimos são regidos não por mera regulamentação da CVM, mas pela Lei n. 8.668/1993, que inclusive prevê limitação de responsabilidade aos seus quotistas, corroborando sua personalidade jurídica própria.[193]

Leis esparsas, contudo, contemplam alguns exemplos de fundos garantidores de natureza privada, criados não com o propósito usual de servir de veículo de investimentos para seus quotistas, mas para reunir patrimônio em garantia de determinados tipos de obrigação ou credores, em geral por haver interesse público na oferta de tal garantia em condições de outra forma não disponíveis no mercado.

Um dos mais antigos, o Fundo Garantidor do Créditos – FGC adota a forma de uma associação civil, sem fins lucrativos e de natureza privada, destinada a administrar mecanismos de proteção a titulares de créditos contra instituições financeiras. Atende ao interesse público de assegurar estabilidade ao sistema financeiro e segurança aos correntistas e investidores até determinado valor em depósito ou investimento.

Com fundamento na Lei n. 12.087, de 11 de dezembro de 2009, a União Federal integralizou recursos no Fundo Garantidor de Operações – FGO, sob administração do Banco do Brasil e no Fundo Garantidor de Investimentos – FGI, sob administração do BNDES, ambos voltados à prestação de garantias em operações de crédito de capital de giro e de

---

[193] "Art. 13. O titular das quotas do Fundo de Investimento Imobiliário: I – não poderá exercer qualquer direito real sobre os imóveis e empreendimentos integrantes do patrimônio do fundo; II – não responde pessoalmente por qualquer obrigação legal ou contratual, relativamente aos imóveis e empreendimentos integrantes do fundo ou da administradora, salvo quanto à obrigação de pagamento do valor integral das quotas subscritas."

investimento, para pequenas e médias empresas. Segundo o art. 7º, § 3º, da referida lei, "os fundos não contarão com qualquer tipo de garantia ou aval por parte do poder público e responderão por suas obrigações até o limite dos bens e direitos integrantes de seu patrimônio".

O Fundo de Garantia de Operações de Crédito Educativo – FGEDUC, criado pela Lei n. 12.087/2009, é outro fundo garantidor de crédito de natureza privada, administrado pelo Banco do Brasil, que opera no âmbito do Fundo de Financiamento Estudantil – FIES (este um fundo meramente público, voltado à implementação de um programa do Ministério da Educação).

Mais especificamente no setor de infraestrutura, podem ser citados, como exemplos de fundos garantidores com personalidade jurídica própria de direito privado, o Fundo de Garantia para a Construção Naval – FGCN e o Fundo de Garantia a Empreendimentos de Energia Elétrica – FGEE.

O FGCN teve sua criação autorizada pela Lei n. 11.786, de 25 de setembro de 2008, com o objetivo de garantir o risco de crédito das operações de financiamento para construção ou produção de embarcações e o risco de performance do estaleiro brasileiro. Segundo o art. 1º, § 1º, de sua lei de criação, com a redação dada pela Lei n. 12.058/2009, o FGCN tem "natureza privada e patrimônio próprio separado do patrimônio dos cotistas e será sujeito a direitos e obrigações próprios". O principal quotista do FGCN é a União Federal. Reforçando a autonomia patrimonial já estabelecida no primeiro parágrafo, o § 4º do art. 1º acima citado estabeleceu que "o FGCN responderá por suas obrigações com os bens e direitos integrantes de seu patrimônio, não respondendo os cotistas por qualquer obrigação do Fundo, salvo pela integralização das cotas que subscreverem".

Por sua vez, a Lei n. 11.943, de 28 de maio de 2009, autorizou União, Estados e Distrito Federal a participarem do Fundo de Garantia a Empreendimentos de Energia Elétrica – FGEE, com o objetivo de "prestar garantias proporcionais à participação, direta ou indireta, de empresa estatal do setor elétrico, em sociedades de propósito específico, constituídas para empreendimentos de exploração da produção ou transmissão de energia elétrica, no Brasil e no exterior" (art. 1º, *caput*). Tal como o FGCN, o FGEE tem "natureza privada e patrimônio próprio separado do patrimônio dos cotistas" (art. 1º, § 1º).

Como se vê, a constituição pelo poder público de fundo de natureza privada, com personalidade jurídica e patrimônio próprio e tendo por escopo de prestação de garantias, ainda que substancialmente distinto dos mais tradicionais fundos de investimento, e com mais razão dos fundos públicos, não é uma aberração legal ou inovação irresponsável, contando com diversos precedentes, muitos dos quais já testados judicial ou extrajudicialmente.

Com lógica semelhante, a Lei federal de PPPs previu genericamente em seu artigo 8º a possibilidade de garantia a ser prestada por fundo garantidor, assim como autorizou, desde logo, em seu art. 16, a participação da União Federal, seus fundos especiais, autarquias, fundações públicas e estatais dependentes, em Fundo Garantidor de Parcerias Público-Privadas – FGP, tendo por "finalidade prestar garantia de pagamento de obrigações pecuniárias" a cargo de parceiro público federal, tendo como beneficiário o concessionário, parceiro privado.[194]

A Lei n. 12.766, de 2012, alterou a redação original do referido art. 16 para também admitir a prestação de garantias de pagamento de obrigações assumidas pelos parceiros públicos distritais, estaduais ou municipais em virtude de contratos de PPP.

Nos termos do parágrafo primeiro do referido art. 16, o FGP tem "natureza privada e patrimônio próprio separado do patrimônio dos

---

[194] Sobre o FGP e sua constitucionalidade cf., embora negando personalidade jurídica ao fundo, qualificando-o como mero condomínio de direito privado, Schirato, Vitor Rhein. O sistema de garantias... Op. cit., p. 171 et seq. Equiparando-o a uma "empresa garantidora", cf. MIGUEL, Luiz Felipe Hadlich. Op. cit., p. 93. Cf. ainda RIBEIRO, Mauricio Portugal; PRADO, Lucas Navarro. Op. cit., p. 339 et seq.; GUIMARÃES, Fernando Vernalha. PPP. Op. cit., ver capítulo 6: "O regime das garantias nas PPPs", p. 376 et seq.; e VIEIRA, Lívia Wanderley de Barros Maia. Op. cit. (283 et seq.). Considerando o FGP inconstitucional, seja por afronta ao princípio dos precatórios, seja por violação de reserva de lei complementar ou ainda por abrigar bens públicos impenhoráveis em seu patrimônio, no caso art. 165, § 9º, II ("Cabe à lei complementar: estabelecer normas de gestão financeira e patrimonial da administração direta e indireta bem como condições para a instituição e funcionamento de fundos"), cf. BANDEIRA DE MELLO, Celso Antonio. Curso de Direito Administrativo. Op. cit., p. 814-816. Também pela inconstitucionalidade, HARADA, Kiyoshi. Parcerias público-privadas: inconstitucionalidade do fundo garantidor. In: PAVANI, Sérgio Augusto; ANDRADE, Rogério (Coords). **Parcerias público-privadas**. São Paulo: MP, 2006, p. 205-222, (p. 210 et seq.); e DI PIETRO, Maria Sylvia Zanella. **Parcerias na Administração Pública**... Op. cit., p. 202-205.

cotistas, e será sujeito a direitos e obrigações próprios". A teor do § 2º, "o patrimônio do Fundo será formado pelo aporte de bens e direitos realizado pelos cotistas, por meio da integralização de cotas e pelos rendimentos obtidos com sua administração".

Por decisão do Conselho Gestor de Parcerias, coube a administração do FGP ao Banco do Brasil.

Ao contrário do que se sucede nos fundos públicos, a segurança jurídica propiciada por garantia prestada pelo FGP reside no fato de que tal fundo garantidor tem personalidade jurídica própria e natureza de Direito Privado. Em razão disso, eventual descumprimento de garantia ou compromisso assumido pelo fundo autoriza sua contraparte, via de regra o concessionário beneficiário da garantia, a executar em juízo o fundo, conforme representado pelo seu administrador independente, requerendo a penhora e excussão de seus bens, fora do regime do precatório.

Nos termos da Lei federal de PPPs, tal segurança foi reforçada, ainda, por três aspectos que merecem destaque. Em primeiro lugar, a proibição do FGP de se alavancar, vale dizer, o valor das obrigações garantidas pelo fundo deve limitar-se ao valor do seu patrimônio integralizado. Em segundo lugar, permite-se que o FGP emita não somente fianças ou garantias pessoais (art. 18, § 1º, I), mas que ofereça garantias reais sobre bens ou recursos integrantes do seu patrimônio, conferindo, assim, no tocante ao bem objeto da garantia, prioridade ao respectivo credor beneficiário em face de outros eventuais credores do fundo (art. 18, § 1º, II a V). Por fim, a lei admitiu, ainda, como alternativa às garantias reais ou pessoais tradicionais, a constituição, pelo FGP, de patrimônio de afetação, a partir de parcela destacada dos seus bens e direitos, com a finalidade de servir à garantia única e exclusiva do credor beneficiário de tal afetação (arts. 18, § 1º, VI, e 21).

A Lei n. 12.712, de 30 de agosto de 2012, autorizou a criação da empresa pública Agência Brasileira Gestora de Fundos Garantidores e Garantias S.A. – ABGF, incluindo entre suas atribuições "a constituição, a administração, a gestão e a representação de fundos garantidores e de outros fundos de interesse da União". Pretendeu-se, assim, concentrar na ABGF a gestão dos fundos garantidores que vêm se multiplicando no âmbito federal.

Dentre os diversos fundos assumidos pela ABGF, vale citar o Fundo Garantidor de Operações de Comércio Exterior – FGCE e o Fundo Garantidor da Infraestrutura – FGIE.

De maior interesse para o objeto deste estudo, foi a transferência pela União, até então cotista única do FGP, da totalidade de suas quotas para a ABGF, conforme autorizado pelo Decreto sem número de 16 de fevereiro de 2016.

Não obstante a razoável solidez jurídica e econômica do FGP, seja sob titularidade direta ou indireta (via ABGF) da União Federal, fato é que, até outubro de 2017, nenhuma garantia havia sido prestada pelo FGP. Em parte, isso se explica pelo fato de que, até tal data, nenhuma PPP houvera sido contratada pela administração pública direta federal. No entanto, desde 2012, o FGP estava autorizado a prestar garantias para assegurar o pagamento dos parceiros públicos estaduais ou municipais, no âmbito das PPPs por estes firmadas. A não utilização do FGP nas dezenas de projetos firmados por Estados e Municípios desde 2012 decorre, assim, da falta de acordo entre tais entes federativos, provavelmente no tocante a condições como contragarantias e remuneração provavelmente exigidas pelo fundo, ou simplesmente pela incapacidade das partes de vencer os respectivos entraves burocráticos.

Diante da inércia do FGP, seu patrimônio, que chegou a R$ 3,4 (três vírgula quatro) bilhões, em valor de mercado de ações de empresas estatais transferidas ao fundo pela União Federal (Banco do Brasil, Eletrobrás e Vale), foi reduzido a apenas R$ 21,6 (vinte e um vírgula seis) milhões em 29 de fevereiro de 2016.

À semelhança do FGP, alguns Estados e Municípios criaram, por meio de leis locais, seus próprios fundos garantidores.

Questão relevante que aí se coloca é quanto à competência de Estados e Municípios para criarem seus fundos garantidores. Autores críticos a tal solução argumentam que o rol de pessoas jurídicas previsto em lei é taxativo e que a criação de novas modalidades exigiria previsão legal específica, sendo esta de competência privativa da União Federal, conforme art. 22, I, da Constituição Federal, haja vista tratar-se de matéria atinente ao Direito Comercial.

Segundo tais autores, não haveria lei federal instituindo o fundo garantidor como modalidade de pessoa jurídica de Direito Privado, passível de ser constituída por todo e qualquer ente público ou privado.

Para tais autores, a Lei federal de PPPs teria autorizado única e exclusivamente a constituição do fundo garantidor de PPPs pela União Federal ou sua administração direta, assim como as demais leis anteriormente referidas conferiram autorização à criação apenas dos fundos garantidores federais ali especificamente contemplados.

Em nossa opinião, seria possível ler os artigos 8º e 16º da Lei federal de PPPs, interpretados conjuntamente com a esparsa legislação sobre fundos em geral, como admitindo a criação de outros fundos garantidores por Estados e Municípios, desde que à semelhança do FGP federal.

E fato é que alguns desses fundos foram constituídos, seus regulamentos foram regularmente registrados em Registro de Títulos e Documentos, como exigido para os fundos em geral, obedeceram às disposições, *mutatis mutandis*, da Instrução n. 426/2005 da CVM, conforme alterada, a qual disciplina a administração de carteira de valores mobiliários do FGP federal, e foram empregados na outorga de garantias a concessionários privados de PPPs e seus financiadores, sem que até o momento tenham sido invalidados pelo Poder Judiciário sob fundamento de suposta violação da competência privativa da União Federal.

Não obstante, não há como se ignorar a insegurança que tais potenciais questionamentos impõem aos fundos garantidores estaduais e municipais, quando o seu propósito, assim como o de qualquer garantia, deveria ser justamente o de remover os riscos e incertezas quanto à satisfação dos créditos oriundos de tais contratos de PPPs.

4.5. Estatal Garantidora

Talvez para fugir dos questionamentos dirigidos a fundos estaduais e municipais, ou talvez para agregar, com maior flexibilidade, outras competências e atribuições que não seriam cabíveis dentro da finalidade estreita de um fundo garantidor, alguns Estados e Municípios preferiram constituir estatais garantidoras[195] como principal instrumento garantidor de suas PPPs.[196]

---

[195] Esse foi o caso, por exemplo, da Companhia de Parcerias Paulista – CPP no Estado de São Paulo, da Codemig – Companhia de Desenvolvimento Econômico de Minas Gerais no referido Estado, da PBH Ativos S.A. no Município de Belo Horizonte e da CDURP – Companhia de Desenvolvimento Urbano da Região do Porto do Rio de Janeiro no referido Município.

[196] Sobre o uso de estatais garantidoras, cf. SCHIRATO, Vitor Rhein. Op. cit. (p. 177-178); MIGUEL, Luiz Felipe Hadlich. Op. cit.; RIBEIRO, Mauricio Portugal. Garantias... Op. cit.; COHEN, Isadora Chansky. Op. cit.; e VIEIRA, Lívia Wanderley de Barros Maia. Op. cit. (283 et seq.).

GARANTIAS DE ADIMPLEMENTO DA ADMINISTRAÇÃO PÚBLICA

Para que tais estatais possam cumprir sua finalidade precípua de prestar garantias com adequada segurança aos parceiros privados, seus beneficiários, algumas premissas se revelam obrigatórias.

Primeiramente, a entidade garantidora deve ser constituída por lei específica como uma verdadeira empresa estatal, isto é, uma empresa pública ou sociedade de economia mista, regida preponderantemente pelo Direito Privado e adotando a forma de uma sociedade anônima. Fosse ela estruturada como uma autarquia, ou como outra entidade regida pelo Direito Público, seria questionável sua capacidade de prestação de garantias, prevalecendo o regime do precatório.

Além disso, é fundamental que tal sociedade mantenha-se qualificada como uma estatal não dependente, razão pela qual não pode ela depender de subvenções ou contribuições a fundo perdido para sua subsistência. Nesse sentido, é imprescindível que a estatal tenha fonte de receitas próprias e constitua patrimônio inicial suficiente a partir de capitalização dos entes públicos seus acionistas.

A qualificação como estatal não dependente pode contribuir para alguns objetivos importantes. Em primeiro lugar, é pressuposto para que a sociedade não esteja sujeita aos limites e vedações impostos pela Lei de Responsabilidade Fiscal ou pelas resoluções do Senado Federal, que acabariam por inviabilizar a prestação de garantias na dimensão exigida por um programa de parcerias. Com efeito, fossem tais normas aplicáveis, as garantias prestadas pela sociedade garantidora seriam tratadas como operações de crédito atribuíveis a seus entes controladores.

Em segundo lugar, as garantias prestadas por estatal não dependente autorizam o ente público garantido a constituir conta redutora dos passivos derivados de contratos de PPPs que tal ente venha a ser obrigado a consolidar em suas contas públicas, em observância aos preceitos da Portaria n. 614/2006 da Secretaria do Tesouro Nacional, até o limite do valor do patrimônio líquido da estatal.[197]

---

[197] "Art. 11. As garantias de pagamento concedidas por fundos ou empresas garantidoras, conforme disposto nos incisos II e V do art. 8º, da Lei n. 11.079, de 2004, poderão ser registradas como conta redutora das obrigações pecuniárias contraídas pelo parceiro público em contratos de PPP, até o limite do patrimônio líquido da empresa ou fundo garantidor e desde que os ativos estejam segregados contabilmente e avaliados pelo valor de mercado."

Por fim, o limite de 5% (cinco por cento) da receita corrente líquida, no ano de contratação e conforme projetada nos 10 (dez) anos subsequentes, a ser aplicado sobre as despesas continuadas geradas a partir do conjunto de PPPs firmadas por cada Estado e Município, não se aplica às PPPs firmadas por estatais não dependentes, desde que assumam a condição de contratantes e pagadoras, em reconhecimento de que tais obrigações não onerariam o orçamento da Administração Pública direta.[198] Note-se, contudo, que o limite de 5% continuará aplicável a PPPs estaduais ou municipais que tenham a participação de estatal não dependente apenas na função garantidora, haja vista que as despesas daí decorrentes continuarão na esfera obrigacional da Administração Direta, como devedora principal. De outro lado, tais despesas serão extraorçamentárias para a Administração direta, na medida em que sejam devidas única e exclusivamente por estatal não dependente – que, nesse contexto, é a própria parceira pública contratante, e não mera garantidora.

A transferência de bens imóveis da Administração direta para a sociedade estatal exigirá autorização legal específica (art. 17, I).

É importante que sua lei autorizativa, assim como o estatuto da sociedade, estabeleçam os bens ou modalidades passíveis de serem dados em garantia, explicitando-se o objetivo de que garantam obrigações do parceiro público em contratos de PPP.

Sob a perspectiva econômica, é fundamental que a sociedade reúna ativos e patrimônio em valor e liquidez compatíveis com o montante e risco de materialização das garantias prestadas; que tal patrimônio possa produzir rendimentos, em aplicações de baixo risco, equivalentes à evolução e atualização das obrigações garantidas; e que a sociedade tenha capacidade de repor ou complementar seus bens quando necessário.

É justamente pela indisponibilidade de bens e recursos passíveis de integralização que muitos Estados e Municípios não lograram constituir ou fazer uso de estatais garantidoras em seus programas de PPPs.

---

[198] Cf. art. 28, da Lei n. 11.079/2004: "§ 2º Na aplicação do limite previsto no caput deste artigo, serão computadas as despesas derivadas de contratos de parceria celebrados pela administração pública direta, autarquias, fundações públicas, empresas públicas, sociedades de economia mista e demais entidades controladas, direta ou indiretamente, pelo respectivo ente, excluídas as empresas estatais não dependentes."

De todo modo, além de recursos orçamentários normalmente escassos, a capitalização de tais estatais garantidoras, tal como nos fundos, pode dar-se em bens dominicais (não afetados), incluindo imóveis públicos (terrenos, edificações ou mesmo certificações de direito adicional de construção – CEPACs), ações não necessárias à preservação do controle do ente público sobre estatais, bem como créditos presentes ou futuros, contingentes ou não, desde que passíveis de cessão ou vinculação.

Receitas futuras de *royalties*, embora cedíveis e vinculáveis (observadas as limitações impostas pela legislação de regência), poderão gerar impacto no orçamento do ente público cedente na medida em que reduzam a projeção de receitas públicas estimadas. Tal cessão em integralização de ações da estatal garantidora exigiria alguma compensação na forma de redução correspondente de despesas ou aumento de outras receitas públicas. De outro lado, tratando-se de crédito de realização incerta, a cessão de dívida ativa como regra não gera impacto no orçamento. Outro exemplo de crédito contingente, e também futuro, passível de cessão seria o fluxo de dividendos a que o ente público faça jus em relação a determinada estatal.

4.6. Outras Garantias

A lista de garantias contemplada pela Lei federal de PPPs não é taxativa. Pelo contrário, há previsão expressa de "outros mecanismos admitidos em lei" (art. 8º, inciso VI).

Como vimos, os instrumentos de garantia mais frequentes e disseminados são aqueles tratados nos incisos I, II e V do art. 8º, quais sejam, as garantias prestadas por meio de fundos e estatais garantidoras, com lastro em ativos ou receitas a estes vinculadas, bem como vinculações de receitas diretamente a contas-garantias sob administração de instituições financeiras depositárias independentes.

Afora tais instrumentos, dentre os mecanismos alternativos, podemos citar as cessões de créditos de titularidade de estatais não dependentes e regidas pelo Direito Privado, perante usuários dos serviços e concessões que operam (cessões essas que não podemos qualificar como vinculações de receitas públicas e que, como cessões de créditos privados, não despertam maiores dificuldades ou questionamentos).

Outro mecanismo alternativo inovador baseou-se em contrato de empréstimo firmado pelo ente público e instituição financeira oficial (no caso, o BNDES), com todas as aprovações necessárias, mas com o desembolso futuro, condicionado a evento objetivo, qual seja, o não pagamento voluntário e tempestivo pelo ente público de um montante de maior expressão devido ao parceiro privado (por exemplo, o montante relativo ao ressarcimento da obra ou valor de aporte). Confirmado o não pagamento tempestivo e com recursos próprios do ente público, o BNDES desembolsaria o empréstimo, já com autorização de empregar os respectivos recursos no pagamento da prestação inadimplida ao parceiro privado.

Com isso, o crédito do parceiro privado seria integralmente pago e liquidado, sendo substituído por uma dívida do ente público exclusivamente para com o banco governamental, que, por sua vez, disporia de outras prerrogativas e proteções para o seu crédito (por exemplo, a prerrogativa de inscrever o ente público como inadimplente no Sistema de Registro de Operações de Crédito com o Setor Público – CADIP, com isso interditando o acesso de tal ente a novas operações de crédito).

Variação desta modalidade de garantia em sentido amplo seria a contratação de financiamento não somente contingente, como garantia, mas financiamento certo, apenas com prazo de desembolso variável, para fins de pagamento, por exemplo, de aporte de recursos ao final do período de construção, em valor próximo ao investimento total.[199]

---

[199] Tal modalidade foi adotada na PPP da Rodovia dos Tamoios, no Estado de São Paulo, conforme relatam COHEN, Isadora Chansky; MARCATO, Fernando S. Op. cit. (p. 488-490).

5. Diagnóstico: Avanços e Deficiências

5.1. Histórico de Contratações nos Primeiros Treze Anos de PPPs no Brasil

O Apêndice 2 sumariza a pesquisa que empreendemos sobre a totalidade dos contratos de PPP, modalidades patrocinada ou administrativa, firmados no Brasil após quase 13 (treze) anos de vigência da Lei federal de PPPs.

Em outubro de 2017 já eram contabilizadas 104 (centro e quatro) parcerias licitadas e contratadas nos mais diversos setores, sendo 89 (oitenta e nove) concessões administrativas e 15 (quinze) concessões patrocinadas.[200]

O setor beneficiado com maior número de PPPs no período foi o setor de resíduos sólidos, com 24 (vinte e quatro) parcerias firmadas até o

---

[200] Cf. Apêndice 2. Embora 104 PPPs já representem uma experiência relevante em termos de número de contratos e valores investidos, tais números são ainda tímidos para as enormes necessidades do Brasil, tendo em vista seus gargalos de infraestrutura e seu vasto território. Apenas para referência, até 31 de março de 2016, o Reino Unido contabilizava 716 PPPs em vigência, estando 686 delas já em fase operacional. Esse número já foi maior, mas algumas PPPs já foram encerradas pelo advento do seu termo contratual. Em 31 de março de 2015, eram contabilizadas 722 PPPs, sendo que 8 contratos alcançaram o seu termo final entre 31 de março de 2015 e 31 de março de 2016. Estatísticas disponíveis no sítio eletrônico oficial do Governo Inglês. REINO UNIDO. HM Treasury. **Private Finance Initiative and Private Finance 2 Projects**, dez. 2016. Disponível em: <https://www.gov.uk/government/uploads/system/uploads/attachment_data/file/ 579271/PFI_and_PF2_projects_2016_summary_data.pdf> Acesso em: 25 nov. 2017.

referido mês; seguido pelo setor de saneamento (serviços de água, saneamento ou ambos), com 19 (dezenove) projetos; setores de iluminação pública e saúde, cada qual com 11 (onze) projetos; e ainda 14 (catorze) projetos no setor de transportes, divididos em mobilidade urbana (metrôs, VLTs e transporte coletivo intermunicipal) com 8 (oito) projetos, rodovias com 5 (cinco) projetos e 1 (um) projeto de aeroporto.[201]

A tabela abaixo oferece maiores detalhes quanto à distribuição das PPPs nos diversos setores de infraestrutura econômica ou social que delas se beneficiaram.[202]

QUADRO 2 – Setores contemplados por PPPs contratadas (out./2017)

Resíduos sólidos	24
Saneamento (água e/ou esgotamento)	19
Iluminação pública	11
Saúde	11
Mobilidade urbana (metrôs, VLTs etc.)	8
Rodovias	5
Aeroportos	1
Subtotal transportes	14
Equipamentos esportivos (estádios e parque olímpico)	7
Centros de atendimento ao cidadão	5
Presídios	3
Habitação	2
Tecnologia (datacenter e CGI – DF)	2
Centros Administrativos (Centrad – DF)	1
Educação (Unidades básicas de educação infantil – BH)	1
Urbanismo (Operação Urbana – Porto Maravilha)	1
Cinema Paulínia – SP	1
Mercados (Shopping Popular Pelotas – RS e Mercado Municipal de Ponta Grossa)	2
TOTAL	104

[201] Cf. Apêndice 2.
[202] Cf. Apêndice 2.

Uma única dessas parcerias foi contratada até o referido mês de corte, outubro de 2017, em âmbito federal, pela sua administração indireta, vale dizer, por um consórcio formado pelo Banco do Brasil e pela Caixa Econômica Federal. Trata-se da PPP para construção e operação do Datacenter no Distrito Federal, firmada em 15 de junho de 2010.

51 (cinquenta e uma) PPPs foram contratadas pela administração direta ou indireta dos estados e 52 (cinquenta e duas) foram contratadas no âmbito municipal.[203] Embora tais números possam sugerir um equilíbrio entre tais níveis federativos, deve-se ter em conta, por outro lado, que nossa federação tem apenas 26 (vinte e seis) estados e o Distrito Federal, frente a 5.570 (cinco mil, quinhentos e setenta) municípios. Sob esse ângulo, o conjunto de estados se mostra bastante mais ativo do que o de municípios.

Os Estados de São Paulo e Minas Gerais foram os entes federativos mais ativos em PPPs, tendo firmado 11 (onze) e 10 (dez) contratos respectivamente, ou seja, mais de 20% (vinte por cento) do total de PPPs no período.[204]

QUADRO 3 – PPPs por ente federativo (out./2017)

PPPs federais	1
PPPs estaduais	51
PPPs municipais	52
TOTAL	104

---

[203] Cf. Apêndice 2.
[204] Cf. Apêndice 2.

Quadro 4 – Unidades com maior número de PPPs

Estado de São Paulo	11
Estado de Minas Gerais	10
Estado da Bahia	6
Estado de Pernambuco	4
Estado do Ceará	4
Distrito Federal	3
Estado do Amazonas	3
Estado do Espírito Santo	3
Estado de Alagoas	2
Belo Horizonte – MG	5
Rio de Janeiro – RJ	3
Piracicaba – SP	2
Mauá – SP	2

Focando mais especificamente na natureza dos parceiros públicos contratantes das PPPs, verificamos que 84 (oitenta e quatro) PPPs foram contratadas diretamente pelos respectivos entes federativos ou entes autárquicos, enquanto 20 (vinte) PPPs foram contratadas pela administração indireta, sendo 13 (treze) destas firmadas por estatais de saneamento, em princípio não dependentes e atuando em regime preponderantemente de Direito Privado.[205]

Embora a Lei federal de PPPs tenha sido sancionada em 30 de dezembro de 2004, as primeiras PPPs só foram celebradas em 2006, e foram ganhando volume a partir de então, com alguns períodos de "entressafra" e um fraco ano de 2017, efeito provável do prolongamento da crise econômica e política iniciada em 2014.

A tabela a seguir relaciona o número de PPPs federais, estaduais e municipais celebradas a cada ano desde 2006.[206] Tanto nos Estados como nos Municípios, o maior número de PPPs verificou-se nos anos de eleição estadual ou municipal, respectivamente.[207] Alguns motivos

---

[205] Cf. Apêndice 2.
[206] Cf. Apêndice 2.
[207] Desde logo, esclareça-se a não aplicação, às PPPs, da regra do art. 42 da Lei de Responsabilidade Fiscal que veda a assunção, nos últimos 2 (dois) quadrimestres do ano eleitoral, de

podem explicar tal ocorrência. Tratando-se de contratações complexas e de longo prazo, pode-se argumentar a necessidade de um ciclo administrativo de mais de três anos para percorrer todo o processo de modelagem, aprovação, consulta pública, licitação e celebração de um contrato de PPP.

Nessa linha de argumentação, a equipe de um governador ou prefeito, iniciando os estudos preparatórios de uma PPP no seu primeiro ano de mandato, só conseguiria concluir o respectivo contrato no final do seu mandato. Isso também explicaria por que o ano imediatamente seguinte ao eleitoral tem sido reiteradamente um ano de queda relevante nas contratações. Contudo, tal argumento deveria ser relativizado na hipótese não incomum de reeleição e pelo fato de que um governador ou prefeito poderia muito bem herdar estudos iniciados em administração anterior.

A principal razão parece ser mesmo o uso dos contratos de PPP como instrumento de propaganda ou campanha eleitoral.

despesas que onerarão o ano subsequente ao fim do mandato, sem disponibilidade de caixa para tanto. Tratando-se de contrato de longo prazo, a PPP, por definição, gerará impacto nos mandatos seguintes. A proteção contra abusos, entretanto, não advém do art. 42, cujo horizonte é limitado ao exercício seguinte, mas dos próprios limites estabelecidos na legislação de PPPs (despesas não podem exceder 5% da receita corrente líquida etc.).

Quadro 5 – Evolução da contratação de PPPs por ano e ente federativo

POR ANO	TOTAL	Federal	Estaduais	Calendário eleitoral	Municipais	Calendário eleitoral
2006	3		3	Eleição		
2007	3		1		2	
2008	5		1		4	Eleição
2009	4		4			
2010	12	1	7	Eleição	4	
2011	3		1		2	
2012	16		1		15	Eleição
2013	13		11		2	
2014	17		13	Eleição	4	
2015	11		7		4	
2016	13				13	Eleição
2017 (jan. a out.)	4		2		2	
TOTAL	104	1	51		55	

Em termos de valores, a soma do valor contratual de todas as 104 (cento e quatro) PPPs firmadas entre 2006 e outubro de 2017 supera o total de R$ 142 (cento e quarenta e dois) bilhões,[208] valor bastante expressivo, correspondendo, como referência, a 2,3% (dois vírgula três por cento) do PIB brasileiro em todo o ano de 2016[209] e a uma média de R$ 1,37 (um vírgula trinta e sete) bilhão por contrato.

Nesse total, o conjunto de PPPs firmadas no âmbito do Estado de São Paulo responde por R$ 51,6 (cinquenta e um vírgula seis) bilhões. Os Estados de Minas Gerais e Bahia, assim como o Município do Rio de Janeiro contrataram, cada qual, conjunto de PPPs com valor agregado superior a R$ 10 (dez) bilhões.[210]

---

[208] Cf. Apêndice 2, soma dos valores contratuais.
[209] O PIB brasileiro totalizou R$ 6.266,9 bilhões em 2016. Cf. BRASIL. Ministério do Planejamento, Orçamento e Gestão. Instituto Brasileiro de Geografia e Estatística IBGE. **PIB recua 3,6% em 2016 e fecha ano em R$ 6,3 trilhões**. Disponível em: <https://agenciadenoticias.ibge.gov.br/agencia-sala-de-imprensa/2013-agencia-de-noticias/releases/9439-pib-recua-3-6-em-2016-e-fecha-ano-em-r-6-3-trilhoes.html>. Acesso em: 11 nov. 2017.
[210] Cf. Apêndice 2.

DIAGNÓSTICO: AVANÇOS E DEFICIÊNCIAS

Os setores com contratos economicamente mais expressivos foram, na ordem, os setores de transporte, com R$ 53,5 (cinquenta e três vírgula cinco) bilhões no conjunto; resíduos sólidos com R$ 25 (vinte e cinco) bilhões; saúde com R$ 19,4 (dezenove vírgula quatro) bilhões; e saneamento, R$ 15 (quinze) bilhões.[211]

As PPPs individualmente mais vultosas foram a Linha 6 do Metrô de São Paulo e o Porto Maravilha no Município do Rio de Janeiro.

A Linha 6 do Metrô, sob competência do Estado de São Paulo, superou o valor de R$ 15 (quinze) bilhões, dos quais pelo menos dois terços correspondem às obras civis e aos investimentos em sistemas e material rodante.[212]

A PPP do Porto Maravilha, voltada à renovação da região portuária central do Rio de Janeiro, mediante implantação de infraestrutura urbana moderna e adequada e prestação de serviços associados, teve valor contratual estimado em R$ 8,1 (oito vírgula um) bilhões, dos quais pelo menos 80% (oitenta por cento) correspondem ao custo das obras e intervenções na respectiva operação urbana consorciada.[213]

A relevância econômica das PPPs pode ainda ser ilustrada pelo fato de que 41 (quarenta e uma) das 104 (cento e quatro) PPPs contratadas até outubro de 2017 têm valor contratual original (e, portanto, sem cômputo de qualquer correção monetária desde a data de sua celebração) superior a R$ 1 (um) bilhão. Para referência, o art. 5º da Lei federal de PPPs exige apenas que os contratos de PPP tenham valor igual ou superior a R$ 20 (vinte) milhões.[214]

Praticamente todas as PPPs envolveram obras públicas ou investimentos iniciais relevantes, a par dos serviços associados.[215] As obras e

---

[211] Cf. Apêndice 2.
[212] Cf. Apêndice 2.
[213] Cf. Apêndice 2.
[214] Cf. Apêndice 2.
[215] Pelo contrário, considerando que a Lei federal de PPPs (art. 2º, § 4º, III) veda a celebração de PPP única e exclusivamente para a contratação de obra pública, mas não uma PPP unicamente para prestação de serviços, durante os primórdios das PPPs era recorrente a dúvida quanto à necessidade de os contratos de PPP preverem um percentual mínimo de serviços, quando comparados ao valor das obras contempladas. Acabou por prevalecer o entendimento pela necessidade de algum conteúdo de serviços, mas sem um patamar mínimo específico. Projetos como o emissário submarino contratado pela Embasa, na Bahia, têm nível mínimo de serviços, haja vista que o escopo da PPP compreende basicamente a cons-

investimentos iniciais foram custeados com capital dos acionistas e, majoritariamente, por financiamentos junto a bancos ou no mercado de capitais.

A partir da Medida Provisória n. 575, de 7 de agosto de 2012, posteriormente convertida na Lei n. 12.766, de 27 de dezembro de 2012, muitos projetos passaram a contar também com o aporte de recursos do setor público como forma de compartilhar o custo das obras e investimentos iniciais, reduzindo o montante ou prazo necessários ao financiamento. Antes dessa medida provisória que positivou o aporte de recursos, alguns projetos contemplavam o ressarcimento de parte substancial do custo de execução da obra (por exemplo, 75%) imediatamente após a sua conclusão (integral ou de etapa divisível e fruível) e início da disponibilidade de sua fruição, como forma de mitigar a exposição financeira de longo prazo para o concessionário e reduzir os juros implícitos e custos de carregamento para o parceiro público.[216]

O histórico de 104 (cento e quatro) PPPs firmadas entre 2006 e 2017, com valores de investimentos e serviços associados bastante expressivos, empregadas em quase duas dezenas de segmentos de infraestrutura econômica ou social, para atender a necessidades públicas que não podiam ser atendidas pelos modelos tradicionais de contratação, ou ao menos com o mesmo nível de eficiência e custo-benefício, revela uma experiência bastante positiva e, portanto, um avanço inegável nas práticas de contratação administrativa.

Sem dúvida, um modelo alternativo bastante útil, a se somar aos modelos mais tradicionais de contratação.

---

trução do equipamento de disposição de esgoto e sua disponibilidade ao longo do contrato para uso pela Embasa, a qual mantém a gestão do serviço de saneamento perante o usuário.

[216] O modelo remuneratório de PPP baseado na lógica do ressarcimento de parcela substancial do custo das obras iniciais foi adotado pela primeira vez na PPP federal do *datacenter*, contratada em 2010. Tal modelagem foi questionada perante o Tribunal de Contas da União, mas por este, no contexto anterior à MP 575, considerada legítima e, em muitos casos, mais economicamente vantajosa à Administração Pública, na medida em que poderia reduzir os custos incrementais de amortização da obra no longo prazo (custos financeiros de carregamento).

DIAGNÓSTICO: AVANÇOS E DEFICIÊNCIAS

5.2. Situação Jurídica das PPPs Contratadas

Não obstante o inegável avanço nas práticas de contratação administrativa, outros dados demonstram certos problemas e deficiências graves no histórico de PPPs, sugerindo ainda um grande espaço para aprimoramento.

A PPP é, por definição, um instrumento de longo prazo. A Lei federal de PPPs estabelece um prazo mínimo de 5 (cinco) e máximo de 35 (trinta e cinco) anos para sua vigência. Nesse intervalo, há registro de PPPs contratadas com prazo de vigência de apenas 8 (oito) anos (PPP da Arena Castelão e PPP da Ponte do Rio Cocó, ambas no Ceará) e 7 (sete) firmadas desde logo com o prazo máximo de 35 (trinta e cinco) anos. O prazo mais frequente é de 30 (trinta) anos, com 30 (trinta) ocorrências.[217]

O prazo médio de vigência contratualmente prevista para todo o conjunto de 104 (cento e quatro) PPPs firmado até outubro de 2017 é de 24 (vinte e quatro) anos.[218]

Apurando-se a média de prazo contratual já transcorrido desde a assinatura de cada uma dessas 104 (cento e quatro) PPPs, temos um histórico médio já percorrido de 4,42 (quatro vírgula quarenta e dois) anos em contratos vigentes de PPPs. Esse prazo representa 18,42% (dezoito vírgula quarenta e dois por cento) do prazo médio de vigência total contratualmente prevista (24 anos).[219]

Se o prazo médio de vigência prevista das PPPs fosse comparado à expectativa média de vida de um brasileiro – 75,5 (setenta e cinco vírgula cinco) anos –, isso significaria que nossa experiência já transcorrida em PPPs contratadas estaria apenas na sua adolescência, ainda prestes a completar 14 (catorze) anos de idade.[220] Teríamos, portanto, toda a vida adulta para ganhar maturidade.

---

[217] Cf. prazos de vigência listados no Apêndice 2.
[218] Cf. cálculo da média aritmética de todos os prazos de vigência constantes do Apêndice 2.
[219] Cf. Apêndice 2. O tempo já percorrido de vigência de cada contrato, a partir da sua data de assinatura, conforme listada no Apêndice 2, foi calculado. Os tempos assim calculados foram somados, extraindo-se sua média. A média de vigência percorrida do conjunto de contratos foi então comparada com a média do prazo total de vigência prevista para os mesmos contratos.
[220] 14 anos correspondem, aproximadamente, a 18,42% de 75,5 anos.

GARANTIAS DE ADIMPLEMENTO DA ADMINISTRAÇÃO PÚBLICA

    Entretanto, não obstante esse estágio ainda inicial de nossa experiência em PPPs, nossa pesquisa, sintetizada no Apêndice 2, revela que nada menos que 30 (trinta) das 104 (cento e quatro) PPPs contratadas sofreram ou sofrem graves intercorrências: 10 (dez) PPPs foram precocemente terminadas, seja por decretação de nulidade ou caducidade, porque as condições suspensivas a que estavam sujeitas não foram satisfeitas ou simplesmente por distrato das partes, em qualquer dos casos frustrando a expectativa original das partes com relação à contratação; 3 (três) PPPs estão com sua eficácia formalmente suspensa; outras 8 (oito) PPPs estão na iminência de término, seja porque sofreram a intervenção do Poder Concedente, estão em processo de caducidade ou nulidade, ou ainda porque o concessionário pleiteia a sua rescisão; pelo menos 7 (sete) outras PPPs tiveram sua contraprestação pública total ou parcialmente suspensa ou inadimplida, sem que os mecanismos de garantia tenham assegurado, até a data de corte deste estudo, a preservação do fluxo de pagamentos ao concessionário, o que provavelmente inviabilizará a viabilidade econômica dessas concessões se a situação não for corrigida a tempo; e pelo menos 2 (duas) outras PPPs enfrentam graves irregularidades já reconhecidas pelos tribunais de contas competentes. O quadro abaixo resume os contratos com problemas relevantes.[221]

---

[221] Situações extraídas da coluna "Observações Relevantes" da tabela constante do Apêndice 2, refletindo a pesquisa realizada sobre a situação em outubro de 2017 de cada uma das 104 (cento e quatro) PPPs firmadas.

Quadro 6 – Situação jurídica dos contratos de PPPs (out./2017)

Contratos terminados antecipadamente	Contratos com execução suspensa	Contratos com término iminente	Contratos com contraprestação ou aporte suspensos ou inadimplentes	Outros contratos com irregularidades apontadas por tribunal de contas
10 (9,6% dos contratos)	3 (2,8% dos contratos)	8 (7,7% dos contratos)	7 (6,7% dos contratos)	2 (1,9% dos contratos)
Arena Pernambuco –PE. Presídio – PE. Rodovia – PR. CGI – DF. Esgoto Divinópolis – MG. Resíduos Sólidos – Belém/PA. Resíduos – Governador Valadares/MG Resíduos – São Bernardo/SP Iluminação Pública – Urânia/SP. Iluminação Pública – Marabá/PA.	Resíduos Sólidos – Belo Horizonte/MG. Resíduos Sólidos – Caucaia/CE. Unidades Básicas de Saúde – Belo Horizonte/MG	Ponte Rio Cocó – CE (CGPPP recomenda término do contrato). Iluminação Pública – Cuiabá/MT (Decreto anulando contrato, ainda sujeito a questionamento). Resíduos – Campo Grande/MS (Decreto anulando contrato, com eficácia suspensa pelo TCE). Esgotamento Guarulhos/SP (Decisão judicial suprimindo fundamento legal para a outorga – aguardando trânsito em julgado e cumprimento). Estádio do Maracanã – RJ (concessionária postula rescisão e devolução) Resíduos – Chapadão do Sul/MS (decretada intervenção na Concessionária) Polo Cinematográfico – Paulínia/SP (decretada intervenção na concessionária) Linha 6 do Metrô de São Paulo/SP (obras paradas; a concessionária é controlada pela Odebrecht e outras empresas afetadas pela Lava Jato; venda do controle sem sucesso até out./2017)	Saneamento – Rio das Ostras/RJ. Saneamento – Macaé/RJ. Centro Administrativo – DF. Conjunto habitacional – DF. Arena das Dunas – RN. Resíduos – Salto/SP. Parque Olímpico – Rio de Janeiro/RJ.	Resíduos de São Luis/MA. Esgotamento – Guaratinguetá/SP.
TOTAL DE CONTRATOS OU CONTRATAÇÕES COM VÍCIOS MATERIAIS				30 (28,8% dos Contratos)

Constata-se, portanto, uma altíssima taxa de "mortalidade", que pode chegar a alarmantes 28,8% (vinte e oito vírgula oito por cento) dos contratos firmados, caso nenhum dos projetos ainda passíveis de recuperação, alcance tal intento.

Se considerássemos a 105ª (centésima quinta) PPP firmada no Brasil, em 8 de março de 2018, já após a data de corte (outubro de 2017) que adotamos para o mapeamento empreendido no Apêndice 2 – Lista de PPPs, qual seja, a PPP de iluminação Pública do Município de São Paulo, contabilizaríamos mais uma parceria problemática, em vista das denúncias de corrupção tornadas públicas logo após a celebração do contrato.

Diversos fatores contribuíram para essa alta mortalidade precoce. A insuficiência ou baixa qualidade das garantias prestadas pelo Poder Concedente – inviabilizando a contratação do financiamento ou a sustentabilidade da concessão – não é o único, mas é certamente um importante fator.

Dentre outros fatores, podemos citar baixa qualidade de alguns projetos, deficiências legais no contrato ou em sua licitação, ataques políticos, crise econômica, bem como perda de credibilidade e incapacidade financeira de concessionárias e seus acionistas envolvidos na operação Lava Jato ou em outros escândalos de corrupção.

A mortalidade das PPPs é ainda mais expressiva quando olhamos para o universo maior das PPPs estudadas e modeladas que, por diversas razões, inclusive indisponibilidade de garantias adequadas, não tenham logrado alcançar a sua contratação.

Identificada uma necessidade pública que em princípio possa ser atendida com maior eficiência por uma PPP, estudos prévios devem ser obrigatoriamente realizados para confirmar a PPP como modelo jurídico realmente mais adequado para a contratação, assim como para corroborar sua viabilidade financeira, jurídica, técnica e ambiental, dentre outras perspectivas. Tais estudos se prestam, ainda, a propor mais detalhadamente (modelar) os termos da licitação, seu edital, minuta de contrato de concessão e demais anexos.

Esses estudos podem ser empreendidos internamente pela própria Administração Pública, podem ser contratados pela Administração Pública com licitação, inexigibilidade ou dispensa junto a consultores especializados, universidades, instituições financeiras governamentais (como o BNDES) ou multilaterais (Banco Mundial, IFC, BID), ou, ainda, com fundamento no art. 21 da Lei Geral de Concessões, realizados por conta e risco da iniciativa privada nos chamados procedimentos de manifestação de interesse – PMIs (ou manifestação de interesse privado – MIPs, a depender da iniciativa da proposição e terminologia aplicável).[222]

Nos PMIs ou MIPs, agentes privados, a convite da Administração ou por iniciativa própria, elaboram tais estudos prévios e modelagem com recursos e consultores próprios, e oferecem tais estudos à Administração Pública, que tem a prerrogativa para aproveitá-los ou não, dentro do seu juízo discricionário de oportunidade e conveniência. No entanto, caso os estudos sejam aproveitados para embasar licitação concluída com sucesso, o vencedor da licitação deverá ressarcir o autor dos estudos pelos custos razoáveis por ele incorridos na elaboração.

No período de 2010 a 2017, foram registradas, conservadoramente, publicações dando conta de 566 (quinhentos e sessenta seis) PMIs abertos pela Administração Pública em geral. No mesmo período, apenas 89 (oitenta e nove) PPPs foram contratadas. Esses dados revelam que somente 15% (quinze por cento) dos PMIs (ou um em cada seis ou sete) convertem-se em contratações efetivas de PPPs.

---

[222] Sobre PMIs, vide notas 18 e 19, acima.

QUADRO 7 – Contabilização das PMIs lançadas por Estados e Municípios por ano

ANO	PMIs publicados	Fonte
2005 a 2009	Não disponível	
2010	4	PINHEIRO, Armando Castelar; MONTEIRO, Vera; GONDIM, Carlos; CORONADO, Rafael. **Estruturação de projetos de PPP e concessão no Brasil**: diagnóstico do modelo brasileiro e propostas de aperfeiçoamento. International Finance Corporation – World Bank Group, dez. 2015. Disponível em: <https://web.bndes.gov.br/bib/jspui/bitstream/1408/7211/1/Estrutura%C3%A7%C3%A3o%20de%20projetos%20de%20PPP%20e%20concess%C3%A3o%20no%20Brasil_P.pdf>. Acesso em: 6 nov. 2017, p. 18-20; e COSCARELLI, Bruno; PEREIRA, Bruno; NAVES, Guilherme; REIS, Rodrigo. **International Meeting**: Infrastructure and PPP, 2015. Disponível em: <https://www.radarppp.com/biblioteca>. Acesso em: 6 nov. 2017.
2011	24	
2012	31	
2013	54	
2014	49	
2015	161	COSCARELLI, Bruno; PEREIRA, Bruno; NAVES, Guilherme; REIS, Rodrigo; MORAES, Marcos Siqueira. **Sumário executivo**: dados do mercado de PPPs: PPP Sumit 2016: rumo aos 100 contratos. Disponível em: <https://www.radarppp.com/biblioteca>. Acesso em 6 nov. 2017, p. 8
2016	105	RADAR PPP. Painel de Mercado. **PMIs iniciados nos últimos trimestres**. Disponível em: <https://www.radarppp.com/painel-do-mercado>. Acesso em: 6 nov. 2017.
2017	138 (até 09/2017)	
Total:	**566**	15,72% (de um total de 89 PPPs celebradas no mesmo período)

Quando levamos em consideração que muitas PPPs contratadas resultaram de estudos realizados diretamente pela Administração Pública ou no âmbito de contratos ou convênios com entidades especializadas, como o BNDES e o Banco Mundial, concluímos que a mortalidade dos PMIs é ainda muito mais elevada.

5.3. Acionistas, Financiadores, Concessionário, Parceiro Público e Suas Diferentes Perspectivas

O principal financiador das PPPs em termos de valor e projetos financiados foi o BNDES, com larga margem, embora na maior parte dos casos transferindo ou compartilhando o risco de crédito – sobretudo na fase de construção (e até que o projeto demonstre geração estável de receitas, o chamado *project completion*) – com bancos comerciais repassadores, ou provedores de fiança bancária em favor do próprio BNDES.[223]

---

[223] Deixando de lado a participação direta do BNDES, ou sua subsidiária BNDESPAR, em ações ou títulos de dívida, apenas em financiamentos, o BNDES desembolsou 190 bilhões e

Banco do Nordeste – BNB e Caixa Econômica Federal também merecem destaque no grupo de maiores financiadores.

Uma parcela das necessidades de recursos das PPPs também é financiada por bancos comerciais privados ou ainda por investidores institucionais, como fundos de pensão, por meio de debêntures e outros valores mobiliários emitidos no mercado de capitais brasileiros.

Internacionalmente, o destaque coube às agências multilaterais, como o Banco Interamericano de Desenvolvimento – BID e o International Finance Corporation – IFC, braço do Banco Mundial, assim como às agências de crédito à exportação, como o Japan Bank for International Cooperation – JBIC e o Export Import Bank of Japan – JEXIM.

Por exigência da própria Lei federal de PPPs, art. 9º, os licitantes vencedores devem constituir uma sociedade de propósito específico – SPE para firmar, na condição de concessionária, o contrato de PPP. Tais licitantes devem, via de regra, tornar-se acionistas da SPE concessionária com participações societárias equivalentes à participação que detinham no consórcio licitante.

A Lei federal de PPPs admite que o parceiro público possa deter participação minoritária na SPE concessionária, mas tal configuração é raramente adotada.[224]

---

187 bilhões de reais nos anos de 2013 e 2014, respectivamente, dos quais quase 40% foram direcionados ao setor de infraestrutura. Embora esses recursos tenham beneficiado projetos de infraestrutura em diferentes regimes legais de concessão ou outorga, as PPPs em sentido estrito certamente se incluem nesse conjunto. Cf. BRASIL. Secretaria de Planejamento da Presidência da República. Banco Nacional de Desenvolvimento Econômico e Social – BNDES. **Estatísticas Operacionais do Sistema BNDES**. Disponível em: <https://www.bndes.gov.br/wps/portal/site/home/transparencia/estatisticas-desempenho>. Acesso em: 9 dez. 2017; e, ainda, BRASIL. Secretaria de Planejamento da Presidência da República. Banco Nacional de Desenvolvimento Econômico e Social – BNDES. **Infraestrutura**: um setor decisivo. Disponível em: <https://www.bndes.gov.br/SiteBNDES/bndes/bndes_pt/Hotsites/Relatorio_Anual_2014/infraestrutura.html>. Acesso em: 11 nov. 2017.

[224] Os exemplos mais notórios de tal configuração não se deram no campo das PPPs em sentido estrito, mas em concessões comuns ou contratações petrolíferas. Nas primeiras rodadas de privatização de aeroportos federais, ocorridas nos anos de 2012 e 2013, os licitantes vencedores eram obrigados a admitir a participação da Infraero como sócia minoritária, titular de 49% das ações, de suas sociedades incumbidas da concessão do serviço de exploração da correspondente infraestrutura aeroportuária. Nas contratações de blocos petrolíferos do pré-sal, foi assegurada, até o advento da Lei n. 13.365, de 2016, participação obrigatória à Petrobras, como operadora, correspondente ao mínimo de 30% dos direitos oriundos do

Em uma estrutura típica de PPPs, os acionistas devem aportar capital mínimo equivalente a 20% (vinte por cento) ou 30% (trinta por cento) do total de recursos necessários à implantação do projeto (vale dizer, do total do custo das obras e investimentos iniciais, até que o projeto possa manter-se com suas próprias receitas), e os recursos remanescentes – 70% (setenta por cento) ou 80% (oitenta por cento) – são captados junto a financiadores no mercado financeiro ou de capitais.

Na lógica societária, financiadores fazem jus ao recebimento periódico de juros e parcelas de amortização do crédito (principal), com prioridade sobre a distribuição de lucros ou dividendos aos acionistas, até porque, por definição, os dividendos ou lucros passíveis de distribuição são calculados após o cômputo e pagamento das despesas financeiras, dentre outras.

No entanto, embora tenham prioridade no recebimento de seu crédito, a remuneração dos financiadores é normalmente limitada a uma taxa de juros. Por sua vez, os acionistas são os últimos a receber, mas, em contrapartida, podem obter retornos bastante superiores aos juros pagos. Em face de um risco maior, acionistas têm a perspectiva de um maior retorno.

Não obstante, fracassando completamente o projeto, é possível que não haja recursos para pagamento sequer dos financiadores, em que pese sua prioridade perante os acionistas.

Diante de tudo isso, percebe-se que, embora os acionistas detenham o controle societário da SPE, os partícipes com maior exposição financeira ao projeto são os financiadores.

Se os acionistas podem eventualmente mostrar maior disposição ao risco, em contrapartida de lucros potencialmente maiores, a perspectiva do financiador é distinta. Fracassando o projeto, eles correm o risco de nada receber; de outro lado, se o projeto, assumindo maior risco, gerar lucros extraordinários, a remuneração do financiador continuará, não obstante, limitada aos juros pactuados.

Assim sendo, é natural que, nas PPPs, assim como em projetos com estrutura de capital semelhante, os financiadores tenham maior aversão

---

contrato de partilha, sem prejuízo da participação econômica assegurada à empresa pública Pré-Sal Petróleo S.A. – PPSA, na condição de representante dos interesses da União Federal no respectivo contrato.

a risco e imponham maior conservadorismo à SPE concessionária, ainda que esta, na lógica de seus administradores, pudesse estar mais alinhada com os acionistas que os nomearam.

Como já pudemos consignar, o principal risco de uma PPP no Brasil, presente por definição em todos os projetos sob tal regime legal, é justamente o risco de inadimplemento da Administração Pública, eis que, diferentemente das concessões comuns, pressupõe-se nas PPPs alguma forma de contraprestação ou aporte de recursos pelo parceiro público como condição de viabilidade econômica do projeto.

No Brasil, esse risco é considerado muito alto, tendo em vista o mau histórico de crédito do governo brasileiro. A mitigação para tal risco é a outorga de garantia adequada pelo poder público.

Entretanto, como já resta claro a essa altura, as garantias legalmente admissíveis e viáveis na prática brasileira de PPPs apresentam diferentes graus de solidez e confiabilidade, algumas delas revelando-se pouco seguras.

Em razão dessa estrutura de capital, a parte que acaba por analisar com maior rigor a qualidade e adequação da garantia não é o acionista ou a SPE concessionária, mas o financiador, partícipe mais conservador do conjunto e com maior capital a risco. De outro lado, sem a aceitação do financiador, dificilmente um projeto será economicamente viável ou sairá do papel.

De fato, já não fossem os entraves usuais da burocracia governamental, o acordo de todas as partes interessadas na PPP quanto aos termos finais da garantia tende a envolver uma negociação complexa e difícil, em função das diferentes perspectivas de cada uma dessas partes. Embora acionistas e SPE concessionária tenham todo o interesse na qualidade e solidez da garantia, podem ter maior apetite ao risco, mas não prescindirão dos recursos do financiador, que a seu turno tende a ser a parte mais rigorosa na avaliação da garantia e, por isso mesmo, o fiel da balança. De outro lado, para o parceiro público, o ideal seria viabilizar a PPP, ao menor preço para o Estado (menor contraprestação e/ou aporte de recursos), mas principalmente a partir da garantia de menor custo ou impacto em suas contas e orçamento.

Há claramente uma correlação direta entre, de um lado, qualidade e robustez da garantia (menor risco) e, de outro, a modicidade na precificação da contraprestação pública (ou aporte). Entretanto, o custo de constituição e manutenção da garantia é mais evidente e tem impacto mais imediato no curto prazo (por exemplo, custo de manutenção de recursos orçamentários congelados em conta-reserva), em comparação ao preço incremental da contraprestação pública, nem sempre transparente, decorrente da maior percepção de risco do investidor no tocante à garantia (contraprestação esta que, ademais, será devida apenas anos à frente, após a conclusão da fase de implantação e investimentos e talvez sob outra gestão pública). Em razão disso, se houver espaço para tanto, o governante no poder preferirá poupar recursos na constituição da garantia, ainda que sacrificando sua qualidade e atraindo propostas potencialmente menos vantajosas para a Administração.

Entretanto, o limite para o exercício de tal preferência será, dentre as garantias de menor custo ou impacto para o parceiro público, apenas aquelas que possam ser aceitas pelos financiadores do projeto.

É por isso, aliás, que muitas PPPs mais complexas ou com maior necessidade de investimento têm sido modeladas de tal forma a prever, como condição suspensiva de eficácia do contrato de PPP, mesmo após a sua adjudicação e assinatura, a aceitação pelos financiadores das garantias ofertadas pelo parceiro público, abrindo-se, na prática, alguma margem de negociação para aprimoramento de tais garantias, dentro dos limites fixados pelo contrato.[225]

O ideal, naturalmente, seria que financiadores se satisfizessem e aprovassem a qualidade das garantias ofertadas antes mesmo da publicação formal do edital de licitação e início da fase externa da licitação, de modo que licitantes pudessem formular suas propostas sem tal incerteza, e a fim de que as obrigações assumidas pelo parceiro privado no

---

[225] Esse foi o caso, por exemplo, da PPP da Rodovia PR-323, no Paraná, a qual jamais alcançou sua eficácia, não logrando satisfazer a condição suspensiva de contratação do financiamento. Em um primeiro momento, a garantia originalmente prevista baseava-se exclusivamente em conta-garantia sob titularidade do próprio Estado, com efetividade duvidosa em contexto de resistência do poder público, e por isso mesmo não aceita pelos financiadores. Quando finalmente a garantia foi aprimorada, com a adoção de um fundo garantidor de natureza privada e com patrimônio próprio, era tarde, e outros fatores inviabilizaram o financiamento (a concessionária era controlada por grupo então implicado na operação Lava Jato). As PPPs do Estado do Ceará do Hospital Metropolitano e da Ponte Estaiada sobre o Rio Cocó também previram a implementação de garantias aceitáveis pelos financiadores como condição suspensiva da eficácia contratual.

DIAGNÓSTICO: AVANÇOS E DEFICIÊNCIAS

contrato de PPP pudessem ser exigíveis imediatamente após a assinatura do contrato, sem o risco de atraso ou frustração da contratação.

Contudo, esse cenário ideal não é factível na realidade brasileira, pois BNDES e outros financiadores tradicionais de projetos *greenfield* de longo prazo não têm por prática pré-aprovar ou chancelar a qualidade de garantias em tese, pois exigem o benefício de aprovar ou não tais garantias apenas no contexto de um pedido de financiamento concreto, após a conclusão do processo licitatório, conhecendo, assim, as características e histórico de crédito do grupo tomador e os termos exatos do modelo de negócio formulado pelo licitante vencedor.

Em razão dessa realidade, as licitações mais recentes, com estrutura de garantia não suficientemente testada, têm adotado a condição suspensiva de aprovação das instituições financeiras como tendência.

Com essa necessária contextualização, passemos, então, ao exame mais específico do histórico de garantias adotadas nas PPPs firmadas desde o advento da Lei federal de PPPs até outubro de 2017, data de corte do presente trabalho, para que possamos proceder a um diagnóstico dos avanços e deficiências dessa experiência.

5.4. A experiência Brasileira em Garantias Públicas nas PPPs

Ao resumir o resultado de nossa pesquisa sobre as 104 (cento e quatro) PPPs firmadas no Brasil desde o advento da Lei federal n. 11.079, de 30 de dezembro de 2004, até outubro de 2017, foco particular foi dado, em cada um desses projetos, à estrutura de garantias visando assegurar o adimplemento do parceiro público.

Abaixo, apresentamos uma síntese de nossas verificações nesses casos concretos, cotejadas com o sistema legal de garantias estudado mais teoricamente no capítulo anterior.

5.4.1. *Contas-Vinculadas Instituídas Pela Própria Administração Direta*

Mais de 20 (vinte) PPPs, celebradas por Estados, Municípios e autarquias, não empregaram estatais ou fundos garantidores, mas instrumentos contratuais por meio dos quais instituíram contas-vinculadas,[226]

---

[226] Conforme Apêndice 2. Segundo a regulamentação do setor bancário, diferentemente de contas-correntes, contas-vinculadas são contas de movimentação restrita, não movimentáveis por meio de cheques ou cartões, por exemplo.

também denominadas contas-garantias, e nomearam instituições financeiras como agentes depositários independentes, com instruções supostamente irrevogáveis para sacar recursos das referidas contas e empregá-los no adimplemento das obrigações do parceiro público nos contratos de PPP, sempre que tais obrigações não fossem voluntária e diretamente adimplidas pelo parceiro público.

Em geral, tal modelo de garantia prevê a manutenção de um saldo mínimo constante na conta-vinculada, cobrindo usualmente de três a seis meses de contraprestação pública, bem como a vinculação de receitas públicas, que não impostos vedados pelo art. 167, IV, da CF, à conta-vinculada, de modo a alimentá-la sempre que necessário para manter ou repor o saldo mínimo exigido, sobretudo após o saque de recursos da conta para adimplemento de contraprestação pública não paga direta e voluntariamente pelo parceiro público.

Trata-se, em verdade, de uma vinculação contingente, na medida em que as receitas assim vinculadas são liberadas e, dessa forma, redirecionadas à conta única do tesouro local, sempre que a conta-vinculada já apresentar o saldo mínimo exigido.

Para que as receitas vinculadas possam ser transferidas automaticamente à reposição do saldo mínimo da conta-vinculada, sempre que necessário e independentemente de autorização caso a caso da Administração Pública, esta emite instruções à época da celebração do contrato de PPP, supostamente irrevogáveis durante toda a sua vigência, à instituição financeira arrecadadora ou operadora das referidas receitas vinculadas (Banco do Brasil, no caso de *royalties* transferidos pela União Federal). Exige-se de tal instituição financeira uma concordância formal, reconhecendo o compromisso de acatar tais instruções irrevogáveis.

Não raramente, a instituição financeira operadora das receitas vinculadas acaba por cumular o papel de agente depositário e administrador da conta-garantia. Ou seja, a instituição financeira que redireciona à conta-garantia recursos arrecadados ou recebidos de outros entes – recursos estes que seriam de outra forma transferidos para a conta única do tesouro estadual ou municipal – pode ou não ser a mesma incumbida, num passo seguinte, de sacar recursos da conta-garantia para aplicá-los ao pagamento da contraprestação pública não paga direta e voluntariamente pelo parceiro público.

Em alguns, mas não todos os casos, esses arranjos contratuais foram autorizados e endossados por lei estadual ou municipal, conforme o caso, ou decreto executivo.[227] A vinculação de receitas públicas é, via de regra, respaldada por norma local, mas nem sempre por lei formal.

O modelo de conta-garantia foi adotado em PPPs firmadas pelos Estados de Pernambuco, Bahia, Ceará, Goiás, Espírito Santo e Mato Grosso.

No Estado de Pernambuco, tal modelo foi empregado na PPP da Ponte do Paiva, contratada em 28 de dezembro de 2006; na PPP do Sistema Prisional (Centro de Ressocialização) de Itaquitinga, firmada em 9 de outubro de 2009; e na PPP da Arena Pernambuco, de 15 de junho de 2010.

No Estado da Bahia, tal modelo foi utilizado na PPP da Arena Fonte Nova, firmada em 21 de janeiro de 2010; na PPP do Hospital do Subúrbio, de 28 de maio de 2010; na PPP do Diagnóstico por Imagem, de 2 de fevereiro de 2015; e na PPP do Instituto Couto Maia, de 20 de maio de 2013.

Interessante observar que, talvez pela sua maior magnitude e risco, ou simplesmente por uma questão de evolução e aprendizado, para a PPP do Metrô de Salvador e Lauro de Freitas, contratada em 15 de outubro de 2013, o Estado da Bahia criou seu fundo garantidor, com personalidade jurídica própria e de natureza privada, para que a conta-vinculada em benefício do projeto fosse aberta e mantida em nome do fundo e não mais em nome do ente federativo.

---

[227] No caso do Estado da Bahia, vide Lei estadual n. 11.477, de 2009, que autoriza o agente financeiro (Banco do Brasil) responsável pelo repasse do FPE ao Estado, a "efetuar a transferência do valor correspondente a 12% (doze por cento) dos recursos financeiros oriundos desse Fundo, destinados ao Estado da Bahia, à DESENBAHIA – Agência de Fomento do Estado da Bahia S.A.", que por sua vez fica instruída a manter tais recursos segregados, "destinando-os, exclusivamente, ao adimplemento das obrigações contraídas pelo Estado da Bahia e suas entidades da administração indireta em contratos de parceria público-privada". No Estado do Ceará, a Lei estadual n. 15.745, de 2014, autoriza a vinculação do valor correspondente a até 8% dos recursos oriundos do FPE. Estabelece que, para cada PPP contratada, o Estado deverá manter depositado em conta específica vinculada a este, um montante equivalente ao valor da sua contraprestação mensal prevista no máximo para os próximos 6 (seis) meses. Os recursos deverão ser segregados em conta corrente de titularidade do Estado, aberta na instituição detentora da Conta Única.

No Estado do Ceará, tal modelo foi adotado na PPP do Vapt Vupt, contratada em 1º de novembro de 2013; na PPP da Ponte Estaiada sobre o Rio Cocó, de 29 de agosto de 2014; e na PPP do Hospital Regional Metropolitano, firmada em 17 de setembro de 2014.

No Estado de Goiás, adotou-se o modelo para a PPP do VLT do Eixo Anhanguera, celebrada em 16 de abril de 2015. No Espírito Santo, a conta-garantia foi adotada na PPP do Faça Fácil, celebrada em 20 de dezembro de 2013. Finalmente, em Mato Grosso, foi adotada na PPP do Ganha Tempo, firmada em 10 de outubro de 2017.

Vale registrar, ainda, o uso de tal modalidade pelo Estado de São Paulo, ainda que em complementação ou de forma subsidiária a garantias prestadas pela Companhia Paulista de Parcerias – CPP. Foi o caso da PPP do Complexo de Hospitais, firmada em 1 e 2 de setembro de 2014 (Lotes 1 e 2), a qual contou com garantia complementar consistente no penhor sobre conta segregada, de titularidade do próprio Estado, onde transitam as receitas vinculadas à área de saúde, conforme legislação constitucional e setorial.

No plano municipal, o modelo de conta-garantia foi ainda adotado, dentre outros, pelo Município de Guaratuba, no Paraná,[228] pelo Município de Rio Claro,[229] pelo Serviço Municipal de Água e Esgoto – SEMAE, autarquia do Município de Piracicaba,[230] pelo Município de Mauá e pelo Município de Urânia,[231] estes quatro últimos no estado de São Paulo.

Também no Estado de São Paulo, o Município de Itu criou Fundo Municipal de Limpeza Urbana para garantia de sua PPP de gestão de resíduos sólidos. Embora a legislação municipal tenha aludido a um fundo garantidor, acabou por autorizar a criação de mero fundo contábil, cuja garantia é equivalente à conta-garantia aqui debatida. Situação semelhante se verifica com os fundos especiais, sem personalidade jurídica própria, nem patrimônio separado, dos Municípios de Salto, Embu das Artes e Osasco, todos no Estado de São Paulo.

---

[228] A Prefeitura de Guaratuba empregou o modelo de conta-garantia na sua PPP de iluminação pública, celebrada em 30 de junho de 2016.
[229] PPP de esgotamento sanitário, firmada em 15 de fevereiro de 2007.
[230] PPP de esgotamento sanitário, firmada em 11 de junho de 2012.
[231] PPP de iluminação pública, celebrada em 3 de junho de 2015.

DIAGNÓSTICO: AVANÇOS E DEFICIÊNCIAS

Em que pese a disseminação do modelo de conta-garantia em percentual representativo das PPPs firmadas até outubro de 2017, o modelo apresenta sérias fragilidades.

Como a garantia é prestada diretamente pelo ente de Direito Público – Estado, Município ou autarquia –, a conta-vinculada é aberta e mantida em nome deste, o que significa que os recursos nela depositados ou transitados permanecem na esfera patrimonial pública, ainda que segregados da conta única do respectivo tesouro.

Em caso de inadimplemento pontual e não recebendo instruções do ente público em sentido diverso, é provável que a instituição financeira depositária cumpra o seu papel sem maiores percalços, transferindo ao concessionário parcela do saldo mantido na conta-vinculada até o montante necessário a remediar os inadimplementos apurados.

No entanto, em contextos de inadimplementos mais sérios ou duradouros, é comum que o ente público emita, por notificação, decreto ou outro ato normativo, contraordem com a intenção de revogar a instrução originalmente emitida ao agente depositário (normalmente por ex-governante, de diferente partido e linha ideológica), ainda que supostamente irrevogável. Essa contraordem é então acompanhada de pressão política para obstar o cumprimento da garantia pelo agente depositário e, muitas vezes, para que os recursos depositados em conta sejam liberados de volta ao ente público, para aplicação em usos supostamente mais nobres ou emergentes.

Para agravar a situação, a maior parte dos agentes nomeados para a função de administração da garantia em contratos de PPP são instituições oficiais controladas pelo próprio poder público, ainda que em outra esfera de governo, como é o caso do Banco do Brasil, Caixa Econômica Federal – CEF e Banco do Nordeste. Tais instituições são, por razões óbvias, mais suscetíveis à pressão política exercida por estados e municípios, ainda que não controladas por estes.

Mesmo agentes depositários privados não são imunes a essa pressão, sobretudo quando revestida de um caráter formal – um decreto por exemplo – e embasada em fundamentos de interesse público.[232] Maior

---

[232] Como veremos adiante, o precedente da PPP de Rio das Ostras é ilustrativo quanto a todos esses riscos, embora ali sequer se trate de uma mera conta-garantia, mas sim de um fundo garantidor.

ainda a pressão se acompanhada de alguma manifestação ou decisão de órgão de controle interno, ou tribunal de contas, apontando irregularidades na garantia ou no contrato de modo geral.

O maior risco, entretanto, se verifica quando da necessidade de acionamento das receitas públicas vinculadas, para fins de reposição do saldo mínimo da conta, já utilizado ou de qualquer forma defasado. Diante de uma contraordem, muitas vezes materializada por meio da revogação formal da lei ou decreto que determinou a vinculação da receita em primeiro lugar, dificilmente o banco arrecadador e operador da receita pública vinculada – via de regra ente estatal – procederá à transferência automática da receita, até porque é improvável que reconheça a ilegalidade da norma revogadora aplicada retroativamente a contrato já firmado, sem uma decisão arbitral ou judicial que o obrigue a fazê-lo.

Conforme vimos no capítulo 3, é controvertida a natureza da vinculação-garantia de receitas públicas, podendo ser interpretada ou como uma verdadeira e autoexecutável garantia real ou, de outro lado, tão somente um comando interno dirigido ao ordenador de despesas, que fica impedido de utilizar as receitas vinculadas para outras destinações, mas não inexoravelmente compelido a utilizá-las e desembolsá-las ao atendimento imediato de sua finalidade – no caso, o pagamento do parceiro privado. Essa ausência de aplicação compulsória seria consistente, aliás, com a lógica usual do orçamento público, que não é impositivo, mas meramente autorizativo.

Submetida a controvérsia ao Poder Judiciário e considerando a inclinação natural deste em prol da Administração Pública, é muito simples e persuasiva, embora juridicamente questionável numa análise de mérito mais profunda, a argumentação do ente público de que os recursos em conta-garantia ainda integram o patrimônio público e, portanto, mantêm sua condição de bens públicos impenhoráveis e inalienáveis, cabendo ao parceiro privado apenas o recurso ao precatório.

Tal risco pode ser relativamente mitigado pela adoção de cláusula arbitral no contrato de PPP, conforme expressamente autorizado pelo art. 11, III, da Lei federal de PPPs, mas tal mitigação é apenas parcial, pois sempre poderá o ente público argumentar que a matéria de impenhorabilidade ou inalienabilidade de bens públicos, ou ainda que os efeitos de vinculação de receita pública, são questões de ordem pública e, portanto, de direito indisponível,[233] não estando alcançadas pela competência do juízo arbitral.[234]

Diante de tudo isso, seja sob a perspectiva prática ou jurídica, revela-se frágil a suposta irrevogabilidade das instruções inicialmente emitidas ao agente depositário e administrador da garantia ou ao agente operador das receitas vinculadas. Incerta também a exequibilidade em juízo de tal arranjo de garantias.

A PPP da Arena de Pernambuco é exemplo de PPP em que tal modelo de garantia foi adotado e, diante do inadimplemento parcial do Estado de Pernambuco, demandado sem sucesso imediato pelo concessionário – embora tal exequibilidade não tenha sido testada até as últimas instâncias judiciais ou arbitrais, haja vista que concessionário e Estado de Pernambuco houveram por bem, no curso da disputa, rescindir antecipadamente o contrato de PPP, por acordo mútuo entre as partes.[235]

---

[233] Segundo o art. 1º da Lei de Arbitragem, Lei n. 9.307/1996, "As pessoas capazes de contratar poderão valer-se da arbitragem para dirimir litígios relativos a direitos patrimoniais disponíveis." E ainda, conforme parágrafo primeiro introduzido pela Lei 13.129, de 2015, "A administração pública direta e indireta poderá utilizar-se da arbitragem para dirimir conflitos relativos a direitos patrimoniais disponíveis."

[234] Em praticamente todas as arbitragens que se tornaram públicas no âmbito de PPPs entre parceiros público e privado, discute-se a natureza disponível ou não das controvérsias submetidas ao tribunal arbitral. Invariavelmente, parceiro público busca restringir a competência do tribunal arbitral, para assim remeter a disputa ao Poder Judiciário. A preferência do parceiro privado é, via de regra, pela arbitragem. Vide ilustrativamente a decisão proferida em 30 de junho de 2017 pela 1ª Vara da Fazenda Pública do Distrito Federal (Medida Cautelar n. 0706531-45.2017.8.07.0018), a qual suspendeu o processo arbitral instaurado pela Concessionária do Centro Administrativo do Distrito Federal S.A. – CENTRAD contra o Distrito Federal, pleiteando os aportes e contraprestações pendentes. Segundo a Juíza, "há casos em que o Estado deve estar presente; em que é imprescindível a tutela estatal. Esses são os casos em que o objeto da discussão ultrapassa simples interesses patrimoniais e pessoais disponíveis. No caso dos autos, à luz do que foi exposto acima, inclusive exaustivamente, é relevante a tese de invalidade da cláusula compromissória, arguida pelo autor. Assim, não é razoável, proporcional e nem lógico investir tempo, além de vultosos recursos (públicos) para aguardar-se uma decisão arbitral." Disponível em: <https://pje.tjdft.jus.br/consultapublica/ ConsultaPublica/DetalheProcessoConsultaPublica/listView.seam?ca=d8ea2c8a3ab85 6c3ed19329c974689e9950c5686a52be7e3>. Acesso em: 15 nov. 2017.

[235] Acordo de rescisão firmado em 6 de junho de 2016, com base no Termo de Ajuste de Gestão (TAG), de 29 de abril de 2016, firmado pelo Estado de Pernambuco e o Tribunal de Contas do Estado, com parâmetros para tal rescisão.

GARANTIAS DE ADIMPLEMENTO DA ADMINISTRAÇÃO PÚBLICA

Talvez porque a PPP da Arena Pernambuco tivesse sido firmada em 2010, quando a experiência brasileira em PPPs ainda compreendia poucos projetos, os financiadores daquela PPP – BNDES, BNB e debenturistas – não anteviram tais limitações da conta-garantia, embora financiadores tenham se tornado claramente mais exigentes em PPPs mais recentes.

Um conjunto de contas-vinculadas, em cascata, também havia sido adotado como o modelo original de garantia pública na PPP da Rodovia PR-323, do Estado do Paraná, firmada em 5 de setembro de 2014. Entretanto, já estando mais desenvolvida a experiência em PPPs no país, sendo mais bem conhecidas as limitações do modelo de conta-garantia instituída pela Administração Pública direta e prevendo o contrato a necessidade de aceitação dos financiadores como condição suspensiva de sua eficácia, tal modelo foi, por influência dos financiadores, reformulado para que a conta-garantia não fosse instituída diretamente pelo Estado do Paraná, mas por meio de um fundo garantidor estadual, de natureza privada e administrado por entidade independente.[236]

5.4.2. *Garantias Prestadas por Estatais Garantidoras*

Pelo menos 22 (vinte e dois) projetos contaram, ainda que não exclusivamente, com garantias relevantes prestadas por estatais criadas, ou legalmente reformuladas, para atender a tal finalidade garantidora.[237]

Consideramos ser importante distinguir tais estatais garantidoras de outras estatais criadas para finalidades distintas e mais tradicionais, como empresas de saneamento, que em geral são chamadas a prestar garantias de projetos em seus setores de atuação, justamente quando figuram como contratantes. Possuindo receitas próprias e de natureza

---

[236] A nova formulação do sistema de garantias do Programa de PPPs do Estado do Paraná, baseado em fundo garantidor mais sólido e não mero sistema de contas-garantias, foi dada pelo Decreto n. 12.283, de 26 set. 2014 e ainda pela Lei n. 18.376, de 15 dez. 2014. De todo modo, embora se tenha alcançado uma estrutura de garantia mais segura e em tese aceitável pelos agentes financiadores, a concessionária da PPP da Rodovia PR-323 não logrou aprovar seu financiamento tendo em vista, dentre outros fatores, as restrições de crédito que foram impostas à época ao Grupo Odebrecht, controlador da concessionária, no contexto da investigação Lava Jato. Em razão disso, a concessão foi resolvida antecipadamente, antes que investimentos efetivos fossem realizados.

[237] Conforme Apêndice 2.

privada, que superam com folga os valores devidos nas PPPs, tais estatais tradicionais não costumam ter dificuldades de oferecer garantias nessas suas PPPs.

A estatal garantidora com garantias prestadas em maior número de PPPs foi a Companhia Paulista de Parcerias – CPP (nove projetos[238]), sendo seguida pela Companhia de Desenvolvimento Econômico de Minas Gerais – Codemig (oito projetos[239]), pela PBH ativos (três projetos[240]) e pela Companhia de Desenvolvimento Urbano da Região Portuária do Rio de Janeiro – CDURP (dois projetos[241]).

5.4.2.1. *Estrutura de Garantias do Porto Maravilha e do VLT Carioca*

Em termos de valor garantido, destaca-se a CDURP, a qual, sendo capitalizada com imóveis públicos e principalmente CEPACs, prestou garantias no valor global de aproximadamente R$ 8 (oito) bilhões (valor nominal em 2010) no âmbito da PPP do Porto Maravilha no Município do Rio de Janeiro, em 26 de novembro de 2010. Posteriormente, prestou garantia à PPP do Veículo Leve sobre Trilhos – VLT no Centro do Rio de Janeiro, contratada em 14 de junho de 2013. Em ambos os casos, as garantias foram viabilizadas pela CDURP por meio de fundos de investimento tradicionais.

A estrutura de garantias do Porto Maravilha e do VLT foi bem inovadora e logrou dispensar recursos orçamentários do Município do Rio

---

[238] Linha 4 do Metrô de São Paulo, celebrada em 29 de novembro de 2006; Linha 8 Diamante da CPTM, de 19 de março de 2010; Nova Fábrica de Produção da FURP – Fundação para Remédio popular, de 22 de agosto de 2013; Linha 6 do Metrô de São Paulo, de 12 de dezembro de 2013; Linha 18 da CPTM de 22 de agosto de 2014; Complexos Hospitalares (2 lotes), de 1 de setembro de 2014; Rodovia dos Tamoios, de 19 de dezembro de 2014 e Sistema Integrado Metropolitano de Transporte Urbano da Baixada Santista, de 23 de junho de 2015.

[239] PPP do Aeroporto Regional da Zona da Mata, de 22 de dezembro de 2014; PPP de Resíduos Sólidos Urbanos na Região Metropolitana de BH, de 3 de julho de 2014; PPP da Rodovia MG-050, de 21 de maio de 2007; Estádio do Mineirão, de 21 de dezembro de 2010; Complexo Penal de Minas, de 16 de junho de 2009 e os 3 projetos de UAIs – Unidades de Atendimento Integrado, Fases I, II e III, firmadas em 23 de dezembro de 2010, e posteriormente em 13 e 20 de dezembro de 2014.

[240] PPP do Hospital Metropolitano de BH, de 26 de março de 2012, PPP das Unidades Municipais de Educação Infantil – UMEI, de 24 de julho de 2012 e a PPP das Unidades Básicas de Saúde – UBS, celebrada em 18 de fevereiro de 2016.

[241] PPP do Porto Maravilha, firmada em 26 de novembro de 2011 e PPP do VLT Carioca, de 14 de junho de 2013.

de Janeiro. A CDURP foi criada com o objetivo de implantar o projeto do Porto Maravilha e projetos correlatos na região, bem como servir de veículo pagador e garantidor das necessárias e vultosas contraprestações públicas nesses projetos.

Para tanto, a CDURP recebeu como capital a totalidade dos CEPACs emitidos pela Prefeitura do Rio de Janeiro no âmbito de Operação Urbana Consorciada da Região Portuária do Rio de Janeiro, também concebida e aprovada à época, bem como terrenos públicos, abundantes naquela região então degradada, que já pertenciam à Prefeitura ou que foram a ela previamente transferidos pelo Estado do Rio de Janeiro ou outros entes públicos como contribuição ao projeto.

Os candidatos a concessionário do Porto Maravilha não tinham interesse em receber sua contraprestação pública em terrenos ou CEPACs, pois o seu perfil era de construtoras e prestadores de serviço, e não empreendedores do ramo imobiliário. Era, portanto, necessário que tais imóveis e CEPACs fossem monetizados.

Conscientes de que a CDURP, como sociedade de economia mista, teria um regime de governança e operação que dificultaria a comercialização eficiente dos terrenos e CEPACs, previu-se, desde logo, na sua lei de criação, que a CDURP transferiria tais bens a um fundo de investimento imobiliário criado para tal propósito, para que este fundo, sob as práticas de mercado e regulamentação da CVM, comercializasse os imóveis e CEPACs da forma mais eficiente e otimizada possível, maximizando receitas e conciliando tanto quanto possível o momento de seu recebimento à programação de implantação do projeto.

A PPP foi então licitada e contratada, tendo como objeto todas as obras e investimentos necessários à renovação da área, de acordo com as intervenções previstas na respectiva Operação Urbana Consorciada, assim como serviços associados. Essas obras e investimentos, estimados em R$ 7 (sete) bilhões,[242] foram então divididos em dez fases, sendo que a obrigação do concessionário de iniciar e executar cada fase ficaria sujeita à condição suspensiva de geração de recursos disponíveis em caixa do fundo de investimento imobiliário, ou, quando menos, recebíveis de curto prazo e alta probabilidade de recebimento, em valor suficiente para custear toda a contraprestação pública relativa à referida fase.

---

[242] Aos quais se adiciona, portanto, o valor dos serviços associados, resultando uma contratação com valor total aproximado de 8 bilhões de reais.

DIAGNÓSTICO: AVANÇOS E DEFICIÊNCIAS

Com a criação da CDURP e com o contrato de PPP licitado e contratado, criou-se um ambiente de valorização imobiliária relevante na região, fruto da expectativa mais tangível de sua renovação bem-sucedida. Nesse ambiente mais favorável, o fundo de investimento imobiliário logrou comercializar a maior parte dos CEPACs e terrenos públicos disponíveis, assim como terrenos em regularização com capitalização futura já programada à CDURP e posteriormente ao fundo, em oferta pública, na forma de leilão em regime de lote único e indivisível, do qual sagrou-se vencedor o Caixa Fundo de Investimento Imobiliário do Porto Maravilha – FIIPM, fundo de propósito específico criado pelo FGTS e administrado pela Caixa Econômica Federal. O FIIPM assumiu o compromisso de pagar um preço mínimo, próximo a R$ 4 bilhões, que seria ajustado e incrementado para atender ao custo total da PPP e respectiva Operação Urbana Consorciada (R$ 8 bilhões), a depender da disponibilidade e oferta ao FIIPM de novos terrenos públicos que, à época do leilão, estavam em regularização, mas cuja capitalização ao fundo imobiliário comercializador já estava programada.

5.4.2.2. *Outras Modalidades de Garantia por Estatais Garantidoras*

As demais estatais garantidoras – CPP, Codemig e PBH Ativos – serviram-se de diferentes modalidades de garantia para cumprir seu objeto. Em alguns casos, a garantia limitou-se à prestação de garantia pessoal (fiança) por parte da estatal, em outros compreendeu garantias reais (penhor, hipoteca, alienação ou cessão fiduciária) sobre bens imóveis, quotas de fundos de investimento, ações de empresas estatais não necessárias à preservação do controle societário, recebíveis de natureza privada, títulos da dívida pública, debêntures e/ou contas-vinculadas e recursos nela depositados.

Entretanto, a exemplo do que ocorre comumente com a CPP, a estatal garantidora é muitas vezes chamada a prestar garantia apenas parcial, como, por exemplo, garantia líquida cobrindo apenas 6 (seis) meses de contraprestação pública. Nesse caso, tal garantia parcial é complementada por outras modalidades de garantia fora do âmbito da estatal.

No Projeto Casa Paulista, por exemplo, a CPP garante por fiança, reforçada por penhor de quotas detidas pela CPP em fundo de investimento exclusivo, apenas 6 (seis) meses de contraprestação pública, sendo tal fiança complementada por um penhor de recebíveis privados da Companhia de Desenvolvimento Habitacional e Urbano – CDHU.

Na Linha 4 do Metrô de São Paulo, a CPP prestou garantia ao concessionário por fiança, também reforçada pelo penhor de quotas detidas pela CPP no denominado Fundo RF Linha 4, em valor total de R$ 210 milhões à época, muito aquém da exposição financeira total assumida pelo parceiro privado. Neste caso, o concessionário obteve conforto adicional a partir do sistema independente de arrecadação e rateio de tarifas do Metrô de São Paulo, por meio do qual é centralizado o recebimento de todas as tarifas de bilhete do metrô, dentre outras. A partir do total arrecadado centralizadamente, o concessionário da Linha 4 faz jus a receber, com prioridade sobre a própria Companhia do Metrô de São Paulo ou novos concessionários, o valor contratualmente estabelecido para a sua tarifa metroviária, corrigido monetariamente segundo os parâmetros contratuais e independentemente da fixação e evolução da tarifa real ao usuário, sujeita a subsídios e gratuidades fora do controle do concessionário. O valor da tarifa contratual é então multiplicado pelo somatório de 100% (cem por cento) dos passageiros que tenham utilizado em seu percurso apenas a Linha 4 e de 50% (cinquenta por cento) dos passageiros que tenham utilizado a Linha 4 em combinação com qualquer outra linha.

5.4.2.3. *Vantagens*

As garantias prestadas por estatais garantidoras apresentam diversas vantagens. Tratando-se de sociedades (empresas públicas ou sociedades de economia mista) regidas precipuamente pelo Direito Privado e não prestadoras de serviço público em sentido estrito, sua execução não se sujeita ao regime dos precatórios, tampouco seus ativos são considerados bens públicos afetos a serviços públicos, impenhoráveis ou inalienáveis.

Além disso, como vimos, desde que mantidas como sociedades não dependentes, não estarão sujeitas aos limites de endividamento da Lei de Responsabilidade Fiscal ou das resoluções do Senado Federal, e permitirão ao ente público em favor do qual prestem garantia a redução dos passivos que estes devam contabilizar, em decorrência de contratos de PPP, nos termos da Portaria n. 614, de 2006 da Secretaria do Tesouro Nacional, ou sua sucessora, e normas correlatas.

DIAGNÓSTICO: AVANÇOS E DEFICIÊNCIAS

Por fim, como sociedades estatais com personalidade jurídica, administração e patrimônio próprios, sujeitas primariamente à legislação de Direito Privado e supletivamente a normas públicas mais flexíveis em temas como contratações de bens e serviços (cf. Lei n. 13.303, de 2016), poderão assumir funções complementares e adicionais à função garantidora, com amplitude que não seria aplicável a meros fundos garantidores.

5.4.3. *Garantias Prestadas por Fundos Garantidores*

Ao lado das contas-vinculadas e das garantias prestadas por estatais garantidoras, outra modalidade de garantias que merece destaque é aquela prestada a partir de fundos garantidores.

5.4.3.1. *Necessária Distinção dos Fundos Garantidores em Oposição aos Meros Fundos Públicos*

Como já tivemos oportunidade de discorrer no capítulo anterior, estamos aqui nos referindo não a fundos públicos ou especiais, mas a fundos com personalidade jurídica de Direito Privado, patrimônio próprio e capacidade de prestar garantias sem impacto no orçamento público.

Não obstante as severas limitações decorrentes dessa configuração, alguns Estados e Municípios constituíram meros fundos públicos para outorga de garantias em seus projetos de PPPs, por vezes equivocadamente intitulados fundos garantidores, mas sem que fosse atribuída personalidade jurídica de Direito Privado, tampouco patrimônio próprio e segregado, a tais fundos.

Foi o caso, por exemplo, do Estado do Piauí, que, no art. 15 da Lei estadual n. 5.494, de 19 de setembro de 2005, criou

> o Fundo Garantidor das Parcerias Público-Privadas do Estado do Piauí – FGP/PI, entidade contábil sem personalidade jurídica, com o objetivo de viabilizar a implementação do Programa de Parcerias Público-Privadas, conferindo-lhe sustentação financeira.

No plano municipal, podemos ainda citar o exemplo do Município de Itu. Para "concessão de garantia adicional ao cumprimento das obrigações assumidas pela Administração Pública", a Lei municipal n. 968, de 30 de junho de 2008, autorizou o Município de Itu "a integralizar recursos, na forma que dispuser ato do Poder Executivo, em Fundo

Fiduciário de incentivo às Parcerias Público-Privadas". Não tendo a lei sido expressa quanto à atribuição de personalidade jurídica de Direito Privado ao fundo por ela autorizado, tal personalidade não se presume. Com base em tal comando legal, o Poder Executivo veio a instituir o Fundo Municipal de Limpeza Urbana – FMLU, utilizado como garantia pelo Município de Itu na sua PPP de limpeza urbana e manejo de resíduos sólidos, com natureza meramente contábil, correspondendo a um arranjo que, em última instância, equivale ao modelo da mera conta-vinculada já debatida.

Feita essa ressalva quanto a fundos denominados de garantidores, mas que nada mais são que fundos públicos meramente contábeis, passemos à experiência brasileira em fundos garantidores propriamente ditos.

5.4.3.2. *Fundo Garantidor de Parcerias Federal*

O Fundo Garantidor de Parcerias – FGP federal, autorizado e disciplinado pelos artigos 16 a 22 da Lei federal de PPPs, é o fundo garantidor juridicamente mais sólido, com previsão expressa em lei federal e dentro da competência inequívoca da União Federal.

Cabe notar que, desde o advento da Lei n. 12.766, de 27 de dezembro de 2012, alterando a redação original do art. 16 da Lei federal de PPPs, admitiu-se que o FGP garantisse obrigações pecuniárias assumidas não somente por entes públicos federais, mas também por parceiros públicos estaduais, distritais ou municipais, pressupondo-se naturalmente um acordo, caso a caso, entre a União e o respectivo Estado, Distrito Federal ou Município, contemplando inclusive contragarantia adequada, a qual poderia compreender, sem maiores dificuldades, o direito de retenção e garantia sobre transferências constitucionais da União a tais entes, admitido no contexto interfederativo conforme previsão constitucional expressa nesse sentido (art. 167, § 4º).

Contudo, não obstante tenha alcançado, em determinado momento de sua vigência, patrimônio substancial de R$ 3,4 (três vírgula quatro) bilhões, com autorização legal para atingir R$ 6 (seis) bilhões, o FGP jamais prestou qualquer garantia, seja em PPPs federais, seja em PPPs contratadas por Estados e Municípios. Em 29 de fevereiro de 2016, quotas do FGP foram resgatadas pela União e seu patrimônio líquido reduzido para R$ 21,6 (vinte e um vírgula seis) milhões, montante irrisório para prestação de garantia em qualquer PPP de maior relevo.[243]

Poucos dias antes, o Decreto sem número de 16 de fevereiro de 2016 houvera autorizado a transferência pela União, até então cotista única do FGP, da totalidade de suas quotas no FGP para a Agência Brasileira Gestora de Fundos Garantidores e Garantias S.A. – ABGF, o que veio a ser concretizado em conjunto com o esvaziamento do FGP, mediante resgate da quase totalidade de suas quotas.

Embora a transferência em si das quotas do FGP à ABGF tenha sido inócua, representando mera reorganização interna à Administração Pública, mormente após o seu esvaziamento, a Lei n. 12.712/2012, de criação da ABGF, autorizou-a a constituir um novo fundo de natureza privada, o Fundo Garantidor da Infraestrutura – FGIE, a ser administrado e representado pela própria ABGF, com capital de até R$ 11 bilhões e com uma lista ampla de atribuições, dentre as quais oferecer cobertura a "projetos resultantes de parcerias público-privadas na forma da Lei n. 11.079, de 30 de dezembro de 2004, inclusive os organizados por Estados ou pelo Distrito Federal" (art. 33, §§ 7º, IV, e 8º).

O artigo 58 da Lei n. 12.712/2012, por sua vez, previu que, em caso de dissolução do FGP, suas garantias poderiam ser assumidas pelo FGIE. Disposição inócua, já que o FGP não prestou qualquer garantia quando tinha capacidade para fazê-lo, não mais possuindo, desde fevereiro de 2016, patrimônio para tanto.

Embora o FGIE possa vir a ter mais uso que o FGP no futuro, diferentemente do que dispôs a Lei federal de PPPs em relação ao FGP, com a redação que lhe fora dada pela Lei n. 12.766/2012, a Lei 12.712/2012, possivelmente por um lapso legislativo, só autorizou o FGIE a garantir obrigações incumbentes ao parceiro público em PPPs federais, estaduais ou distritais, mas não em PPPs municipais.

5.4.3.3. *Outros Fundos Garantidores Propriamente Ditos*

Se, por um lado, o FGP federal foi um fracasso até o momento, pelo menos outros 15 (quinze) fundos garantidores foram constituídos por

---

[243] Lembrando que o valor mínimo de um contrato de PPP deve, por expressa exigência do art. 2º, § 4º, I, da Lei federal de PPPs, ser de 20 (vinte) milhões de reais, piso esse que já exigiria garantia com margem razoavelmente superior ao patamar de 20 (vinte) milhões para cobrir multas e encargos incrementais em caso de inadimplemento.

Estados e Municípios. Embora alguns ainda não tenham apoiado qualquer projeto, no conjunto tais fundos garantem 14 (catorze) projetos estaduais ou municipais de PPPs até outubro de 2017.

No plano estadual, foram adotados fundos garantidores no Estado do Rio Grande do Norte, para garantir a PPP da Arena das Dunas (de 15 de abril de 2011); no Estado do Paraná, para garantir a PPP da Rodovia PR-323 (de 5 de setembro de 2014); no Estado do Amazonas, para garantia da PPP do Hospital da Zona Norte (celebrada em 29 de abril de 2013), da PPP do Central de Material Esterilizado (1º de dezembro de 2015) e do Complexo Penitenciário (6 de março de 2015); e no Estado da Bahia, para garantia da PPP do Metrô de Salvador (celebrada em 15 de outubro de 2013).

A Lei paulista de PPPs e a legislação mineira autorizaram a criação de fundos garantidores de natureza privada em seus programas de PPPs, mas não há registro da utilização de tais fundos em qualquer das PPPs firmadas nesses estados.

De igual modo, o Estado do Espírito Santo, por meio da Lei Complementar n. 492, de 2009, e o Distrito Federal, por meio do Decreto n. 37.373, de 2014 (republicado em 30 de maio de 2016), aprovaram a criação de seus fundos garantidores, mas sem que tenham sido utilizados até outubro de 2017.

No plano municipal, foram constituídos fundos garantidores pelo Município de Manaus, para garantia da PPP de Unidades Básicas de Saúde (firmada em 7 de junho de 2012); Municípios de Rio Claro/SP, Rio das Ostras/RJ, Macaé/RJ e Paraty/RJ, para garantia de suas PPPs voltadas à ampliação e operação do sistema de esgotamento sanitário (firmadas, respectivamente, em 15 de fevereiro de 2007, 24 de agosto de 2007, 5 de novembro de 2012 e 19 de fevereiro de 2014); Municípios de Caraguatatuba/SP e Cuiabá/MT, para garantia de suas PPPs de iluminação pública (firmadas em 21 de maio de 2015 e 20 de dezembro de 2016, respectivamente, esta última anulada por meio do Decreto municipal n. 6.286, de 8 de junho de 2017); e Município de Governador Valadares//MG, para garantia de seu projeto de aterro sanitário (30 de novembro de 2015).

Como já antecipado no capítulo anterior, embora existam argumentos jurídicos para defendê-los, pairam dúvidas sobre a competência de

Estados e Municípios para adotar fundos garantidores locais, supostamente sem o benefício de uma norma federal geral sobre o tema.

Não obstante, não consta que tal dúvida tenha dado causa à invalidação ou frustração de qualquer fundo garantidor estadual ou municipal, até outubro de 2017, sob tal fundamento.

Por outro lado, há incidentes de inviabilização da capacidade garantidora de fundo garantidor local em razão da frustração do mecanismo de vinculação de receitas e reposição de recursos ao fundo. Tendo sido amplamente testado e debatido em diversas instâncias judiciais, o caso que melhor ilustra esse risco e que, por isso mesmo, merece maior aprofundamento, é o caso do fundo garantidor de Rio das Ostras.

5.4.3.3.1. O Fundo Garantidor de Rio das Ostras

A PPP para expansão do sistema de esgotamento sanitário de Rio das Ostras, celebrada em 24 agosto de 2007, foi a segunda PPP municipal contratada no país e a segunda a adotar um fundo garantidor de natureza privada na sua estrutura de garantias.[244]

A PPP, com vigência de aproximadamente 17 (dezessete) anos (dezessete meses, prorrogáveis por mais quatro meses, para conclusão das obras, e quinze anos para a fase de operação), compreendeu, como seu objeto, a concessão administrativa da ampliação e operação do sistema de esgotamento sanitário do município. A ampliação envolveu obras de construção de rede coletora, da rede de drenagem de águas pluviais,

---

[244] A primeira PPP municipal foi para a ampliação do sistema de esgotamento sanitário do Município de Rio Claro, no Estado de São Paulo, firmada em 15 de fevereiro de 2007. Sua estrutura de garantias também contemplou um fundo garantidor de natureza privada, intitulado Fundo de Compensação Tarifária dos Serviços de Esgoto do Município de Rio Claro – FCTSE (conforme Decreto n. 9.707, de 29 de novembro de 2012 e Leis municipais n. 3.639, de 2006, e 3.730, de 2007), mas com a importante diferença de que tal fundo deveria garantir valor residual, vale dizer, apenas a parcela da remunerarão contratualmente assegurada à concessionária que porventura não fosse coberta pela arrecadação de tarifa de esgoto, cobrada de forma destacada da tarifa de água pela autarquia municipal (DAAE – Departamento Autônomo de Água e Esgoto de Rio Claro) junto aos usuários mas repassada imediatamente à concessionária, sem trânsito pelas contas do Município. Em nível estadual, à época da contratação da PPP de Rio das Ostras, já haviam sido contratadas as PPPs da Linha 4 do Metrô de SP, da Rodovia MG-050 e a Ponte do Paiva em Pernambuco, nenhuma delas fazendo uso de fundo garantidor.

pavimentação de ruas e calçadas, coletores tronco, estações elevatórias e ampliação da estação de tratamento de esgoto.

O valor total da contratação, calculado a partir do somatório das contraprestações públicas definidas em licitação, foi de R$ 976.680.000,00 (novecentos e setenta e seis milhões, seiscentos e oitenta mil reais), em valores da época.

Considerando a diminuta complexidade e valor dos serviços associados, a maior parcela do valor do contrato correspondeu aos investimentos e obras iniciais a cargo da SPE concessionária (Saneamento de Rio das Ostras S.A., posteriormente renomeada para Concessionária Odebrecht Ambiental – Rio das Ostras S.A. e mais recentemente, em abril de 2017, após transferência do controle para o grupo canadense Brookfield, para BRK Ambiental – Rio das Ostras Participações S.A.[245]), custeados a partir do capital aportado pela sua acionista Odebrecht Ambiental e por financiamentos com recursos majoritários do BNDES.

Como a cobrança de tarifa dos usuários não foi delegada ou autorizada à concessionária, qualificando-se a PPP como uma concessão administrativa, a amortização dos investimentos realizados pela concessionária, assim como sua remuneração, dependeriam exclusivamente da contraprestação pública a cargo do Município, fixada em R$ 5.426.000,00 (cinco milhões, quatrocentos e vinte e seis mil reais) mensais, à data-base de 1º de novembro de 2006, conforme proposta do licitante vencedor, reajustáveis anualmente pelo IPCA e exigíveis apenas após a conclusão das obras e início da fase de operação do sistema.

Como a operação estava prevista para 15 (quinze) anos, a contraprestação pública seria exigível em 180 (cento e oitenta) meses, nos termos do respectivo contrato de concessão, também firmado pelo fundo garantidor, na condição de coobrigado e devedor solidário ao lado do Município.

O fundo garantidor de Rio das Ostras havia sido originalmente criado pela Lei municipal n. 1.029, de 19 de maio de 2006, sem ter, contudo, uma natureza clara de Direito Privado. Certamente sob pressão dos candidatos à concessão e seus financiadores, tal natureza privada foi conferida ao fundo pela Lei municipal n. 1.149, de 14 de junho de 2007, que

---

[245] Cf. Ata da Assembleia Geral Extraordinária realizada em 26 de abril de 2017, publicada em 11 de maio de 2017 (DOE-RJ, Parte V, p. 6).

também fixou em favor deste uma vinculação de receitas de *royalties* no valor de R$ 5.426.000,00 (cinco milhões, quatrocentos e vinte e seis mil reais) mensais, corrigidos anualmente pelo IPCA, correspondendo, assim, ao exato valor da contraprestação pública mensal.

O fundo garantidor foi então confiado à administração do Banco do Brasil, nos termos da Lei municipal n. 1.148/2007, a mesma que autorizou o Município a nomear o Banco do Brasil como agente mandatário responsável pelo recebimento e repasse mensal das receitas de *royalties* vinculadas ao fundo. Ao Banco do Brasil incumbia, dentre outras obrigações, "liberar os valores integrantes do patrimônio de afetação para satisfação do crédito do parceiro privado, quando não comprovado o pagamento nos termos do Contrato" (artigo 14, IV, do Decreto municipal n. 102, de 10 de agosto de 2007).

À época da celebração do contrato de concessão e sem prejuízo das receitas mensalmente vinculadas, o fundo recebeu do Município recursos líquidos e disponíveis suficientes para garantir e, se necessário, fazer frente a cinco meses de contraprestação pública, caso esta não viesse a ser paga voluntária e diretamente pela Administração Pública contratante.

Esses recursos líquidos deveriam ser prontamente repostos em caso de sua utilização ou complementados em caso de defasagem superveniente, por meio das receitas vinculadas de *royalties*, de modo que o fundo mantivesse a todo momento um saldo mínimo correspondente a R$ 27.130.000,00 (vinte e sete milhões, cento e trinta mil reais), corrigidos pelo IPCA na mesma periodicidade aplicável à contraprestação pública, durante a vigência do contrato de PPP.

Tais recursos do fundo constituiriam, ademais, um patrimônio de afetação, de tal modo que não pudessem receber qualquer outra destinação que não servir de garantia ou pagamento à PPP de Rio das Ostras, ainda que o fundo viesse a prestar garantias a outros projetos municipais.

Ocorre que, à época da celebração da PPP em 2007, o Município de Rio das Ostras arrecadava R$ 233 (duzentos e trinta e três) milhões com *royalties* e participações especiais, valor esse que chegou a alcançar o pico de R$ 329 (trezentos e vinte e nove) milhões em 2014, no ápice do ciclo de crescimento econômico e alta do preço do petróleo. Entretanto, após a queda do preço de tal *commodity* e superveniência da crise econômica no país, a arrecadação caiu drasticamente para 92 (noventa e dois) milhões em 2016, representando uma queda arrecadatória de 72% (setenta e dois por cento).[246]

Assim, enquanto em 2007 a receita vinculada à PPP, quando anualizada, corresponderia a aproximadamente 28% (vinte e oito por cento) da arrecadação total anual do Município com *royalties* e participações especiais ou, corrigida pelo IPCA, aproximadamente 30% (trinta por cento) em 2014, em 2016 a contraprestação pública corrigida consumiria toda a arrecadação da referida receita vinculada, restando ainda um saldo devedor à concessionária de aproximadamente R$ 18 (dezoito) milhões, o qual absorveria ainda cerca de 40% (quarenta por cento) do saldo mínimo mantido como patrimônio de afetação do fundo, assumindo que o Município não fizesse uso de outras receitas orçamentárias.[247]

Não obstante, dentro dos limites legal e contratualmente estabelecidos (R$ 5.426.000,00 mensais, corrigidos anualmente pelo IPCA), era de se esperar que o fundo garantidor e as receitas a ele vinculadas cumprissem o seu papel, ainda que o Município sofresse intempéries arrecadatórias. Afinal, é para isso que servem as garantias, para assegurar o adimplemento pontual em contextos favoráveis ou desfavoráveis.

Para a concessionária de uma concessão administrativa como a de Rio das Ostras, a contraprestação pública constitui, durante sua fase operacional, a sua única fonte de receitas, fonte única, portanto, dos recursos necessários ao pagamento dos seus financiadores, empregados e custos operacionais. A interrupção de tal fluxo de receitas, mesmo que apenas durante o trâmite de uma disputa judicial ou arbitral, pode, portanto, significar a asfixia e quebra da concessionária, se esgotadas eventuais reservas. Daí a importância de garantia capaz de assegurar o fluxo de pagamentos.

---

[246] Os valores arrecadados anualmente com *royalties* foram obtidos em: BRASIL. Ministério da Transparência, Fiscalização e Controladoria-Geral da União. Portal da Transparência. **Portal da Transparência**. Disponível em: <http://www.transparencia.gov.br>. Acesso em: 27 maio 2017.

[247] A variação do IPCA no período de novembro de 2006 a novembro de 2015 correspondeu a aproximadamente 70%. Isso significa que a contraprestação pública teria sido reajustada automaticamente de R$ 5.426.000,00 para R$ 9.224.200,00 mensais a partir de dezembro de 2015, ou R$ 110.690.400,00 no período de dezembro de 2015 a dezembro de 2016, contra uma arrecadação municipal de *royalties* de 92 milhões de reais. O saldo mínimo no fundo, por sua vez, teria sido corrigido de R$ 27.130.000,00 em valores de novembro de 2016 para R$ 46.121.000,00 a partir de dezembro de 2015.

DIAGNÓSTICO: AVANÇOS E DEFICIÊNCIAS

Já para o Município, a queda arrecadatória em período de contração econômica deveria, dentro de uma política orçamentária planejada e responsável, ser mitigada por empréstimos, redução de despesas não obrigatórias, receitas extraordinárias ou mesmo uma renegociação amigável da contraprestação pública com a concessionária e seus financiadores, podendo-se oferecer como contrapartida a possível prorrogação da concessão, em qualquer hipótese preservando o seu equilíbrio econômico-financeiro e a capacidade da concessionária de atender às suas obrigações contratuais e financeiras.

Mas não foi essa a postura do Município. Mesmo antes do início da crise econômica e ainda no ápice arrecadatório, em mais um episódio oportunista não incomum ao histórico da Administração Pública brasileira, um novo e recém-empossado prefeito, de partido distinto daquele que houvera contratado a PPP, houve por bem editar o Decreto municipal n. 734, de 10 de janeiro de 2013, impondo a suspensão unilateral e generalizada dos pagamentos relativos aos contratos de execução de obras e fornecimento de serviços firmados pelo Município de Rio das Ostras, ao argumento de que tais despesas precisavam ser revistas e adequadas às novas diretrizes da administração municipal.

A contraprestação pública que vinha sendo paga mensal e voluntariamente à concessionária foi, com a edição do referido decreto, interrompida a partir de janeiro de 2013. A concessionária acionou então o fundo garantidor, na pessoa do seu administrador e representante, o Banco do Brasil, que operacionalizou o adimplemento das contraprestações públicas de janeiro e fevereiro de 2013, já devidas àquela altura.

Considerando uma violação direta ao Decreto municipal n. 734/2013, o prefeito determinou a rescisão unilateral dos contratos que nomeavam o Banco do Brasil administrador do fundo garantidor e agente operacionalizador do repasse e transferência ao fundo das receitas mensalmente vinculadas.[248] O Banco acatou tal rescisão, abrindo mão de suas funções antes mesmo da nomeação de administrador substituto e, assim, inviabilizando a exequibilidade da garantia a partir de então.

---

[248] Cf. rescisão por suposto inadimplemento do Banco do Brasil noticiada na imprensa oficial do Município: Rio Das Ostras. **Jornal Oficial Rio das Ostras**, v. 12, n. 623, 22-28 fev. 2013. Disponível em: <http://www.riodasostras.rj.gov.br/download/jornal-oficial/files/623.pdf>. Acesso em: 25 maio 2017.

Diante disso, inaugurou-se uma longa e tumultuada fase judicial.

A concessionária ajuizou ação ordinária, com pedido de antecipação de tutela, contra o Município, o Banco do Brasil e o próprio fundo garantidor, visando manter o Banco do Brasil na condição de administrador do fundo e assegurar que o banco desse cumprimento à garantia ali instrumentalizada.

Note-se que, embora o contrato de concessão contivesse cláusula arbitral (cláusula 45) para resolução de litígios dele decorrentes, o cerne da disputa envolvia o exame da legalidade ou não de decreto executivo, assim como a possibilidade de rescisão de contrato autônomo entre o Município e o Banco do Brasil (contrato de gestão e administração de fundos), ambos temas de arbitrabilidade duvidosa, quando baseados exclusivamente na cláusula arbitral do contrato de concessão.

Analisando o pedido de antecipação de tutela, o juiz de primeira instância houve por bem denegá-la, sob o fundamento de que o Decreto n. 734/2013 preencheria os requisitos de validade dos atos administrativos e que, ademais, determinava uma suspensão meramente provisória e preventiva, sendo "salutar para sanar eventuais ilegalidades ou lesões causadas ao erário".[249]

Entretanto, em sede de agravo de instrumento apresentado à segunda instância em face da referida decisão denegatória, o Desembargador José Roberto Portugal Compasso, do Tribunal de Justiça do Rio de Janeiro, houve por bem conceder a antecipação do efeito da tutela recursal postulada, vislumbrando "significativos indícios que a rescisão contratual tem por finalidade frustrar a garantia livremente ajustada". Assim sendo, ordenou ao Banco do Brasil

> que permaneça na administração do aludido Fundo PPP, zelando pelo cumprimento dos contratos ajustados, conservando e promovendo a eficácia da

---

[249] Da referida decisão extrai-se ainda o seguinte trecho: "O ato administrativo de suspensão dos pagamentos de contratos feitos pela Administração Pública preenche os requisitos do ato administrativo, pois devidamente motivado, editado por autoridade competente e que objetiva o alcance do interesse público consistente no resguardo das finanças públicas e avaliação da legalidade das contratações. Além disso, foi fixado prazo exíguo para a suspensão dos pagamentos, o qual está por se findar, além de se tratar de medida salutar para sanar eventuais ilegalidades ou lesões causadas ao erário." (TJRJ. Processo n. 0001867-62.2013.8.19.0068. Juiz Rodrigo Leal Manhães de Sá. 1ª Vara do Município de Rio das Ostras. J. em 18 mar. 2013).

garantia nos casos de inadimplemento do Município [...], até que novo administrador seja regularmente contratado e apresentado [...].[250]

Tal decisão monocrática foi então confirmada por acórdão unânime da 16ª Câmara Cível do Tribunal de Justiça do Rio de Janeiro. Conforme consignou o relator, "sem a garantia eficaz do cumprimento da contraprestação pecuniária pelo parceiro público, ao longo das administrações que se sucedem, não haveria interesse do parceiro privado".[251]

Mas, naturalmente, o Município não se deu por satisfeito.

Já sentindo os primeiros sopros da crise financeira que se aproximava, em 8 de fevereiro de 2015, a Câmara Municipal, acatando iniciativa do prefeito, editou a Lei municipal n. 1.890, por meio da qual impôs, ao contrato de PPP já firmado e, portanto, sem respeito ao ato jurídico perfeito, um novo limite às receitas vinculadas, correspondente a 15% (quinze por cento) do total arrecadado com *royalties* e participações especiais do petróleo. À época, isso já representava muito menos que a metade dos valores necessários ao adimplemento da contraprestação pública mensal de R$ 5.426.000,00 (cinco milhões, quatrocentos e vinte e seis mil reais), conforme atualizada pelo IPCA.

Formulando nova ação sob rito ordinário ao judiciário, a concessionária obteve em primeira instância a antecipação de tutela pleiteada,[252] que, entretanto, foi logo revogada, em juízo de reconsideração, ao argumento de "gravíssimas irregularidades apontadas na contratação em tela" e risco de "grave comprometimento das finanças públicas".[253]

---

[250] TJRJ. AgI n. 0016405-58.2013.8.19.0000. Des. José Roberto Portugal Compasso. Decisão Monocrática proferida em 1º abr. 2013.
[251] TJRJ. AgI n. 0016405-58.2013.8.19.000. Rel. Des. José Roberto Portugal Compasso. 16ª Câmara Cível. J. 03 set. 2013.
[252] TJRJ. Processo n. 0002333-85.2015.8.19.0068. Juiz Rodrigo Leal Manhães de Sá. 1ª Vara do Município de Rio das Ostras, proferida em 10 abr. 2015.
[253] "Portanto, por verificar que há óbice processual para o deferimento da liminar ora pleiteada, inexistindo no caso risco de dano irreparável na medida em que está assegurada a continuidade do serviço público por meio do repasse de 15% do valor recebido a título de royalties do petróleo ao Fundo Garantidor e, por fim, em razão das gravíssimas irregularidades apontadas na contratação em tela, sendo que permitir o integral repasse dos valores poderá gerar grave comprometimento das finanças públicas, assim como maximizar ainda mais os prejuízos da Administração Pública com a Parceria Público-Privada em questão, Revogo a Decisão de fls. 129 e verso e, por conseguinte, indefiro a decisão de antecipação dos efeitos

Em sede de agravo de instrumento, a tutela recursal foi novamente concedida, por decisão de 30 de março de 2015, suspendendo-se a aplicação do limite de 15% sobre o contrato de concessão já anteriormente firmado. Segundo o relator, Desembargador Plínio Pinto Coelho Filho, meras indicações de irregularidades não poderiam macular, por si só, o procedimento licitatório e o contrato de PPP.[254]

Desta vez, contudo, o Município ajuizou suspensão de liminar e segurança perante o Superior Tribunal de Justiça, sendo tal pretensão atendida liminarmente pelo Ministro Francisco Falcão, em 18 de maio de 2015, para quem a negativa de aplicação da Lei municipal n. 1.890/2015 representaria "indevida ingerência nos poderes do administrador, e às finanças da municipalidade, pelo evidente desequilíbrio causado pelo direcionamento dos valores recebidos pelo Município de Rio das Ostras".[255] A decisão monocrática foi confirmada pelo Plenário do STJ em 2 de março de 2016.[256]

Todavia, em mais uma guinada, foi julgada parcialmente procedente, em julho de 2016, representação de inconstitucionalidade movida pela Mesa Diretora da Assembleia Legislativa do Estado do Rio de Janeiro em face da Câmara Municipal de Rio das Ostras, perante o Tribunal de Justiça do Estado, declarando-se inconstitucional o parágrafo único do art. 1º da Lei municipal n. 1.890/2015, o qual pretendida conferir eficácia retroativa à lei, isto é, aplicar o limite de 15% sobre contratos já anteriormente firmados.[257] O fundo garantidor voltaria a ser alimentado com a integralidade das receitas de *royalties* arrecadadas pelo Município, até o montante necessário ao pagamento da contraprestação pública devida mensalmente.

Não obstante, antes mesmo que as contraprestações públicas atrasadas pudessem ser regularizadas – vale dizer, com um passivo ainda aberto de cerca de R$ 165 (cento e sessenta e cinco) milhões –, o pre-

---

da tutela" (TJRJ. Processo n. 0002333-85.2015.8.19.0068. Juiz Rodrigo Leal Manhães de Sá. 1ª Vara do Município de Rio das Ostras. Decisão proferida em 16 mar. 2015).

[254] TJRJ. AgI n. 0012328-35.2015.8.19.0000. Des. Plínio Pinto Coelho Filho. Liminar. Decisão de 30 mar. 2015.

[255] STJ SLS 002007. Min. Francisco Falcão. Decisão proferida em 18 maio 2015.

[256] STJ. AgRg na SLS n. 2007/RJ. Rel. Min. Francisco Falcão. J. 02 mar. 2016.

[257] TJRJ. Representação por Inconstitucionalidade n. 0020685-04.2015.8.19.0000. Rel. Des. Otávio Rodrigues. Plenário. J. 25 jul. 2016.

feito recém-eleito inaugurou o seu mandato expedindo o Decreto municipal n. 1.615, de 4 de janeiro de 2017, por meio do qual decretou situação de calamidade pública no Município, com efeito de suspensão do pagamento de todos os contratos firmados até 31 de dezembro de 2016, enquanto perdurasse tal situação de calamidade pública.

Note-se que, a teor da Lei Orgânica do Município, o prefeito teria competência para decretar calamidade pública, mas com efeitos limitados à autorização de abertura de crédito extraordinário (arts. 54 e 115) ou, interpretando-a conjuntamente com o art. 136, II, da Constituição Federal, para uso temporário de bens e serviços, respondendo o ente público pelos custos e danos daí decorrentes. Segundo o art. 65 da Lei de Responsabilidade Fiscal, a decretação de calamidade pública, desde que ratificada pela respectiva casa legislativa, permitiria, ainda, o afastamento temporário de certas metas e limites de endividamento. Não há, todavia, em nenhum dos diplomas acima, autorização para instituição de moratória contratual generalizada.

Levada a questão novamente ao Poder Judiciário, desta vez, em face do estado de calamidade, foi proferida decisão liminar admitindo-se que seria legítimo ao Município quitar mensalmente apenas 10% (dez) do montante da contraprestação pública corrigida, valor mínimo considerado necessário ao atendimento de despesas operacionais e à continuidade do serviço, mas certamente incapaz de amortizar ou remunerar em qualquer medida os elevados investimentos já realizados.[258]

Em 25 de janeiro de 2017, o Desembargador Camilo Ribeiro Rulière, do Tribunal de Justiça do Rio de Janeiro, alterou, em antecipação de tutela recursal em sede de agravo de instrumento, a decisão de primeira instância para obrigar o Município a destinar 14,19% (catorze vírgula dezenove por cento) de sua arrecadação de *royalties* ao fundo garantidor e à concessionária, resultando em montante ligeiramente superior ao de 10% (dez por cento) originalmente determinado pela 1ª instância.[259] Até outubro de 2017, referida decisão permanecia vigente.

---

[258] Cf. Rio Das Ostras. **Jornal Oficial Rio das Ostras**, v. 16, n. 831, 20-26 jan. 2017. Disponível em: <http://www.riodasostras.rj.gov.br/download/jornal-oficial/files/831.pdf>. Acesso em: 25 maio 2017.

[259] Agravo de Instrumento n. 0001729-66.2017.8.19.0000.

Até outubro de 2017, não há registro de que o estado de calamidade pública fora removido e a concessionária continuava acumulando uma grande perda financeira. A Constituição Federal contempla duração máxima para o estado de calamidade de 30 dias, prorrogáveis por igual período (art. 136, § 2º), limitando-se a Lei Orgânica de Rio das Ostras a estabelecer prazo de 30 dias para que eventual medida provisória editada pelo Prefeito em razão de estado de calamidade – por exemplo, para autorizar créditos orçamentários extraordinários –, seja ratificada pela Câmara Municipal.

Embora sem fundamento na Constituição Federal ou na Lei Orgânica, o Decreto municipal n. 1.615, de 4 de janeiro de 2017, previu a duração máxima do estado de calamidade por até 120 (cento e vinte) dias, prorrogáveis por igual período. Entretanto, a exemplo da postura inovadora da Administração Municipal ao atribuir efeitos sem fundamento legal ou constitucional à calamidade decretada, não se poderia esperar a observância dos limites temporais previstos no seu próprio decreto.

Em razão da incapacidade da concessionária de receber um fluxo mínimo de contraprestação pública suficiente para honrar pontualmente as prestações mensais dos financiamentos assumidos, em particular daquele principal tomado junto ao BNDES, a concessionária viu-se ameaçada pela iminente decretação do vencimento antecipado e aceleração da dívida, acompanhada da execução das garantias do projeto e de compromisso de aporte suplementar e contingente por parte do acionista controlador.

Diante de tal ameaça, decorrente de fato do príncipe totalmente alheio ao seu controle, a concessionária ajuizou, em setembro de 2016, perante a Justiça Federal do Rio de Janeiro, medida judicial contra o BNDES, na qual obteve antecipação da tutela postulada para que o BNDES se abstivesse de considerar configurado o inadimplemento do financiamento, de decretar o vencimento antecipado da dívida e de demandar o aporte complementar de recursos pela acionista da concessionária.[260]

---

[260] Processo em trâmite na 19ª Vara Federal do Rio de Janeiro, sob n. 012437023.2016.4.02.5101, Juíza Maria do Carmo Freitas Ribeiro. Decisão concedendo a tutela antecipada publicada no D.O. em 19 mar. 2016.

Em sede de agravo de instrumento ajuizado perante o Tribunal Regional Federal da 2ª Região, a antecipação de tutela concedida em primeira instância foi inicialmente suspensa, mas em seguida tornada eficaz novamente, e ainda confirmada em mais uma oportunidade, em todos esses casos por decisões monocráticas dos desembargadores que se sucederam na relatoria do referido agravo de instrumento ou do subsequente agravo regimental.[261]

Não obstante, após a aquisição do controle da concessionária pela Brookfield (BRK Ambiental), esta logrou acordo com o BNDES, provavelmente apresentando novas garantias, e postulou a desistência da medida judicial contra o BNDES e seu agravo de instrumento, desistência essa que foi homologada pelo TRF da 2ª Região por decisão publicada em 17 de maio de 2017.

Como se vê ao longo do relato dos fatos, para além do contrato em particular, o caso de Rio das Ostras é exemplo das limitações e fragilidades do sistema de garantias das PPPs, mesmo quando empregado um instrumento mais sólido como um fundo garantidor de Direito Privado (e não mera conta-garantia), com vinculações limitadas a receitas públicas (como os *royalties*), claramente fora da vedação do art. 167, IV, da Constituição Federal.

Com efeito, o litígio ilustra, dentre outras questões preocupantes, a tendência de uma nova administração pública repudiar os atos e contratos firmados pela administração anterior, o desrespeito à segurança jurídica do contratado e as diversas medidas ao alcance da Administração Pública decidida a descumprir o contrato para frustrar as garantias e instruções supostamente irrevogáveis emitidas à instituição depositária.

---

[261] Agravo n. 0011623.10.2016.4.02.0000 com pedido de antecipação de tutela recursal. Última decisão mantendo a liminar proferida pela Juíza Federal Convocada em auxílio da Turma Especializada III do TRF da 2ª Região, Dra. Aline Alves de Melo Miranda Araújo, pub. DO de 13 mar. 017. Antes dela, no mesmo sentido, a decisão do Desembargador Aluisio Gonçalves de Castro Mendes (pub. 19 dez. 2016). Em sentido contrário, suspendendo a decisão proferida em primeira instância a favor da concessionária e, portanto, autorizando o BNDES a acelerar sua dívida, a primeira decisão preferida pelo TRF 2ª Região no âmbito do referido Agravo, de lavra do Desembargador Julio Emilio Abranges Mansur, da 5ª Turma Especializada (pub. 11 nov. 2016).

5.4.4. Outras Garantias

5.4.4.1. Cessão de Créditos Privados em Garantia

Além dos instrumentos de garantia baseados em meras contas-vinculadas, em estatais garantidoras e em fundos garantidores privados, outra modalidade frequente e representativa de garantias prestadas pelo parceiro público nas PPPs é aquela baseada na cessão fiduciária ou penhor de créditos de natureza privada, a exemplo de recebíveis de titularidade de sociedades de economia mista ou empresas públicas regidas preponderantemente pelo Direito Privado, perante seus clientes ou usuários.

Sem prejuízo da análise caso a caso das características intrínsecas a cada crédito dado em penhor ou cessão fiduciária (certeza do crédito, quantificação segura do seu montante, capacidade financeira do devedor etc.) e ressalvado o limite saudável e legalmente aceito de comprometimento global da receita de sociedade prestadora de serviço público, como explicaremos abaixo, tal modalidade de garantia é provavelmente a mais juridicamente segura dentre aquelas praticadas no contexto de PPPs.

De fato, sendo tais créditos detidos por estatais sujeitas ao regime do Direito Privado e não se lhes aplicando, portanto, o regime dos precatórios, o princípio da impenhorabilidade ou inalienabilidade dos bens públicos ou qualquer privilégio processual, as concessionárias beneficiárias de tais garantias poderão executá-las sem maiores obstáculos, em juízo ou fora dele, assumindo nesta última hipótese que os respectivos instrumentos contratuais autorizem a excussão privada, como costuma ser o caso.

Em geral, basta que as contrapartes devedoras dos créditos dados em garantia sejam notificadas a efetuar o respectivo pagamento diretamente ao credor, ou em conta vinculada aberta em seu benefício, sob pena de não se liberarem da respectiva obrigação. Em se tratando de uma massa de devedores (por exemplo, usuários de um serviço público), é possível que a notificação seja efetuada por meio de comunicação padronizada inserta nas próprias contas e instrumentos de cobrança, já indicando a conta vinculada como destino dos valores arrecadados.

Ressalve-se apenas, no tocante aos créditos detidos por estatais prestadoras de serviço público (como companhias de saneamento), a necessidade de que a garantia se mantenha dentro de "limite que não comprometa a operacionalização e a continuidade da prestação do serviço".[262]

Lei, regulamentação ou jurisprudência não esclarecem, com objetividade e segurança, que limite é esse que poderia comprometer a operacionalização e continuidade da prestação do serviço. O art. 866 do Código de Processo Civil, por exemplo, autoriza a penhora sobre o faturamento de empresa, mas seu § 1º estabelece que "o juiz fixará percentual que propicie a satisfação do crédito exequendo em tempo razoável, mas que não torne inviável o exercício da atividade empresarial". Parece, assim, deixar a apuração do limite à avaliação do juiz segundo as circunstâncias de cada caso.

De todo modo, poder-se-ia argumentar que um maior conservadorismo e uma maior proteção ao devedor são justificáveis no contexto de uma penhora involuntária, no curso de processo executivo, mas não necessariamente no contexto de uma garantia (penhor ou cessão fiduciária de recebíveis) voluntariamente outorgada pelo devedor, seja ele uma entidade estatal ou privada, concessionária de serviço público ou não.

Um conjunto de decisões, sem efeitos vinculantes a novos casos e emitidas em contextos diversos, parece convergir para um limite máximo de 30% (trinta por cento)[263] como regra geral em matéria de

---

[262] Art. 28 da Lei Geral de Concessões.
[263] Nesse sentido, conferir: "Penhora sobre faturamento da Empresa. [...] É possível, excepcionalmente, a penhora sobre o faturamento da empresa, até o limite de 30%, desde que presentes os requisitos específicos que justifiquem a medida, [...]" (TRF 3ª Região. AI n. 13545 SP 0013545-30.2014.4.03.0000. Trecho da Ementa. Acórdão Pub. 16 set. 2014). "Fase de cumprimento de sentença. Penhora de 30% do faturamento líquido da empresa – admissibilidade – recurso parcialmente provido. É legal a penhora de 30% (trinta por cento) do faturamento líquido da empresa". (Ementa, 26ª Câmara de Direito Privado 30 nov. 2012. Agravo de Instrumento SP n. 0195465-30.2012.8.26.0000 (TJ-SP) Renato Sartorelli). "É pacífico o entendimento no sentido da possibilidade de a penhora incidir sobre o faturamento da empresa, em casos excepcionais, desde que preenchidos os requisitos legais e não ultrapasse o limite de 30% do faturamento bruto. No caso dos autos, não foram encontrados valores em conta-corrente de titularidade da agravante para a penhora on-line (fls. 57//58-TJ), nem bens passíveis de penhora (fl. 51-TJ). Logo, restou comprovado não haver outra opção para segurar o juízo, a não ser através da penhora de parte do faturamento da sociedade empresária" (TJ-MG. Agravo de Instrumento Cv AI n. 10672110126246001/MG. Trecho da Ementa pub. 7 mar. 2013).

garantia ou penhora sobre receitas da empresa,[264] embora, por vezes, diante das condições financeiras específicas desta, tal limite possa ser reduzido, sobretudo em se tratando de penhora involuntária sobre o faturamento.[265]

Tal risco parece mais remoto no caso das PPPs contratadas por companhias de saneamento estaduais, vale dizer, 9 (nove) projetos em oposição a um único projeto firmado por uma companhia municipal, a Companhia de Saneamento Ambiental de Atibaia. Isto porque o valor da garantia demandável mensalmente em razão de um único contrato de PPP, normalmente circunscrito à implantação e operação de um equipamento específico (estação de tratamento de água ou esgoto, emissário submarino), ou ainda de um sistema de esgotamento ou fornecimento de água de um único município ou região, tende a representar uma parcela pequena da receita total, no mesmo período, da companhia estatal, normalmente com atividades abrangentes no território do estado.

De todo modo, melhor seria que o limite de comprometimento da receita a ser observado pela garantia pública nas PPPs, ou em outros contratos, fosse definido desde logo de forma clara e objetiva, ratificando-se, por exemplo, o percentual de 30% (trinta por cento) adotado em alguns julgados.

---

[264] Coincidentemente, o percentual de 30% também aparecia, a teor da Lei n. 1.046, de 2 jan. 1950 e da Lei n. 10.820, de 17 fev. 2003, como limite máximo para desconto em folha de empréstimos consignados, presumindo que o devedor seria capaz de subsistir com 70% de sua renda. A Lei n. 13.172, de 21 out. 2105, no interesse de fomentar o crédito e reduzir a inadimplência, aumentou o percentual histórico de 30% para 35%, aplicável tanto à renda mensal como eventuais verbas rescisórias, mas com a ressalva de que o incremento de 5% só poderia ser destinado à amortização de dívidas com cartão de crédito e saques em dinheiro por meio do referido cartão.

[265] Para Marçal Justen Filho, por exemplo, o limite de comprometimento da receita deveria ser o do lucro da concessionária, conforme apurado de tempos em tempos. Cf. JUSTEN FILHO, Marçal. **Concessões de serviços públicos**. São Paulo: Dialética, 1997, p 291-293; e JUSTEN FILHO, Marçal. **Teoria geral...** Op. cit., p. 545-546. Desta última obra se extrai "[...] a alienabilidade abrange, basicamente, as parcelas da receita caracterizáveis como lucro. Não é possível onerar ou apropriar-se das parcelas destinadas a remunerar a mão-de-obra, saldar tributos ou quitar credores. Quando muito, poderia admitir-se como disponível a verba relacionada com a amortização do valor de bens particulares do concessionário. O valor corresponde a uma espécie de contraprestação pela transferência dos bens do concessionário para o domínio público." (p. 545).

DIAGNÓSTICO: AVANÇOS E DEFICIÊNCIAS

Além disso, como tal limite deveria ser aplicável não só a cada garantia individualmente considerada, mas ao conjunto agregado de garantias que poderia vir a comprometer simultaneamente a receita da sociedade prestadora de serviço público, ideal seria que houvesse um sistema público de informações, passível de acesso em tempo real por qualquer credor ou parte interessada, que revelasse o percentual de comprometimento global das receitas da sociedade prestadora de serviços públicos, com garantias reais prestadas a seus credores. A partir do atingimento do limite, novas garantias ficariam automaticamente vedadas. Observado o limite de acordo com as informações constantes do sistema público de informações (gerido, por exemplo, pelo órgão regulador ou por quem lhe faça as vezes na Administração direta), a garantia presumir-se-ia válida e contratada de boa-fé.

A outorga de garantias sobre créditos privados de titularidade de estatais com operações próprias é particularmente frequente nas PPPs firmadas por empresas estatais de saneamento. Até outubro de 2017 já se contavam dez projetos com tal configuração, a saber, a PPP firmada pela Companhia Espírito Santense de Saneamento – CESAN para o sistema de esgotamento sanitário do Município de Serra; as PPPs firmadas pela Companhia de Saneamento de Minas Gerais – COPASA para ampliação do sistema adutor de Rio Manso e para o sistema de esgotamento sanitário de Divinópolis; as PPPs firmadas pela Companhia de Saneamento Básico do Estado de São Paulo – SABESP para a estação de tratamento de água do alto do Tietê em Taiaçupeba e para o sistema produtor de água tratada do São Lourenço; a PPP firmada pela Empresa Baiana de Águas e Saneamento S.A. – EMBASA para a construção e operação do emissário submarino (disposição oceânica) do Jaguaribe; as PPPs firmadas pela Companhia de Saneamento de Alagoas – CASAL para o sistema de esgotamento sanitário da parte alta de Maceió e para o sistema adutor do Agreste; a PPP firmada pela Companhia Pernambucana de Saneamento – COMPESA para o sistema de esgotamento sanitário dos Municípios de Recife e Goiana; e a PPP firmada pela Companhia de Saneamento Ambiental de Atibaia – SAAE para o sistema de esgotamento sanitário do referido município.

No Estado de São Paulo, tal modalidade de garantia foi também adotada como parte do pacote de garantias do projeto Casa Paulista, o qual compreendeu, além da fiança da CPP, penhor sobre fluxo de direitos creditórios dos contratos de comercialização de unidades habitacionais da CDHU.

O pacote de garantias das PPPs metroviárias e de trens urbanos do Estado de São Paulo também se beneficia, em parte, de receitas privadas arrecadadas perante os passageiros pagantes e rateadas por um sistema de arrecadação independente e centralizado (*clearing* do Sistema de Bilhete Único) ou pelo sistema de bilhetagem da CPTM.

Como as concessionárias privadas desses projetos têm prioridade no rateio em relação às estatais Companhia do Metrô ou CPTM, e considerando que a parcela a elas atribuível em tal rateio pode eventualmente superar a tarifa real que estariam autorizadas a cobrar e arrecadar diretamente, se estivessem fora do sistema centralizado, pode-se concluir que tal sistema de arrecadação e rateio oferece mitigação adicional do risco de materialização das receitas do projeto e do risco político de estipulação das tarifas.[266]

Os projetos beneficiados com tal sistema de arrecadação e rateio foram as PPPs da Linha 4 do Metrô, da Linha 6 do Metrô, da Linha 8 da CPTM e da Linha 18 do Metrô de São Paulo.

Os projetos das Linhas 6 e 18 do Metrô, talvez pela maior representatividade da contraprestação pública, contaram com um mecanismo de mitigação adicional no âmbito da *clearing* do Sistema do Bilhete Único. Os respectivos contratos previam a duplicação da tarifa contratual por determinado período, que passaria de R$ 1,60 (um real e sessenta centavos) para R$ 3,20 (três reais e vinte centavos) em valores da época, em caso de inadimplência do Poder Público. Diante disso, a concessionária asseguraria o recebimento não somente da tarifa contratual original que lhe seria de direito, e parte integrante de sua fonte remuneratória, como também capturaria uma parcela adicional no sistema de rateio, redu-

---

[266] A título de exemplo de tal mitigação, os respectivos contratos de concessão asseguram às concessionárias uma tarifa contratual mínima por passageiro, independentemente da tarifa real e/ou gratuidades que venham a ser fixadas de tempos em tempos, segundo as políticas urbanas em vigor, para os usuários. Assim, caso o poder público paulista opte por oferecer uma tarifa altamente subsidiada à população, por exemplo um terço da tarifa contratual assegurada à concessionária no contrato de concessão, a concessionária fará, não obstante, jus ao rateio das tarifas arrecadadas centralizadamente como se a tarifa contratual estivesse em vigor. O efeito prático disso será uma alocação prioritária e desproporcionalmente maior à concessionária, reduzindo-se a parcela remanescente atribuível ao Metrô ou à CPTM. Ou seja, as estatais é que acabarão por absorver os efeitos do subsídio.

zindo a parcela de outra forma atribuível ao Metrô, como forma de compensar a contraprestação pública eventualmente frustrada.

5.4.4.2. *Garantia Real Sobre Bens da Administração Pública direta*

Em algumas PPPs, verificam-se garantias reais sobre ativos da própria Administração Pública direta, ou de autarquias regidas pelo Direito Público. Embora defensáveis, sobretudo no tocante a bens não afetos a serviço público (bens dominicais), tais garantias podem ser questionadas sob o argumento de que os bens detidos pela Administração Pública direta ou suas autarquias constituiriam bens públicos impenhoráveis e inalienáveis.

No Estado de Minas Gerais, os pacotes de garantia incluíram penhor ou cessão fiduciária sobre operações de crédito realizadas pelo Banco de Desenvolvimento de Minas Gerais – BDMG com recursos do Fundo de Incentivo ao Desenvolvimento – FINDES. Fossem tais créditos de titularidade do BDMG, estaríamos diante de garantias constituídas sobre créditos de natureza privada, sem margem para questionamento. Entretanto, o papel do BDMG em tais operações é meramente de agente repassador e mandatário. Os créditos permanecem sob titularidade do FINDES, que, juridicamente considerado, é uma mera segregação contábil do Estado de Minas Gerais. Tais créditos do FINDES foram dados em garantia nos projetos de PPP do Complexo Penal, do Estádio do Mineirão e da gestão de resíduos sólidos na Região Metropolitana de Belo Horizonte.

Nos mesmos ou em outros projetos (como as três PPPs das Unidades de Atendimento Integrado – UAIs), os respectivos contratos de concessão também previam a outorga pelo Estado de Minas Gerais de garantia real sobre títulos públicos federais, ações de empresas de capital aberto e outros bens de sua titularidade, embora seja possível que tais garantias tenham sido, ao final, prestadas por meio da estatal garantidora CODEMIG, após o aporte de tais bens no seu capital, o que afastaria o risco de questionamento acima mencionado.

O contrato de PPP do Aeroporto Regional da Zona da Mata, contratada pelo Estado de Minas Gerais, previa a obrigação do Estado de gravar ativos de sua propriedade suficientes para cobrir pelo menos três meses de contraprestação pública, embora não tenha sido possível obter informações concretas sobre a outorga efetiva de tal garantia, até porque o contrato veio a ser rescindido antes que investimentos mais relevantes fossem iniciados.

Por sua vez, certos contratos de concessão do Município de Belo Horizonte previam a outorga de garantia real sobre recebíveis por ele detidos em face da COPASA (PPPs do Hospital Metropolitano e Unidades Municipais de Educação), embora seja possível que tais recebíveis tenham sido aportados ao capital da PBH Ativos, de modo a viabilizar a outorga da garantia com menor risco de questionamento.

Por sua vez, a PPP de resíduos sólidos de São Bernardo do Campo previu a outorga de garantia real sobre imóveis de titularidade do Município.

No Estado de São Paulo, previa-se em garantia da contraprestação pública admitida para o projeto da Rodovia dos Tamoios, além de garantias prestadas em caráter principal pela CPP (penhor de quotas de fundo de investimento BB CPP Projetos), a outorga de garantias subsidiárias consistentes em penhor ou cessão fiduciária sobre créditos de titularidade do Departamento de Estradas e Rodagens – DER-SP emergentes de contratos de concessão rodoviária, assim como, sucessivamente, sobre quotas de fundo de investimento de titularidade da Agência Reguladora de Serviços Públicos Delegados de Transporte do Estado de São Paulo – ARTESP, e, ainda, conforme necessário, sobre ações de titularidade do Estado no capital de empresas abertas ou sobre outros ativos líquidos e disponíveis de sua propriedade. Ao contrário da CPP, ARTESP e DER-SP são autarquias, de modo que a validade da oneração dos bens públicos integrantes do seu patrimônio poderia ser questionada, embora defensável. À opção do Estado de São Paulo, mas sujeita à concordância da concessionária, tais garantias poderiam ser substituídas por fiança emitida por instituição financeira de primeira linha ou outras garantias pessoais ou reais consideradas aceitáveis.[267]

Não obstante, tais garantias não foram colocadas à prova, tendo em vista o lance vencedor na respectiva licitação concluída em outubro de 2014, propondo contraprestação pública simbólica de R$ 0,01 (um centavo). O critério de julgamento da licitação era menor contraprestação

---

[267] Edital, Minuta do Contrato e anexos disponíveis em: <http://www.artesp.sp.gov.br/rodovias-ppp-nova-tamoios-edital-contrato-anexo.html>. Acesso em: 28 jun. 2017.

pública, admitindo-se um teto de aproximadamente R$ 156 milhões anuais.[268]

Mais criativa e singular, entretanto, foi a garantia prevista no contrato de concessão da PPP da Rodovia dos Tamoios para assegurar, ao longo das obras de implantação exigidas nos primeiros cinco anos da concessão, o pagamento do aporte de recursos fixado desde logo no edital em R$ 2.185.333.702,00 (dois bilhões, cento e oitenta e cinco milhões, trezentos e trinta e três mil e setecentos e dois reais),[269] a qual passamos a examinar.

5.4.4.3. *Contratação de Financiamento pelo Parceiro Público Como Instrumento de Garantia*

Para assegurar o pagamento ao respectivo concessionário dos elevados valores de aporte de recursos assumidos pelo Estado de São Paulo com fundamento na Lei federal n. 12.766, de 2012, nos primeiros anos das concessões dos Projetos da Rodovia dos Tamoios, bem como das Linhas 6 e 18 do Metrô e do Complexo de Hospitais, valores esses condicionados à conclusão de etapas das obras de construção e ampliação de bens reversíveis e que visam justamente compartilhar o custo e amortizar antecipadamente o investimento a cargo do parceiro privado, o Estado de São Paulo, gozando de espaço nos seus limites de endividamento, firmou contratos de financiamento com o BNDES, cujos desembolsos, pré-aprovados, ficavam atrelados única e exclusivamente à conclusão das respectivas etapas de obras, podendo ser liberados diretamente ao parceiro privado.

Tal arranjo deu conforto aos respectivos concessionários e seus respectivos financiadores, que tiveram a segurança da disponibilidade tempestiva dos recursos para ressarcimento dos custos de cada etapa da obra concluída, sendo ainda satisfatório ao BNDES, na medida em que este, além de confiar na capacidade e disposição de pagamento de um Estado equilibrado como o Estado de São Paulo, poderia tomar garan-

---

[268] Cf. São Paulo (Estado). Agência Reguladora de Serviços Públicos Delegados de Transporte do Estado. **Secretaria de Logística e Transportes homologa vencedor da licitação da PPP da Tamoios**, 29 out. 2014. Disponível em: <http://www.artesp.sp.gov.br/sala-de--imprensa-noticias-vencedor-da-licitacao-da-ppp-tamoios-e-homologado.html>. Acesso em: 28 jun. 2017.

[269] Cláusula 32ª do contrato de concessão.

tias bastante sólidas e líquidas deste, como a retenção de repasses constitucionais oriundos do Fundo de Participação dos Estados.

Note-se que a vinculação em garantia de repasses de impostos tem suscitado questionamentos legais quando oferecida a entes privados, como concessionárias de PPP, mas, por conta do disposto no art. 167, § 4º, da Constituição Federal, admitindo expressamente tal vinculação de receitas públicas em garantia de dívidas interfederativas para com a União, tal garantia tem sido bastante aceita e disseminada em operações de crédito com o BNDES e outros bancos controlados pela União Federal.

Além disso, em caso de inadimplemento, poderia o BNDES inscrever o Estado de São Paulo no cadastro de inadimplentes do setor público – CADIP, com consequências desastrosas ao Estado, como a perda total de acesso a novas linhas de crédito e outros benefícios.

De outro lado, para o Estado de São Paulo, tal arranjo propiciou a redução significativa dos custos financeiros embutidos nas respectivas PPPs, na medida em que a amortização antecipada de parcela relevante dos investimentos a cargo do parceiro privado, via aporte de recurso, dispensa o Estado de arcar com uma remuneração de longo prazo do parceiro privado, sobre a parcela amortizada antecipadamente, remuneração essa que é baseada, via de regra, em taxa interna de retorno bastante superior aos juros praticados pelo BNDES nas referidas operações com Estados.

Embora tal mecanismo de financiamento contratado com desembolsos contingentes tenha sido bem aceito por todas as partes envolvidas, sobretudo em se tratando do Estado com maior capacidade financeira do país, fato é que a utilização de uma linha de crédito, aberta ao ente público contratante, para dar segurança ao parceiro privado quanto à disponibilidade de recursos, não representa uma garantia propriamente dita, envolvendo riscos que talvez não evitassem um inadimplemento público em condições mais adversas.

Uma fiança emitida pelo BNDES constituiria, nesse sentido, uma garantia muito mais sólida, pois seria demandável e exequível diretamente pelo seu beneficiário, independentemente de qualquer autorização ou a salvo de qualquer tentativa de interferência do ente público afiançado. Por outro lado, o contrato de financiamento com desembolsos de recursos sujeitos tão somente à conclusão de etapas da obra encerra uma relação jurídica confinada ao ente público tomador e ao banco financiador, não tendo o concessionário, a despeito dos recursos serem a ele em última instância destinados, qualquer direito demandável ou exequível diretamente contra o banco financiador. O propósito de tal arranjo estaria, assim, sob risco de um distrato superveniente do contrato, de uma alteração do risco de crédito do Estado que impactasse o compromisso de liberação do banco etc.

5.5. Conclusões do Capítulo

O histórico das 104 (cento e quatro) PPPs contratadas até outubro de 2017 no Brasil, no espaço de aproximadamente treze anos desde o advento da Lei federal de PPPs, revela um avanço importante na realidade das contratações administrativas brasileiras, ao oferecer uma modalidade flexível, com horizonte de longo prazo e capaz de atender a determinadas necessidades públicas com inegáveis ganhos de eficiência.

Em particular, as PPPs contratadas viabilizaram elevados investimentos pelo setor privado (totalizando mais de R$ 80 bilhões[270] ou R$ 142 bilhões quando considerados os valores globais de contratação, ou seja, investimento mais valor dos serviços associados) em uma ampla gama de projetos e segmentos socialmente relevantes, projetos esses que não se sustentariam sob uma lógica econômica puramente privada ou baseada exclusivamente na arrecadação tarifária, tampouco atingiram os níveis de custo-benefício alcançados se contratados simplesmente como obras públicas, posteriormente relegadas à gestão e operação estatal.

Mais pertinente ao objeto deste trabalho, referido histórico demonstra que o sistema de garantias a cargo do ente público contratante, próprio da modalidade PPP, vem de fato propiciando, ao parceiro privado, maior segurança de adimplemento do contrato e de respeito às avenças pactuadas, inibindo o comportamento oportunista presente no histórico da Administração Pública brasileira e da América Latina.

Embora não disponhamos de ferramentas matemáticas para mensurar quantitativamente os ganhos propiciados à Administração Pública e à sociedade pelo uso de tais garantias mais sólidas e pela consequente redução do risco governamental em tais contratações administrativas, parece óbvio que esses ganhos incluem, entre outros aspectos positivos,

---

[270] Segundo dados do Radar PPP. Cf. RADAR PPP. **As parcerias público-privadas no ano de 2016.** Disponível em: <https://www.radarppp.com/biblioteca>. Acesso em: 30 jun. 2017.

(i) a viabilização de projetos que de outra forma não seriam factíveis sem condições mínimas de atratividade ao investidor privado (ii) a precificação mais favorável do risco pelo licitante privado resultando em proposta mais vantajosa à Administração pública e ainda (iii) a melhoria geral da percepção de risco e do clima de negócios com o Poder Público no Brasil.

Não obstante esse inegável avanço, o histórico ainda demonstra, contudo, deficiências relevantes nesse sistema de garantias, frustrando parcialmente o seu propósito e os benefícios que se poderia auferir mais amplamente de tal sistema.

Se o propósito de um sistema de garantias a cargo do parceiro público é assegurar o adimplemento integral das obrigações por este assumidas perante o parceiro privado, a tempo e modo contratualmente estipulados, e não em futuro distante e incerto (o que, bem ou mal, já seria assegurado pela lógica do precatório), uma boa e eficaz garantia é aquela que possa ser acionada com celeridade e sem obstáculos, assegurando a continuidade e integralidade do fluxo de pagamentos, mesmo em cenário de disputa e controvérsia, sob pena de a concessionária ver frustrada sua única ou principal fonte de receita, sendo rapidamente levada à asfixia econômica e à inevitável quebra.

Tendo esse propósito em mente, podemos avaliar a qualidade e eficácia das garantias adotadas nas PPPs contratadas no período abrangido por este trabalho (até outubro de 2017), sem ignorar que, nesse mesmo período, um número múltiplas vezes maior de PPPs estudadas sob o regime de PMIs ou outros, e consideradas desejáveis ao atendimento de interesses relevantes da sociedade, não puderam ser licitadas ou contratadas, dentre outros motivos pelo exaurimento dos limites legais para tanto,[271] por insuficiência de garantias minimamente aceitáveis pelo parceiro privado (ou seus financiadores) e passíveis de serem oferecidas pelos respectivos Estados e Municípios.

Agrupando, assim, em seis grandes blocos, as garantias mais frequentemente adotadas nas PPPs contratadas até outubro de 2017, temos:
   i. as garantias baseadas em meras contas-vinculadas, contas-garantias ou fundos contábeis (públicos), empregadas em pelo menos 20 (vinte) PPPs, as quais revelam razoável fragilidade jurídica;

---

[271] Por exemplo, o art. 28 da Lei federal de PPPs estabelece que as despesas de caráter continuado derivadas das PPPs firmadas por Estados e Municípios não deverão, quando anualmente consideradas, exceder a 5% receita corrente líquida projetada para os respectivos exercícios.

ii. as garantias oferecidas por estatais garantidoras, adotadas em pelo menos 22 (vinte e duas) PPPs, as quais apresentam boa solidez jurídica, mas que em geral não cobrem cem por cento das obrigações pecuniárias do parceiro público, em razão da limitação de patrimônio ou ativos líquidos e disponíveis para serem dados em garantia, ou servirem de lastro econômico para tanto;
iii. as garantias oferecidas por fundos garantidores estaduais ou municipais, totalizando cerca de 15 (quinze) fundos de Direito Privado que garantem 14 (catorze) PPPs (lembrando que nenhuma garantia foi prestada pelo FGP federal), os quais suscitam questionamento quanto à competência legal de Estados e Municípios para instituí-los sem o benefício de norma geral federal, e sofrem, além disso, o risco material de frustração das receitas a eles vinculadas, em geral necessárias à reposição dos recursos do fundo, como bem ilustrado pelo fundo garantidor a serviço da PPP de esgotamento sanitário de Rio das Ostras;
iv. as garantias consistentes em penhor ou cessão fiduciária de créditos privados, empregadas em pelo menos 11 (onze) PPPs, ou rateio de tarifas arrecadadas centralizadamente, sendo 4 (quatro) PPPs no setor de transportes, que apresentam em geral boa solidez jurídica, mas estão disponíveis apenas em universo limitado, qual seja, das PPPs contratadas por estatais não dependentes e com operações próprias superavitárias, a exemplo de algumas estatais de saneamento, assim como da Companhia do Metrô de São Paulo e da CPTM. Ressalve-se ainda o risco de tais garantias revelarem-se inexequíveis por excederem o "limite que não comprometa a operacionalização e a continuidade da prestação do serviço" (art. 28, Lei Geral de Concessões), sem que tal limite esteja definido clara e objetivamente *a priori*;
v. as garantias reais constituídas sobre bens e direitos da própria Administração Pública direta, ou suas autarquias de Direito Público, as quais podem suscitar questionamento sob o argumento de impenhorabilidade de bens públicos; e
vi. a garantia de disponibilidade de recursos para honrar obrigações pecuniárias de curto prazo (aporte de recursos) mediante financiamento contratado pelo parceiro público, junto ao BNDES ou outros bancos governamentais, com desembolsos condicionados

unicamente à conclusão das respectivas etapas de obra pelo concessionário, garantia essa adotada em 4 (quatro) PPPs paulistas, mas que, entretanto, não tem a força de fiança bancária propriamente dita, sujeitando-se ao risco de distrato ou evento superveniente que, na perspectiva de crédito do banco, possa justificar a suspensão do desembolso.

Cabe enfatizar que, ainda que exista boa defesa jurídica para muitos dos questionamentos passíveis de serem suscitados em face de certas garantias, havendo margem para dúvida razoável diante da ausência de disposição legal explícita ou precedente jurisprudencial seguro, a garantia já será incapaz de servir ao seu propósito precípuo de oferecer segurança e previsibilidade ao concessionário e seus financiadores.

Exemplo maior de garantia impregnada de incertezas e incapaz, até o momento, de assegurar um fluxo de pagamentos constante e previsível ao concessionário e seus financiadores é o fundo garantidor de Rio das Ostras.

Os altos e baixos das conturbadas disputas judiciais com impacto direto sobre a PPP de Rio das Ostras e seu fundo garantidor bem ilustram a incapacidade do nosso Poder Judiciário de fazer valer e cumprir os termos de uma garantia contratual que, para atender ao seu propósito, deveria ser "blindada", assegurando o fluxo contínuo das receitas vinculadas ao fundo e, portanto, conferindo certeza e previsibilidade ao concessionário em cenários econômicos mais ou menos adversos.

Como ilustra tal precedente, a vulnerabilidade das garantias é ainda mais acentuada em face de um novo governante, decidido a não cumprir os compromissos assumidos pela Administração anterior, e hábil em tirar proveito da natural tendência do Judiciário a juízos liminares superficiais e enviesados a favor da Administração Pública, sob interpretação simplista do princípio da supremacia do interesse público. Some-se a isso a usual morosidade do Judiciário em rever tais juízos liminares e emitir decisões de mérito com o aprofundamento que lhes é inerente, sobretudo nas suas instâncias colegiadas.

Diante desse cenário, seria possível superar ou ao menos atenuar tais deficiências verificadas no nosso histórico de PPPs? Dedicaremos o próximo capítulo a esse tema.

6. Proposições para o Aprimoramento do Sistema de Garantias nas PPPs

6.1. Práticas Aprimoradas Dentro das Normas Gerais e Constitucionais Vigentes

As lições extraídas da experiência relatada no capítulo anterior permitem identificar algumas medidas possíveis de serem adotadas mesmo sem alteração das normas gerais em nível federal ou constitucionais vigentes, e sem pressupor uma alteração radical e repentina de nossa cultura jurídica, mas propiciando desde logo algum fortalecimento do sistema de garantias.

6.1.1. *Fixação do Propósito das Garantias a Cargo do Parceiro Público e Linguagem Contratual – o Negócio Jurídico Processual (art. 190 do CPC)*

Para que as garantias a cargo do parceiro público em uma PPP possam cumprir o seu propósito com maior eficiência, faz-se necessário, em primeiro lugar, que a função precípua de tais garantias seja bem compreendida por todas as partes envolvidas, tanto os parceiros público e privado diretamente envolvidos como também os entes controladores, o Judiciário e, em última instância, a sociedade de modo geral.

O propósito da garantia não pode se resumir a assegurar que, algum dia, em futuro distante e incerto, as obrigações devidas pelo parceiro público sejam quitadas. No que concerne à Administração Pública direta e, de modo geral, à Administração autárquica, essa segurança já é dada pela lógica do precatório a que estão sujeitas.

Afinal, não há, no país, um histórico de precatórios que tenham sido irremediável e definitivamente frustrados ou simplesmente confiscados pelo poder público, mesmo após o trânsito em julgado de decisão condenatória e devidamente quantificada contra a Fazenda Pública. Precatórios tardam, mas não falham.

Mais cedo ou mais tarde, portanto, com grande ou enorme atraso, com ou sem moratória e parcelamento oficiais, o precatório será pago, com correção monetária e juros.[272]

Mas essa segurança de pagamento em futuro distante e incerto, para a qual não haveria necessidade de garantia além do próprio sistema de precatório, não basta para assegurar atratividade ao investidor,[273] chamado a realizar investimentos de elevado vulto, a serem amortizados apenas em longuíssimo prazo (até 35 anos) e remunerados, em grande medida, por pagamentos provenientes da Administração Pública.

Tampouco atende aos financiadores, que emprestam seus recursos sob a premissa de serem pagos em prazo certo e definido e não sob condições indeterminadas.

Isto porque, fosse o precatório o único remédio disponível contra o inadimplemento público, estaria o parceiro privado (o concessionário) permanentemente refém do contratante, sob risco de ver a sua única ou preponderante fonte de receitas interrompida por um longo e indeterminado prazo (necessário à tramitação de ação judicial e do precatório que dela se extraia), sem que suas obrigações com financiadores, empregados e fornecedores possam suspender-se na mesma medida.

Como não é possível, diante da realidade judiciária brasileira, tramitar um processo judicial e o precatório dele resultante em prazo de negociação ou tolerância que financiadores, empregados e fornecedores pudessem aguardar, a asfixia financeira e insolvência da concessionária seriam inevitáveis, com prejuízos, inclusive de imagem, que jamais

---

[272] Embora, ao longo do tempo, os juros já tenham correspondido, conforme a natureza do crédito, àqueles fixados em sentença, a 12% ao ano, àqueles aplicados a débitos tributários, aos juros pagos pelo Tesouro em seus títulos públicos (SELIC) ou aos juros da poupança, com ou sem capitalização anual.

[273] Ou pelo menos atratividade a preços e tarifas (e retorno privado) aceitáveis para a sociedade e à Administração Pública.

seriam integralmente compensados pelo precatório recebido em futuro indeterminado.

A garantia pública nas PPPs deve ter, portanto, o propósito de assegurar a continuidade de um fluxo de receitas para a concessionária que, senão integral, seja ao menos suficiente para assegurar sua sobrevida, honrando suas obrigações com financiadores, empregados, fisco e fornecedores de modo geral.

Em outras palavras, a garantia deve prover liquidez e, dessa forma, assegurar a subsistência e solvência da concessionária e, por conseguinte, a continuidade do serviço prestado em condições economicamente viáveis, pelo menos até que decisão definitiva de mérito em sentido contrário seja proferida em foro judicial ou arbitral, desconstituindo no todo ou em parte as obrigações garantidas, após tramitação que tenha observado o devido processo legal e o amplo contraditório.

Não se sugere aqui que a Administração Pública tenha tolhido o seu direito de questionar a exigibilidade e extensão das obrigações por ela contratualmente assumidas, ou mesmo a validade das garantias prestadas em caráter acessório e não autônomo, até porque a todos, entes públicos e privados, é assegurado o direito de acesso ao Poder Judiciário na defesa de lesão ou ameaça a direito (art. 5, XXXV, da CF).[274] Mas, para cumprir o seu propósito, a concessionária deve ser capaz de valer-se da garantia e esta deve presumir-se válida e exequível enquanto não proferida decisão de mérito definitiva em sentido diverso, ou pelo menos decisão não mais sujeita a recurso com efeito suspensivo.

Não se questiona a pertinência ou justiça da interrupção ou redução de receitas da concessionária, ainda que isto lhe cause a insolvência, por força de decisão de mérito, ao final de processo regular. As garantias da concessionária serão, neste caso, o amplo contraditório e o devido processo legal constitucionalmente assegurados.

As garantias prestadas pelo parceiro público nas PPPs, contudo, têm a função de proteger as receitas da concessionária de decisões unilaterais da Administração Pública, disfarçadas ou não de disputas jurídicas ou interpretativas, antes que foro judicial ou arbitral neutro possa dirimir eventual controvérsia com a devida reflexão e profundidade.

---

[274] Ou o direito ao foro arbitral, quando assim expressamente convencionado pelas partes em relação a direitos patrimoniais disponíveis.

Naturalmente, a maior atratividade ao investidor privado e sua proteção por meio de garantias confiáveis após a celebração do contrato de PPP não visam exclusivamente ao seu interesse isoladamente considerado. Como já alertado, o oferecimento de maior segurança e proteção ao investidor privado reverte em tarifas e contraprestações mais moderadas para a Administração Pública e para a sociedade em geral, diante da precificação mais favorável do risco e da viabilidade de financiamento de longo prazo perante o mercado financeiro ou de capitais em condições menos onerosas (usualmente sob o regime do *project finance*).

Maior segurança e estabilidade financeira ao investidor e sua concessionária contribuem ainda, inegavelmente, à continuidade e adequação dos serviços prestados à Administração ou à sociedade. Afinal, como exigir investimentos de longo prazo e operação adequada de uma concessionária à qual não se assegure situação financeira saudável e equilibrada?

O cumprimento pontual das obrigações pecuniárias pela Administração Pública também tem o efeito óbvio de economizar encargos, juros moratórios, multas e indenizações por perdas e danos geralmente acarretados pelo inadimplemento oportunista, posteriormente rechaçado pelo foro judicial ou arbitral, ainda que a conta possa ser paga pela Administração Pública apenas em futuro longínquo, via precatório.

Por fim, garantias confiáveis de parte do poder público contribuem para um ambiente mais saudável e previsível de contratação, em que o cumprimento fiel do contrato por ambas as partes constitua a regra e não a exceção. Dentre outras características desse ambiente saudável, a proteção à concessionária contra as arbitrariedades do administrador público reduz o espaço para a corrupção, na medida em que se reduz o espaço para achaques ou negociação de facilidades.

Nas relações entre privados, certas modalidades de garantia, típicas ou atípicas, já cumprem essa função de garantir fluxo ou liquidez, e não somente adimplemento ao final de um longo processo. No penhor ou cessão fiduciária de recebíveis, por exemplo, desde que estruturados adequadamente e redigidos com disposições nesse sentido, o credor pode reter os recursos desembolsados diretamente pelas contrapartes devedoras e aplicá-los desde logo à satisfação do crédito, sem a necessidade de qualquer autorização ou providência judicial.

O ônus de obter um provimento judicial ou arbitral que suspenda ou invalide a garantia é do garantidor. Durante o processamento do pedido de tal provimento em esfera judicial ou arbitral, o credor tem o benefício da fruição dos recursos financeiros retidos e aplicados ao seu crédito.

São as chamadas garantias autoexecutáveis. Diferem, por exemplo, da hipoteca, que admite excussão do bem exclusivamente em juízo, somente ao final de processo de execução, sujeito, portanto, aos conhecidos incidentes protelatórios.[275]

A garantia pessoal à primeira demanda é outro exemplo de garantia desenvolvida na prática empresarial privada, com o objetivo de assegurar liquidez imediata à parte garantida, ainda que obrigação e garantia sejam objeto de controvérsia.[276] Nesse tipo de garantia, que possui alguns elementos comuns à fiança, mas que encerra verdadeiro contrato atípico e autônomo, o garantidor, normalmente instituição financeira,

---

[275] Como exemplo de uma garantia autoexecutável e não sujeita à resolução prévia de eventuais disputas, vale citar garantia prestada fora do contexto de uma PPP, mas em relação contratual de longo prazo entre ente estatal e empresa privada prestadora de atividade regulada (geração de energia). Nesse precedente, Furnas Centrais Elétricas S/A constituiu uma conta-garantia, contratualmente denominada conta de compensação, na qual eram mantidos títulos públicos e saldo mínimo em favor da contratada EPE Empresa Produtora de Energia Ltda. Diante do não pagamento de determinadas faturas de energia, a EPE recorreu à conta para obter tal pagamento. Furnas notificou a instituição depositária para que se abstivesse de liberar a garantia e recorreu ao Judiciário para impedir que a EPE lograsse seu intento até que os argumentos de defesa de Furnas pudessem ser apreciados no mérito, por meio de procedimento arbitral contratualmente previsto. Em sede de agravo de instrumento, o Tribunal de Justiça do Rio de Janeiro rejeitou a pretensão de Furnas e autorizou o recurso imediato à conta-garantia, entendendo que "não há no contrato previsão de que outras providências devam ser tomadas como pré-requisito do levantamento dos valores da conta de compensação" (trecho da ementa, Relator Desembargador Marcos Alcino de Azevedo Torres. Agravo de Instrumento n. 2006.002.10781, julg. 22 nov. 2006). Do voto ainda se extrai: "A conta de compensação [...] foi estabelecida pelas partes, [...], para permitir o pronto recebimento pelo produto vendido à agravada na hipótese de não haver pagamento voluntário, ou seja, uma conta de garantia de acionamento automático visando a impedir solução de continuidade no fluxo de pagamentos devidos pela agravada à agravante em razão da energia fornecida. [...] O fato é que se fosse acolhida a tese da agravada, isto é, necessidade de aplicação da cláusula de resolução de disputas para lançar mão da conta de compensação, a existência desta conta seria inútil, pois esvaziaria sua finalidade de possibilitar o recebimento imediato pela fornecedora [...]".

[276] Segundo Arnoldo Wald, "a prática bancária mais recente admite a obrigação à primeira demanda, que é uma garantia exigível pelo beneficiário nos termos do instrumento assinado e independentemente dos eventuais litígios que possam existir entre devedor e credor da obrigação". (WALD, Arnoldo. **Obrigações e contratos**. 17. ed. São Paulo: Saraiva, 2006, p. 650).

compromete-se a honrar em 48 (quarenta e oito) horas qualquer demanda de pagamento apresentada pelo beneficiário da garantia dentro do prazo de vigência desta e até o seu limite contratualmente estabelecido.

Ao contrário do que se sucede na fiança, contrato acessório por excelência, na garantia à primeira demanda o garantidor não tem o dever, nem o direito, de questionar a pertinência ou fundamentos legais ou fáticos da demanda de pagamento, devendo limitar-se a cumpri-la. De outro lado, sobrevindo decisão de mérito em foro judicial ou arbitral que considere indevida a demanda, por inexigibilidade da obrigação garantida ou por qualquer outra razão, será o beneficiário compelido a ressarcir o valor recebido, com os encargos aplicáveis, bem como potencialmente responsabilizado por perdas e danos, sobretudo se tiver agido com dolo ou culpa grave.[277]

Compreendida a função precípua das garantias a cargo do parceiro público nas PPPs, e reconhecendo-se que nada de ilegal ou imoral se verifica em tal função, até porque coincidente com a função de modalidades de garantia com ampla aplicação em relações entre partes privadas, seria ainda recomendável que tal função fosse didaticamente explicitada nos editais e contratos de PPP, inclusive para que o Judiciário, o foro arbitral e controladores de modo geral possam tomar tal função como premissa comum às partes, base do negócio jurídico celebrado e elemento indissociável da equação financeira do contrato e da sua interpretação.

Aliás, tal proposição ganhou ainda mais força e juridicidade com a inovação introduzida pelo art. 190 do novo Código de Processo Civil (Lei 13.105, de 16 de março de 2015), que admite o chamado negócio jurídico processual, segundo o qual

---

[277] Cf. FIGUEIREDO, Gabriel Seijo. **Contrato de fiança**. São Paulo: Saraiva, 2010. "Na garantia autônoma simples, as partes extirpam a acessoriedade ao convencionarem que (i) a existência, validade e a eficácia da garantia não serão afetadas por vícios do contrato base e (ii) o garantidor não poderá invocar exceções do devedor do contrato base. Contudo, para obter o cumprimento da garantia, o credor deverá provar ao garantidor que o devedor inadimpliu as obrigações oriundas do contrato base. Na garantia autônoma automática, além de afastarem a acessoriedade, as partes acrescentam uma cláusula *on first demand*. Dessa maneira, o credor não precisará apresentar qualquer prova ao garantidor. Bastará solicitar o pagamento para obter a satisfação da garantia, que só não será honrada em caso de fraude ou abuso manifestos." (p. 89-90)

versando o processo sobre direitos que admitam autocomposição, é lícito às partes plenamente capazes estipular mudanças no procedimento para ajustá-lo às especificidades da causa e convencionar sobre os seus ônus, poderes, faculdades e deveres processuais, antes ou durante o processo.

Assim, uma cláusula contratual abarcando todas essas recomendações poderia assumir, ilustrativamente, a seguinte redação:

"O [Parceiro Público] reconhece e declara que a garantia outorgada à Concessionária nos termos da [cláusula precedente] visa não somente assegurar o adimplemento final das obrigações pecuniárias a seu cargo e em favor desta última, mas em particular que tal adimplemento ocorra a tempo e de modo contratualmente estabelecidos, preservando o equilíbrio econômico-financeiro do Contrato, de forma que a Concessionária mantenha um fluxo previsível e estável de receitas [mensais] a título de contraprestação pública, fluxo esse que as Partes reconhecem ser necessário ao custeio das despesas de operação e manutenção da Concessionária, à quitação das prestações dos financiamentos contratados para o projeto e à continuidade do serviço concedido em condições economicamente sustentáveis.

As Partes reconhecem, inclusive para fins do art. 190 do Código de Processo Civil, que as contraprestações públicas mensais não poderão ser suspensas ou reduzidas, nem tampouco invalidadas, suspensas ou frustradas as garantias constituídas para assegurar o pagamento integral e tempestivo daquelas, ressalvadas as seguintes hipóteses: (i) por decisão de mérito, transitada em julgado ou não sujeita a recurso com efeito suspensivo, proferida em processo judicial ou arbitral competente, conforme aplicável, com observância do devido processo legal e amplo contraditório; (ii) por decisão cautelar, medida liminar ou provimento jurisdicional equivalente, proferido por foro judicial ou arbitral competente, embora as Partes acordem e reconheçam desde logo a premissa e intenção comum – que deverá obrigatoriamente pautar e circunscrever seus eventuais pedidos de quaisquer provimentos acautelatórios acima referidos – de assegurar à Concessionária o recebimento regular e estável da contraprestação pública (ou, quando menos, de percentual suficiente para custear as despesas de operação e manutenção, bem como as prestações do financiamento), pelo pagamento direto ou acionamento da garantia, mesmo enquanto pendente eventual disputa ou controvérsia no âmbito do Contrato; (iii) por descumprimento dos índices de performance objetivamente estabelecidos neste Contrato, conforme atestado pelo Verificador Independente, hipótese em que a contraprestação pública mensal poderá ser reduzida até o limite mínimo de [60%] da contraprestação pública base; ou (iv) após o término antecipado do Contrato, nas hipóteses contratual e legalmente estabelecidas, ressalvada a execução da garantia para assegurar o adimplemento das obrigações a cargo do Parceiro Público decorrentes de tal término antecipado, conforme o caso."

6.1.2. *Escolha e Estruturação das Garantias Públicas*

Tendo em mente o propósito das garantias a cargo da Administração Pública, as lições que se extraem do histórico de PPPs no Brasil permitem recomendar algumas práticas na estruturação desses instrumentos, considerando, neste momento, apenas o arcabouço legal vigente.

A fim de mitigar o risco jurídico, recomenda-se a adoção pelos entes públicos competentes, tanto quanto possível, de modalidades de garantia não sujeitas às limitações e inseguranças jurídicas anteriormente referidas.

Dentre as alternativas mais consolidadas e sujeitas a questionamentos meramente genéricos ou já rechaçados em grande medida pelo histórico de mais de doze anos das PPPs no Brasil,[278] temos o Fundo Garantidor das Parcerias – FGP no âmbito federal.

Além de autorização à criação e disciplina expressa do FGP federal na própria Lei federal de PPPs, não há dúvida quanto à competência da União Federal, ao contrário do que se sucede com Estados e Municípios, para legislar sobre o tema de fundos de investimentos ou garantidores, até porque existem e funcionam outros tantos fundos garantidores federais em contextos diversos.

Interessante recordar que a Lei federal de PPPs autoriza expressamente o FGP a prestar garantias de pagamento das obrigações pecuniárias assumidas não somente pela Administração Pública federal, mas também pelas Administrações distritais, estaduais ou municipais, onde a necessidade de garantias é justamente maior (art. 16, *caput*).

---

[278] A exemplo dos questionamentos de Celso Antônio Bandeira de Mello, dirigidos praticamente a todas as inovações da Lei federal de PPPs, ou ainda da posição de Kyoshi Harada, considerando inconstitucional o sistema de garantias da Lei federal de PPPs por violação à ordem cronológica do precatório, acolhida pelo artigo 100 da Constituição.

Embora a concessão de garantia pelo FGP em favor de Estados e Municípios demande contragarantia em valor equivalente, Estados e Municípios têm autorização constitucional expressa para vincularem suas receitas tributárias ou não tributárias, originárias ou oriundas de repasses, em garantia ou contragarantia à União (art. 167, § 4º).

A vinculação direta dessas receitas por Estados e Municípios em favor de concessionários de PPPs estaria vedada no tocante às receitas de impostos e sujeita às controvérsias interpretativas já discutidas, sobretudo no tocante às receitas oriundas de repasse, notadamente aquelas oriundas dos Fundos de Participação dos Estados (FPE) e dos Municípios (FPM).

A nosso ver, mantendo-se coerência com a personalidade jurídica própria e de direito privado do FGP federal, entendemos que as mesmas razões que restringem a capacidade de Estados e Municípios vincularem suas receitas em garantia ou contragarantia a concessionários privados restringiriam a capacidade destes de prestarem contragarantia ao FGP federal.

Contudo, podendo Estados e Municípios prestar tais contragarantias à União Federal, principal quotista do FGP federal, não nos parece que seria um grande desafio, nem haveria qualquer óbice legal em viabilizar uma operação triangular, em que o FGP federal prestasse garantia em favor de Estado ou Município, este prestasse contragarantia à União, e a União se comprometesse a indenizar ou repassar ao FGP os recursos porventura recebidos no âmbito de tal contragarantia.

Se, por qualquer razão, inclusive decisão discricionária do FGP federal ou simplesmente falta de recursos no fundo, o FGP federal não estiver disponível para garantir determinada PPP a ser contratada por Estado ou Município, a segunda melhor opção seria a prestação de garantia por estatal garantidora não dependente, ou outra estatal não dependente com geração de receitas operacionais próprias em regime de Direito Privado (como cobrança de tarifas ou outros recebíveis idealmente em face de terceiros com bom risco de crédito ou de massa pulverizada de clientes com baixo índice de inadimplência), mas neste último caso desde que a eventual execução das garantias prestadas, considerando o conjunto total de receitas e ativos à disposição da referida estatal, não comprometa a continuidade do serviço público por ela prestado.

Se, em termos jurídicos, estas seriam as opções mais seguras, restaria, ainda, afastar o risco de insuficiência ou iliquidez de recursos no patrimônio do FGP federal ou da sociedade garantidora.

A mitigação de tal risco pressupõe a capitalização do FGP federal ou da sociedade garantidora com recursos líquidos (dinheiro ou ativos financeiros prontamente liquidáveis), ou facilmente liquidáveis (ações listadas em bolsa, recebíveis recorrentes ou até mesmo imóveis com alta liquidez de mercado).

Recomenda-se, também, por medida de conservadorismo, que tanto o FGP como a sociedade garantidora não possam atuar de forma alavancada, de modo que não seja admitida a prestação de garantias em valor total superior ao patrimônio líquido do fundo ou da sociedade (e, ademais, que FGP e sociedade tenham obrigação de reconduzir o seu patrimônio ao patamar de suas garantias, sempre que, por fato superveniente, for apurada diferença).

Para maior proteção de cada projeto individualmente considerado, recomenda-se que FGP federal ou sociedade garantidora ofereçam ao respectivo concessionário não somente uma garantia pessoal (fiança) exequível em face da generalidade de seu patrimônio, mas também garantia real ou patrimônio de afetação sobre recursos ou bens devidamente delimitados, afastando o risco de competição de outros beneficiários por esses mesmos bens e recursos já onerados ou vinculados.

Em termos de segurança, ideal seria que FGP federal ou sociedade estatal detivessem, já no ato da outorga da garantia, recursos líquidos ou liquidáveis suficientes para garantir a totalidade das obrigações pecuniárias assumidas pelo ente público durante toda a vigência da PPP.

No entanto, tratando-se de contratos de longuíssimo prazo (até 35 anos), com somatório de contraprestações públicas usualmente de grande vulto, reconhece-se que a imobilização de tal patrimônio, como lastro de garantia desde a partida do contrato, seria extremamente onerosa para a Administração Pública e, muitas vezes, inviável.

Nesse contexto, seria recomendável a manutenção de recursos líquidos e disponíveis como lastro da garantia para atender pelo menos, conforme as circunstâncias do caso, de 6 (seis) a 24 (vinte e quatro) meses de obrigações pecuniárias do contrato de PPP, a fim de assegurar liquidez e continuidade do fluxo de receitas ao parceiro privado durante fase mais conturbada de eventual litígio judicial ou arbitral no âmbito do contrato de PPP.

As obrigações pecuniárias remanescentes do parceiro público, inclusive eventual indenização em caso de rescisão do contrato por inadimplemento do parceiro público, seriam então garantidas por receitas futuras, materializáveis dentro daquele intervalo de 6 (seis) a 24 (vinte e quatro) meses, que pudessem ser previamente vinculadas por lei e, quando possível, cedidas desde logo e formalmente em integralização ao capital do FGP ou da estatal garantidora.

A vinculação ou a cessão de receitas públicas futuras ao FGP ou à sociedade garantidora como lastro de garantias apresentariam, inevitavelmente, maior risco, inclusive jurídico, que as garantias prestadas com lastro em recursos desde logo líquidos e disponíveis no patrimônio do fundo ou sociedade garantidora.

Como já tivemos oportunidade de abordar, a vinculação de receitas tributárias é, de modo geral, vedada pelo art. 167, IV, da Constituição Federal, com algumas exceções, como para "a destinação de recursos para as ações e serviços públicos de saúde [e] para manutenção e desenvolvimento do ensino". Por sua vez, a vinculação de receitas oriundas do FPE ou do FPM, embora defensável, ainda está sujeita a controvérsia interpretativa.

Seria então recomendável, tanto quanto possível, que a vinculação e a cessão recaíssem ou sobre receitas não sujeitas às referidas vedações ou tampouco a controvérsias impeditivas (e tanto melhor se as controvérsias residuais puderem ser removidas, como propomos na seção 6.2.2, abaixo) – como é o caso de receitas de dividendos de estatais, receitas de *royalties* ou receitas de dívida ativa parcelada, observadas algumas limitações também a estas aplicáveis pela sua legislação de regência – ou por receitas inerentemente vinculadas a determinados usos e projetos, desde que empregadas de forma consistente com sua vinculação.

Seria o caso, por exemplo, de vincular e ceder a determinada sociedade garantidora o produto da arrecadação da contribuição de iluminação pública, estabelecendo-se que tais valores seriam reservados à prestação de garantias única e exclusivamente em projetos de iluminação pública.

Melhor ainda se a arrecadação de tais contribuições puder ser contratual e formalmente delegada à concessionária, para que ela já retenha para si o valor da contraprestação pública periodicamente devida, entregando ao Poder Concedente ou ao fundo garantidor, conforme o caso, apenas aquilo que sobejar os valores já exigíveis.

6.1.3. *Aprovação Legal ou Normativa em Nível Local*

Sem prejuízo da legislação local dispondo sobre as particularidades do programa estadual ou municipal de PPPs, disponível em praticamente todos os entes que já contrataram tais parcerias, recomenda-se também a edição de lei local específica para autorizar expressamente a outorga da concessão a ser contratada, quando assim necessário ou recomendável diante de dúvida relevante;[279] para autorizar a transferência ou concessão de uso de algum bem imóvel como contraprestação pública ou em garantia,[280] se assim contemplado em determinada contratação, e particularmente para determinar a vinculação de alguma receita pública,

---

[279] A legislação de alguns entes federativos exige aprovação legal para a concessão de serviços públicos. É o caso, ilustrativamente, da Lei Orgânica do Município de São Paulo, segundo a qual "cabe à Câmara, [...], dispor sobre as matérias de competência do Município, especialmente: [...] VII – autorizar a concessão de serviços públicos". No entanto, não é livre de dúvidas a constitucionalidade de tal previsão, comum em outras tantas leis orgânicas ou Constituições Estaduais, à luz da Constituição Federal. Tal previsão vem sendo rechaçada por nossos Tribunais, particularmente quando a autorização legal é exigida após o processo licitatório, sob o entendimento de que tal ingerência legislativa em providência tipicamente administrativa configura violação indevida da separação e harmonia entre os poderes. Vide, por exemplo, a Ementa da Corte Superior do Tribunal de Justiça de Minas Gerais: "Ação Direta de Inconstitucionalidade. Concessão de serviço público. Licitação. Autorização. Poder Legislativo. Inadmissibilidade. A dependência de autorização legislativa para a concessão ou permissão de serviço público, prevista em Lei Orgânica Municipal, após o processo licitatório, ofende o princípio da separação de poderes, por representar ingerência indevida em atividade típica do Executivo. Acolhe-se a representação e declaram-se inconstitucionais as expressões '[...] com autorização da Câmara Municipal e' do art. 124 da Lei Orgânica do Município de Elói Mendes." (TJMG, Corte Superior, ADI n. 1.0000.00.336625-9/000, Rel. Des. Almeida Melo, j. 31 mar. 2004, DJ 05 maio 2004). Por outro lado, há corrente doutrinária que considera perfeitamente constitucional tal exigência, a exemplo de Celso Antonio Bandeira de Mello, para quem tal exigência é mera decorrência do princípio da legalidade, embora admita que tal autorização legal "faculte, genericamente, a adoção de tal medida em relação a uma série de serviços que indique". Cf. BANDEIRA DE MELLO, Celso Antônio. **Curso de Direito Administrativo**. Op. cit., p. 742.

[280] Cf., por exemplo, art. 19, incisos IV e V, da Constituição do Estado de São Paulo, exigindo aprovação legislativa para alienação, outorga de direitos reais, cessão ou concessão de uso de bens imóveis do Estado.

devidamente delimitada (em termos de percentual máximo do total arrecadado, por exemplo), ao capital de sociedade ou fundo garantidor para fins de constituição e preservação do valor de garantia pública prestada em favor de determinado projeto.[281]

Além de se evitar risco relevante de questionamento quanto ao atendimento ou não do princípio da legalidade (maior ou menor a depender do marco legal vigente em determinado Estado ou Município), a edição de lei determinando a vinculação de receita pública em garantia, via capitalização de fundo ou sociedade garantidora, tem o mérito adicional de conferir maior segurança à referida vinculação, impedindo que o governante de plantão tenha a tentação de propor, por mero ato executivo, a revogação da vinculação ou alteração das receitas vinculadas.[282]

6.1.4. *Contratação de Agentes de Garantias e Verificadores Independentes*

Dentre as práticas que podem reduzir o risco de inadimplemento das obrigações pecuniárias a cargo do parceiro público e de frustração da garantia prestada para tal efeito, podemos citar todas as medidas que reduzam o grau de subjetividade ou discricionariedade conferido ao ente público e seus representantes, e, portanto, reduzam o espaço para questionamentos, divergências ou falsos pretextos.

---

[281] Foi o caso, por exemplo, da Lei paranaense n. 18.376, de 15 dez. 2014, que, alterando a redação do art. 26 da Lei paranaense de PPPs (Lei n. 17.046/2012), autorizou a cessão de dividendos da Copel ou até 35% dos recursos do FPE ao Fundo Garantidor do Estado, em integralização de suas quotas.

[282] A aprovação de lei determinando a vinculação de receita em favor de determinada PPP não constitui segurança absoluta, como bem vimos no precedente da PPP de Rio das Ostras. De todo modo, esse precedente revela que, em razão da vinculação determinada por lei (Lei municipal n. 1.149, de 14 de junho de 2007, determinando uma vinculação de receitas de *royalties* no valor de R$ 5.426.000 mensais), a primeira tentativa do Município de frustrar tal vinculação por meio de um mero decreto executivo (Decreto municipal n. 734/2013, que ordenava a suspensão de quaisquer pagamentos por tempo indeterminado) gerou tumultos e percalços à continuidade do fluxo de pagamentos da contraprestação pública, mas, no curso do processo judicial, acabou sem sucesso, dentre outras razões pela manifesta ilegalidade da medida tomada sem respaldo legislativo. Posteriormente, para aumentar suas chances de sucesso, o Município viu-se obrigado a editar a Lei n. 1890/2015, limitando a vinculação a 15% das receitas arrecadadas a título de *royalties* (aquém dos R$ 5.426.000 originalmente vinculados). Em 2017, novo decreto foi editado para declaração de situação de calamidade pública, mas nesse caso com fundamento em competência outorgada pela Lei Orgânica do Município.

Isto porque dificilmente o parceiro público inadimplirá suas obrigações contratuais admitindo que o faz por desrespeito ao contrato, por escassez de recursos ou simplesmente para realocar as verbas contratuais a outros usos politicamente mais convenientes.

O não pagamento será, como regra, justificado por suposto vício do contrato ou da licitação que o precedeu, ou ainda sob o pretexto de performance inadequada do concessionário.

Esse último risco poderá ser mitigado por meio da nomeação, idealmente prevista no próprio contrato de PPP, de verificadores independentes, não subordinados ao quadro de servidores ou comissionados do ente público, com incumbência eminentemente técnica de medir objetivamente e divulgar os parâmetros de performance do contratado.

De outro lado, a nomeação de agente de garantias independente, com autorização contratual expressa e irrevogável para operacionalizar a garantia e liberar recursos ao concessionário, a depender somente do resultado objetivo informado pelo verificador, é uma medida adicional no sentido de fortalecer a garantia, reduzindo o risco de sua frustração por ato arbitrário e unilateral da Administração Pública.

6.1.5. *Padronização Contratual, Programa de PPPs Local e Sistema de Garantias*

Naturalmente, o risco de inadimplemento contratual e frustração da garantia a cargo do parceiro público é maior em PPPs contratadas isoladamente por determinado Estado ou Município do que em PPPs que componham um programa robusto de contratações, notadamente quando compartilharem um mesmo sistema ou modalidades semelhantes de garantias do parceiro público.

Um exemplo de contratação isolada é justamente a PPP de esgotamento sanitário de Rio das Ostras, única PPP firmada pelo Município até outubro de 2017. Até a mesma data de corte, 5 (cinco) Estados e 40 (quarenta) outros Municípios haviam também celebrado uma única PPP.

Para esses Estados e Municípios, o inadimplemento contratual ou a adoção de medidas que frustrem a garantia prestada têm efeitos mais limitados, impactando de uma forma mais direta apenas o contrato inadimplido, haja vista a ausência de outros contratos de PPPs em vigor. A quebra de contrato pode até afetar de forma mais ampla a credibilidade do ente público, mas sem que tal perda de credibilidade gere um impacto concreto no curto prazo.

De outro lado, para um Estado como São Paulo, titular de um conjunto de onze contratos de PPPs estaduais, todas firmadas com base em um sistema semelhante de garantias, o inadimplemento puro e simples de um contrato, ou o repúdio da garantia ao argumento genérico de ilegalidade ou inconstitucionalidade da mesma, acabaria impactando a credibilidade de todo o conjunto existente de contratos, além de inviabilizar ou onerar novas contratações.

O dano ao Estado extrapolaria enormemente o alcance do contrato inadimplido, ameaçando todo o seu programa de PPPs.

Além disso, parece intuitivo também que o Poder Judiciário, ao analisar a validade de uma garantia ou obrigação garantida que se repete em outros tantos contratos, teria maior resistência, diante de *periculum in mora* reverso de maior proporção, para suspender a obrigação e sua garantia em determinada PPP, sob argumentos genéricos que extrapolariam os limites do contrato judicializado.

Diante de tais constatações, Estados e Municípios que queiram oferecer maior atratividade e segurança às suas PPPs alcançarão melhor resultado se o fizerem por meio de um programa de contratações que se valha de contratos padronizados e um sistema comum ou análogo de garantias. De outro lado, investidores que busquem maior segurança jurídica poderão alcançá-la dando preferência a PPPs ofertadas no contexto de um programa consistente e coordenado de contratações.

6.1.6. *Arbitragem*

Dentre as melhores práticas de estruturação de uma PPP visando torná-la mais segura e atrativa ao investidor privado e ao seu financiador, parece óbvio que a adoção de cláusula arbitral seja uma delas, não obstante os seus conhecidos desafios no contexto de disputas envolvendo parte pública.

Como instrumento de resolução de disputas em contratos de PPP, a arbitragem apresenta pelo menos três vantagens: decidida em instância única, é indiscutivelmente mais célere que o processo judicial, com todas as suas instâncias, incidentes e morosidade tradicional; (ii) tende a valer-se de árbitros com experiência prévia e reconhecida em contratos de concessão e PPP, ao contrário de juízes normalmente generalistas cujas decisões, por isso mesmo, apresentam maior imprevisibilidade e risco de desconexão com a realidade complexa dos projetos; e (iii) tende a apresentar maior neutralidade em relação às partes, em comparação ao Poder Judiciário, onde não raramente se verifica alguma pré-disposição em favor do ente estatal, o que talvez se explique pelo fato de o próprio Poder Judiciário integrar a máquina pública.

A arbitragem também apresenta suas desvantagens. As despesas da arbitragem e honorários dos árbitros superam, em muito, as custas e despesas judiciais. Não há oportunidade de recurso e revisão da decisão (ressalvados pedidos de esclarecimento com alcance bastante limitado), mesmo diante de decisão que porventura não tenha aplicado o melhor direito aos fatos.

No caso de disputas envolvendo a Administração Pública como parte, como são por definição as disputas oriundas de contratos de PPP, há sempre margem para discussão acerca da arbitrabilidade das controvérsias, haja vista serem arbitráveis apenas direitos disponíveis e patrimoniais, em oposição às prerrogativas públicas inerentes ao seu poder fiscalizatório, regulador ou sancionador.

Disputas mais complexas podem envolver tanto temas disponíveis (eminentemente pecuniários) como outros indisponíveis, exigindo pronunciamento judicial em substituição ou complementação ao processo arbitral.[283]

Não obstante tais riscos, prós e contras sopesados, o saldo tende a ser positivo em favor da arbitragem, inclusive sob a perspectiva de percepção de risco e atratividade para o investidor e seus financiadores.

6.2. Proposições *de Lege Ferenda*

Embora as proposições acima possam oferecer contribuição relevante ao fortalecimento das garantias públicas nas PPPs, sobretudo com a consolidação de tais melhores práticas ao longo do tempo e construção gradual de uma cultura pró-responsabilidade, pró-adimplemento e de

---

[283] A exemplo da disputa objeto de arbitragem na PPP do Centro Administrativo do Distrito Federal, a qual foi suspensa por decisão judicial, sob entendimento de que a disputa envolvia questões não disponíveis (decisão proferida em 30 de junho de 2017 pela 1ª Vara da Fazenda Pública do Distrito Federal, Medida Cautelar n. 0706531-45.2017.8.07.0018).

respeito aos interesses do parceiro privado, há limites para o que se pode evoluir em termos de segurança e confiabilidade, e para o ritmo dessa evolução, sem que aprimoramentos sejam introduzidos à legislação federal e, de forma mais ambiciosa, à própria Constituição Federal.

A seguir, apresentamos propostas legislativas que, a nosso ver, se aprovadas em maior ou menor extensão, poderiam viabilizar o oferecimento de garantias em PPPs, pelas diversas esferas e níveis federativos da Administração Pública, com grau de segurança e solidez que assegure adequada atratividade à iniciativa privada (tanto a investidores como a financiadores) e um sistema de garantias conducente a um ambiente de contratação público-privado muito mais saudável e eficiente.

6.2.1. *Supressão dos Riscos Associados à Constituição de Fundos Garantidores Estaduais e Municipais*

Como antecipado na seção 4.4, remanescem dúvidas quanto à competência de Estados e Municípios para constituírem fundo garantidor, com personalidade jurídica e patrimônio próprios, e com natureza jurídica de Direito Privado, características necessárias a que possam cumprir com efetividade sua função garantidora.

Argumenta-se que a criação de pessoa jurídica só é possível dentre as espécies taxativas de sociedades ou fundos de investimento disciplinados por legislação federal, considerando que compete privativamente à União Federal legislar sobre Direito Civil e Comercial (art. 22, I, CF).

Assim, Estados e Municípios poderiam, sem prejuízo das devidas aprovações em seu nível federativo, constituir sociedade de economia mista ou empresa pública sob a forma de sociedade anônima, considerando a disciplina legal de tais sociedades na Lei federal n. 6.404, de 1976. Poderiam, ainda, constituir fundo especial, de natureza pública e meramente contábil, nos termos da Lei federal n. 4.320, de 1964. Ou ainda em matéria de fundos, poderiam constituir e investir em fundo de investimento imobiliário, de natureza privada, nos termos da Lei federal n. 8.668, de 25 de junho de 1993, que inclusive reconhece a autonomia patrimonial do fundo e consistentemente confere limitação de responsabilidade aos seus quotistas (art. 13, II), diferindo, assim, dos fundos de investimento em geral, que, via de regra, consistem em meros condomínios de recursos, sem natureza jurídica própria.

Não havendo norma geral em nível federal que autorize e discipline a constituição de fundos garantidores como espécie particular de entidade com patrimônio próprio e personalidade jurídica de Direito Privado, não poderiam Estados e Municípios inovar em tal matéria por mera lei estadual ou municipal.

Não se ignoram, por outro lado, argumentos em prol da capacidade de Estados e Municípios constituírem seus fundos garantidores com personalidade jurídica de Direito Privado. Dentre outras justificativas, argumenta-se que a própria Lei federal de PPPs, ao admitir genericamente, em suas disposições gerais aplicáveis em todos os níveis federativos, que as obrigações pecuniárias do parceiro público pudessem ser garantidas por "fundo garantidor ou empresa estatal criada para essa finalidade" (art. 8º, V), estaria indiretamente autorizando a criação de tais fundos garantidores. Além disso, ao autorizar a criação e disciplinar as características e funcionamento do Fundo Garantidor Federal, o art. 16 da Lei federal de PPPs, embora em capítulo dedicado às disposições aplicáveis exclusivamente à União Federal, estaria oferecendo parâmetros aos fundos garantidores que viessem a ser constituídos por Estados e Municípios.

Aliás, a realidade prática vem corroborando tal entendimento em favor da admissibilidade, pois vários Estados e Municípios já constituíram seus fundos garantidores, sem que, até o momento, nenhum deles tenha sido invalidado ou tenha tido sua personalidade jurídica rejeitada, pelos argumentos contrários acima expostos.

Não obstante, fato é que a mera existência da controvérsia gera incerteza, que por sua vez frustra o propósito precípuo da garantia, que é justamente oferecer segurança.

Considerando que essa incerteza pode ser facilmente removida, recomenda-se, para tanto, a edição de uma lei federal que contemple autorização clara e inequívoca para Estados e Municípios constituírem seus fundos garantidores, bem como disciplina legal estabelecendo os requisitos para tanto, as características e funcionamento de tal fundo.

Em razão do disposto no art. 163, III, da Constituição Federal, seria recomendável o uso da lei complementar.

Texto para essa e outras sugestões legislativas será oferecido no Apêndice 1.

6.2.2. *Maior Segurança à Vinculação de Receitas Públicas em Garantia de PPPs*

Como demonstrado na seção 4.2, dentre outras, a vinculação-garantia de receitas públicas, embora juridicamente defensável e já praticada em benefício de diversas PPPs, é operação jurídica ainda permeada de incertezas.

Parcela representativa da doutrina entende que a garantia oferecida pela vinculação resume-se ao fato de que as receitas públicas vinculadas não poderiam receber outra destinação. A garantia corresponderia, portanto, ao mero conforto de existência de fonte orçamentária exclusiva para atendimento de determinada finalidade, mas não garantia real em sentido estrito, porque não passível de execução forçada pelo respectivo credor ou beneficiário da vinculação.

Embora legalmente impedido de dar outra destinação aos recursos vinculados, ainda assim o agente público ordenador da despesa não estaria compelido a ultimar o pagamento da despesa beneficiada pela vinculação, sendo em tese possível – e não incomum na prática – a paralisação, contingenciamento ou postergação do seu processamento em qualquer de suas etapas: dotação, empenho, liquidação e pagamento.

De outro lado, há outra corrente doutrinária, corroborada por precedentes judiciais em todas as instâncias, inclusive superiores, reconhecendo que, em determinados contextos – como nas dívidas de Estados e Municípios para com a União ou nas tradicionais operações de antecipação de receita orçamentária (ARO) –, essa vinculação pode traduzir-se em verdadeira garantia real, à semelhança do penhor de direito de crédito, autorizando o respectivo credor a reter as receitas públicas vinculadas e aplicá-las diretamente à satisfação do seu crédito, independentemente da concordância ou cooperação do ente devedor.[284]

Não há registro ainda, entretanto, de julgados em nossos tribunais que tenham analisado no mérito essa controvérsia no contexto específico de garantia prestada por parceiro público em PPP.

Até outubro de 2017, por exemplo, as decisões relevantes proferidas nos processos judiciais envolvendo a PPP de esgotamento sanitário de Rio das Ostras, a primeira a ter sua garantia judicializada, foram todas em sede liminar e em seus incidentes (cognição sumária ou superficial).

---

[284] Vide também seções 3.2 e 3.3 da presente tese.

Mesmo no contexto de garantias prestadas em dívida com a União ou de operações de ARO, nenhum dos precedentes acima referidos tem efeitos vinculantes para além dos casos em que foram proferidos.

Embora tais divergências possam vir a ser favoravelmente dirimidas pela gradual ação de nossos tribunais – os quais, provocados em casos concretos, possivelmente venham a consolidar interpretação que dê utilidade e efetividade real à vinculação-garantia –, essa consolidação pode demorar décadas dentro do funcionamento normal do nosso sistema judicial, ou jamais ser alcançada, haja vista a possibilidade de soluções menos eficientes acabarem prevalecendo na prática (a exemplo da cessação da vinculação-garantia em razão da mera incerteza a ela associada), antes que nossos tribunais tenham a oportunidade de estabelecer uma jurisprudência clara e segura sobre a matéria.

Só por isso já se justificaria medida legislativa que pudesse acelerar a redução de tais incertezas.

Não bastasse isso, fato é que receitas públicas futuras constituem a principal fonte disponível e em maior escala de bens ou direitos passíveis de serem ofertados em garantia por Estados e Municípios, tendo em vista, como regra, a indisponibilidade ou o alto custo da manutenção de dinheiro imobilizado em conta, bem como a escassez de outros bens líquidos e desafetados, a exemplo de bens imóveis de fácil comercialização ou ações de sociedades de economia mista de capital aberto não necessárias à manutenção do controle estatal.

Assim, considerando o interesse público de se manter as PPPs como alternativas viáveis e replicáveis de contratação para Estados e Municípios, e tendo em vista que níveis saudáveis de contratação podem ser assegurados por meio de limites legalmente estabelecidos (por exemplo, comprometimento de percentual máximo das receitas públicas com despesas oriundas de contratos de PPPs) e outros mecanismos de controle, parece-nos recomendável que a vinculação-garantia possa ser empregada de forma mais segura e confiável no contexto das PPPs.

Tomando como premissa a inalterabilidade da regra estatuída no art. 167, IV, da Constituição Federal, segundo a qual a receita de impostos não é passível de vinculação, exceto para serviços públicos de saúde e ensino, dentre outras exceções expressas no texto constitucional, restariam como opções de receitas vinculáveis, dentre outras, os *royalties* de petróleo e assemelhados, os dividendos de estatais, as receitas de exploração de bens móveis ou imóveis (e.g., receita de locação ou arrendamento de bens, preço pelo uso de bem público), as contribuições sociais, as taxas e as receitas oriundas do Fundo de Participação dos Estados – FPE e do Fundo de Participação dos Municípios – FPM.

Embora não existam restrições ou dúvidas de ordem constitucional quanto à possibilidade de vinculação de receitas de *royalties*, de dividendos e decorrentes da exploração de bens públicos, são escassas as receitas de tal natureza detidas por Estados e Municípios, com algumas exceções. Além disso, mesmo com relação a tais receitas não tributárias há restrições em nível infraconstitucional, como aquelas contempladas na Lei de Responsabilidade Fiscal e nas resoluções do Senado Federal, a exemplo daquelas tratadas seções 3.2.2, 3.2.3 e 3.2.4.

Receitas de taxas e contribuição de melhoria são vinculadas pela sua própria natureza, assim como, via de regra, as contribuições sociais, a exemplo daquelas destinadas ao financiamento da seguridade social ou ao programa do seguro-desemprego e ao abono de que trata o art. 239 da Constituição Federal. Assim, poderão servir de garantia para atendimento das despesas e ações consistentes com suas vinculações constitucionais, mas não para outras finalidades.

Nesse sentido, a contribuição de competência municipal de que trata o art. 149-A da Constituição Federal deverá ser vinculada ao custeio do serviço de iluminação pública. Tal vinculação obrigatória pode ser atendida por meio da destinação do resultado da arrecadação de tal contribuição ao custeio de despesas em iluminação pública incorridas por atividades executadas diretamente pelo Município, assim como, a nosso ver, por meio de vinculação-garantia em favor do aporte de recursos ou das contraprestações públicas estabelecidas em PPP de iluminação pública.

Em princípio, a própria arrecadação de tais contribuições poderia ser delegada à concessionária, mas não a cobrança de taxa ou tarifa, haja vista não ser possível individualizar e quantificar a fruição do sistema de iluminação pública por cada cidadão-usuário.

Aliás, é justamente essa fonte independente de receitas públicas municipais vinculáveis à iluminação pública que justifica a existência de tantas PPPs de iluminação pública no contexto do total de contratações nesse regime.

De forma semelhante, Municípios podem instituir taxa para custeio do serviço público de coleta, tratamento e disposição do lixo urbano, seja ele executado diretamente pelo Município ou por meio de contrato de PPP para tal finalidade, desde que o valor da taxa, cobrado de cada contribuinte, guarde correspondência com o custo do serviço específico e divisível a ele prestado ou colocado à sua disposição.[285]

De outro lado, embora as receitas oriundas do FPE e do FPM ofereçam o maior volume de recursos, que não impostos próprios, à disposição de Estados e Municípios, sua vinculação ainda suscita dúvidas. Como já explicado na seção 4.2, há quem argumente que tais receitas oriundas do FPE e do FPM mantêm natureza de imposto, haja vista se originarem da entrega de parcela da arrecadação de impostos federais pela União.

Embora pareça haver maior razão e coerência no entendimento de que, sob a perspectiva de Estados e Municípios, as receitas oriundas do FPE e do FPM não têm mais natureza de imposto, mas sim de receitas financeiras, a mera existência da dúvida, não dirimível no curto prazo pelo controle jurisdicional difuso é suficiente para frustrar o propósito e emprego da vinculação-garantia com efetividade nas PPPs.

Outro contexto em que há, presentemente, risco de questionamento é o da possibilidade de vinculação-garantia de receitas de impostos em favor de PPPs de saúde e ensino, à luz das exceções estabelecidas no texto do próprio art. 167, IV, da Constituição.

Por fim, embora haja, como vimos na seção 3.2.4, um histórico crescente e com razoável aceitação pelo Senado Federal, por entes contro-

---

[285] Embora não seja tarefa simples, é possível estabelecer taxa para custeio do serviço público de coleta e disposição do lixo, cujo valor varie para cada contribuinte de acordo com o volume de lixo por ele gerado, ainda que esse volume seja estimado por correlação a outros parâmetros (volume de energia ou água consumida pela residência geradora do lixo etc.). Tendo tal correlação base estatística demonstrável, há tendência de que nossos tribunais corroborem a constitucionalidade de taxa assim estabelecida. Tal divisibilidade não seria factível no caso da iluminação pública, pois seria impossível estabelecer em que medida cada usuário de uma cidade usufrui individualmente de tal serviço público. Por tal razão, a Constituição Federal autorizou Municípios a instituírem contribuição social para o custeio da iluminação pública. Outra alternativa seria conferir aos concessionários de tal serviço público o direito de cobrarem tarifa diretamente dos respectivos usuários, observando a mesma proporção e correspondência aplicável à taxa, quando cobrada diretamente pelo Município. A solução tarifária é aquela usualmente adotada nos serviços públicos concedidos de fornecimento de água e prestação de serviços de esgotamento sanitário, embora os Municípios também pudessem optar pela cobrança de taxa, repassando o produto de sua arrecadação aos respectivos concessionários de tal serviço, conforme o caso.

ladores e pela sociedade em geral, de operações baseadas na vinculação de receitas oriundas da dívida ativa, tenha ela sido constituída a partir do inadimplemento de impostos ou outras receitas públicas, uma autorização constitucional explícita seria fator de maior segurança.

Diante de todo esse cenário, acreditamos que seria de grande valia para a disseminação das PPPs no Brasil emenda constitucional que pudesse, desde logo, suprimir, se não totalmente, em grande medida tais incertezas, sem prejuízo de ajustes em nível infraconstitucional que proporemos, de forma consolidada, por meio de lei complementar, mais adiante. Com tais modificações, a nova redação do art. 167 da Constituição Federal seria a seguinte (em itálico, as alterações):

> Art. 167. São vedados:
> IV – a vinculação de receita de impostos a órgão, fundo ou despesa, ressalvadas *a dívida ativa*, a repartição do produto da arrecadação dos impostos a que se referem os arts. 158 e 159, a destinação de recursos para as ações e serviços públicos de saúde, para manutenção e desenvolvimento do ensino e para realização de atividades da administração tributária, como determinado, respectivamente, pelos arts. 198, § 2º, 212 e 37, XXII, e a prestação de garantias às operações de crédito por antecipação de receita, previstas no art. 165, § 8º, bem como o disposto *nos §§ 4º e 6º* deste artigo;
> § 4º É permitida a vinculação de receitas próprias geradas pelos impostos a que se referem os arts. 155 e 156, e dos recursos de que tratam os arts. 157, 158 e 159, I, a e b, e II para a prestação de garantia ou contragarantia *real* à União e para pagamento de débitos para com esta.
> § 5º [...]
> *§ 6º É permitida a vinculação dos recursos de que tratam os arts. 158 e 159, I (exceto alínea c, já vinculada na forma ali estabelecida) e II, de outras receitas públicas próprias sem natureza de imposto e não vinculadas por esta Constituição ou por lei para outras finalidades, assim como de receitas próprias de impostos nos limites das destinações autorizadas pelo inciso IV deste artigo, para garantias ou contragarantias reais em contratos de concessão, observada a legislação aplicável a tais contratações.*

6.2.3. *Poder Liberatório para Pagamento de Tributos Vincendos ou Dívida Ativa*

Uma alternativa simples e, de modo geral, bastante efetiva seria a edição de lei estabelecendo, a título de norma geral, o direito expressamente conferido ao concessionário de utilizar quaisquer créditos de sua titularidade contra a Administração Pública, oriundos de contrato de PPP e não voluntariamente pagos na data de seu vencimento ordinário, ou ao fim de determinado período de tolerância ou cura, para pagamento, por meio de compensação, de quaisquer tributos vincendos ou dívida ativa (tributária ou não tributária) de competência do mesmo ente administrativo.

Para que tal compensação constituísse instrumento eficaz de recuperação do crédito inadimplido, seria fundamental que o direito à compensação fosse imediato e autoaplicável, independentemente de lei autorizativa ou outra forma de autorização prévia ou subsequente por parte do respectivo ente público inadimplente.

Uma possível controvérsia a esse respeito refere-se à competência da União Federal para editar norma geral sobre compensação de créditos que seja autoaplicável no âmbito de Estados e Municípios. Se a compensação nesse contexto específico for compreendida como matéria atinente ao regime de contratações administrativas na modalidade PPP, a competência da União Federal para editar normas gerais seria clara. Contudo, se a compensação for interpretada como instrumento de quitação do crédito tributário, a competência para autorizá-la seria, em tese, exclusiva do ente federativo competente para a instituição e cobrança do respectivo tributo.

Considerando que nem todo concessionário de uma PPP teria obrigações tributárias vincendas, ou dívida ativa, em volume suficiente para absorver seus créditos, seria necessário também que a lei geral acima referida autorizasse a livre cessão do crédito pelo concessionário a terceiro que pudesse aproveitá-lo, bastando mera comunicação da cessão às autoridades competentes.

Dissemos acima que se trataria de alternativa efetiva de modo geral, porque, mesmo com a admissibilidade da cessão, é possível que certos Estados ou Municípios simplesmente não detenham créditos tributários ou dívida ativa concentrada em poucos contribuintes, em volume suficiente para absorver, por compensação, créditos mais expressivos derivados de PPPs de grande magnitude.

De outro lado, a efetividade de garantia, sob a perspectiva do concessionário, poderia ensejar um efeito bastante drástico à programação orçamentária do ente público que, de uma hora para outra, veria frustradas receitas relevantes potencialmente comprometidas com outras finalidades. Uma forma de mitigar tal efeito adverso para o ente federativo seria limitar os tributos e dívida ativa passíveis de pagamento por compensação, excluindo-se, por exemplo, tributos legalmente vinculados ou a parcela dos tributos que deva ser repassada a outros entes federativos.

De todo modo, parece inevitável que uma compensação unilateral por iniciativa do concessionário, ou seu cessionário, tenha potencial de causar maiores distúrbios à programação orçamentária do ente público, em comparação com a execução de uma garantia voluntariamente constituída e previamente segregada pela Administração Pública para tal finalidade, ainda que, em valores absolutos, o resultado final devesse ser o mesmo.

A Emenda Constitucional n. 94, de 15 de dezembro de 2016, pretendeu oferecer solução semelhante para a satisfação de precatórios estaduais e municipais em mora, sujeitos ao regime especial de pagamento previsto naquela Emenda, ao introduzir o art. 105 ao Ato das Disposições Constitucionais Transitórias – ADCT. De acordo com tal dispositivo, os titulares de tais precatórios, emitidos em nome próprio ou de terceiro, poderiam utilizá-los em "compensação com débitos de natureza tributária ou de outra natureza que até 25 de março de 2015 tenham sido inscritos na dívida ativa dos Estados, do Distrito Federal ou dos Municípios".

Contudo, não está claro se o art. 105 estabeleceu um direito autoaplicável, pois o subordinou à observância dos "requisitos definidos em lei própria do ente federado". A experiência em situações análogas mostra que a maioria dos Estados ou Municípios inadimplentes simplesmente se quedará silente. Diante de tal silêncio, caberá aos nossos tribunais, em particular ao Supremo Tribunal Federal, interpretar o referido artigo para concluir se o direito à compensação não é exercível enquanto não disciplinado em lei própria do ente federado, se diante da ausência de lei disciplinadora dependeria de provimento jurisdicional autorizativo que suprisse aquela, ou se seria desde logo exercível por iniciativa do interessado e, neste caso, livre de quaisquer requisitos que não aqueles razoável e diretamente inferíveis do próprio texto constitucional.

De uma forma ou de outra, o texto constitucional buscou mitigar os impactos da compensação sobre a programação orçamentária do ente federativo, ao limitar a compensação dos precatórios em mora apenas com dívida ativa constituída até determinada data.

O direito à compensação foi também preconizado, por Carlos Ari Sundfeld, dentre outros administrativistas que com ele colaboraram, como forma de conferir segurança a investidores que detenham crédito contra a Administração Pública no âmbito de concessões e parcerias em geral. Tal solução constou de sua proposta de Lei de Modernização das Parcerias de Investimento,[286] nesse aspecto reproduzindo a solução que já houvera dado no Projeto de Lei intitulado "PPP Mais",[287] do qual foi um dos principais autores.

O art. 23 da proposta de modernização assim dispôs, notando-se, entretanto, que a compensação seria autoaplicável apenas no âmbito da União Federal, dependendo de lei autorizativa geral em cada ente federativo:

> Art. 23. No caso das concessões administrativa e patrocinada, e de outras parcerias que envolvam pagamentos ou aportes da administração pública, o contrato poderá atribuir, aos créditos da contratada, reconhecidos na forma do contrato e não pagos no prazo pelo contratante público, o direito líquido e certo, autoaplicável e independente de regulamentação ou de ato administrativo de reconhecimento, de ser utilizado para compensação com débitos líquidos, bem como poder liberatório do pagamento de obrigações tributárias perante a entidade federativa titular do empreendimento.
>
> § 1º. A contratada poderá fazer a cessão parcial ou total desses créditos a terceiro, independentemente da concordância do contratante público, sendo que a cessão produzirá efeitos a partir da simples comunicação da cedente ao devedor.
>
> § 2º. No caso de parcerias dos Estados, do Distrito Federal ou dos Municípios, a atribuição do direito previsto neste artigo depende de prévia edição de lei geral da entidade titular autorizando as compensações e reconhecendo o poder liberatório.

---

[286] Cf. SUNDFELD, Carlos Ari. Parcerias de investimento em empreendimentos públicos: qual reforma jurídica pode fazer diferença. In: PASTORE, Afonso Celso (Org.). **Infraestrutura**: eficiência e ética. Rio de Janeiro: Elsevier, 2017, p. 75-115 (p. 111).

[287] Cf. SUNDFELD, Carlos Ari; MOREIRA, E. Bockmann. PPP Mais: um caminho para práticas avançadas nas parcerias estatais com a iniciativa privada. **Revista de Direito Público da Economia**. Belo Horizonte: Fórum, v. 14, n. 53, p. 9-49, jan./mar. 2016.

§ 3º. Poderá ser editado regulamento técnico-administrativo de caráter nacional com medidas de desburocratização administrativa necessárias ou úteis à plena eficácia do disposto neste artigo.

As propostas de modernização das parcerias de investimento e do PPP Mais inspiraram fortemente o Programa de Parcerias de Investimento (PPI), criado pela Medida Provisória n. 727, de 7 de maio de 2016, posteriormente convertida na Lei n. 13.334, de 13 de setembro de 2016. Entretanto, a compensação como remédio em face do inadimplemento da Administração Pública não foi acolhida no texto vigente.

6.2.4. *Delimitação do Princípio da Inalienabilidade e Impenhorabilidade de Bens Públicos*

Como já mencionado ao longo deste estudo, corrente tradicional e ainda majoritária no Direito Administrativo brasileiro, com forte influência em nosso Judiciário, defende o princípio da inalienabilidade e impenhorabilidade dos bens públicos como verdadeiro dogma, interpretando-o de forma extrema e superficial como se tal inalienabilidade e impenhorabilidade fossem absolutas.

Nessa linha de interpretação, a prestação de uma garantia real pela Administração Pública direta ou autárquica, ressalvadas, portanto, apenas as sociedades estatais regidas preponderantemente pelo Direito Privado, seria simplesmente inconcebível. Justamente por isso nosso histórico de PPPs tem recorrido, com tanta frequência, à solução das garantias prestadas por intermédio de sociedade estatal garantidora ou fundo garantidor.

Autores mais modernos, contudo, interpretando as disposições legais aplicáveis a bens públicos de forma mais sistemática e teleológica, estabelecem uma distinção bastante evidente.

Reconhecem esses autores que o Estado – representado pelos entes de Direito Público – não pode ser destituído involuntária e coercitivamente de um bem de seu patrimônio pelo processo ordinário de execução por meio de penhora e leilão judicial. Para tal fim, há o remédio constitucional do precatório. Assim, os bens do Estado seriam impenhoráveis, na medida em que não seriam passíveis de penhora forçada em processo executório.

Situação bem diferente, entretanto, é aquela em que o Estado, por vontade e decisão própria, oferece bem do seu patrimônio, não afetado a serviço público, em garantia real a contraparte privada. Ora, se o Estado pode alienar em definitivo seus bens dominicais,[288] dá-los em pagamento de obrigação preexistente[289] ou mesmo transacioná-los de outro modo,[290] por que não poderia validamente aliená-los em garantia, observados sempre os parâmetros legais aplicáveis às alienações de modo geral?

Essa é, aliás, uma distinção que se aplica, *mutatis mutandis*, ao imóvel residencial qualificado como bem de família. Tais bens são protegidos de penhoras forçadas e involuntárias contra o devedor que reside no bem com sua família, mas podem ser dados em hipoteca por ato voluntário do seu titular.

Embora tais argumentos em prol da garantia sejam bastante fortes e consistentes, a interpretação tradicionalmente estreita do princípio da inalienabilidade e impenhorabilidade, gerando incertezas, acaba por não recomendar o uso de tal garantia para o propósito de dar segurança a uma PPP.

Por tal razão, a edição de lei que conferisse autorização clara para a constituição de tal garantia, estabelecendo procedimentos e requisitos para tanto, prestaria uma grande contribuição à redução da incerteza quanto à validade e efetividade de garantia prestada diretamente pela Administração Pública direta ou autárquica, respeitados os parâmetros legais aplicáveis.

6.2.5. Introdução de Regra Geral Que Iniba a Concessão de Liminar ou Suspensão de Segurança em Matéria de Garantias

Em matéria de tutela de urgência, vigora o princípio do poder geral de cautela do juiz. Tal poder é bem ilustrado pelo art. 300, dentre outros,

---

[288] Código Civil, art. 101: "os bens públicos dominicais podem ser alienados, observadas as exigências da lei."

[289] O art. 17, I, "a", da Lei de Licitações não somente autoriza a dação em pagamento de imóveis públicos, como dispensa tal operação de prévia licitação.

[290] Cf. ilustrativamente o art. 1º da Lei federal n. 9.469, de 10 de julho de 1997, com a redação que lhe foi dada pela Lei federal n. 13.140, de 2015, segundo o qual "o Advogado-Geral da União, diretamente ou mediante delegação, e os dirigentes máximos das empresas públicas federais, em conjunto com o dirigente estatutário da área afeta ao assunto, poderão autorizar a realização de acordos ou transações para prevenir ou terminar litígios, inclusive os judiciais."

do Código de Processo Civil de 2015, segundo o qual tal tutela "será concedida quando houver elementos que evidenciem a probabilidade do direito e o perigo de dano ou o risco ao resultado útil do processo", ou ainda pelo artigo 301, segundo o qual tal tutela pode ser efetivada "mediante arresto, sequestro, arrolamento de bens, registro de protesto contra alienação de bem e qualquer outra medida idônea para asseguração do direito".

Aplicando tais disposições ao contexto das garantias públicas em PPPs, constata-se que o juiz tem, como regra geral, o poder de sustar liminarmente os efeitos da garantia, em juízo meramente superficial e de plausibilidade, mesmo que a eficácia da garantia tenha constituído premissa fundamental da contratação e ainda que a sua suspensão possa privar a concessionária de sua única e necessária fonte de receitas por prazo indeterminado, qual seja, o de tramitação do processo, considerando nossa realidade de ausência de qualquer segurança quanto à duração razoável da lide.

Se é verdade que o parágrafo 3º do próprio art. 300 já adverte que a tutela de urgência "não será concedida quando houver perigo de irreversibilidade dos efeitos da decisão" – o chamado *periculum in mora* reverso –, a subjetividade e vagueza de tal disposição acaba por não impedir decisões liminares que, não raramente, sem a devida ponderação de tal ameaça reversa, acarretam grande e irrecuperável prejuízo à parte afetada, mormente quando tal parte é um ente privado em litígio contra a Administração Pública e a causa de pedir é suposta lesão ao interesse público.

Esse é justamente o caso de provimento provisório que, frustrando a única fonte de receitas de uma concessionária em contrato de PPP, acaba por reduzi-la ao estado de insolvência e à total vulnerabilidade, obrigando-a a enfrentar a quebra ou a aceitar todo e qualquer acordo que lhe seja oferecido, por mais desequilibrado ou abusivo que este possa ser.

Veja-se o exemplo da concessionária de Rio das Ostras, tolhida na sua garantia de adimplemento da contraprestação pública, sua única fonte de renda, por nada menos que três decisões provisórias, proferidas em processos desencadeados por medidas sucessivas da Administração municipal visando frustrar no todo ou em sua maior parte a garantia prestada pelo fundo garantidor municipal.

Dentre tais decisões provisórias, destaca-se inclusive uma suspensão de segurança, cabível de forma ampla e sem necessidade de qualquer pressuposto mais objetivo, "em caso de manifesto interesse público ou de flagrante ilegitimidade, e para evitar grave lesão à ordem, à saúde, à segurança e à economia públicas", em conformidade com o art. 4º da Lei federal n. 8.437, de 1992.

Nem o *periculum in mora* reverso nem a irresponsabilidade fiscal das sucessivas administrações do Município de Rio das Ostras, as quais não souberam se precaver quanto às previsíveis oscilações de sua receita de *royalties* ou do nível de sua atividade econômica, foram considerados como fatos suficientemente relevantes para manter-se a efetividade da garantia, tal como originalmente concebida e contratada.

Não se está aqui a propor uma limitação específica e intransponível ao poder geral de cautela do juiz, até porque qualquer limitação extravagante ou desarrazoada nessa direção seria provavelmente considerada inconstitucional, por afronta, dentre outros, aos princípios do devido processo legal, do contraditório, da ampla defesa e recursos a ela inerentes, ou à garantia de inafastabilidade do Poder Judiciário em face de lesão ou ameaça a direito.

Contudo, além de uma linguagem contratual que explicite a importância da eficácia da garantia e da continuidade do fluxo de receitas por ela assegurado como premissa fundamental da contratação, conforme sugerimos na seção 6.1.1, uma disposição de natureza didática e orientativa, sobretudo no drástico e autoritário terreno da suspensão de segurança (que, ao contrário das demais tutelas provisórias, não exige sequer a constatação da probabilidade do direito, e demais disso deve vigorar "até o trânsito em julgado da decisão de mérito na ação principal", conforme art. 4, § 9º, da Lei n. 8.437/1992), seria bastante útil e bem-vinda.

Aliás, disposição nesse sentido não seria inédita no Direito brasileiro. A própria Lei federal n. 8.437, de 1992, tratando de temas outros que não a suspensão de segurança, estabelece que não será cabível medida liminar em procedimento cautelar ou similar contra a Administração Pública em hipóteses em que tais medidas não seriam admitidas em sede de mandado de segurança (art. 1º). Estabelece, ainda, de forma mais casuística ao ensejo de uniformizar interpretação em pleitos levados com certa frequência ao Judiciário, não ser cabível "medida liminar que defira compensação de créditos tributários ou previdenciários" (art. 1, § 5º, com a redação dada pela MP n. 2.180-35, de 2001).

Assim, sugerimos a introdução de novo parágrafo ao artigo 4º da Lei n. 8.437/1992 (abaixo, em itálico), que reconheça o não cabimento de tal remédio para negar efetividade a uma garantia prestada pelo Poder Público para assegurar o adimplemento de obrigações assumidas contratualmente e dentro dos limites e controles próprios do regime legal das PPPs.

Esclareça-se que o acatamento de tal sugestão não impediria um tribunal de proferir outras tutelas provisórias, no âmbito de sua competência recursal, inclusive interlocutória, com efeito potencialmente equivalente ao da suspensão de segurança (por exemplo, antecipação de tutela recursal em agravo de instrumento para o fim de suspender os efeitos de liminar concedida em primeira instância que, por sua vez, houvera confirmado a eficácia ou desde logo determinado o cumprimento da garantia).

Não obstante, a disposição legal sugerida teria, a nosso ver, um duplo efeito positivo: em primeiro lugar, constituiria evidência da importância, reconhecida pelo próprio legislador, de se assegurar, como regra geral, efetividade à garantia prestada pelo poder público, ainda que tal reconhecimento não tenha força vinculante fora do contexto da suspensão de segurança; e, em segundo lugar, obrigaria o magistrado a ponderar, mesmo no seu juízo meramente perfunctório, a existência da plausibilidade do direito e do *periculum in mora* reverso, e não apenas o risco de grave lesão a interesse público.

> Lei 8.437, de 30.6.1992 – Suspensão de Segurança
>
> Art. 4º Compete ao presidente do tribunal, ao qual couber o conhecimento do respectivo recurso, suspender, em despacho fundamentado, a execução da liminar nas ações movidas contra o Poder Público ou seus agentes, a requerimento do Ministério Público ou da pessoa jurídica de direito público interessada, em caso de manifesto interesse público ou de flagrante ilegitimidade, e para evitar grave lesão à ordem, à saúde, à segurança e à economia públicas.
>
> [...]
>
> § 10. A suspensão prevista no presente artigo não será cabível em face de decisão que tenha assegurado o cumprimento de garantia prestada pelo

Poder Público, a credor ou contraparte de boa-fé, em operação de crédito ou contrato de concessão na forma da legislação aplicável.

6.2.6. Detalhamento da Disciplina Legal do Agente de Garantias Como Espécie Particular de Depositário

Embora a disciplina do Código Civil com relação ao contrato de depósito voluntário (arts. 627 a 646) seja suficientemente ampla para reger as obrigações do agente de garantias, espécie particular de depositário, seria bastante útil em termos de segurança e clareza um regramento mais específico e aderente às necessidades usais dessa figura empresarial que ganha cada vez mais importância não somente em PPPs, mas em outros tantos negócios jurídicos mais atuais e complexos, como operações de financiamento de projetos (*project finance*), securitizações, assim como fusões e aquisições empresariais.

No caso particular das PPPs, a utilidade de tal regramento seria ainda mais relevante, haja vista a participação de um ente público como depositante-garantidor, o que traz implicações legais não só na esfera do Direito Civil, mas também do Direito Administrativo e Financeiro.

Tipicamente, tratando-se de garantia sobre recursos financeiros, o agente de garantias é instituição financeira que, mediante remuneração, administra conta-vinculada, e os recursos nela depositados (ou a partir dela aplicados em investimentos contratualmente permitidos), em garantia, devendo assim respeitar os interesses tanto do garantidor, no nome de quem usualmente a conta é aberta e mantida, como da parte garantida.[291]

Em se tratando de garantia sobre bens imóveis ou móveis, que não recursos financeiros, o agente de garantias não precisará ser instituição financeira.

Além da guarda propriamente dita dos recursos e sua entrega à parte garantida ou sua devolução ao garantidor, conforme exijam as circunstâncias à luz das disposições do contrato, é comum que o agente de garantias também tenha por atribuições aplicar os recursos em investi-

---

[291] O depósito em benefício de terceiro não é desconhecido da disciplina do Código Civil. Segundo o art. 632 do referido diploma, "Se a coisa houver sido depositada no interesse de terceiro, e o depositário tiver sido cientificado deste fato pelo depositante, não poderá ele exonerar-se restituindo a coisa a este, sem consentimento daquele."

mentos permitidos ou resgatá-los quando necessário, efetuar pagamentos ou transferências em favor de usos e terceiros previamente autorizados, e arrecadar recursos.

Não obstante, o cerne de suas atribuições é, verificadas determinadas condições, resgatar eventuais investimentos ou liquidar bens não líquidos, para então entregar ao credor os recursos objeto da garantia, para satisfação do seu crédito, até o limite deste.

Ainda mais importante e essencial à função de agente de garantias é que – verificadas as condições acima, que em geral compreendem a entrega pela parte garantida de determinado documento evidenciando o evento deflagrador da garantia e requisitando o pagamento – o agente depositário efetue prontamente a entrega dos recursos devidos a essa parte garantida independentemente de nova consulta ao garantidor e ainda que o garantidor pretenda emitir contraordem ou de qualquer forma obstaculizar o cumprimento da garantia.

Como já antecipado na seção 5.4.1, não é incomum que, diante de um evento deflagrador da garantia (e.g., inadimplemento), o parceiro público tenha a tentação de obstar a sua execução. Com tal intento, o parceiro público poderá emitir contraordem ao depositário, agente de garantias, alegando como obstáculo ao pagamento da garantia à concessionária a ocorrência de força maior ou exigência do interesse público, ou simplesmente a impenhorabilidade e inalienabilidade dos bens públicos, inclusive recursos financeiros de titularidade da Administração.

Como vimos no precedente da PPP de Rio das Ostras, tal contraordem poderá ser ainda mais reforçada mediante a emissão de decreto ou outro ato normativo, inclusive lei local, com efeitos que, nos termos da norma, devam incidir de imediato ou retroativamente sobre garantias já constituídas.

Diante de todas essas especificidades da figura do agente de garantias, notadamente no contexto das PPPs, propusemos sugestões de regramento legal, incorporadas ao projeto de lei constante do Apêndice 1.

6.2.7. *Aprimoramento do regime legal de responsabilização do agente público no contexto das PPPs.*

A própria Lei federal de PPPs, de forma didática, aponta alguns dos principais diplomas legais dos quais possa resultar a imposição de penalidades civis, administrativas ou criminais a agentes públicos ou privados que incorram em conduta considerada ilícita e passível de repercussão nas PPPs e atividades a elas associadas, "sem prejuízo das penalidades financeiras previstas contratualmente" (art. 29).

Os diplomas apontados são o Código Penal, a Lei de Improbidade Administrativa (Lei n. 8.429, de 2 de junho de 1992), a Lei dos Crimes Fiscais (Lei n. 10.028, de 19 de outubro de 2000), a Lei dos Crimes de Responsabilidade dos Prefeitos e Vereadores (Decreto-Lei n. 201, de 27 de fevereiro de 1967) e a Lei dos Crimes de Responsabilidade do Presidente da República, Ministros de Estado, Governadores e seus Secretários (Lei n. 1.079, de 10 de abril de 1950).

Sem a pretensão de exaurir a legislação esparsa, poderíamos citar, ainda, como diplomas contendo normas que possam embasar sanções a agentes públicos no âmbito das PPPs, a Lei de Licitações (Lei n. 8.666, de 1993), a Lei Anticorrupção (Lei n. 12.846, de 1º de agosto de 2013, promulgada após a Lei federal de PPPs), as Leis Orgânicas dos Tribunais de Contas e o Estatuto da Cidade (Lei n. 10.257, de 10 de julho de 2001).

Todos os diplomas legais acima referidos cumprem função da mais alta relevância, tutelando importantes interesses da Administração Pública e da sociedade em geral. Alguns desses diplomas, como o Código Penal, as Leis dos Crimes de Responsabilidade e a Lei de Improbidade Administrativa, vigoram há várias décadas, já tendo sido alterados e aprimorados em diversas ocasiões. Não obstante, há certamente muito espaço para novos aprimoramentos, visando melhor atender às necessidades atuais de nossa sociedade.

Esclareça-se, desde logo, que esta tese não tem o propósito nem a pretensão de uma análise crítica profunda ou abrangente sobre esse arcabouço legislativo sancionatório. Nosso propósito é oferecer contribuições pontuais em aspectos que possam ter maior impacto positivo no adimplemento de contratos de PPPs.

Respeitando tais limitações, podem ser identificados três principais fatores que acabam por reduzir a efetividade desse emaranhado legislativo sancionatório no combate ao comportamento oportunista ou irresponsável da Administração Pública, infelizmente verificado com frequência maior do que seria esperado num Estado Democrático de

Direito, ao descumprir suas obrigações contratuais e frustrar suas garantias no âmbito de contratos de PPP.

O primeiro fator é a ausência de norma que tipifique, com um mínimo de especificidade, dentre as condutas sancionáveis no exercício da Administração Pública, o descumprimento de despesas continuadas obrigatórias e regularmente contratadas, a não inclusão nas leis orçamentárias aplicáveis das despesas contratualmente assumidas durante os anos de vigência do respectivo contrato de PPP, a prestação de garantia sem lastro patrimonial ou sem a devida autorização legal, a frustração ou o repúdio de garantia prestada pela Administração Pública e a emissão de contraordem a agente depositário ou administrador de garantia em conflito com compromissos previamente assumidos, visando frustrar o cumprimento ou execução da garantia.

Com efeito, existem numerosas normas tipificadoras para inibir ou penalizar outros comportamentos bem específicos, inclusive em matéria orçamentária, financeira e contratual, como: "deixar de promover ou de ordenar a liquidação integral de operação de crédito por antecipação de receita orçamentária, inclusive os respectivos juros e demais encargos, até o encerramento do exercício financeiro" (art. 1º, XIX, do DL n. 201/1967 e art. 10, (8), da Lei n. 1.079/1950); contratar operação de crédito sem autorização ou acima do limite estipulado em lei ou resolução do Senado Federal (art. 359-A do Código Penal); prestar garantia em operação de crédito a favor de terceiro sem a devida contragarantia (art. 359-E do Código Penal); e fraudar, impedir ou perturbar processo licitatório (art. 335 do Código Penal, arts. 89, 90 e 93 da Lei de Licitações).

A própria Constituição Federal houve por bem estabelecer, de forma bastante específica, que "o Presidente do Tribunal competente que, por ato comissivo ou omissivo, retardar ou tentar frustrar a liquidação regular de precatórios incorrerá em crime de responsabilidade e responderá, também, perante o Conselho Nacional de Justiça" (art. 100, § 7º).

A Lei de Improbidade Administrativa, por exemplo, com a redação que lhe foi acrescida pela Lei n. 13.019, de 31 de julho de 2014, descreve com algum detalhe nada menos que sete condutas ilícitas no âmbito de parcerias da Administração Pública com organizações da sociedade civil, que não se confundem com as PPPs, como hipóteses consideradas atos de improbidade que causam lesão ao erário.

Outras duas hipóteses, com redação dada pela Lei n. 11.107 de 2005 (Lei dos Consórcios Públicos), são reservadas a condutas lesivas no âmbito de contrato de serviço público por gestão associada ou de rateio sem dotação orçamentária ou sem observar as formalidades previstas em lei, ambos instrumentos da Lei de Consórcios Públicos.

O art. 52 do Estatuto das Cidades, por sua vez, descreve outros oito tipos específicos de improbidade administrativa ligados a infrações de normas ou princípios da referida lei.

Seria, portanto, natural e justificável a explicitação de hipóteses específicas de improbidade associadas ao contexto de contratos de PPP, até porque as PPPs atualmente lidam com recursos e interesses públicos não menos relevantes – quantitativa ou qualitativamente – que aqueles contemplados por instrumentos como o contrato de rateio no âmbito de consórcio público ou a outorga onerosa de construir, tal como disciplinada no Estatuto das Cidades, ambos beneficiados com tipos específicos de improbidade administrativa.

Como se sabe, entretanto, não há uma única hipótese dedicada pela Lei de Improbidade Administrativa especificamente aos comportamentos omissos ou comissivos do gestor público que possam comprometer, dolosa ou culposamente, o cumprimento das obrigações da Administração Pública nas PPPs ou às garantias por ela prestadas para tal finalidade, não obstante os inegáveis prejuízos que possam daí resultar para a Administração e para toda a sociedade (tais como multas, juros e encargos moratórios associados à contraprestação pública não tempestivamente paga, despesas e honorários judiciais, aumento do risco Brasil e do custo de novas contratações etc.).

É bem verdade que em todos os diplomas legais acima referidos existem normas mais genéricas e abrangentes, dentro das quais poderiam ser enquadrados praticamente todos os comportamentos lesivos às PPPs.

A Lei de Improbidade qualifica genericamente como ato de improbidade lesivo ao patrimônio público "qualquer ação ou omissão, dolosa ou culposa, que enseje perda patrimonial, desvio, apropriação, malbaratamento ou dilapidação dos bens ou haveres" da Administração Pública direta ou indireta, em qualquer de suas esferas federativas (art. 10).

Como se não bastasse, o art. 11 da Lei de Improbidade, de forma residual e complementar, qualifica, ainda, como atos sancionáveis por atentarem contra os princípios da administração pública "qualquer ação ou omissão que viole os deveres de honestidade, imparcialidade, legalidade, e lealdade às instituições".

Por sua vez, a Lei Orgânica do Tribunal de Contas da União estabelece que serão consideradas irregulares as contas prestadas pelo administrador público, ensejando o seu dever de ressarcir o prejuízo à Administração e autorizando o Tribunal a impor as multas administrativas pertinentes, sempre que restar evidenciada a ocorrência de "prática de ato de gestão ilegal, ilegítimo, antieconômico, ou infração à norma legal ou regulamentar de natureza contábil, financeira, orçamentária, operacional ou patrimonial" (art. 16, III, "b"). Disposições semelhantes são encontradas nas leis orgânicas dos demais tribunais de contas.

A Lei dos Crimes de Responsabilidade dos Prefeitos e Vereadores, por sua vez, estabelece genericamente, dentre as hipóteses tipificadas, "negar execução a Lei federal, estadual ou municipal, [...], sem dar o motivo da recusa ou da impossibilidade, por escrito, à autoridade competente" (art. 1º, XIV).

Em tese, portanto, a conduta de um prefeito que orienta a sua administração municipal a não realizar o pagamento voluntário da contraprestação pública e, ato contínuo, expede decreto para, de forma inconsistente com os compromissos anteriormente assumidos, ordenar ou constranger instituição financeira depositária a não honrar garantia prestada pela Administração Pública em PPP – a exemplo do que se verificou ao longo do histórico de litígio da PPP de Rio das Ostras – poderia ser qualificada em qualquer uma das hipóteses acima, configurando, ao mesmo tempo, violação da Lei federal de PPPs, ato de improbidade lesivo ao erário, ato atentatório aos princípios constitucionais da legalidade e lealdade, prática antieconômica e crime de responsabilidade.

Ainda que se entenda que tais descrições mais amplas atendem minimamente aos princípios da legalidade e tipicidade, na prática, contudo, tais tipos abertos têm tido pouca efetividade no combate a condutas oportunistas como aquelas aqui tratadas, a exemplo de atos de gestão contratual que negam pagamento ou frustram garantia prestada ao contratado, muito menos quando tais atos são justificados por algum pretexto de interesse público ou suposta ilegalidade na contratação ou constituição da garantia, usualmente reputada à administração anterior.

Sob uma cultura administrativista ainda predominantemente autoritária, em que o Estado é visto como titular de muitos direitos mas poucas obrigações perante os administrados, esses tipos genéricos são raramente invocados para coibir ou penalizar atos de inadimplemento contratual da Administração, notadamente quando causam um prejuízo primário e mais imediato ao contratado ou concessionário privado, e cujos prejuízos à Administração e à sociedade se fazem sentir apenas indiretamente ou no longo prazo.

Por consequência dessa cultura, tampouco tais normas abertas têm, sob a perspectiva do agente público, um efeito suficientemente inibidor do comportamento contratual oportunista aqui tratado.

O segundo fator, pelo qual tais normas sancionatórias são pouco efetivas para combater comportamentos contratuais oportunistas ou irresponsáveis do administrador público, é que tais normais, quando são mais precisas, ou pelo menos da forma como são usualmente interpretadas, penalizam, via de regra, ações, e não omissões.

Assim, nosso sistema de controle dos atos da administração dificilmente penalizará um agente público que retarda o pagamento da contraprestação pública assumida em PPP, não toma providências necessárias à efetividade da garantia prestada ou de qualquer modo frustra ou nega o direito do parceiro privado à sua contrapartida contratual, ainda que o faça conscientemente com o intuito de deslocar recursos para usos que lhe pareçam mais convenientes.[292]

Embora o *caput* do art. 10 da Lei de Improbidade Administrativa aluda genericamente a "qualquer ação ou omissão, dolosa ou culposa", as hipóteses tipificadas em maior detalhe são preponderantemente de natureza comissiva: "facilitar [...]" (incisos I e XVI); "permitir [...]" (incisos II, IV, V, XII e XIII); "doar [...]" (inciso III); "realizar [...]" (inciso VI); "conceder [...]" (inciso VII); "liberar [...]" (incisos XI e XXI); "celebrar [...]" (incisos XIV, XV e XVIII), etc.

---

[292] Cf., parafraseando Marcos Juruena e Flavio Amaral Garcia, o artigo de RIBEIRO, Leonardo Coelho. "Na dúvida, dorme tranquilo quem indefere", e o Direito Administrativo como caixa de ferramentas. **Revista Colunistas de Direito de Estado**, n. 149, 20 abr. 2016. Disponível em: <http://www.direitodoestado.com.br/colunistas/leonardo-coelho-ribeiro/na-duvida--dorme-tranquilo-quem-indefere-e-o-direito-administrativo-como-caixa-de-ferramentas>. Acesso em: 16 dez. 2017.

O art. 11 da Lei de Improbidade traz, dentre outras, uma hipótese atentatória de natureza tipicamente omissiva, qual seja, a de "retardar ou deixar de praticar, indevidamente, ato de ofício". Contudo, sua eficácia se mostra limitada para o contexto examinado das PPPs, seja porque se trata de tipo muito amplo e aberto, seja porque, conforme reconhecem doutrina e jurisprudência, o *standard* de aplicação do art. 11 é mais rigoroso que aquele do art. 10, exigindo a presença de dolo, de comprovação muito mais complexa do que a mera culpa ou mesmo culpa grave.[293]

Finalmente, o terceiro fator, também ligado ao anterior, mas sob ângulo diverso, é a falta de regras mais claras e explícitas na legislação que assegurem uma verdadeira presunção de boa-fé, excludente de responsabilidade, em favor do administrador público disposto a agir com presteza e eficiência e que, em matérias controvertidas, se baseie em interpretação razoável de texto legal ou regulamentar, a exemplo de interpretação corroborada pelas assessorias jurídicas competentes e que, naturalmente, não apresente manifesto conflito com posicionamento judicial ou administrativo vinculante ou com jurisprudência consolidada.[294]

---

[293] Sobre a exigência de dolo ou culpa nas diferentes espécies de atos de improbidade administrativa, cf. FERRAZ, Luciano. Improbidade administrativa e dano ao erário. In: CAMPILONGO, Celso Fernandes; GONZAGA, Alvaro de Azevedo; FREIRE, André Luiz (Coords.). **Enciclopédia jurídica da PUC-SP**: tomo Direito Administrativo e Constitucional. Coordenação de tomo Vidal Serrano Nunes Jr., Maurício Zockun, Carolina Zancaner Zockun, André Luiz Freire. 1. ed. São Paulo: Pontifícia Universidade Católica de São Paulo, 2017. Disponível em: <https://enciclopediajuridica.pucsp.br/verbete/108/edicao-1/improbidade-administrativa-e-dano-ao-erario>. Acesso em: 16 dez. 2017.

[294] Algumas dessas regras são acolhidas pela jurisprudência, mas sem a segurança e visibilidade da disposição legal expressa. A Corte Especial do STJ, por exemplo, já decidiu que a configuração do ato de improbidade administrativa previsto no art. 10 da Lei de Improbidade exige dolo ou culpa grave, não bastando a culpa simples: "não se pode confundir improbidade com simples ilegalidade. A improbidade é ilegalidade tipificada e qualificada pelo elemento subjetivo da conduta do agente. Por isso mesmo, a jurisprudência do STJ considera indispensável, para a caracterização de improbidade, que a conduta do agente seja dolosa, para a tipificação das condutas descritas nos arts. 9º e 11 da Lei 8.429/1992, ou pelo menos eivada de culpa grave, nas do art. 10". (STJ, AIA n. 30/AM, Corte Especial, rel. Min. Teori Albino Zavascki, j. 21 set. 2011). E ainda: "a improbidade é uma ilegalidade qualificada pelo intuito malsão do agente, atuando com desonestidade, malícia, dolo ou culpa grave". (REsp n. 1.193.248-MG, rel. Min. Napoleão Nunes Maia Filho, j. 24 abr. 2014). No entanto, o conceito de culpa grave não tem uma delimitação clara no Direito brasileiro. O agente público que, embasado em pareceres não vinculantes internos ou externos à Administração, adota inter-

Com receio de agir, o agente público é mais uma vez incentivado a se quedar inerte, não pagando, não autorizando, não reequilibrando.[295]

Tendo em conta esses três fatores deletérios acima descritos, e sem a pretensão de um aprofundamento neste tópico particular incompatível com o tema central deste estudo, ou tampouco a pretensão de endereçar outros tantos aspectos relevantes da vasta legislação sobre responsabilização de agentes públicos ou privados por ilícitos contra a Administração Pública, pensamos que algumas sugestões pontuais a essa legislação poderiam contribuir para um ambiente mais saudável e eficiente de contratações públicas, notadamente de PPPs.

6.2.8. *Aprimoramentos ao Sistema de Controle dos Contratos de Concessão*

O controle das PPPs e concessões pelos tribunais de contas se dá de forma prévia, concomitante e *a posteriori*.

Considerando a sua competência constitucional para fiscalizar qualquer pessoa que "utilize, arrecade, guarde, gerencie ou administre dinheiros, bens e valores públicos",[296] os valores de contraprestação pública e aporte de recursos, assim como as garantias prestadas para assegurar o adimplemento de tais importâncias, constituem elemento central do controle exercido pelos tribunais de contas.

---

pretação possível da lei, mas ciente de que os órgãos de controle poderão eventualmente adotar interpretação contrária, terá agido com culpa simples, culpa grave ou sem culpa na hipótese de prevalecer tal interpretação contrária?

[295] Sobre o imobilismo administrativo gerado pelo controle excessivo e desarrazoado, cf. ALENCAR, Rodrigo Tostes. O medo e o ato administrativo. **Revista Colunistas de Direito de Estado**, n. 289, 1 nov. 2016. Disponível em: <http://www.direitodoestado.com.br/colunistas/rodrigo-tostes-mascarenhas/o-medo-e-o-ato-administrativo>. Acesso em: 16 dez. 2017. No mesmo sentido, GUIMARÃES, Fernando Vernalha. O Direito Administrativo do medo: a crise da ineficiência pelo controle. **Revista Colunistas de Direito de Estado**, n. 71, 31 jan. 2016. Disponível em: <http://www.direitodoestado.com.br/colunistas/fernando-vernalha-guimaraes/o-direito-administrativo-do-medo-a-crise-da-ineficiencia-pelo-controle>. Acesso em: 16 dez. 2017. Nas palavras de Vernalha Guimarães, "O administrador público vem, aos poucos, desistindo de decidir. Ele não quer mais correr riscos. [...] Instalou-se o que se poderia denominar de crise da ineficiência pelo controle: acuados, os gestores não mais atuam apenas na busca da melhor solução ao interesse administrativo, mas também para se proteger."

[296] Art. 70, parágrafo único, da CF.

Diante da inviabilidade de abordarmos especificidades de cada um dos tribunais de contas estaduais ou municipais, enfocaremos a presente análise e sugestões no Tribunal de Contas da União, até mesmo porque a sua disciplina constitucional é supletivamente aplicável "no que couber, à organização, composição e fiscalização dos Tribunais de Contas dos Estados e do Distrito Federal, bem como dos Tribunais e Conselhos de Contas dos Municípios".[297]

Até a Constituição de 1946, o controle a cargo do Tribunal de Contas da União, criado em 1890, era eminentemente prévio e formal, exigindo-se, por exemplo, o registro prévio de contratos administrativos para que pudessem produzir efeitos.[298]

A partir da Constituição de 1967, tal formalismo e burocracia foram mitigados. O controle pelo Tribunal de Contas da União passou a ser exercido preponderantemente *a posteriori*, por meio de auditorias financeiras e orçamentárias e inspeções consideradas necessárias.[299] O registro prévio de contratos foi abandonado. Em caso de ilegalidade constatada em contrato, inclusive contrato de concessão, o Tribunal de Contas da União poderia consignar prazo para que a Administração Pública cumprisse a lei ou, não sendo cumprida tal determinação, recomendar a sustação do contrato ao Congresso Nacional.

Tal regime manteve-se até os dias de hoje, com algumas inovações trazidas pela Constituição de 1988, visando a ampliar as competências do Tribunal de Contas da União e dotando-o de prerrogativas e instrumentos mais fortes para o cumprimento de sua missão.[300]

---

[297] Art. 75, *caput*, da CF.

[298] Constituição Federal de 1946: "Art. 77. Compete ao Tribunal de Contas. [...] § 1º – Os contratos que, por qualquer modo, interessarem à receita ou à despesa só se reputarão perfeitos depois de registrados pelo Tribunal de Contas. A recusa do registro suspenderá a execução do contrato até que se pronuncie o Congresso Nacional."

[299] Cf. MEDAUAR, Odete. Controle da Administração Pública pelo Tribunal de Contas. **Revista de Informação Legislativa**, v. 27, n. 108, p. 101-106, out./dez. 1990, p 118.

[300] Não obstante, a Constituição de 1988 parece ter regredido ao atribuir ao TCU competência para apreciar, para fins de registro prévio, a legalidade dos atos de admissão de pessoal e de concessões de aposentadorias, reformas e pensões, seja por reinstituir, ao menos nessa matéria, o requisito burocrático de registro prévio, seja por sobrecarregar o Tribunal com o exame obrigatório de atos de pouca expressão econômica, comprometendo recursos que poderiam ser dedicados, com maior eficiência, aos grandes atos e contratos firmados pela Administração Pública federal.

Se na Constituição de 1967 o silêncio do Congresso Nacional ante a recomendação de sustação de contrato pelo Tribunal de Contas da União importava em rejeição de tal medida, a Constituição de 1988 autorizou o Tribunal de Contas a decidir a respeito, no caso de inércia do Congresso e do Poder Executivo por mais de 90 dias.[301]

Mais importante ainda foi a ampliação do controle, outrora limitado aos aspectos contábil, financeiro e orçamentário, de cunho mais formal, para também abranger os aspectos patrimonial e operacional, este último focado também na economicidade e eficiência dos atos administrativos e políticas públicas. Segundo o Manual de Auditoria Operacional do Tribunal de Contas da União, auditoria operacional, também denominada auditoria de desempenho, "é o exame independente e objetivo da economicidade, eficiência, eficácia e efetividade de organizações, programas e atividades governamentais, com a finalidade de promover o aperfeiçoamento da gestão pública".

Embora o controle exercido pelo Tribunal de Contas em matéria de atos e contratos tenha, desde a Constituição de 1967, assumido uma feição precípua de controle subsequente, por meio de auditorias, inspeções e acompanhamento, conforme corroborado pelos arts. 41 e seguintes da Lei n. 8.443/1992, o Tribunal de Contas da União valeu-se de seu poder regulamentar – conforme estabelecido no art. 3º da sua lei orgânica,[302] bem como de singela previsão no art. 18, inciso VIII, da Lei n. 9.491/1997 (e de dispositivo semelhante na Lei n. 8.031/1990, que a precedeu) no sentido de competir ao gestor do Fundo Nacional de Desestatização preparar a documentação dos processos de desestatização para apreciação do Tribunal de Contas da União – para expedir atos normativos próprios voltados a disciplinar o controle a ser exercido sobre privatizações e atos de outorga de concessões, permissões e auto-

---

[301] Essa decisão do Tribunal de Contas, diante da inércia do Congresso, poderia em tese contemplar a sustação do contrato. Não obstante, o tema comporta discussões, como bem relatado em Sundfeld Carlos Ari; Câmara, Jacintho Arruda. Competências de controle dos Tribunais de Contas: possibilidades e limites. In: Sundfeld, Carlos Ari (Org.). **Contratações públicas e seu controle**. São Paulo: Malheiros, 2013, p. 177-220 (vide, em particular, p. 211 et seq.).

[302] "Art. 3º. Ao Tribunal de Contas da União, no âmbito de sua competência e jurisdição, assiste o poder regulamentar, podendo, em consequência, expedir atos e instruções normativas sobre matéria de suas atribuições e sobre a organização dos processos que lhe devam ser submetidos, obrigando ao seu cumprimento, sob pena de responsabilidade."

rizações, dedicando a esses atos e contratos etapas de controle prévio e concomitante.

Assim, foi expedida primeiramente pelo TCU a Instrução Normativa n. 7, de 1994, dedicada à fiscalização dos processos de privatização. No ano seguinte, foi expedida a Instrução Normativa n. 10, dedicada à fiscalização das concessões, permissões e autorizações no âmbito da Administração Pública federal.

Instruções Normativas n. 7 e 10 foram então substituídas pela Instrução Normativa n. 27, de 1998, que ainda se encontra vigente, ressalvados os atos e contratos disciplinados em norma mais específica (como veremos logo adiante, esse é o caso das PPPs).

Segundo o art. 7º e seguintes da IN n. 27/1998, o controle da outorga de concessão de serviço público deve ser exercido ao longo de quatro estágios fiscalizatórios, sem prejuízo do controle sobre a execução e cumprimento da concessão propriamente dita.

O primeiro estágio constitui controle prévio, na medida em que a aprovação do TCU é condição para publicação do respectivo edital de licitação. Em tal estágio, o TCU deve examinar os estudos de viabilidade técnica, econômica e ambiental do empreendimento, incluindo modelagem proposta, objeto da concessão, seu prazo, orçamento das obras já realizadas ou a realizar, custo dos serviços, bem como eventuais receitas alternativas.

É compreensível a relevância do controle prévio nesse estágio do processo de outorga de uma concessão. Muitas falhas usuais em estudos prévios e modelagem não seriam passíveis de correção, ou seriam a um custo excessivo, se identificadas após a conclusão do processo licitatório, assinatura do contrato de concessão ou, principalmente, após o início de sua execução.

Os estágios fiscalizatórios subsequentes são concomitantes, porque carreados ao longo do processo licitatório. O segundo estágio é dedicado ao exame do edital e minuta contratual; o terceiro estágio concentra-se sobre o processo de habilitação e julgamento das propostas; enquanto o quarto e último estágio tem por objeto o ato de outorga e o contrato de concessão efetivamente firmado.

Daí em diante o TCU fiscaliza o contrato de concessão como qualquer outro contrato relevante de sua competência, realizando auditorias, inspeções e acompanhamentos, podendo determinar correções ou cumprimento da lei, sustar atos e em certas condições contratos, e aplicando sanções aos administradores públicos ou à própria concessionária.

Ao Poder Concedente ou agência reguladora incumbe elaborar relatório consolidado de acompanhamento da concessão, encaminhando-o semestralmente ao Tribunal.

A IN n. 27/1998 já estipula certos atos que deverão ser prontamente informados e justificados ao Tribunal, a exemplo de atos de intervenção na concessionária, declaração de caducidade ou encampação, aditamento à concessão, prorrogação, transferência do controle da concessionária etc.

Além disso, certas concessões ganharam normativo próprio, provavelmente em função de sua importância, peculiaridades ou volume de outorgas. É o caso da Instrução Normativa n. 46, de 2004, que dispõe sobre a fiscalização dos processos de concessão para exploração de rodovias federais, delegadas ou não a Estados e Municípios.

É também o caso, de maior interesse para a presente tese, da Instrução Normativa n. 52, de 2007, que dispôs especificamente sobre o controle e a fiscalização pelo TCU de procedimentos de licitação, contratação e execução contratual das PPPs.

De modo geral, a IN n. 52/2007 manteve a lógica de fiscalização prévia, concomitante e subsequente da IN n. 27/1998, adaptando-a aos requisitos mais rigorosos aplicáveis às PPPs e introduzindo alguns aprimoramentos ao texto, fruto da experiência já acumulada com concessões.

Com efeito, os estudos e requisitos prévios à abertura de processo licitatório a serem avaliados pelo TCU no primeiro estágio fiscalizatório de uma PPP devem atender a uma lista de mais de trinta itens previstos no art. 4º da IN n. 52/2007, a maioria dos quais não aplicável às concessões comuns.

Aos quatro estágios fiscalizatórios da IN n. 27/1998, foi acrescido um quinto na IN n. 52/2007, considerando que a fase de habilitação e julgamento de propostas no contexto de licitação para contratação da concessão, fiscalizada apenas no estágio 2 da IN n. 27/1998 com relação às concessões comuns, foi dividida no estágio 2 e novo estágio 3 para as PPPs.

A essa altura, cabe registrar que todas as preocupações contempladas pelo TCU quanto à legalidade dos atos de outorga e respectivos contratos de concessão, assim como sua economicidade, efetividade e adequação às políticas públicas aplicáveis, são também objeto da atuação própria e ordinária de diversas outras autoridades e instâncias de controle em sentido amplo, a exemplo das agências reguladoras e seu papel normativo, regulador e fiscalizatório, do controle interno no âmbito da Administração direta (e.g., CGU), e do controle exercido pelo Poder Judiciário sob provocação do Ministério Público, via de regra por meio de ação civil pública, ou de cidadão no manejo de ação popular.

Com efeito, parece óbvio que, quando uma proposição de uma PPP, acompanhada de seus estudos prévios de viabilidade, aí incluída sua estrutura de remuneração e garantias, é submetida ao Tribunal de Contas para o atendimento do primeiro estágio fiscalizatório, isso significa que um longo processo já foi percorrido na Administração.

Isso normalmente significa, por exemplo, que tal proposição foi elaborada pelo ente concedente, com ou sem aproveitamento de proposições originalmente formuladas por agentes privados que tenham sido autorizados a realizar os estudos prévios, por sua conta e risco, no contexto de procedimento de manifestação de interesse – PMI. Deveria também significar que o ente concedente já obteve as necessárias aprovações no âmbito da própria Administração direta (por exemplo, autorização do Comitê Gestor, parecer favorável dos Ministérios de Planejamento e Fazenda, etc.) e que a proposição já passou pelo crivo da respectiva agência reguladora, nos setores sujeitos a tal regulação, caso não tenha sido ela própria envolvida desde logo no processo de elaboração do edital e seus anexos.

E dificilmente uma proposta de concessão ou PPP percorre todo esse processo em menos de dois anos, a ponto de estar suficientemente madura e completa para submissão ao TCU.

Por isso mesmo é que, no contexto das concessões, alguns autores referem-se a um controle do Tribunal de Contas de segunda ordem, em contraposição àquele exercido, em primeiro plano, pelas agências ou órgãos reguladores executivos.[303]

---

[303] Cf. ZYMLER, Benjamin; ALMEIDA, Guilherme Henrique de la Roque. **O controle externo das concessões de serviços públicos e das parcerias público-privadas**. Belo Horizonte: Editora Fórum, 2005, p. 158. "É importante ressaltar que o papel do Tribunal no controle das concessões, permissões e autorizações de serviço público não se confunde com o das agências reguladoras. Afinal, o TCU fiscaliza a atuação da agência, visando aferir sua aderência ao ordenamento jurídico e às orientações emanadas do poder competente. Dito de

Essas considerações são relevantes porque o controle não pode ser um fim em si mesmo. Embora relevantíssimo o seu papel, mormente num país com um histórico tão preocupante de fraudes e corrupção, o controle não pode ser exercido ao extremo de inviabilizar o ato controlado ou o atendimento adequado e tempestivo do interesse público que ele visa a atender.

Graus sucessivos e redundantes de controle podem reduzir o risco de fraude ou corrupção, mas podem inviabilizar ou onerar demasiadamente a atividade administrativa. Se de um lado temos um histórico recente de fraudes e corrupções, de outro também temos um histórico contumaz de projetos paralisados, ou ainda de contratos, cláusulas e garantias que são anulados ou reformados após anos de vigência, gerando grande incerteza e riscos para todas as partes envolvidas.

De fato e sem a pretensão de realizarmos grandes incursões nos detalhes e casuística de cada projeto, já temos no nosso histórico de PPPs registro de procedimentos de controle carreados pelos tribunais de contas com aparentes excessos ou, quando menos, gerando graves ineficiências e incertezas.

Em muitos casos, tal excesso traduz-se em resultados antieconômicos quando considerados os impactos gerais de paralisação ou postergação de projetos de grande interesse público ou social em razão de desconformidades de menor relevância que poderiam ser sanadas ou objeto de sanções limitadas aos agentes responsáveis, no limite de sua culpabilidade e sem prejuízo ao desenvolvimento dos respectivos projetos.[304]

A única PPP firmada até o momento em nível federal, qual seja, a PPP para contratação do *datacenter* pelo Banco do Brasil e Caixa Econômica Federal, foi aprovada pelo Comitê Gestor de Parcerias em 27 de dezembro 2006, mas sua adjudicação e quinto estágio de fiscalização prévia e concomitante pelo Tribunal de Contas da União, na forma da

---

outra forma, o Tribunal realiza uma fiscalização de segunda ordem. Conclui-se que, se por um lado a Corte de Contas, no exercício de suas competências constitucionais e legais, deve fiscalizar as atividades-fim das agências, por outro lado ela deve atuar com cuidado para não invadir âmbito de ação exclusivo da entidade reguladora."

[304] Para uma referência não exaustiva sobre algumas das externalidades negativas do excesso de controle, cf. GUIMARÃES, Fernando Vernalha. O Direito Administrativo do medo. Op. cit.

sua Instrução Normativa n. 52, de 2007, foram concluídos apenas no final de 2010.[305]

Ainda que muitos fatores tenham contribuído para esse longuíssimo processo de contratação de nada menos que 4 (quatro) anos, boa parte disso se deveu às idas e vindas do moroso processo de controle a cargo daquele Tribunal de Contas, embora se possa justificar, nesse caso, tratar-se da primeira PPP submetida ao controle em nível federal.

Por sua vez, a licitação da PPP de iluminação pública do Município de São Paulo, cujo edital de concorrência foi publicado inicialmente em 23 de abril de 2015 após anos de preparação e estudos prévios, inclusive com contribuições recebidas em procedimento de manifetação de interesse – PMI, permanecia pendente em outubro de 2017.

A licitação permaneceu suspensa por decisões cautelares do Tribunal de Contas do Município de São Paulo, endossadas pelo Poder Judiciário, por praticamente dois anos.[306]

É certo que tais atrasos não se deveram exclusivamente à ação fiscalizadora dos respectivos tribunais de contas, conjugando outros fatores como decisões do Poder Judiciário e a irresignação dos licitantes que não apresentaram a melhor proposta, mas resta claro também o excesso e morosidade do processo de controle, para não falar da análise de mérito, que, frequentemente, extrapola um controle objetivo, invade a esfera de discricionariedade do gestor público e, demais disso, não é capaz de apreciar todo o impacto econômico e social das decisões tomadas.

Após a data de corte considerada para o mapeamento que empreendemos no Apêndice 2 – Lista das PPPs, o contrato de PPP de iluminação pública de São Paulo foi finalmente assinado em 8 de março de 2018, sob a gestão do Prefeito Dória.[307]

---

[305] Cf. relato fático no Acórdão TCU n. 026.755/2008-7 (AC-1969-29/10-P), relatoria do Ministro Raimundo Carreiro, sessão de 11 ago. 2010. Disponível em: <https://contas.tcu.gov.br/sagas/ SvlVisualizarRelVotoAcRtf?codFiltro=SAGAS-SESSAO-ENCERRADA&seOcultaPagina=S&item0=43296>. Acesso em: 28 set. 2017.

[306] Cf. RIBEIRO, Bruno; LEITE, Fabio. Mais uma vez, Justiça suspende PPP da iluminação de São Paulo. **O Estado de São Paulo**, 14 out. 2016. Disponível em: <http://sao-paulo.estadao.com.br/noticias/geral,mais-uma-vez-justica-suspende-ppp-da-iluminacao-de-sp,10000082137>. Acesso em: 28 set. 2017.

[307] Cf. Edital, Contrato e respectivos Anexos para a PPP de Iluminação Pública no Município de São Paulo no sítio eletrônico da Prefeitura de São Paulo. Disponível em: <http://www.prefeitura.sp.gov.br/ cidade/secretarias/obras/ilume/noticias/?p=206645>. Acesso em: 28

Entretanto, em termos de desperdício e incerteza, mais graves que os atrasos são os procedimentos de controle instaurados ou revisitados anos depois da celebração das respectivas PPPs e mesmo depois da conclusão da fase de implantação com investimentos não raramente da ordem de centenas de milhões de reais, para questionar a legalidade da licitação, outorga e seus estudos prévios ou ameaçar a suspensão ou redução da contraprestação pública devida ao longo de todo o contrato.

São exemplos de tal ocorrência os procedimentos instaurados em face das PPPs da Arena Pernambuco, da Arena Fonte Nova na Bahia e da Arena das Dunas no Rio Grande do Norte pelos respectivos tribunais de contas estaduais.

Em todas essas PPPs de estádios de futebol, os respectivos tribunais de contas emitiram pronunciamentos, ainda que não conclusivos ou definitivos, favoráveis ao prosseguimento dos contratos e suas obras, de modo que pudessem atender ao objetivo maior de sediar a Copa do Mundo de 2014 e, em alguns casos, a Copa das Confederações em julho de 2013. Entretanto, concluídas as obras e seus investimentos, e passada a Copa do Mundo, os processos fiscalizatórios *a posteriori* foram retomados com muito mais rigor, rechaçando a qualidade dos estudos prévios e cogitando inclusive a nulidade dos contratos e seus processos licitatórios.

set. 2017. Sobre a assinatura do referido contrato e para uma narrativa dos principais eventos percorridos pelo seu tumultuado processo licitatório até sua celebração, vide <https://g1.globo.com/sp/sao-paulo/noticia/doria-lanca-ppp-da-iluminacao-de-r-7-bilhoes-avenida-morumbi-e-mais-4-serao-primeiras-a-receber-led.ghtml>. Acesso em 22 mai. 2018. Apenas para referência, a Lei 8.666 (art. 21, §2º, I, "b") estabelece o prazo mínimo de 45 (quarenta e cinco) dias entre a data da publicação do edital de concorrência e a data fixada para submissão das propostas, quando adotado o critério de julgamento de técnica e preço. Adicionando-se os prazos necessários para julgamento das propostas e adjudicação dos contratos, seria possível concluir a licitação, em tese, em 60 (sessenta) dias. A licitação do Município de São Paulo arrastou-se por nada menos que 3 (três) anos. Ainda assim, em razão da divulgação de gravações que sugeriam pagamento de propina a funcionários da Prefeitura e favorecimento do consórcio vencedor, o contrato de PPP foi limitado por decisão da própria Prefeitura às atividades de manutenção dos equipamentos e iluminação, suspensos os investimentos de renovação e expansão, enquanto pendente a apuração definitiva das irregularidades. Em 12 de abril de 2018, a Justiça do Estado de São Paulo havia suspenso o contrato por completo, suspensão essa posteriormente afastada por decisão de 24 de abril do Tribunal de Justiça, em reconhecimento à essencialidade do serviço de manutenção e os danos que sua suspensão não planejada poderiam acarretar. Cf. <https://g1.globo.com/sp/sao-paulo/noticia/justica-restabelece-contrato-de-ppp-da-iluminacao-de-sao-paulo.ghtml>. Acesso em 22 mai. 2018.

PROPOSIÇÕES PARA O APRIMORAMENTO DO SISTEMA DE GARANTIAS NAS PPPS

No caso da Arena Pernambuco, o Tribunal de Contas do Estado de Pernambuco exerceu controle prévio sobre o processo de outorga da concessão, admitindo a celebração do contrato, a conclusão das obras e entrega da Arena em condições de realização da Copa das Confederações em julho de 2013 e da Copa do Mundo em 2014.

Posteriormente, iniciou novas auditorias que, como resultado da interlocução com a Administração Pública estadual, consideraram a gestão privada do equipamento e as contraprestações públicas que deveriam remunerá-la injustificadamente onerosas ao Estado de Pernambuco. Tais interlocuções culminaram com a celebração do Termo de Ajuste de Gestão n. 1603642-6, por meio do qual o Tribunal de Contas do Estado determinou parâmetros de indenização e acordo dentro dos quais seria considerada lícita e econômica a rescisão consensual do contrato de concessão por iniciativa do Poder Executivo, sujeita à concordância do concessionário.

O Termo de Rescisão foi então firmado em 2016, dando ensejo ao término antecipado da concessão e à imediata reversão da arena ao patrimônio do Estado. Em contrapartida aos investimentos realizados pelo concessionário e não amortizados e em consonância com os parâmetros autorizados pelo Termo de Ajuste de Gestão, o Estado assumiu o pagamento de indenização em prestações mensais ao longo de 15 (quinze) anos, no exato prazo renegociado dentro do qual o concessionário deveria amortizar o financiamento remanescente tomado junto ao Banco do Nordeste para financiamento da concessão. Segundo o Termo de Rescisão, uma parcela majoritária da prestação mensal seria paga pelo Estado diretamente em conta vinculada administrada pelo Banco do Nordeste, para quitação imediata das parcelas correspondentes do seu financiamento.

Todo esse histórico e amarração, entretanto, não impediram o Tribunal de Contas do Estado de, na vigência do Termo de Rescisão, 8 (oito) anos após a celebração do contrato de concessão e 4 (quatro) anos após a plena conclusão das obras e investimentos a cargo do concessionário, proferir medida cautelar para suspender o pagamento das prestações assumidas pelo Estado.[308]

---

[308] Conforme Medida Cautelar GC 07 n. 003/2017, proferida em 10 de julho de 2017. A cautelar, inicialmente proferida pelo Conselheiro Relator Dirceu Rodolfo para suspender a

A PPP da Arena Fonte Nova, celebrada à mesma época e com a arena também concluída e entregue em tempo para a Copa das Confederações de julho de 2013, continuava em vigor em novembro de 2017. Apesar do controle prévio exercido pelo Tribunal de Contas do Estado da Bahia, novos processos fiscalizatórios foram iniciados para questionar a validade dos estudos prévios e procedimentos licitatórios. Em 2016, o Tribunal proferiu decisão sancionando alguns agentes públicos à frente de tal processo licitatório e determinando que a contraprestação pública acordada com o concessionário fosse revista pela Administração Pública.[309] Em novembro de 2017, aguardava-se julgamento dos embargos declaratórios opostos contra tal decisão.

Com relação à Arena das Dunas, o Tribunal de Contas do Estado do Rio Grande do Norte iniciou sua fiscalização em 2011 (TC n. 002813//2011), com foco na contratação, acompanhamento e controle dos atos referentes à PPP destinada à construção, manutenção e gestão da operação do estádio para a Copa do Mundo 2014. Ainda que tal fiscalização não tenha imposto qualquer empecilho à realização das obras e instalação do estádio em tempo para sediar a Copa, referida fiscalização tampouco havia se encerrado 6 (seis) anos depois, em novembro de 2017. Embora o contrato de PPP permanecesse vigente em tal data, aguardava-se o julgamento pelo conselheiro relator de medida cautelar sugerida pelas divisões técnicas do órgão de controle. Tal medida cautelar sustentava a ocorrência de sobrepreço e outras irregularidades no contrato de PPP, razão pela qual buscava a suspensão dos pagamentos das

---

integralidade da prestação a cargo do Estado, foi posteriormente modulada pela Segunda Câmara para suspender apenas parcela da prestação, mantendo a exigibilidade da parcela destinada ao Banco do Nordeste (decisão proferida em 10 de agosto de 2017, DOE 16 ago. 2017). Após julgamento de embargos declaratórios e agravo regimental, a modulação da cautelar foi ampliada em novembro de 2017. Para o futuro, o destino da medida cautelar dependerá da conclusão, no mérito, dos processos fiscalizatórios e auditorias ainda em andamento. Em favor do Tribunal de Contas, há o argumento de que supostos ilícitos relacionados à licitação da Arena Pernambuco vieram à tona, no contexto da Investigação Lava Jato, apenas após a celebração do Termo de Rescisão, já em 2017, justificando a retomada mais vigorosa do processo fiscalizatório, inclusive com a prolação da medida cautelar. Contudo, o processo fiscalizatório fora iniciado e já se arrastava por um longo período muito antes de tais fatos supervenientes.

[309] Decisão proferida no Processo n. TCE/000490/2010, publicada como Resolução n. 28/2016 do referido Tribunal de Contas do Estado, DOE 9 maio 2016.

contraprestações contratadas e adequação do valor da parcela fixa da contraprestação paga à concessionária.

Não se questiona a competência dos tribunais de contas para fiscalizar e controlar os contratos de PPPs, não só previamente mas *a posteriori*, inclusive por força de fatos ou evidências supervenientes, tampouco eventuais irregularidades identificadas em quaisquer dos projetos acima, mas atos e contratos não podem ficar à mercê de um controle sem limites temporais, exercível múltiplas e reiteradas vezes, e sem uma necessária ponderação entre os diversos interesses envolvidos na matéria controlada.

Além disso, eventuais irregularidades identificadas muitos anos depois da conclusão do processo licitatório e celebração do contrato, e anos após a conclusão dos expressivos investimentos e obras ali contemplados, em alguns casos já revertidas ao patrimônio público, não podem ensejar a solução, simplista e desconectada da realidade, de anular a licitação, o contrato e suas garantias, como se os investimentos e demais efeitos por estes produzidos pudessem ser automaticamente desfeitos. Em situações como estas, a análise das circunstâncias concretas e dos impactos de qualquer decisão sobre o contexto global do projeto e todos os seus interessados de boa-fé recomendaria, via de regra, a preservação do contrato e a aplicação de sanções e revisões das cláusulas econômico-financeiras na exata medida dos vícios comprovados. Infelizmente, entretanto, a avaliação do contexto global e o necessário sopesamento das circunstâncias nem sempre pautam as decisões dos nossos órgãos de controle.

Nesse sentido, algumas sugestões para aprimorar e melhor equilibrar esse sistema de controle a cargo dos tribunais de contas envolveriam os seguintes itens, dentre outros já endereçados nas demais seções deste capítulo.

6.2.8.1. *Controle Preclusivo*

Nos procedimentos licitatórios e contratações de concessões e PPPs, o controle sobre a legalidade, economicidade e outros aspectos sob competência dos tribunais de contas é exercido inicialmente (mas não exclusivamente) sob a forma prévia ou concomitante, a exemplo do que dispõem as Instruções Normativas 27, de 1998 e 52, de 2007, do Tribunal de Contas da União, dentre outras aqui mencionadas.

Esse controle prévio dirigido às concessões e PPPs é bastante criticado, seja por ausência de embasamento legal expresso, seja porque contribui para que os tribunais de contas acabem por extrapolar sua função meramente controladora, frequentemente invadindo a esfera de competência do poder executivo, na medida em que seu controle prévio, exercido sem moderação, tem o efeito prático de direcionar decisões de políticas públicas.

Não vamos adentrar nessa polêmica, até porque a realidade do Tribunal de Contas da União e dos tribunais de contas de alguns Estados com mais recursos, é muito diferente da realidade de tribunais de contas em alguns estados mais pobres.

O que nos parece importante propor, desde logo, é que, acaso realizado o controle prévio ou concomitante, esse seja preclusivo e definitivo para o referido controlador, admitindo-se o controle *a posteriori* apenas para os aspectos claramente fora do escopo daquele controle original, a exemplo do controle da execução e performance do contrato de concessão ou PPP ao longo de sua vigência.

Atualmente, constata-se no Brasil o pior dos dois modelos. A licitação e a contratação de concessões e PPPs sofrem frequentemente enorme atraso em função do controle prévio realizado, mas isso não oferece grande segurança jurídica à administração pública ou seus concessionários, pois o controle prévio não impede controle subsequente sobre a mesma realidade controlada e com resultado potencialmente diverso.

A imposição pelos órgãos de controle de providências não originalmente contempladas, sobretudo após a consumação de investimentos elevados, bem como a anulação ou sustação do contrato, tendem a gerar graves e inevitáveis prejuízos não somente à Administração Pública, mas à licitante ou concessionária privada, seus financiadores, e ainda a toda a sociedade, na medida em que se compromete a qualidade e continuidade do serviço ou objeto contratado, criando-se, demais disso, um ambiente de incerteza prejudicial a novas contratações públicas.

Assim, as matérias controladas previamente não seriam mais passíveis de reexame ou revisitação após a celebração do contrato, ou, quando menos, após um prazo curto e delimitado (e.g., 90 ou 180 dias) contado da publicação oficial do referido contrato (quando tipicamente ainda não teriam sido realizados investimentos relevantes na concessão, mas apenas atos preparatórios como a contratação do financiamento), salvo em situações excepcionais de dolo ou fraude comprovados por fato ou evidência superveniente.

6.2.8.2. *Prazo Decadencial*

Os atos de gestão e cumprimento do contrato não abrangidos no controle prévio, assim como as situações excepcionais acima referidas, seriam passíveis de controle *a posteriori*, observado, em qualquer hipótese, um prazo decadencial de 5 (cinco) anos, de forma consistente com o prazo decadencial de 5 (cinco) anos para revisão e anulação de atos administrativos pela própria Administração Pública (art. 54 da Lei n. 9.784, de 29 de janeiro de 1999, Lei do Processo Administrativo Federal).

6.2.8.3. *Convalidação e Parâmetros de Controle*

Na fixação ou recomendação das providências, penalidades ou efeitos resultantes de ilegalidade ou antieconomicidade detectadas no exercício do seu controle, o tribunal de contas teria o dever, em função de previsão expressa em sua lei de regência (e sem que dependêssemos exclusivamente de um juízo subjetivo de razoabilidade e proporcionalidade), de ponderar os impactos de sua decisão, buscando, sempre que possível, convalidar atos cuja anulação ou sustação produziria mais prejuízos ao poder público e à sociedade que o vício detectado.

Diante de um vício legal no procedimento licitatório que tenha, por exemplo, embasado uma obra pública necessária ao interesse público e em vias de conclusão, o tribunal deveria, com base em parâmetro legal expresso, reconhecendo que a paralisação da obra em tais circunstâncias seria mais lesiva ao interesse público que a convalidação do contrato, abster-se de sustar o contrato (ou de recomendar ao Legislativo a sua suspensão), como decorreria do disposto no art. 49, § 2º, da Lei de Licitações, e, conforme o caso, limitar-se a impor sanções aos agentes responsáveis ou, quando muito, assinar prazo para que a Administração negocie as revisões do contrato necessárias à supressão ou reparação do vício.[310]

---

[310] Solução semelhante foi apresentada no primeiro artigo de proposta legislativa elaborada por Carlos Ari Sundfeld e Floriano de Azevedo Marques Neto, a qual propõe o acréscimo, na Lei de Introdução às Normas do Direito Brasileiro, de disposições sobre segurança jurídica e eficiência na aplicação do Direito Público: "Art. 20. Nas esferas administrativa,

Em qualquer situação, o contratado de boa-fé deveria ser protegido de prejuízos decorrentes dos investimentos realizados e compromissos assumidos, assegurando-lhe o recebimento dos valores pactuados já incorridos e/ou indenização pelos investimentos não amortizados, mantendo-se a proporção entre seus encargos e remuneração. Embora o parágrafo único do art. 59 da Lei de Licitações já contemple um dever de indenização pela Administração Pública ao contratado que não tenha dado causa ao vício do contrato, tal disposição legal não é muito esclarecedora quanto ao critério de valoração da indenização ali prevista.

Note-se, entretanto, que há um desafio à proposição de aprimoramentos legislativos ao sistema de controle dos atos administrativos.

Em primeiro lugar, porque não há uma lei geral sobre tal sistema de controle, abarcando os diversos entes controladores, como os tribunais de contas, o Ministério Público, as agências reguladoras e as controladorias da União e dos demais entes federativos.

Daí a proposta encabeçada por Carlos Ari Sundfeld e Floriano de Azevedo Marques propondo o acréscimo, na Lei de Introdução às Normas do Direito Brasileiro, de disposições gerais sobre segurança jurídica e eficiência na aplicação do Direito Público, da qual resultou a Lei 13.655, de 25 de abril de 2018.[311]

Mesmo no tocante aos tribunais de contas, não há uma lei geral que estabeleça uma disciplina comum ao Tribunal de Contas da União e aos tribunais de contas estaduais e municipais. O Tribunal de Contas da União é regido pela sua lei orgânica, Lei n. 8.443, de 16 de julho de 1992, que, todavia, não se aplica aos demais tribunais. As únicas normas gerais são aquelas estabelecidas pelos arts. 70 e seguintes da Constituição Federal que, a teor do art. 75, aplicam-se, "no que couber, à organização, composição e fiscalização dos Tribunais de Contas dos Estados e

---

controladora e judicial, não se decidirá com base em valores jurídicos abstratos sem medir as consequências práticas da decisão. Parágrafo único. A motivação demonstrará a necessidade e adequação da medida, inclusive em face de possíveis alternativas". Cf. SUNDFELD, Carlos Ari; MARQUES NETO, Floriano de Azevedo. Uma nova lei para aumentar a qualidade jurídica das decisões públicas e seu controle. In: **Contratações públicas e seu controle**. São Paulo: Malheiros, 2013, p. 277-285. No legislativo, a proposta tramitou como PLS n. 349/2015, sendo o texto aprovado em abril de 2017 e remetido à Câmara dos Deputados. Na Câmara dos Deputados, o projeto recebeu o número 7.448/2017. Em 25 de abril de 2018, a Lei 13.655 foi finalmente promulgada, acolhendo com alguns vetos o projeto.

[311] SUNDFELD, Carlos Ari; MARQUES NETO, Floriano de Azevedo. Uma nova lei... Op. cit.

do Distrito Federal, bem como dos Tribunais e Conselhos de Contas dos Municípios".

A Proposta de Emenda à Constituição PEC n. 40, de 2016, de autoria do Senador Ricardo Ferraço, propõe a introdução do art. 73-A à Constituição Federal, dentre outras alterações ou acréscimos, visando a estabelecer, em nível constitucional, diretrizes fundamentais comuns a todos os tribunais de contas e assegurar as garantias processuais às partes sujeitas ao julgamento de contas. Esse novo dispositivo constitucional, por sua vez, contemplaria a edição de lei complementar, de iniciativa do Tribunal de Contas da União, para detalhar em nível legal essa nova disciplina comum a todos os tribunais de contas.[312]

De todo modo, diante do foco limitado deste estudo, não temos a pretensão de formular proposições mais amplas sobre o tema do controle, ou mesmo sobre os tribunais de contas, que não nos pontos específicos que mais interessam às PPPs e suas garantais, conforme acima exposto.

6.2.9. *Solução Efetiva Para a Mora no Pagamento dos Precatórios Estaduais e Municipais*

Acatando as decisões do Supremo Tribunal Federal proferidas em 2015 e que haviam julgado excessiva e inconstitucional a moratória de quinze anos concedida pela Emenda Constitucional 62 de 2009, a Emenda Constitucional n. 94, de 15 de dezembro de 2016, fez reformulações importantes à disciplina geral dos precatórios constante do art. 100 da Constituição Federal, bem como acrescentou os arts. 101 a 105 ao Ato das Disposições Constitucionais Transitórias, na tentativa de solucionar, de uma vez por todas, o estoque de precatórios em mora devidos por Estados e Municípios, estoque esse que, em muitos casos, se arrasta desde a Emenda Constitucional n. 62, de 2009, e, antes dela, da Emenda Constitucional n. 30, de 2000.

Segundo a EC n. 94/2016, o referido estoque em mora deveria ser quitado por completo até 31 de dezembro de 2020, podendo Estados e

---

[312] Em setembro de 2017, a referida PEC, agora sob a relatoria do Senador Antonio Anastasia, encontrava-se na Comissão de Constituição, Justiça e Cidadania do Senado Federal. Cf. BRASIL. Senado Federal. **Proposta de Emenda à Constituição n. 40, de 2016.** Disponível em: <http://www25.senado.leg.br/ web/atividade/materias/-/materia/126520>. Acesso em: 29 set. 2017.

Municípios se valer para tanto dos diversos instrumentos excepcionalmente contemplados na emenda, a exemplo da possibilidade de contrair endividamento acima dos limites da Lei de Responsabilidade Fiscal, ou livre da vedação à vinculação de impostos do art. 167, IV, da Constituição, possibilidade de utilização dos recursos mantidos em depósitos judiciais, possibilidade de autorização de compensação com débitos tributários e outros inscritos em dívida ativa até 25 de março de 2015, possibilidade de negociação de desconto de até 40% do valor de face dos precatórios para aceleração do seu pagamento etc.

Referida emenda foi promulgada em resposta às decisões do Supremo Tribunal Federal, proferidas entre 2013 e março de 2015, que julgaram inconstitucionais as moratórias e parcelamento impostos pela Emenda Constitucional n. 30, de 2000, e pela Emenda Constitucional n. 62, de 2009, e que modularam os efeitos da decretação de tais inconstitucionalidades.

No entanto, referida Emenda Constitucional 94 de 2016 vigeu durante apenas um ano. Em 14 de dezembro de 2017, foi promulgada a Emenda Constitucional 99. Referida emenda manteve de modo geral a estrutura e instrumentos da EC 94, mas prolongou a moratória concedida a Estados e Municípios por mais quatro anos, até 31 de dezembro de 2024.

Diante desse quadro, parece desnecessário propor novas reformas legais ou constitucionais ao sistema de precatórios.

O que se faz imprescindível é que as disposições da EC n. 99/2016 sejam, de uma vez por todas, aplicadas com rigor e sem novas exceções ou tolerância, de forma que Estados e Municípios não tenham a opção de novamente descumprir o prazo de 31 de dezembro de 2024.

Isto porque, para além da enorme injustiça perpetrada contra os titulares de tais precatórios, não há sistema de contratos administrativos e particularmente de PPPs – dependentes que são de obrigações pecuniárias da Administração Pública – que possa funcionar e merecer alguma confiança de investidores ou da sociedade, se não existir remédio legal efetivo e, portanto, exequível em tempo minimamente aceitável e previsível, contra o inadimplemento público que por qualquer razão não possa ser resolvido por força exclusiva do acionamento de suas garantias autoexecutáveis e extrajudiciais.

6.2.10. Esclarecimento Interpretativo das Normas Sobre Contingenciamento de Crédito ao Setor Público (Resolução CMN n. 2.827//2001, Substituída pela Resolução CMN n. 4.589/2017)

Agentes financiadores de PPPs sujeitos à regulamentação do Conselho Monetário Nacional e do Banco Central têm reiteradamente manifestado a preocupação de que não poderiam tomar em garantia, das sociedades concessionárias por estes financiadas, o repasse da posição ou do benefício por estas detido em garantias a elas prestadas pelo parceiro público.

O receio de tais agentes financiadores é que estariam, em última instância, recebendo uma garantia de pagamento do poder público, o que violaria o art. 7º da Resolução CMN n. 2.287, de 2001, em particular o seu inciso IV, segundo o qual "são vedadas às instituições financeiras [...]: [...] IV – a realização de qualquer tipo de operação que importe em transferência, a qualquer título, da responsabilidade direta ou indireta pelo pagamento da dívida para órgãos ou entidades do setor público".

Tal vedação foi mantida integralmente, sem alteração, pela nova Resolução CMN n. 4.589, de 2017, em seu art. 4º, IV, em vigor em substituição à Resolução 2.827 a partir de 1o de janeiro de 2018.

Embora seja possível defender com bastante contundência o fato de que, em tais circunstâncias, a garantia à instituição financeira é ainda assim prestada tão somente pela concessionária financiada, e não pelo poder público, que aliás não possui relação jurídica com o financiador, não havendo, portanto, qualquer violação ao referido normativo, seria mais uma vez recomendável, em prol da segurança jurídica, um esclarecimento pontual e específico na norma, o que não deveria suscitar maiores dificuldades.

Nossa sugestão nesse sentido segue no Apêndice 1.

6.2.11. Aprimoramento do Regime Legal Orçamentário

Uma outra solução para enfrentar o problema da inadimplência pública poderia basear-se na reformulação ou ajuste do regime legal orçamentário, tal como disciplinado pela Lei n. 4.320/1964 e pela Lei de Responsabilidade Fiscal, dentre outras normas aplicáveis.

Com algumas exceções, a lógica da lei orçamentária no Brasil é autorizativa. A lei orçamentária anual autoriza, mas não obriga a execução de determinada despesa.

Dentre outras hipóteses que possibilitam a não execução da despesa, destaca-se o disposto no artigo 9º da Lei de Responsabilidade Fiscal, o qual determina o contingenciamento (limitação de empenho e movimentação financeira) de despesas não obrigatórias, sempre que necessário para assegurar o cumprimento das metas de resultado primário ou nominal estabelecidas no Anexo de Metas Fiscais.

Não é admitido o contingenciamento de despesas obrigatórias, assim entendidas as obrigações constitucionais e legais do ente. A Lei de Responsabilidade Fiscal indica expressamente, dentre tais despesas obrigatórias oriundas de obrigações constitucionais e legais, as despesas destinadas ao pagamento do serviço da dívida.[313]

Despesas oriundas de contratos de PPP, de caráter continuado ou não, não estão aí mencionadas expressamente, gerando a seguinte dúvida: despesas oriundas de PPPs são despesas meramente contratuais ou poderiam ser qualificadas como despesas legais, haja vista que todo o contrato de PPP é, em última instância, firmado com fundamento na Lei federal de PPPs e, frequentemente, em uma ou mais leis locais – leis essas que invariavelmente tratam a contraprestação pública como obrigação e não mera faculdade do parceiro público.

Da mesma forma, o art. 5º, § 1º, da Lei de Responsabilidade Fiscal estabelece que "todas as despesas relativas à dívida pública, mobiliária ou contratual, e as receitas que as atenderão, constarão da lei orçamentária anual", mas silencia quanto a despesas relativas a PPPs.

Uma alternativa mais drástica seria, portanto, a adoção de uma lógica impositiva para todo o orçamento, eliminando-se, assim, a distinção entre despesas obrigatórias e discricionárias. Embora essa lógica pudesse oferecer benefícios para além das PPPs, como, por exemplo, para todo e qualquer contrato administrativo com obrigação pecuniária incumbente à Administração Pública, os efeitos adversos de um orçamento totalmente engessado resultariam num saldo provavelmente negativo.

---

[313] A Emenda Constitucional n. 86/2015 veio a incluir como despesas de execução obrigatória, por determinação constitucional, as despesas decorrentes de emendas individuais ao projeto de lei orçamentária, desde que limitadas a 1,2% da receita corrente líquida e ressalvada ainda a possibilidade do seu contingenciamento na mesma proporção da limitação aplicada ao conjunto das despesas discricionárias, para cumprimento da meta de resultado fiscal constante da Lei de Diretrizes Orçamentárias.

A solução mais simples e pontual seria, desse modo, a equiparação expressa das despesas oriundas de PPP às despesas relativas à dívida pública, seja para obrigar a inclusão das despesas de PPP no plano plurianual e, anualmente, pelo período em que tais despesas tenham sido contempladas, na lei orçamentária, de forma consistente com aquele, seja para reconhecê-las como despesas obrigatórias e, portanto, não contingenciáveis.

Outro aprimoramento do regime orçamentário seria contemplar-se um plano plurianual de médio prazo (que corresponderia ao nosso atual plano plurianual de 4 [quatro] anos) e outro de longo prazo, por exemplo 20 (vinte) ou 30 (trinta) anos. Isto porque o horizonte de 4 (quatro) anos do nosso atual plano plurianual é claramente insuficiente para um planejamento de maior horizonte, como aquele exigido em contratos de PPP, cuja vigência pode alcançar 35 (trinta e cinco) anos.

6.2.12. *Modernização do Estado e Cultura Administrativista*

Sob uma perspectiva mais ampla, um ambiente mais confiável e leal de contratações entre o setor público e o setor privado, em que o cumprimento voluntário e diligente dos compromissos contratualmente assumidos por ambas as partes constitua a regra e não a exceção, pressupõe uma evolução da cultura público-privada e da sociedade de modo geral, assim como uma modernização do Estado.

No tocante à cultura associada às relações público-privadas, seria desejável, por exemplo, que Administração Pública e agentes privados pudessem trabalhar num verdadeiro espírito de colaboração e parceria, e não no clima adversarial e de desconfiança tradicionalmente vigente; que o lucro empresarial fosse visto como algo natural e saudável, dentro de parâmetros de mercado, e não demonizado pela Administração; que ambos, parceiros público e privado, fossem capazes de planejar e prestigiar os ganhos sustentáveis e de longo prazo, e não interesses imediatistas; que leis e regulamentos fossem aplicados e cumpridos de forma verdadeiramente impessoal e isonômica, com respeito aos prismas da proporcionalidade e razoabilidade; que a Administração Pública fosse exercida com menos apego ao formalismo e excessos burocráticos, e mais preocupada com eficiência e resultados.

A modernização do Estado passa também por maior previsibilidade e celeridade na interpretação e aplicação das leis ou normas infralegais, valores que são pouco prestigiados em nossa Administração e no nosso sistema judicial, o qual, além de extremamente moroso e burocrático, é baseado no princípio do livre convencimento do juiz, com pouco valor dado aos precedentes.

Evolução cultural, modernização e celeridade são, em geral, conquistas construídas paulatina e lentamente, refletindo o progresso civilizatório de determinada sociedade. Em países com grande desigualdade social e parcela significativa da população com baixos níveis de educação, como na maior parte da América Latina, o ritmo de tal progresso pode ficar condicionado a um nivelamento educacional mínimo, o que é desafio para pelo menos uma geração.

Embora não se conheça solução mágica para garantir tais avanços no curtíssimo prazo, leis e instituições bem-formuladas podem eventualmente acelerar esse processo.

Uma análise mais ampla de temas como aperfeiçoamento ou desburocratização do Estado, da Administração Pública ou do Poder Judiciário, além de tarefa dificílima e não confinada à seara jurídica, extrapolaria totalmente o objeto deste estudo.

Não obstante, a título de mera complementação e sistematização de temas correlatos e, assim sendo, sem qualquer pretensão de prestar contribuição inovadora neste tópico, acreditamos ser pertinente citar duas propostas já submetidas à avaliação e ao debate público.

A primeira dessas iniciativas é a proposta de autoria de Carlos Ari Sundfeld e Floriano de Azevedo Marques, encampada pelo Senador Antonio Anastasia como projeto de lei que inclui, na Lei de Introdução às Normas do Direito Brasileiro (Decreto-Lei n. 4.657, de 1942, com alterações da Lei n. 12.376, de 2010), disposições sobre segurança jurídica e eficiência na aplicação do Direito Público.[314]

A boa notícia é que, entre a elaboração do presente estudo e sua publicação, referida proposta, recebida como projeto de lei em 2015, foi aprovada como a Lei 13.655, de 25 de abril de 2018, também conhecida como lei da segurança pública, embora com alguns vetos fruto da forte oposição apresentada por entes controladores.

---

[314] Cf. SUNDFELD, Carlos Ari; MARQUES NETO, Floriano de Azevedo. Uma nova lei... Op. cit. Para maiores detalhes e justificativas da proposta, cf. ainda SUNDFELD, Carlos Ari. Parcerias de investimento... Op. cit., p. 95-99.

Incorporadas à Lei de Introdução às Normas do Direito Brasileiro, tais proposições oferecem parâmetros e orientações gerais, de grande utilidade, para a interpretação e aplicação de todo o Direito Público de forma mais eficiente, atenta à realidade e conducente a um ambiente de maior estabilidade, previsibilidade e segurança jurídica. Veremos como a Administração Pública, órgãos controladores e Judiciário aplicarão a nova lei.

A segunda iniciativa, também de lavra de Carlos Ari Sundfeld, é a proposta de criação, por emenda constitucional, do Conselho Nacional de Estado, órgão vinculado ao Congresso Nacional, mas com autonomia funcional e perfil técnico, com competência para "uniformizar, nacionalmente e com rapidez, a interpretação de questões jurídicas relevantes de gestão pública", inclusive em matéria de contratos administrativos e concessões.[315]

A normatização editada pelo Conselho teria caráter vinculante para toda a Administração Pública, direta e indireta, dos poderes Executivo e Legislativo, em todos os níveis federativos, incluindo ainda os tribunais de contas.[316]

Segundo a proposta e visando à maior representatividade entre todos os poderes e instâncias reguladoras, o Conselho seria presidido pelo Advogado Geral da União e integrado por outros 8 (oito) membros nomeados pelo Presidente da República, por mandatos únicos de 6 (seis) anos, dentre servidores públicos indicados em listas tríplices elaboradas, conforme o caso, pelo próprio Presidente, pelo Congresso Nacional, pelo Tribunal de Contas da União, pelo voto dos Conselheiros dos Tribunais de Contas dos Estados e Distrito Federal e Cortes de Contas Municipais, e pelo Conselho Nacional de Justiça.[317]

A proposta combateria justamente a dificuldade de o sistema administrativo e judiciário brasileiro dar resposta segura e previsível, e com um mínimo de uniformidade e celeridade, às constantes controvérsias interpretativas inerentes a qualquer lei ou norma de Direito Público, as quais, dentro do sistema atual, acabam dirimidas de forma aleatória,

---

[315] Cf. SUNDFELD, Carlos Ari. Parcerias de investimento... Op. cit., p. 101-103.
[316] Cf. art. 47-A, § 1º, a ser introduzido à Constituição Federal, nos termos da proposta (SUNDFELD, Carlos Ari; MARQUES NETO, Floriano de Azevedo. Uma nova lei... Op. cit., p. 102).
[317] Cf. art. 47-A, § 5º (Ibidem, p. 102).

segundo o livre convencimento de cada juiz, árbitro, tribunal judicial, corte de contas ou instância administrativa e sem qualquer compromisso com precedentes ou com a uniformização, ressalvadas as súmulas vinculantes e outros provimentos de eficácia geral (*erga omnes*) aplicados de forma excepcional e esporádica a um número insuficiente de controvérsias.

Como vimos, a efetividade de garantia prestada pelo Poder Público em PPPs pressupõe a interpretação e aplicação previsível e segura desse instrumento, sob pena de, em ambiente de insegurança e imprevisibilidade, restar totalmente frustrado o seu propósito.

6.2.13. *Justificativa Sobre a Natureza das Normas Propostas*

Nossas proposições *de lege ferenda*, apresentadas no apêndice 1, com exceção das proposições mais pontuais já antecipadas ao longo das seções em que foram justificadas, apresentam três níveis hierárquicos.

Algumas proposições concernentes aos limites da vinculação de receitas públicas contemplam ajustes pontuais ao artigo 167, inciso IV e parágrafos, da Constituição Federal. Embora sejam pontuais e proponham, em grande medida, ajustes visando esclarecer a interpretação do seu texto vigente, são de consecução mais ambiciosa, haja vista o rito e quórum mais rigorosos exigidos para aprovação de emenda à Constituição.

Algumas outras proposições dizem respeito a ajustes em normas infralegais, como a Resolução n. 2.827/2001 (4.589, de 2017) do Conselho Monetário Nacional.

Finalmente, a maior parte das proposições, consolidadas na forma de um projeto de lei, situa-se no campo reservado às leis em sentido estrito e material, sejam elas leis ordinárias ou complementares.

Não se ignora que, embora não exista uma hierarquia propriamente dita entre tais modalidades de lei, algumas matérias são reservadas à lei complementar e, para tanto, requerem um rito legislativo mais rigoroso,[318] e outras se inserem na competência geral da lei ordinária.[319]

---

[318] Dentre outras especificidades atribuídas à lei complementar, sua aprovação exige maioria absoluta de cada casa legislativa, a teor do art. 69 da Constituição Federal.

[319] Vide nesse sentido, dentre outros, o julgamento proferido pelo Supremo Tribunal Federal, no Recurso Extraordinário n. 377.457, com repercussão geral reconhecida e mérito julgado, Rel Gilmar Mendes, j. 17 set. 2008: "Contribuição Social sobre o Faturamento (COFINS) (CF, art. 195, I). Revogação pelo art. 56 da Lei 9.430/1996 da isenção concedida

De todo modo, como o processo legislativo da lei complementar é mais rigoroso, não há prejuízo que uma matéria sob competência residual de lei ordinária possa eventualmente ser disciplinada em lei complementar formal. Nesse caso, a norma não perderá sua validade legal, mas não terá, todavia, a força e dignidade da lei complementar, na medida em que não trate de matéria reservada a esta.[320]

O art. 163 da Constituição Federal exige a edição de lei complementar para a disciplina dos temas ali referidos, inclusive "concessão de garantias pelas entidades públicas" (inciso III). Por sua vez, o art. 165, § 9º, II, exige lei complementar para "estabelecer normas de gestão financeira e patrimonial da administração direta e indireta bem como condições para a instituição e funcionamento de fundos".

Sendo a Lei de Responsabilidade Fiscal ela própria uma lei complementar, tratando de temas próprios e reservados a tal categoria legal (conforme incisos I, II e III do art. 163 da Constituição Federal, dentre outros), sua alteração também demanda lei da mesma natureza.

Alguns outros temas tratados nas proposições legais apresentadas (por exemplo, alteração da Lei federal de PPPs, da Lei de Improbidade, da Lei do Processo Administrativo Federal e da disciplina do depositário e agente de garantias) são temas claramente não reservados à lei complementar para sua alteração ou disciplina, e poderiam, portanto, ser encaminhados por meio de projeto de lei ordinária, apartado do projeto de lei complementar, que ficaria assim adstrito à concessão de garantias pelas entidades públicas e à alteração da lei de responsabilidade fiscal.

Mesmo no tocante aos temas reservados à lei complementar pelo art. 163, III, da Constituição Federal, seria possível interpretar menos lite-

---

às sociedades civis de profissão regulamentada pelo art. 6º, II, da LC 70/1991. Legitimidade. Inexistência de relação hierárquica entre lei ordinária e lei complementar. Questão exclusivamente constitucional, relacionada à distribuição material entre as espécies legais. Precedentes. A LC 70/1991 é apenas formalmente complementar, mas materialmente ordinária, com relação aos dispositivos concernentes à contribuição social por ela instituída. ADC 1, rel. Moreira Alves, RTJ 156/721." (Trecho da Ementa)

[320] Foi exatamente esse o caso ilustrado pelo julgamento do STF citado na nota anterior. Entendeu o Supremo que a instituição e disciplina da contribuição social Cofins, embora veiculadas por lei complementar, tinham natureza e força de lei ordinária, por não se tratarem de matéria reservada àquela. Assim sendo, não haveria impedimento para que as disposições atinentes à Cofins, embora originalmente disciplinadas por lei formalmente complementar, fossem alteradas por lei ordinária subsequente.

ralmente o referido dispositivo para se entender que a concessão de garantias ali prevista refere-se apenas às garantias prestadas no contexto da dívida pública, que é o tema central do art. 163 como um todo. Isso explicaria, por exemplo, porque a Lei federal de PPPs, uma lei ordinária, trata também de normas gerais sobre a concessão de garantias pelo parceiro público em contratos de PPP.

De qualquer forma, não havendo prejuízo de se disciplinar matéria própria de lei ordinária por lei complementar (que não a sujeição a processo legislativo mais rigoroso), entendemos que seria mais conveniente para fins de melhor consolidação e sistematização, além de mais prudente para evitar a necessidade de se interpretar mais ou menos estritamente o inciso III do art. 163 da Constituição, formular um projeto único de lei complementar para tratar de todos os temas afetos à lei.

Mais do que conveniente e prudente, a formulação de um projeto único de lei complementar consolidando todos os temas afetos à concessão de garantias no contexto de PPPs e outros contextos similares vai ao encontro de uma premissa básica deste estudo: a de que as garantias prestadas pelo setor público devem trazer segurança jurídica ao parceiro privado, evitando incertezas ou controvérsias que frustrariam o seu propósito.

6.2.14. *Ação Declaratória de Constitucionalidade de Lei*

Nem sempre uma lei bem formulada é garantia de segurança jurídica, haja vista a possibilidade de seu questionamento e sua invalidação judicial, seja por meio do controle concentrado ou difuso.

O art. 105, I, "a", da Constituição, confere competência privativa ao Supremo Tribunal Federal para julgar "a ação direta de inconstitucionalidade de lei ou ato normativo federal ou estadual e a ação declaratória de constitucionalidade de lei ou ato normativo federal".

Para um grau máximo de segurança jurídica, poder-se-ia aventar a propositura de ação declaratória de constitucionalidade tendo por objeto a nova lei geral de garantias, afastando qualquer margem para questionamento futuro.

Conclusões

No capítulo 1, contextualizamos o desenvolvimento das PPPs no Brasil a partir da experiência estrangeira e como resultado da evolução gradual e da diversificação das modalidades de contratação à disposição da Administração Pública, particularmente no tocante a projetos relevantes de infraestrutura econômica e social, visando ao melhor atendimento das missões do Estado e das necessidades da sociedade presente.

Registramos que, ao contrário da realidade de países desenvolvidos e das regras e práticas usualmente adotadas em concessões comuns e obras públicas, um sistema de garantias a cargo do Poder Público constituiu, desde os primeiros debates que antecederam à Lei federal de PPPs, uma condição necessária e imprescindível à disseminação das parcerias em sentido estrito no Brasil.

Após corroborarmos os méritos e as potencialidades da PPP como nova modalidade de contratação pública e explorarmos as razões pelas quais o sistema de contratações administrativas anterior às PPPs prescindiu da prestação de garantias pela Administração Pública, acreditamos termos suficientemente justificado a conveniência e a efetiva necessidade de garantias de adimplemento da Administração Pública nas PPPs, podendo vislumbrar-se a utilidade de estendê-las também a outras modalidades de contratação.

De fato, o histórico de inadimplemento reiterado da Administração Pública brasileira impediria que, sem garantias minimamente confiáveis, agentes privados se dispusessem a realizar investimentos de longo prazo em infraestrutura pública no Brasil, com retorno e remuneração dependentes de prestações a cargo do Poder Público. Na melhor das hipóteses, eventuais investidores com maior apetite especulativo exigiriam remuneração muito superior à do mercado privado, ou vigente em outros países, para realizar investimentos em tais condições, sem garantias.

Demonstramos que nem o princípio da impenhorabilidade e não oneração dos bens públicos nem o princípio da supremacia do interesse público, dentre outros, deveriam ser interpretados de forma a constituir óbice às garantias do setor público nas PPPs.

Muito pelo contrário, a garantia de que a Administração Pública adimplirá a tempo e modo adequados as obrigações contratualmente assumidas durante toda a vigência de uma contratação de longo prazo atende não somente ao interesse econômico específico do parceiro privado, mas também ao interesse público mais amplo de viabilizar contratações mais eficientes e a um menor custo, além de prestigiar um ambiente de boa-fé, lealdade, moralidade e segurança jurídica, menos suscetível a práticas de corrupção e desvio.

Ainda no capítulo 2, na sua parte final, trouxemos incidentes concretos para ilustrar o histórico de mau pagador e de práticas oportunistas do setor público brasileiro, para os quais o remédio judicial é muito lento e em geral pouco efetivo, a exemplo dos precatórios, sujeitos a sucessivas e desarrazoadas moratórias, corroboradas ou não por lei ou emendas constitucionais.

Passando ao capítulo 3, analisamos a sistemática de garantias do setor público preexistente à Lei federal de PPPs, incluindo as parcas disposições constitucionais a respeito, a sistemática de garantias prevista na Lei de Responsabilidade Fiscal (art. 40, dentre outros), bem como as resoluções pertinentes do Senado Federal, particularmente a Resolução n. 40, que dispõe sobre os limites globais para o montante da dívida pública consolidada e da dívida pública mobiliária de Estados e Municípios; a Resolução n. 43, que dispõe sobre as operações de crédito interno e externo de Estados e Municípios, inclusive concessão de garantias, seus limites e condições de autorização, e ainda as resoluções que complementam aquelas em temas de cessão, definitiva ou em garantia, de receitas de *royalties* ou dívida ativa.

Aprofundamo-nos na chamada vinculação de receitas públicas, particularmente na sua modalidade vinculação-garantia, para concluir, com apoio em doutrina e jurisprudência, mas sem embargo de opiniões diversas, pela possibilidade de defender, nas hipóteses admitidas pelo art. 167, IV e seu § 4º, da CF, vinculação-garantia que corresponda a verdadeira garantia real e não mera afetação orçamentária, como vem interpretando e praticando a União Federal há pelo menos duas décadas nos seus contratos de financiamento com Estados e Municípios.

Dedicamo-nos então, no capítulo 4, à análise detalhada das normas gerais sobre garantias disciplinadas pela Lei federal de PPPs, bem como das normas estaduais que a precederam – Lei mineira de PPPs e Lei paulista de PPPs –, e das normas específicas aplicáveis à União Federal, em particular das que autorizaram a criação e disciplinaram o Fundo Garantidor de PPPs.

Apontamos e nos posicionamos quanto ao debate sobre a inconstitucionalidade formal ou substantiva do sistema de garantias (por suposta violação à sistemática dos precatórios, ou à reserva de lei complementar), assim como sobre as controvérsias mais específicas em relação ao Fundo Garantidor federal (sua natureza legal e qualificação jurídica dos bens integrantes do seu patrimônio), aos fundos garantidores instituídos por Estados ou Municípios (supostamente sem competência para tanto), às estatais garantidoras e às receitas públicas passíveis de vinculação em garantia de PPPs, em particular aquelas receitas oriundas do Fundo de Participação dos Estados, do Fundo de Participação dos Municípios, da arrecadação de *royalties* e da realização da dívida ativa.

Posicionamo-nos pela constitucionalidade e legalidade dessas garantias, embora reconhecendo a existência de divergências que, sem um horizonte claro para serem pacificadas e dirimidas, trazem insegurança jurídica e, por isso mesmo, frustram a razão primeira de existência de tais garantias, que é justamente dar conforto e segurança ao concessionário privado.

No capítulo 5, então, com o benefício da pesquisa realizada e sumarizada no apêndice 2, enfrentamos o histórico das 104 (cento e quatro) PPPs licitadas e contratadas no período de quase 13 (treze) anos decorrido desde o advento da Lei federal de PPPs até outubro de 2017, data de corte de nossa análise, com foco nas garantias adotadas em tais contratações.

Identificamos, no conjunto dos 104 (cento e quatro) contratos firmados, seis principais categorias de garantias do setor público, quais sejam: (i) mecanismos meramente contratuais de contas-vinculadas, destinatárias de receitas vinculadas e com nomeação de agentes depositários sob instruções supostamente irrevogáveis de movimentarem referidas contas e suas receitas para dar cumprimento às garantias; (ii) garantias prestadas por estatais garantidoras, como a Companhia Paulista de Parcerias ou a CODEMIG, a partir de recursos ou bens já incorporados ao patrimônio das referidas estatais ou a serem materializados periodicamente por meio de vinculação de receitas futuras; (iii) garantias prestadas por fundos garantidores estaduais ou municipais, a partir de recursos desde logo aportados ao fundo ou alimentados periodicamente por vinculação de receitas; (iv) garantias reais (penhor ou cessão fiduciária) sobre receitas operacionais próprias e de Direito Privado, de titularidade de estatais operacionais e não dependentes, como a SABESP; (v) garantias reais sobre imóveis ou outros bens de titularidade da própria Administração Pública direta; e (vi) financiamentos contraídos por Estados junto ao BNDES ou outras instituições financeiras cujos desembolsos devem ser realizados diretamente em favor dos concessionários privados e atrelados ao pagamento de parcela exigível de aporte de recursos.

Relatamos diversas intercorrências e problemas enfrentados por tais PPPs e suas garantias, incluindo questionamentos administrativos e longos processos nos tribunais de contas estaduais.

Em particular, examinamos mais detalhadamente o precedente do fundo garantidor de Rio das Ostras, o qual deveria atender à contraprestação pública mensal do concessionário a partir das receitas de *royalties* a ele vinculadas, mas que, em razão da mudança de orientação política das novas administrações e da crise fiscal do Município, vem sendo frustrado na sua função garantidora desde 2013, quando se tornou a primeira PPP judicializada no país.

Passados mais de quatro anos desde o início do litígio, o Município de Rio das Ostras valeu-se de diferentes leis, decretos e artifícios para liberar-se, total ou parcialmente, da garantia. Ajuizadas pelo menos três demandas e diversos recursos e incidentes, e não obstante muitas decisões proferidas em seu favor, o concessionário vinha recebendo, na data de corte de nossa pesquisa (outubro de 2017), apenas uma fração da contraprestação pública contratualmente acordada, em montante limitado a 14% (catorze por cento) da arrecadação de *royalties* municipal, valor esse que, com esforço de contenção, seria capaz de cobrir apenas os custos operacionais do sistema de esgotamento sanitário objeto da

CONCLUSÕES

PPP, sem amortizar os vultosos investimentos realizados, nem permitir a amortização do financiamento tomado junto ao BNDES, o que obrigou o concessionário a valer-se de outras medidas judiciais para sustar a aceleração e execução de tal financiamento bancário.

Tomando por base o contrato original, a dívida do Município frente ao concessionário já superava R$ 300.000.000,00 (trezentos milhões de reais).

O histórico das PPPs contratadas e suas garantias nos permitiu reconhecer avanços importantes na realidade de contratações públicas de projetos de maior envergadura, seja porque viabilizou um conjunto importante de projetos nos mais variados segmentos de infraestrutura econômica e social, os quais provavelmente não seriam factíveis sob os regimes mais tradicionais de obra pública ou concessão comum, ao menos nos mesmos níveis de qualidade e eficiência, seja porque vem obrigando a Administração Pública a desenvolver e adotar melhores práticas de contratação, com planejamento, priorização e horizonte de longo prazo, foco no resultado, transparência e compromisso efetivo com o cumprimento do contrato (não fosse por outras razões mais nobres, graças às garantias prestadas).

Não obstante, o histórico também revela graves deficiências no sistema de garantias, deficiências essas que ajudam a explicar, ao menos em parte, num total de 104 (cento e quatro) PPPs firmadas, os 30 (trinta) contratos já encerrados ou em processo de encerramento, suspensos, sob intervenção do poder concedente, em litígio ou com outros problemas materiais.

Voltando às modalidades de garantias, verificamos que as contas-vinculadas apresentam fragilidade jurídica relevante, sendo mais suscetíveis às interferências políticas.

As garantias prestadas por estatais garantidoras, embora juridicamente sólidas na sua maioria, sofrem pela insuficiência ou iliquidez de patrimônio que possa servir de lastro ou objeto imediato das garantias.

No caso dos fundos garantidores instituídos por Estados e Municípios, além da escassez de ativos que possam compor o seu patrimônio, há a controvérsia jurídica sobre a competência de Estados e Municípios para instituí-los diante da ausência de uma norma geral, de competência privativa da União Federal, que autorize a constituição de fundo garantidor com personalidade jurídica de Direito Privado.

Em quaisquer dos casos acima – conta-vinculada, estatal garantidora e/ou fundo garantidor – há ainda a questão da efetividade da vinculação, a estes, de receitas públicas em cessão definitiva, como garantia real efetiva, ou como mero conforto orçamentário, bem como a constitucionalidade da vinculação de receitas oriundas do Fundo de Participação dos Estados ou do Fundo de Participação dos Municípios.

A cessão fiduciária em garantia, ou o penhor de receitas geradas por empresas estatais operacionais e não dependentes apresenta-se como a garantia juridicamente mais sólida, desde que limitada a percentual da receita total da estatal que não comprometa a continuidade de seus serviços. No entanto, tal modalidade revela-se factível apenas em PPPs no interesse de tais estatais, como PPPs contratadas por empresas estatais de saneamento.

As garantias reais prestadas diretamente pela Administração Pública, diante da ausência de disciplina legal específica e à luz do princípio da impenhorabilidade e não oneração dos bens públicos, enfrentam risco alto de invalidação ou ineficácia.

Por fim, o uso de financiamentos públicos como garantia, embora possa oferecer segurança adicional, inclusive quanto à disponibilidade e fonte de recursos na provável hipótese de ser honrado, não corresponde a uma garantia real propriamente dita, nem confere um remédio jurídico passível de execução pelo concessionário.

Diante de tais constatações baseadas em dados concretos e objetivos e que por si só prestam uma contribuição à melhor compreensão de nosso histórico de PPPs e dos desafios que se apresentam para o futuro, buscamos, ainda, no capítulo 6, oferecer contribuições adicionais ao aperfeiçoamento desse sistema de garantias e, com isso, à disseminação das PPPs em maior número e com maior segurança jurídica.

Essas contribuições ao aperfeiçoamento das garantias foram divididas em duas partes: na primeira parte (capítulo 6), propusemos a adoção de técnicas contratuais ou melhores práticas baseadas no regime legal vigente, independentemente, portanto, de quaisquer reformulações legais; na segunda parte (apêndice 1), de outro lado, propusemos aperfeiçoamentos com base na reforma do quadro normativo vigente, para o que propusemos projeto de lei complementar consolidando o conjunto das reformas legais sugeridas e oferecendo normas gerais à prestação de garantias pela Administração Pública, proposta de emenda à Resolução n. 2.728 do Conselho Monetário Nacional, que trata do contingenciamento de crédito ao setor público e, de forma mais ambiciosa, proposta de emenda pontual ao art. 167, IV e parágrafos, da Constituição Federal.

Dentre as medidas propostas no capítulo 6, sem mudança do quadro normativo vigente, propusemos: (i) a adoção de linguagem mais clara quanto ao propósito das garantias de assegurarem o pagamento contínuo e tempestivo, e não somente em futuro distante, ao final de processo de resolução de disputa; (ii) a adequada escolha e estruturação da garantia, à luz das lições extraídas do histórico de contratações; (iii) a obtenção de aprovação legal para o projeto e suas garantias no âmbito do respectivo Estado ou Município; (iv) a contratação de agentes de garantia e verificadores independentes; (v) tanto quanto possível, a celebração de contratos de PPP com base em programas adequadamente planejados e que se baseiem em contratos padronizados e garantias testadas e estruturadas de forma semelhante e consistente nos diversos contratos (dificultando questionamentos casuísticos a projeto ou concessionário específico); e (vi) adoção de cláusula arbitral adequadamente formulada.

Dentre as medidas *de lege ferenda* (apêndice 1), destacamos: (i) a promulgação de autorização legal em nível federal para que Estados e Municípios possam constituir, livres de dúvida, fundos garantidores; (ii) proposta de emenda ao art. 167 da Constituição Federal para afastar questionamentos sobre a admissibilidade da vinculação de receitas públicas, que não impostos, como garantias reais efetivas em favor de PPPs, inclusive receitas de titularidade de estados e municípios oriundas do FPE, do FPM, de *royalties* ou de dívida ativa; (iii) autorização legal para utilização de créditos inadimplidos em PPPs, com poder liberatório para pagamento de tributos do mesmo ente federativo; (iv) proposta de lei disciplinando a outorga de garantias pela Administração Pública sobre bens dominicais, delimitando o alcance dos princípios da impenhorabilidade e da não oneração de bens públicos; (v) proposta de alteração pontual à Lei n. 8.437, de 1992, que trata da medida de suspensão de segurança, para limitar a sua admissibilidade visando frustrar a efetividade de garantias em PPPs; (vi) proposta de lei detalhando a disciplina legal dos agentes de garantia como espécie particular de depositários; (vii) proposta de ajustes pontuais ao regime legal de responsabilização de agentes públicos em aspectos específicos atinentes às PPPs; (viii) proposta de aprimoramento do sistema de controle de concessões e PPPs a cargo dos tribunais de contas, em particular no tocante à preclusividade do controle prévio, com prazos decadenciais mais claros e parâmetros mais objetivos de controle e que ponderem todos os efeitos das medidas impostas; (ix) necessidade de solução efetiva e definitiva para o pagamento tempestivo e regular de precatórios por Estados e Municípios; (x) proposta de ajustes pontuais ao normativo do Conselho Monetário Nacional que limita a concessão de crédito por instituições financeiras a entidades do setor público; (xi) proposta de ajustes pontuais ao regime legal orçamentário; e (xii) propostas mais amplas visando à modernização e evolução da cultura administrativa no país.

Acreditamos que o trabalho cumpriu o seu propósito metodológico, logrando capturar informações suficientes para delas extrair a experiência relevante do conjunto de 104 (cento e quatro) PPPs firmadas ao longo dos primeiros 13 (treze) anos de vigência da Lei federal de PPPs, em matéria de garantias do setor público.

Adicionalmente, cremos ter confirmado a hipótese levantada inicialmente nesta tese no sentido de que o sistema de garantias instituído pela Lei de PPPs, sendo necessário e conveniente, constituiu, de fato, um primeiro e importante avanço rumo a um ambiente mais confiável de contratações públicas, mas apresentando ainda importantes falhas e deficiências, não sendo por isso capaz de cumprir o seu propósito em toda a extensão desejável.

Demonstramos, também, a conveniência e amplo espaço para aprimoramento das práticas entre Administração Pública e seus parceiros privados relativas à contratação e gestão das PPPs e suas garantias públicas, seja no regime legal vigente, seja por meio de reformas mais ou menos ambiciosas à legislação aplicável.

Em que pese a tese ter cumprido o seu propósito de identificar oportunidades mais prementes de aprimoramento do sistema de garantias das PPPs em diversos diplomas e disciplinas legais que o afetam, fato é que, para o futuro, há certamente grande espaço para aprofundamento em cada um desses diplomas e disciplinas, visando, por exemplo, ao aperfeiçoamento mais amplo do sistema de controle das concessões e PPPs, da legislação de responsabilização dos agentes públicos por atos de improbidade ou ilegalidades de modo geral, da disciplina legal dos fundos garantidores, da sistemática de vinculação e cessão de receitas públicas, dos mecanismos alternativos de resolução de disputas e do regime de execução de obrigações contra a Fazenda Pública e do regime legal do orçamento público, dentre outros.

REFERÊNCIAS

ALAGOAS. Companhia de Saneamento de Alagoas. **PPP de Esgotamento Sanitário**. Disponível em: <http://casal.al.gov.br/ppp-de-esgotamento-sanitario>. Acesso em: 5 nov. 2017.

ALENCAR, Rodrigo Tostes. O medo e o ato administrativo. **Revista Colunistas de Direito de Estado**, n. 289, 1 nov. 2016. Disponível em: <http://www.direitodoestado.com.br/colunistas/rodrigo-tostes-mascarenhas/o-medo-e-o-ato-administrativo>. Acesso em: 16 dez. 2017.

ALLEN & OVERY. **The UK Guarantees Scheme for Infrastructure Projects**: a brief overview of the standard documents. 2013. Disponível em: <https://www.gov.uk/government/uploads/system/uploads/attachment_data/file/209806/UK_Guarantee_-_A_brief_overview_-_Allen___Overy.pdf>. Acesso em: 9 dez. 2017.

ALMEIDA, Fernando Dias Menezes de. **Contrato administrativo**. São Paulo: Quartier Latin, 2012.

ALMEIDA, Fernando Dias Menezes de. **Formação da teoria do direito administrativo no Brasil.** São Paulo: Quartier Latin, 2015.

ARAGÃO, Alexandre Santos de; MARQUES NETO, Floriano Azevedo (Coords.). **Direito Administrativo e seus novos paradigmas**. Belo Horizonte: Fórum, 2008.

ATALIBA, Geraldo. **Empréstimos públicos e seu regime jurídico**. São Paulo: RT, 1973.

BANDEIRA DE MELLO, Celso Antônio. **Curso de Direito Administrativo**. 33. ed. São Paulo: Malheiros, 2016.

BANDEIRA DE MELLO, Celso Antônio. Parcerias Público Privadas (PPPs). **Migalhas**, 12 jan. 2006. Disponível em: <http://www.migalhas.com.br/

dePeso/16,MI20266,71043-As+Parcerias+PublicoPrivadas+PPPs>. Acesso em: 13 fev. 2015.

BANDEIRA DE MELLO, Celso Antônio. Parecer. In: ASSOCIAÇÃO BRASILEIRA DOS TERMINAIS DE CONTÊINERES DE USO PÚBLICO – ABRATEC. **Regulação portuária e concorrência**: pareceres jurídicos e econômicos. São Paulo: ABRATEC, 2009, p. 189-198.

BARBOSA, Marcos Pinto. Parcerias público-privadas: panorama da nova disciplina legislativa. In: JUSTEN, Monica Spezia; TALAMINI, Eduardo (Coords.). **Parcerias público-privadas**: um enforque multidisciplinar. São Paulo: Revista dos Tribunais, 2005, p 28-38.

BARROSO, Luís Roberto. Prefácio: o Estado contemporâneo, os direitos fundamentais e a redefinição de supremacia do interesse público. In: SARMENTO, Daniel (Org.). **Interesses públicos versus interesses privados**: desconstruindo o princípio da supremacia do interesse público. 2. tiragem. Rio de Janeiro: Lumen Juris, 2007. [1. tiragem, 2005], p. vii – xviii.

BARUERI. **Limpeza Urbana**. Disponível em: <https://portal.barueri.sp.gov.br/cidadao/rua-bairro-meio-ambiente/limpeza-urbana>. Acesso em: 5 nov. 2017.

BEZERRA, Helga Maria Sabóia. As transformações da noção de serviço público na União Européia: o serviço de interesse geral do Tratado de Lisboa. **Direito, Estado e Sociedade**, n. 32, p. 104-133, jan./jun. 2008.

BINENBOJM, Gustavo. As parcerias público-privadas (PPPS) e a Constituição. **Revista de Direito Administrativo**. Rio de Janeiro: Renovar, n. 241, p. 170, jul./set. 2005.

BINENBOJM, Gustavo. As parcerias público-privadas e a vinculação de receitas dos fundos de participação como garantia das obrigações do Poder Público. In: **Estudo de Direito Público**: artigos e pareceres. Rio de Janeiro: Renovar, 2015, p. 445-465.

BRAGA, Sérgio Soares. **Roberto Requião**. In: FGV. Centro de Pesquisa e Documentação de História Contemporânea do Brasil. Disponível em: <http://www.fgv.br/cpdoc/acervo/dicionarios/verbete-biografico/roberto-requiao-de-melo-e-silva>. Acesso em: 12 abr. 2017.

BRASIL. Advocacia-Geral da União. Procuradoria Geral da Fazenda Nacional. Coordenadoria de Assuntos Financeiros. **Parecer n. 1579, de 2014**. Disponível em: <http://www.tlon.com.br/attachments/article/12628/Parecer-PGFN-1579-TLON.pdf>. Acesso em: 9 dez. 2017.

BRASIL. Agência Nacional de Transportes Terrestres. **Histórico**: infraestrutura rodoviária. Disponível em: <http://www.antt.gov.br/rodovias/Historico.html>. Acesso em: 10 abr. 2017.

REFERÊNCIAS

Brasil. Ministério da Previdência Social. Superintendência Nacional de Previdência Complementar – PREVIC. **Comunicado Aerus n. 001/2014**. Disponível em: <http://www.aerus.com.br/migration/site/pdf/Comunicado_001_20141.pdf>. Acesso em: 5 dez. 2017.

Brasil. Ministério da Transparência, Fiscalização e Controladoria-Geral da União. Portal da Transparência. **Portal da Transparência**. Disponível em: <http://www.transparencia.gov.br>. Acesso em: 27 maio 2017.

Brasil. Ministério do Planejamento, Orçamento e Gestão. Instituto Brasileiro de Geografia e Estatística IBGE. **PIB recua 3,6% em 2016 e fecha ano em R$ 6,3 trilhões**. Disponível em: <https://agenciadenoticias.ibge.gov.br/agencia-sala-de-imprensa/2013-agencia-de-noticias/releases/9439-pib-recua-3-6-em-2016-e-fecha-ano-em-r-6-3-trilhoes.html>. Acesso em: 11 nov. 2017.

Brasil. Ministério do Planejamento, Orçamento e Gestão. **Materiais de Referência sobre PPPs**: value for money. Disponível em: <http://www.planejamento.gov.br/assuntos/desenvolvimento/parcerias-publico-privadas/referencias/copy_of_materiais-de-referencia-sobre-ppps#value>. Acesso em: 9 dez. 2017.

Brasil. Secretaria de Planejamento da Presidência da República. Banco Nacional de Desenvolvimento Econômico e Social – BNDES. **Estatísticas Operacionais do Sistema BNDES**. Disponível em: <https://www.bndes.gov.br/wps/portal/site/home/transparencia/estatisticas-desempenho>. Acesso em: 9 dez. 2017.

Brasil. Secretaria de Planejamento da Presidência da República. Banco Nacional de Desenvolvimento Econômico e Social – BNDES. **Infraestrutura**: um setor decisivo. Disponível em: <https://www.bndes.gov.br/SiteBNDES/bndes/bndes_pt/Hotsites/Relatorio_Anual_2014/infraestrutura.html>. Acesso em: 11 nov. 2017.

Brasil. Senado Federal. **Projeto de Lei do Senado n. 559, de 2013**. Disponível em: <https://www25.senado.leg.br/web/atividade/materias/-/materia/115926>. Acesso em: 9 dez. 2017.

Brasil. Senado Federal. **Proposta de Emenda à Constituição n. 40, de 2016**. Disponível em: <http://www25.senado.leg.br/web/atividade/materias/-/materia/126520>. Acesso em: 29 set. 2017.

Bresser-Pereira, L. C. Reforma do Estado nos anos 90: lógica e mecanismos de controle. Brasília: MARE, **Cadernos MARE**, n. 1, 1997. Disponível em: <http://www.bresserpereira.org.br/documents/MARE/CadernosMare/CADERNO01.pdf>. Acesso em: 9 dez. 2017.

BRÍGIDO, Carolina. Presidente do STF trata com bancos de julgamento sobre planos econômicos. **O Globo**, 11 jan. 2017. Disponível em: <http://oglobo.globo.com/economia/presidente-do-stf-trata-com-bancos-de-julgamento-sobre-planos-economicos-20757752>. Acesso em: 12 abr. 2017.

BUCHANAN, James M.; TULLOCK, Gordon. **The Calculus of Consent**: Logical Foundations of Constitutional Democracy. EUA: University of Michigan Press, 1962. Disponível em: <http://files.libertyfund.org/files/1063/Buchanan_0102-03_EBk_v6.0.pdf>. Acesso em: 9 dez. 2017.

CALDAS, Roberto. **Parcerias público-privadas e suas garantias inovadoras nos contratos administrativos e concessões de serviço público**. Belo Horizonte: Fórum, 2011.

CARTA do governador Requião será lida em Conferência da Paz. **Vermelho**, 7 abr. 2008. Disponível em: <http://www.vermelho.org.br/noticia/33365-1>. Acesso em: 12 abr. 2017.

CARTY, Andy. The Story so far: Public Sector. In: RADFORD, Jason; MURPHY, Darryl (Coords.) **A Practical Guide to PPP in the UK**. Reino Unido: City & Financial Publishing, 2009, p. 1-12.

CARVALHO, André Castro. **Direito da infraestrutura**: perspectiva pública. São Paulo: Quartier Latin, 2014.

CARVALHO, André Castro. **Vinculação de receitas públicas**. São Paulo: Quartier Latin, 2010.

CERQUEIRA, Ceres Aires. **Dívida externa brasileira**. 2. ed. Brasília: Banco Central do Brasil, 2013.

CHALHUB, Melhim Namem. **Alienação fiduciária**: negócio fiduciário. 5. ed. Rio de Janeiro: Forense, 2017.

CISNEROS, Miguel S. M.; SALVATIERRA, Pierre Nalvarte. Peru. In: WERNECK, Bruno; SAADI, Mário (Orgs.). **The Public-Private Partnership Law Review**. 2. ed. Londres: Law Business Research, 2016, p. 195-205.

COHEN, Isadora Chansky; MARCATO, Fernando S. Garantias públicas nos contratos de parcerias público-privadas. In: CARVALHO, André Castro; CASTRO, Leonardo F. de Moraes. **Manual de project finance no Direito brasileiro**. São Paulo: Quartier Latin, 2016, p. 461-502.

CONTI, José Maurício. **A autonomia financeira do Poder Judiciário**. São Paulo: MP, 2006.

CORRÁ, María Inés; ROSSI, Leopoldo Silva. Argentina. In: WERNECK, Bruno; SAADI, Mário (Orgs.). **The Public-Private Partnership Law Review**. 2. ed. Londres: Law Business Research, 2016, p. 1-9.

REFERÊNCIAS

COSCARELLI, Bruno; PEREIRA, Bruno; NAVES, Guilherme; REIS, Rodrigo. **International Meeting**: Infrastructure and PPP, 2015. Disponível em: <https://www.radarppp.com/biblioteca>. Acesso em: 6 nov. 2017.

COSCARELLI, Bruno; PEREIRA, Bruno; NAVES, Guilherme; REIS, Rodrigo; MORAES, Marcos Siqueira. **Sumário executivo**: dados do mercado de PPPs: PPP Summit 2016: rumo aos 100 contratos. Disponível em: <https://www.radarppp.com/biblioteca>. Acesso em 6 nov. 2017.

COUTINHO, Diogo R. Parcerias Público-Privadas: relato de algumas experiências internacionais. In: SUNDFELD, Carlos Ari (Coord.). **Parcerias público-privadas**. São Paulo, Malheiros: 2005, p. 45-79.

CUNHA, Claudia Polto; PAULA, Tomás Bruginski de. O programa de PPP do Estado de São Paulo. In: PASTORE, Affonso Celso (Org.). **Infraestrutura**: eficiência e ética. Rio de Janeiro: Elsevier, 2017, p. 263-293.

DE PLÁCIDO E SILVA, Oscar Joseph. **Vocabulário jurídico**. 11. ed. Rio de Janeiro: Forense, 1991.

DEODATO, Alberto. **Manual de ciência das finanças**. 13. ed. São Paulo: Saraiva, 1973.

DERZI, Misabel Abreu Machado. Arts. 40 a 47. In: MARTINS, Ives Gandra da Silva; NASCIMENTO, Carlos Valder (Orgs.). **Comentários à Lei de Responsabilidade Fiscal**. 7. ed. São Paulo: Saraiva, 2014, p. 308-395.

DI PIETRO, Maria Sylvia Zanella. **Direito Administrativo**. 30. ed. Rio de Janeiro: Forense, 2017.

DI PIETRO, Maria Sylvia Zanella. O princípio da supremacia do interesse público: sobrevivência diante dos ideais do neoliberalismo. In: DI PIETRO, Maria Sylvia Zanella; RIBEIRO, Carlos Vinícius Alves (Coords.). **Supremacia do interesse público e outros temas relevantes do Direito Administrativo**. São Paulo: Atlas, 2010, p. 85-102.

DI PIETRO, Maria Sylvia Zanella. **Parcerias na Administração Pública**: concessão, permissão, franquia, terceirização, parceria público-privada e outras formas. 11. ed. Rio de Janeiro: Forense, 2017.

DI PIETRO, Maria Sylvia Zanella; RIBEIRO, Carlos Vinícius Alves (Coords.). **Supremacia do interesse público e outros temas relevantes do Direito Administrativo**. São Paulo: Atlas, 2010.

ELETROBRAS. **A Conesp e a compra da Amforp**. Disponível em: <http://www.eletrobras.gov.br/40anos/interno_62-66.asp?id=7&descricao=Henry%20Sargent,%20presidente%20da%20American%20and%20Foreign%20Power%20Company%20(o%20primeiro%20sentado,%20%E0%20direita),%20com%20o%20ministro%20das%20Rela%E7%F5es%20

Exteriores,%20Juraci%20Magalh%E3es,%20o%20presidente%20da%20 Eletrobr%E1s,%20Octavio%20Marcondes%20Ferraz,%20e%20um%20 dos%20diretores%20da%20estatal%20brasileira,%20Ronaldo%20 Moreira%20da%20Rocha,%20durante%20a%20assinatura%20do%20 contrato%20de%20compra%20dos%20bens%20do%20grupo%20 norte-americano,%20em%20Washington/Reprodu%E7%E3o%20 fotogr%E1fica%20Gilson%20Ribeiro/%20Acervo%20Cpdoc%20-%20 12/11/1964>. Acesso em: 9 dez. 2017.

ENEI, José Virgílio Lopes. Financiamento das parcerias público-privadas: experiências e lições nos primeiros dez anos de vigência da Lei 11.079/2004. In: DAL POZZO, Augusto; VALIM, Rafael; AURÉLIO, Bruno; FREIRE, Andre Luiz (Coords.). **Parcerias público-privadas**: teoria geral e aplicação nos setores de infraestrutura. Belo Horizonte: Fórum, 2014, p. 111-126.

ENEI, José Virgílio Lopes. **Project finance**: financiamento com foco em empreendimentos: parcerias público-privadas, leveraged buy-outs e outras figuras afins. São Paulo: Saraiva, 2007.

ENEI, José Virgílio Lopes. Revisitando o princípio da inalienabilidade e impenhorabilidade dos bens públicos à luz de parcerias público-privadas e novas modalidades de contratação pela Administração Pública: o bail emphytéotique administratif, as partenariats e outras experiências do Direito Francês. In: CUNHA FILHO, Alexandre J. C.; ALVES, Angela L. A.; NAHAS, Fernando W. B.; MELONCINI, Maria Isabela H. (Coords.). **Temas atuais de Direito Público**: diálogos entre Brasil e França. Rio de Janeiro: Lumen Juris, 2016, p. 259-284.

ENEI, José Virgílio Lopes. Serviço público pode ser prestado em ambiente de concorrência ou pressupõe um regime necessário de privilégio e exclusividade? **Revista de Direito Administrativo e Infraestrutura – RDAI**. São Paulo: Revista dos Tribunais, n. 2, p. 229-249, jul./set. 2017.

EUROPEAN INVESTMENT BANK. Public-Private Partnerships in Europe: Before and During the Recent Financial Crisis. **Economic and Financial Report**, n. 2010/04, jul. 2010. Disponível em: <http://www.eib.org/attachments/efs/efr_2010_v04_en.pdf>. Acesso em: 9 dez. 2017.

FAORO, Raymundo. **Os donos do poder**: formação do patronato político brasileiro. 3. ed. São Paulo: Globo, 2001.

FELDSTEIN, Sylvain; FABOZZI, Frank (Coords.). **The Handbook of Municipal Bonds**. New Jersey: John Wiley & Sons, 2008.

FERRAZ, Luciano. Improbidade administrativa e dano ao erário. In: CAMPILONGO, Celso Fernandes; GONZAGA, Alvaro de Azevedo; FREIRE, André Luiz

(Coords.). **Enciclopédia jurídica da PUC-SP**: tomo Direito Administrativo e Constitucional. Coordenação de tomo Vidal Serrano Nunes Jr., Maurício Zockun, Carolina Zancaner Zockun, André Luiz Freire. 1. ed. São Paulo: Pontifícia Universidade Católica de São Paulo, 2017. Disponível em: <https://enciclopediajuridica.pucsp.br/verbete/108/edicao-1/improbidade-administrativa-e-dano-ao-erario>. Acesso em: 16 dez. 2017.

FERREIRA, Luiz Tarcício Teixeira. **Parcerias público-privadas**: aspectos constitucionais. Belo Horizonte: Fórum, 2006.

FIGUEIREDO, Gabriel Seijo. **Contrato de fiança**. São Paulo: Saraiva, 2010.

FONSECA, Eduardo Giannetti. A moratória brasileira e os antecedentes do Plano Brady (1987–1988). In: **Memórias de um trader**. São Paulo: Thomson, 2002, p. 211-243.

FREYRE, Gilberto. **Casa-grande e senzala**: formação da família brasileira sob o regime da economia patriarcal. 51. ed. São Paulo: Global, 2015.

FUNDAÇÃO GETULIO VARGAS – FGV. Centro de Pesquisa e Documentação de História Contemporânea do Brasil. **Documentos relativos à compra das empresas pertencentes ao grupo AMFORP pela Eletrobrás**. Disponível em: <http://www.fgv.br/cpdoc/acervo/arquivo-pessoal/OMF/textual/documentos-relativos-a-compra-das-empresas-pertencentes-ao-grupo--amforp-pela-eletrobras-destacando-se-memorial-sobre-a-situacao-das--empresas-eletr>. Acesso em 12 de abril de 2017.

FURTADO, Celso. **Formação econômica do Brasil**. 27. ed. São Paulo: Companhia Editora Nacional; Publifolha, 2000.

FURTADO, J. R. Caldas. **Direito Financeiro**. Belo Horizonte: Fórum, 2014.

GALBETTI, Luiz Mario; VANZELLA, Rafael. Contratos de garantia e garantia autônomas. **RDM**, n. 156, p. 44-69, jan./mar. 2011.

GARZA, Sérgio Francisco de la. **Derecho Financiero mexicano**. 4. ed. México: Porrúa, 1969.

GREEK government-debt crisis. **Wikipedia**. Disponível em: <https://en.wikipedia.org/wiki/Greek_government-debt_crisis>. Acesso em: 9 dez. 2017.

GROTTI, Dinorá Adelaide Musetti; SAADI, Mario. O procedimento de manifestação de interesse. In: JUSTEN FILHO, Marçal; SCHWIND, Rafael Wallbach (Coords.). **Parcerias público-privadas**: reflexões sobre os 10 anos da Lei 11.079/2004. São Paulo: Revista dos Tribunais, 2015, p. 153-176.

GRUPO chinês deve 'comprar' Linha 6 do Metrô de SP e retomar obra parada. **Isto É**, 04.10.17. Disponível em: <https://istoe.com.br/grupo-chines-deve--comprar-linha-6-do-metro-de-sp-e-retomar-obra-parada>. Acesso em: 8 nov. 2017.

GUIMARÃES, Fernando Vernalha. A constitucionalidade do Sistema de Garantias ao Parceiro Privado previsto pela Lei Geral de Parceria Público-Privada. **Revista Eletrônica de Direito Administrativo Econômico**. Salvador: Instituto Brasileiro de Direito Público, n. 16, nov./dez./jan., 2009.

GUIMARÃES, Fernando Vernalha. O Direito Administrativo do medo: a crise da ineficiência pelo controle. **Revista Colunistas de Direito de Estado**, n. 71, 31 jan. 2016. Disponível em: <http://www.direitodoestado.com.br/colunistas/fernando-vernalha-guimaraes/o-direito-administrativo-do-medo-a-crise-da-ineficiencia-pelo-controle>. Acesso em: 16 dez. 2017.

GUIMARÃES, Fernando Vernalha. **PPP**: parceria público-privada. São Paulo: Saraiva, 2012.

HARADA, Kiyoshi. Cessão de crédito tributário viola da Lei de Responsabilidade Fiscal. **Revista Jus Navigandi**. Teresina, v. 18, n. 3.654, 3 jul. 2013. Disponível em: <https://jus.com.br/artigos/24869>. Acesso em: 3 jun. 2016.

HARADA, Kiyoshi. Cessão de créditos de *royalties* de recursos minerários para investimento em infraestrutura. **Revista Jus Navigandi**, Teresina, v. 16, n. 3.093, 20 dez. 2011. Disponível em: <https://jus.com.br/pareceres/20680>. Acesso em: 3 jun. 2016.

HARADA, Kiyoshi. OAB paulista pode contestar parcerias público-privadas no STF. **Consultor Jurídico**, 21 jan. 2005. Disponível em: <http://www.conjur.com.br/2005-jan-21/oab-sp_lei_ppps_pontos_inconstitucionais>. Acesso em: 29 maio 2017.

HARADA, Kiyoshi. Operações de crédito por antecipação de receitas. **Revista Jus Navigandi**. Teresina, v. 5, n. 45, 1 set. 2000. Disponível em: <https://jus.com.br/artigos/1414>. Acesso em: 31 maio 2016.

HARADA, Kiyoshi. Parcerias público-privadas: inconstitucionalidade do fundo garantidor. In: PAVANI, Sérgio Augusto; ANDRADE, Rogério (Coords). **Parcerias público-privadas**. São Paulo: MP, 2006, p. 205-222.

HATZIS, Aristides (Org.). **The Greek Crisis**. Disponível em: <http://www.greekcrisis.net>. Acesso em: 9 dez. 2017.

HIRIA. **Formação em PPPs 2015**. Disponível em: <http://hiria.com.br/forum/formacao-ppp-2015/programacao.html>. Acesso em: 9 dez. 2017.

HIRIA. **Formação em PPPs 2016**. Disponível em: <http://hiria.com.br/forum/2016/formacao-ppp-2016/programacao.html>. Acesso em: 9 dez. 2017.

HIRIA. **Formação em PPPs**: edição 2014. Disponível em: <http://www.hiria.com.br/formacaoppp/o-evento.html>. Acesso em: 9 dez. 2017.

HIRIA; PPP BRASIL. **Formação em PPPs**: relatório do evento. São Paulo, 26-27 nov. 2014. Disponível em: <http://hiria.com.br/reports/Report-Formacao--em-PPP-2014.pdf>. Acesso em: 13 jan. 2017.

HIRIA; PPP BRASIL; RADAR PPP. **Report**: Formação em PPPs: relatório do evento. São Paulo, 23-24 nov. 2014. Disponível em: <http://hiria.com.br/forum/2016/formacao-ppp-2016/Report-Formacacao-Em-PPPs-2016.pdf>. Acesso em: 4 jan. 2017.

HOLANDA, Sérgio Buarque de. **Raízes do Brasil**. 26. ed. São Paulo: Companhia das Letras, 1995.

JUSTEN FILHO, Marçal. **Comentários à lei de licitações e contratos administrativos**. 17. ed. São Paulo: Revista dos Tribunais, 2016.

JUSTEN FILHO, Marçal. **Concessões de serviços públicos**. São Paulo: Dialética, 1997.

JUSTEN FILHO, Marçal. **Teoria geral das concessões de serviços públicos**. São Paulo: Dialética, 2003.

LAZZARINI, Sérgio G. **Capitalismo de laços**: os donos do Brasil e suas conexões. Rio de Janeiro: Elsevier, 2011.

MARQUES NETO, Floriano de Azevedo. **Bens públicos**: função social e exploração econômica: o regime jurídico das utilidades públicas. Belo Horizonte: Fórum, 2014.

MARQUES NETO, Floriano de Azevedo. Concessão de serviço público sem ônus para o usuário. In: WAGNER JUNIOR, Luiz Guilherme (Coord.). **Direito Público**: estudos em homenagem ao Professor Adilson Abreu Dallari. Belo Horizonte: Del Rey, 2004, p. 331-352.

MARQUES NETO, Floriano de Azevedo. Os contratos de parceria público-privada (PPP) na implantação e ampliação de infraestruturas. In: SILVA, Leonardo Toledo da (Coord.). **Direito e infraestrutura**. São Paulo: Saraiva, 2012, p. 281-302.

MARQUES NETO, Floriano de Azevedo. Os serviços de interesse econômico geral e as recentes transformações dos serviços públicos. In: ALMEIDA, Fernando Dias de Menezes; MARQUES NETO, Floriano; MIGUEL, Luiz Felipe H.; SCHIRATO, Vitor (Coords.). **Direito Público em evolução**: estudos em homenagem à Professora Odete Medauar. Belo Horizonte: Fórum, 2013, p. 531-548.

MARQUES NETO, Floriano de Azevedo; CUNHA, Carlos Eduardo Bergamini. Locação de ativos. **Revista de Contratos Públicos – RCP**. Belo Horizonte, v. 3, n. 3, p. 99-129, mar./ago. 2013.

MARQUES NETO, Floriano de Azevedo; SCHIRATO, Vitor (Coords.). **Estudos sobre a lei das parcerias público-privadas**. Belo Horizonte: Fórum, 2011.

MASSONETTO, Luís Fernando; BERCOVICI, Gilberto. A Constituição dirigente invertida: a blindagem da Constituição Financeira e a agonia da Constituição

Econômica. **Boletim de Ciências Económicas**. Universidade de Coimbra, v. 49, p. 57-77, 2006.

MATTA, Roberto da. **Carnavais, malandros e heróis**: para uma sociologia do dilema brasileiro. 6. ed. Rio de Janeiro: Rocco, 1997.

MCCANE, Steven. Saneamento em Paraty avança com parceria público privada. Rio de Janeiro (Estado). Secretaria de Estado do Ambiente. **Notícia**, 30 jan. 2013. Disponível em: <http://www.rj.gov.br/web/sea/exibe conteudo?article-id=1945989>. Acesso em 5 nov. 2017.

MEDAUAR, Odete. Controle da Administração Pública pelo Tribunal de Contas. **Revista de Informação Legislativa**, v. 27, n. 108, p. 101-106, out./dez. 1990.

MEDAUAR, Odete. **O Direito Administrativo em evolução**. 3. ed. Brasília: Gazeta Jurídica, 2017.

MEIRELLES, Hely Lopes. **Direito Administrativo brasileiro**. 39. ed. Atualização Délcio B. Aleixo e José Emmanuel Burle Filho. São Paulo: Malheiros, 2013.

MEIRELLES, Hely Lopes. **Revista dos Tribunais**, v. 574, p. 38-39, 1983.

MIGUEL, Luiz Felipe Hadlich. **As garantias nas parcerias público-privadas**. Belo Horizonte: Fórum, 2011.

MONTEIRO, Vera. Contratação de serviço de consultoria para a estruturação de projeto de infraestrutura: qual o melhor caminho? In: JUSTEN FILHO, Marçal; SCHWIND, Rafael Wallbach (Coords.). **Parcerias público-privadas**: reflexões sobre os 10 anos da Lei 11.079/2004. São Paulo: Revista dos Tribunais, 2015, p. 143-176.

MOREIRA, Egon Bockmann; GRUPENMACHER, Betina Treiger; KANAYAMA, Rodrigo Luís; AGOTTANI, Diogo Zelak. **Precatórios**: o seu novo regime jurídico: a visão do direito financeiro, integrada ao direito tributário e ao direito econômico. São Paulo: Revista dos Tribunais, 2017.

MÜLLER-MONTEIRO, Eduardo. Metodologia para análise e bloqueio de ações disruptivas derivadas do uso político em empresas do setor elétrico. In: SNPTEE SEMINÁRIO NACIONAL DE PRODUÇÃO E TRANSMISSÃO DE ENERGIA ELÉTRICA, 23. Foz do Iguaçu, 2015. Disponível em: <http://www.acendebrasil.com.br/ media/academicas/2015_XXIII_SNPTEE_Premio_2oLugar_GEC31_Metodologia_para_analise_de_uso_politico_em_empresas_do_setor_eletrico_Rev_2.pdf>. Acesso em: 17 abr. 2017. [Artigo premiado com 2º Lugar no Grupo de Estudo de Aspectos Empresariais e de Gestão Corporativa – GEC].

REFERÊNCIAS

NORTH, Douglass. **Institutions, Institutional Change and Economic Performance**. Cambridge: Cambridge Press, 1990.

OLIVEIRA, Fernão Justen. Garantias ao parceiro privado e comprometimento fiscal. In: JUSTEN FILHO, Marçal; SCHWIND, Rafael Wallbach (Coords.). **Parcerias público-privadas**: reflexões sobre os 10 anos da Lei 11.079/2004. São Paulo: Revista dos Tribunais, 2015, p. 459-474.

PALHUCA, Gabriela; SILVA, Rean Sona. Por que a União Federal não utiliza as Parcerias Público-Privadas? In: DAL POZZO, Augusto; VALIM, Rafael; AURÉLIO, Bruno; FREIRE, Andre Luiz (Coords.). **Parcerias público-privadas**: teoria geral e aplicação nos setores de infraestrutura. Belo Horizonte: Fórum, 2014, p. 465-478.

PALMA, Juliana Bonacorsi de. Governança pública nas parcerias público-privadas: o caso da elaboração consensual de projetos de PPP. In: JUSTEN FILHO, Marçal; SCHWIND, Rafael Wallbach (Coords.). **Parcerias público-privadas**: reflexões sobre os 10 anos da Lei 11.079/2004. São Paulo: Revista dos Tribunais, 2015, p. 113-142.

PEREIRA, Bruno Ramos. Procedimento de Manifestação de Interesses no Estado. **PPP Brasil**, jun. 2013. Disponível em: <http://pppbrasil.com.br/portal/content/ppp-brasil-divulga-novo-balan%C3%A7o-sobre-o-uso-do-pmi-em-%C3%A2mbito-estadual-1>. Acesso em: 10 abr. 2017.

PEREIRA, Bruno Ramos. Procedimento de Manifestação de Interesses no Estado. **PPP Brasil**, set. 2012. Disponível em: <http://pppbrasil.com.br/portal/content/ppp-brasil-divulga-relat%C3%B3rio-sobre-os-pmis-nos-estados-0>. Acesso em: 10 abr. 2017.

PEREIRA, Caio Mario da Silva. **Instituições de Direito Civil**: v. 1: Teoria Geral das Obrigações. 25. ed. Revisão e atualização Guilherme Calmon Nogueira da Gama. Rio de Janeiro: Forense, 2012.

PEREZ, Marcos Augusto. **O risco no contrato de concessão de serviço público**. Belo Horizonte: Fórum, 2006.

PINHEIRO, Armando Castelar; MONTEIRO, Vera; GONDIM, Carlos; CORONADO, Rafael. **Estruturação de projetos de PPP e concessão no Brasil**: diagnóstico do modelo brasileiro e propostas de aperfeiçoamento. International Finance Corporation – World Bank Group, dez. 2015. Disponível em: <https://web.bndes.gov.br/bib/jspui/bitstream/1408/7211/1/Estrutura%C3%A7%C3%A3o%20de%20projetos%20de%20PPP%20e%20concess%C3%A3o%20no%20Brasil_P.pdf>. Acesso em: 6 nov. 2017.

PORTO RICO. **Lei 29, de 8 de junho de 2009**. Disponível em: <http://www.p3.pr.gov/assets/law29-2009english.pdf>. Acesso em: 9 dez. 2017.

PROIETI, Cadu. Após se livrar de entrave, Alckmin não crava Metrô no ABC. **Metro ABC**, 9 jan. 2018. Disponível em: <https://www.metrojornal.com.br/foco/2018/01/09/apos-se-livrar-de-entrave-alckmin-nao-crava-metro-no-abc.html>. Acesso em: 10 jan. 2018.

RADAR PPP. **As parcerias público-privadas no ano de 2016**. Disponível em: <https://www.radarppp.com/biblioteca>. Acesso em: 30 jun. 2017.

RADAR PPP. **Biblioteca**. Disponível em: <http://www.radarppp.com/biblioteca>. Acesso em: 9 dez. 2017.

RADAR PPP. Casos práticos: Formação em Parcerias Público-Privadas (PPPs) 2015: Linha 4 do Metrô de São Paulo – Estado de São Paulo. In: HIRIA; PPP BRASIL (Orgs.). **Formação em Parcerias Público Privadas**. São Paulo, 25-26 nov. 2015. Disponível em: <https://www.radarppp.com/biblioteca/formacao-em-ppps-2015-linha-4-amarela-do-metro-de-sao-paulo>. Acesso em: 4 jan. 2017.

RADAR PPP. Casos práticos: Formação em Parcerias Público-Privadas (PPPs) 2014: Nova Fábrica de Produção da FURP – Estado de São Paulo. In: HIRIA; PPP BRASIL (Orgs.). **Formação em Parcerias Público Privadas**. São Paulo, 2014. Disponível em: <https://www.radarppp.com/biblioteca/formacao-em-ppps-2014-nova-fabrica-de-medicamentos-da-furp>. Acesso em: 13 jan. 2017.

RADAR PPP. Casos práticos: Formação em Parcerias Público-Privadas (PPPs) 2014: Resíduos sólidos urbanos na Região Metropolitana – Estado de Minas Gerais. In: HIRIA; PPP BRASIL (Orgs.). **Formação em Parcerias Público Privadas**. São Paulo, 2014. Disponível em: <https://www.radarppp.com/?s=Res%C3%ADduos+s%C3%B3lidos+urbanos+na+Regi%C3%A3o+Metropolitana+>. Acesso em: 13 jan. 2017.

RADAR PPP. Casos práticos: Formação em Parcerias Público-Privadas (PPPs) 2015: Hospital do Subúrbio, Bahia. In: HIRIA; PPP BRASIL (Orgs.). **Formação em Parcerias Público Privadas**. São Paulo, 25-26 nov. 2015. Disponível em: <http://hiria.com.br/forum/formacao-ppp-2015/cases/5-Casos-Praticos-Formacao-em-PPPs-Hospital-do-Suburbio-Bahia.pdf>. Acesso em: 4 jan. 2017.

RADAR PPP. Casos práticos: Formação em Parcerias Público-Privadas (PPPs) 2016: Arena de Pernambuco, Prefeitura de Lourenço da Mata. In: HIRIA; PPP BRASIL (Orgs.). **Formação em Parcerias Público Privadas**. São Paulo, 23-24 nov. 201. Disponível em: <http://hiria.com.br/forum/2016/formacao-ppp-2016/cases/5-Casos-Praticos-Formacao-em-PPPs-Arena-Pernambuco.pdf>. Acesso em: 4 jan. 2017.

REFERÊNCIAS

RADAR PPP. Casos práticos: Formação em Parcerias Público-Privadas (PPPs) 2014: Conjunto Habitacional Jardins Mangeiral. In: HIRIA; PPP BRASIL (Orgs.). **Formação em Parcerias Público Privadas**. São Paulo, 2014. Disponível em: <http://hiria.com.br/reports/Report-Formacao-em-PPP-2014.pdf>. Acesso em: 28 abr. 2017.

RADAR PPP. Casos práticos: Formação em Parcerias Público-Privadas (PPPs) 2015: Centro Administrativo do Distrito Federal. In: HIRIA; PPP BRASIL (Orgs.). **Formação em Parcerias Público Privadas**. São Paulo, 25-26 nov. 2015. Disponível em: <https://www.radarppp.com/biblioteca/formacao-em-ppps-2015-centro-administrativo-do-distrito-federal>. Acesso em: 13 jan. 2017.

RADAR PPP. Casos práticos: Formação em Parcerias Público-Privadas (PPPs) 2015: Esgotamento Sanitário de Serra – ES. In: HIRIA; PPP BRASIL (Orgs.). **Formação em Parcerias Público Privadas**. São Paulo, 25-26 nov. 2015. Disponível em: <https://www.radarppp.com/biblioteca/formacao-em-ppps-2015-esgotamento-sanitario-de-serra-es>. Acesso em: 13 jan. 2017.

RADAR PPP. Casos práticos: Formação em Parcerias Público-Privadas (PPPs) 2014: Urbanização do Porto Maravilha, Município do Rio de Janeiro. In: HIRIA; PPP BRASIL (Orgs.). **Formação em Parcerias Público Privadas**. São Paulo, 23-24 nov. 2016. Disponível em: <http://hiria.com.br/formacaoppp/Casos-Formacao-PPPs-2015/Casos-Praticos-Formacao-em-PPPs-Porto-Maravilha.pdf>. Acesso em: 4 jan. 2017.

RADAR PPP. Casos práticos: Formação em Parcerias Público-Privadas (PPPs) 2015: Parque Olímpico do Município do Rio de Janeiro. In: HIRIA; PPP BRASIL (Orgs.). **Formação em Parcerias Público Privadas**. São Paulo, 25-26 nov. 2015. Disponível em: <https://www.radarppp.com/biblioteca/formacao-em-ppps-2015-ppp-do-parque-olimpico>. Acesso em: 4 jan. 2017.

RADAR PPP. Casos práticos: Formação em Parcerias Público-Privadas (PPPs) 2016: VLT Carioca, Prefeitura do Rio de Janeiro. In: HIRIA; PPP BRASIL (Orgs.). **Formação em Parcerias Público Privadas**. São Paulo, 23-24 nov. 2016. Disponível em: <http://hiria.com.br/forum/2016/formacao-ppp-2016/cases/Casos-Praticos-Formacao-em-PPPs-VLT-Carioca.pdf>. Acesso em: 4 jan. 2017.

RADAR PPP. Casos práticos: Formação em Parcerias Público-Privadas (PPPs) 2014: Pólo cinematográfico e cultural de Paulínia. Município de Paulínia. In: HIRIA; PPP BRASIL (Orgs.). **Formação em Parcerias Público Privadas**. São Paulo, 2014. Disponível em: <https://www.radarppp.com/biblioteca/

formacao-em-ppps-2014-polo-cinematografico-cultural-de-paulinia>. Acesso em: 13 jan. 2017.

RADAR PPP. Casos práticos: Formação em Parcerias Público-Privadas (PPPs) 2014: Unidades Básicas de Saúde da Família (UBSFS). Município de Manaus. In: HIRIA; PPP BRASIL (Orgs.). **Formação em Parcerias Público Privadas.** São Paulo, 2014. Disponível em: <https://www.radarppp.com/?s=manaus>. Acesso em: 13 jan. 2017.

RADAR PPP. Casos práticos: Formação em Parcerias Público-Privadas (PPPs) 2014: Esgotamento Sanitário. Município de Macaé. In: HIRIA; PPP BRASIL (Orgs.). **Formação em Parcerias Público Privadas.** São Paulo, 2014. Disponível em: <https://www.radarppp.com/biblioteca/formacao-em-ppps-2014-esgotamento-sanitario-de-macae>. Acesso em: 13 jan. 2017.

RADAR PPP. Casos práticos: Formação em Parcerias Público-Privadas (PPPs) 2015: Gestão do Parque de Iluminação Pública de Caraguatatuba. In: HIRIA; PPP BRASIL (Orgs.). **Formação em Parcerias Público Privadas.** São Paulo, 25-26 nov. 2015. Disponível em: <http://hiria.com.br/forum/2016/formacao-ppp-2016/Report-Formacacao-Em-PPPs-2016.pdf>. Acesso em: 13 jan. 2017.

RADAR PPP. Casos práticos: Formação em Parcerias Público-Privadas (PPPs) 2016: Iluminação Pública – Prefeitura de Guaratuba. In: HIRIA; PPP BRASIL (Orgs.). **Formação em Parcerias Público Privadas.** São Paulo, 23-24 nov. 2016. Disponível em: <http://hiria.com.br/forum/2016/formacao-ppp-2016/Report-Formacacao-Em-PPPs-2016.pdf>. Acesso em: 28 abr. 2017.

RADAR PPP. **Centro de Gestão Integrada (Distrito Federal).** Disponível em: <https://www.radarppp.com/resumo-de-contratos/centro-de-gestao-integrada-distrito-federal>. Acesso em: 07 fev. 2017.

RADAR PPP. **Home.** Disponível em: <http://www.radarppp.com>. Acesso em: 9 dez. 2017.

RADAR PPP. Painel de Mercado. **PMIs iniciados nos últimos trimestres.** Disponível em: <https://www.radarppp.com/painel-do-mercado>. Acesso em: 6 nov. 2017.

REINHART, Carmen M.; ROGOFF, Kenneth S. This Time is Different: A Panoramic View of Eight Centuries of Financial Crises. **National Bureau of Economic Research Working Paper**, n. 13.882, mar. 2008. Disponível em: <http://www-management.wharton.upenn.edu/guillen/2008_docs/Reinhardt_Rogoff_Financial_Crises_NBER_2008.pdf>. Acesso em: 12 abr. 2017.

REFERÊNCIAS

REINO UNIDO. HM Treasury. **A New Approach to Public Private Partnerships**, dez. 2012. Disponível em: <http://ppp.worldbank.org/public-private-partnership/library/new-approach-public-private-partnerships>. Acesso em: 9 dez. 2017.

REINO UNIDO. HM Treasury. **Private Finance Initiative and Private Finance 2 Projects**, dez. 2016. Disponível em: <https://www.gov.uk/government/uploads/system/uploads/attachment_data/file/579271/PFI_and_PF2_projects_2016_summary_data.pdf> Acesso em: 25 nov. 2017.

REINO UNIDO. Infrastructure and Projects Authority; HM Treasury **UK Guarantees Scheme**. Disponível em: <https://www.gov.uk/guidance/uk-guarantees-scheme>. Acesso em: 9 dez. 2017.

REIS, Tarcila; JORDÃO, Eduardo. A experiência brasileira de MIPS e PMIS: três dilemas da aproximação público-privada na concepção de projetos. In: JUSTEN FILHO, Marçal; SCHWIND, Rafael Wallbach (Coords.). **Parcerias público-privadas**: reflexões sobre os 10 anos da Lei 11.079/2004. São Paulo: Revista dos Tribunais, 2015, p. 207-232.

REISDORFER, Guilherme. Soluções contratuais público-privadas: os procedimentos de manifestação de interesse (PMI) e as propostas não solicitadas (PNS). In: JUSTEN FILHO, Marçal; SCHWIND, Rafael Wallbach (Coords.). **Parcerias público-privadas**: reflexões sobre os 10 anos da Lei 11.079/2004. São Paulo: Revista dos Tribunais, 2015, p. 177-206.

RELAÇÃO de Sanepar com Dominó foi turbulenta durante governo Requião. **Gazeta do Povo**, 19 de outubro de 2016. Disponível em: <http://www.gazetadopovo.com.br/economia/relacao-da-sanepar-com-domino-foi-turbulenta-durante-governo-requiao-10jatp890yhigzso4pgmdgxgn>. Acesso em: 12 abr. 2017.

RIBEIRO, Bruno; LEITE, Fabio. Mais uma vez, Justiça suspende PPP da iluminação de São Paulo. **O Estado de São Paulo**, 14 out. 2016. Disponível em: <http://sao-paulo.estadao.com.br/noticias/geral,mais-uma-vez-justica-suspende-ppp-da-iluminacao-de-sp,10000082137>. Acesso em: 28 set. 2017.

RIBEIRO, Leonardo Coelho. "Na dúvida, dorme tranquilo quem indefere", e o Direito Administrativo como caixa de ferramentas. **Revista Colunistas de Direito de Estado**, n. 149, 20 abr. 2016. Disponível em: <http://www.direitodoestado.com.br/ colunistas/leonardo-coelho-ribeiro/na-duvida-dorme-tranquilo-quem-indefere-e-o-direito-administrativo-como-caixa-de-ferramentas>. Acesso em: 16 dez. 2017.

RIBEIRO, Mauricio Portugal. Garantias de pagamento público em contratos de PPP: como estruturar um sistema ideal? In: LUNA, Guilherme; GRAZIANO,

Luiz Felipe; BERTOCCELLI, Rodrigo de Pinho (Coords.). **Saneamento básico**: temas fundamentais, propostas e desafios. Rio de Janeiro: Lumen Juris, 2017, p. 357-374.

RIBEIRO, Mauricio Portugal; PRADO, Lucas Navarro. **Comentários à Lei de PPP – parceria público-privada**: fundamentos econômicos-jurídicos. São Paulo: Malheiros, 2007.

RIO DAS OSTRAS. **Jornal Oficial Rio das Ostras**, v. 12, n. 623, 22-28 fev. 2013. Disponível em: <http://www.riodasostras.rj.gov.br/download/jornal-oficial/files/623.pdf>. Acesso em: 25 maio 2017.

RIO DAS OSTRAS. **Jornal Oficial Rio das Ostras**, v. 16, n. 831, 20-26 jan. 2017. Disponível em: <http://www.riodasostras.rj.gov.br/download/jornal-oficial/files/831.pdf>. Acesso em: 25 maio 2017.

RIO DE JANEIRO (Município). **Guia suplementar para avaliações de value for money**. Disponível em: <http://www.rio.rj.gov.br/dlstatic/10112/5305003/4138533/ GuiaSuplementarparaAvaliacoesdeValueforMoney.pdf>. Acesso em: 9 dez. 2017.

RIOS, Cristina. Luz verde para os investimentos. **Gazeta do Povo**, 22 ago. 2010. Disponível em: <http://www.gazetadopovo.com.br/economia/luz-verde-para-os-investimentos-47shhakw471fniohnhnf524b2>. Acesso em: 12 abr. 2017.

ROCHA, Fabio Amorim. **A legalidade da suspensão do fornecimento de energia elétrica aos consumidores inadimplementes**. Rio de Janeiro: Lumen Juris, 2004.

SAADI LIMA, Mario M. **O procedimento de manifestação de interesse à luz do ordenamento jurídico brasileiro**. Belo Horizonte: Fórum, 2015.

SÃO PAULO (Estado). Agência Reguladora de Serviços Públicos Delegados de Transporte do Estado. **Secretaria de Logística e Transportes homologa vencedor da licitação da PPP da Tamoios**, 29 out. 2014. Disponível em: <http://www.artesp.sp.gov.br/sala-de-imprensa-noticias-vencedor-da-licitacao-da-ppp-tamoios-e-homologado.html>. Acesso em: 28 jun. 2017.

SÃO PAULO (Estado). Secretaria da Fazenda. **Demonstrações financeiras do exercício de 2015**. Disponível em: <https://portal.fazenda.sp.gov.br/Institucional/Documents/ balanco_dez15.pdf>. Acesso em: 3 jun. 2016.

SÃO PAULO (Estado). Secretaria de Planejamento e Gestão. **Veja os projetos beneficiados com recursos do BIRD e do BID**, 11 maio 2015. Disponível em: <http://www.saopaulo.sp.gov.br/spnoticias/ultimas-noticias/veja-os-projetos-beneficiados-com-recursos-do-bird-e-do-bid>. Acesso em: 24 maio 2017.

REFERÊNCIAS

São Paulo (Estado). Tribunal de Justiça. **Consulta de precatórios pendentes de pagamento.** Disponível em: <http://www.tjsp.jus.br/cac/scp/webRelPublicLstPagPrecat Pendentes.aspx>. Acesso em: 5 dez. 2017.

Sarmento, Daniel (Org.). **Interesses públicos versus interesses privados**: desconstruindo o princípio da supremacia do interesse público. 2. tiragem. Rio de Janeiro: Lumen Juris, 2007. [1. tiragem, 2005].

Sarmento, Daniel. Interesses públicos vs. interesses privados na perspectiva da teoria e da filosofia constitucional. In: Sarmento, Daniel (Org.). **Interesses públicos versus interesses privados**: desconstruindo o princípio da supremacia do interesse público. 2. tiragem. Rio de Janeiro: Lumen Juris, 2007. [1. tiragem, 2005], p. 23-116.

Sarmento, Daniel. Supremacia do interesse público? As colisões entre direitos fundamentais e interesses da coletividade. In: Aragão, Alexandre; Marques Neto, Floriano de Azevedo (Orgs.) **Direito Administrativo e seus novos paradigmas.** Belo Horizonte: Fórum, 2012, p. 97-144.

Sarney, José. **Moratória.** Disponível em: <http://www.josesarney.org/o-politico/presidente/moratória>. Acesso em: 12 abr. 2017.

Schirato, Vitor Rhein. **Livre iniciativa nos serviços públicos.** Belo Horizonte: Fórum, 2012.

Schirato, Vitor Rhein. O sistema de garantias nas parcerias público-privadas. In: Marques Neto, Floriano de Azevedo; Schirato, Vitor (Coords.). **Estudos sobre a lei das parcerias público-privadas.** Belo Horizonte: Fórum, 2011, p. 143-194.

Schwind, Rafael Wallbach. **Remuneração do concessionário**: concessões comuns e parcerias público-privadas. Belo Horizonte: Fórum, 2010.

Sentença que decretou falência da antiga Varig é publicada. **Info Aviação.** Disponível em: <http://www.infoaviacao.com/2010/08/sentenca-que-decretou-falencia-da.html>. Acesso em: 5 dez. 2017.

Sundfeld Carlos Ari; Câmara, Jacintho Arruda. Competências de controle dos Tribunais de Contas: possibilidades e limites. In: Sundfeld, Carlos Ari (Org.). **Contratações públicas e seu controle.** São Paulo: Malheiros, 2013, p. 177-220.

Sundfeld, Carlos Ari. Parcerias de investimento em empreendimentos públicos: qual reforma jurídica pode fazer diferença. In: Pastore, Afonso Celso (Org.). **Infraestrutura**: eficiência e ética. Rio de Janeiro: Elsevier, 2017, p. 75-115.

Sundfeld, Carlos Ari; Marques Neto, Floriano de Azevedo. Uma nova lei para aumentar a qualidade jurídica das decisões públicas e seu controle.

In: **Contratações públicas e seu controle**. São Paulo: Malheiros, 2013, p. 277-285.

SUNDFELD, Carlos Ari; MOREIRA, E. Bockmann. PPP Mais: um caminho para práticas avançadas nas parcerias estatais com a iniciativa privada. **Revista de Direito Público da Economia**. Belo Horizonte: Fórum, v. 14, n. 53, p. 9-49, jan./mar. 2016.

SVERBERI, Benedito. Moratória brasileira foi um erro econômico e político. **Veja**, 9 jul. 2011. Disponível em: <http://veja.abril.com.br/economia/moratoria-brasileira-foi-um-erro-economico-e-politico>. Acesso em: 12 abr. 2017.

USUAL Suspects. **The Economist**. Disponível em: <http://www.economist.com/blogs/graphicdetail/2014/07/daily-chart-23>. Acesso em: 12 abr. 2017.

VANZELLA, Rafael. Financiamento privado da infraestrutura. In: MARCATO, Fernando; PINTO JUNIOR, Mario Engler (Coords.). **Direito da infraestrutura**. São Paulo: Saraivajus; FGV, 2017, p. 307-386.

VARELA, João de Matos Antunes. **Das obrigações em geral**. 7. ed. Lisboa: Almedina, 1997.

VIDIGAL NETO, Rubens; SOUZA, Allan Crocci. O FIDC-NP na securitização de dívida ativa. **Valor Econômico**, Caderno Legislação & Tributos, p. E2, 8 jun. 2016.

VIEIRA, Lívia Wanderley de Barros Maia. As garantias ofertadas pela Administração Pública nas Parcerias Público-Privadas. In: DI PIETRO, Maria Sylvia (Org.). **Direito Privado Administrativo**. São Paulo: Atlas, 2013, p. 273-288.

WALD, Arnoldo. **Obrigações e contratos**. 17. ed. São Paulo: Saraiva, 2006.

WERNECK, Bruno; SAADI, Mário (Orgs.). **The Public-Private Partnership Law Review**. 1. ed. Londres: Law Business Research, 2015; 2. ed., 2016.

WIZIACK, Julio; CARNEIRO, Mariana. Acordo de plano econômico vai incluir ações individuais. **Folha de São Paulo**, 05 dez. 2017. Disponível em: <http://www1.folha.uol.com.br/mercado/2017/12/1940679-acordo-de-plano-economico-vai-incluir-acoes-individuais.shtml>. Acesso em: 5 dez. 2017.

YESCOMBE, E. R. **Public-Private Partnerships**: Principles of Policy and Finance. London: Elsevier Finance, 2007.

ZANCHIM, Kleber Luiz. **Contratos de parceria público-privada (PPP)**: risco e incerteza. São Paulo: Quartier Latin, 2012.

ZYMLER, Benjamin; ALMEIDA, Guilherme Henrique de la Roque. **O controle externo das concessões de serviços públicos e das parcerias público-privadas**. Belo Horizone: Editora Fórum, 2005.

APÊNDICE 1 - PROJETOS DE LEI

Projeto de Lei Complementar disciplinando a prestação de garantias pela Administração Pública

PROPOSTA DE PROJETO DE LEI COMPLEMENTAR[321]

Institui normas gerais em matéria de garantias prestadas pela Administração Pública em parcerias público-privadas e outros contextos legalmente admitidos.

O CONGRESSO NACIONAL decreta:

Capítulo I
OBJETO E ENTIDADES PÚBLICAS ABRANGIDAS PELA LEI

Art. 1º. Para os fins do art. 163, III, da Constituição Federal,[322] do art. 8º da Lei n. 11.079, de 30 de dezembro de 2004 e outras disposições legais

---

[321] Proposta preparada de forma consistente com as disposições da Lei Complementar n. 95, de 26 de fevereiro de 1998, que disciplina a elaboração, a redação, a alteração e a consolidação das leis.

[322] O art. 163 da Constituição Federal exige a edição de lei complementar para a disciplina dos temas ali referidos, inclusive concessão de garantias pelas entidades públicas (inciso III).

pertinentes, e em complemento ao disposto na Lei Complementar n. 101, de 4 de maio de 2000, esta Lei institui normas gerais em matéria de concessão de garantias pela Administração Pública, notadamente garantias prestadas no âmbito das parcerias público-privadas de que trata a Lei federal n. 11.079, de 30 de dezembro de 2004, em operações da dívida pública ou em outros contextos legalmente admitidos.

§ 1º. Esta Lei se aplica aos órgãos da Administração direta, aos fundos especiais, às autarquias e às fundações públicas no âmbito da União, Estados, Distrito Federal e Municípios.

§ 2º. Esta Lei também se aplica às empresas públicas, às sociedades de economia mista e às demais entidades controladas, direta ou indiretamente, pela União, Estados, Distrito Federal e Municípios, dependentes ou não dependentes, mas apenas na medida em que o regime legal a elas aplicável já não assegure, com respeito à prestação de garantias de adimplemento, autonomia mais ampla do que aquela estabelecida por esta Lei.

Capítulo II
DAS GARANTIAS E SEUS OBJETIVOS

Seção I
Conceito e Princípios

Art. 2º. Para os fins desta Lei, considera-se garantia:

I – a coobrigação de natureza pessoal, acessória ou autônoma, contratual ou cambiária, assumida por determinado ente em favor e para assegurar o adimplemento de obrigação contraída por terceiro no interesse primordial deste, incluindo, sem limitação, a fiança, o aval e outras modalidades de garantia pessoal;

Sendo a Lei de Responsabilidade Fiscal ela própria uma lei complementar, sua alteração também demanda lei da mesma natureza. Alguns outros temas tratados neste projeto de lei (por exemplo, alteração da Lei de PPPs ou da Lei de Improbidade) não exigiriam lei complementar para sua alteração ou disciplina, mas entendemos que não há prejuízo que, para fins de melhor consolidação e sistematização, lei complementar o faça, embora com força de lei ordinária nessas matérias não reservadas à lei complementar.

II – os direitos reais em garantia ou fiduciários com escopo de garantia (garantias reais) instituídos sobre bem ou direito para assegurar o adimplemento de determinada obrigação própria ou de terceiro, incluindo, sem limitação, a hipoteca, o penhor, a alienação fiduciária e a cessão fiduciária; ou

III – qualquer outro instrumento ou compromisso que cumpra a função equivalente à coobrigação ou a qualquer das garantias reais previstas nos incisos I e II acima.

Art. 3º. A concessão de garantias pela Administração Pública observará as seguintes diretrizes, sem prejuízo, no contexto das parcerias público-privadas, daquelas previstas no art. 2º da Lei federal n. 11.079, de 30 de dezembro de 2004:

I – responsabilidade fiscal e uso eficiente dos recursos públicos;
II – transparência;
III – segurança jurídica, previsibilidade, adimplemento e estabilidade contratual; e
IV – prestígio à credibilidade da Administração Pública e ao cumprimento tempestivo e adequado de seus compromissos contratuais.

Capítulo III
DAS GARANTIAS

Seção I
Garantias Reais Sobre Bens Públicos Dominicais

Art. 4º. Ressalvadas vedações legais expressas e delimitadas, os bens públicos dominicais poderão ser objeto de alienação ou instituição de garantia real por ato voluntário da Administração Pública, observadas as disposições desta Lei.

Parágrafo único. É vedada a penhora, o arresto, o sequestro ou a constrição equivalente de bens públicos em processo executivo ou em preparação a este, devendo ser aplicado o regime próprio de execução e precatórios contra a Fazenda Pública, ressalvada a penhora e a excussão de bens públicos dominicais onerados por garantia real voluntariamente instituída pelo ente público competente na forma deste artigo.

Art. 5º. A instituição de garantia real sobre bens da Administração Pública, subordinada à existência de interesse público devidamente justificado, obedecerá às seguintes normas:

I – quando imóveis, dependerá de autorização legislativa para órgãos da Administração direta e entidades autárquicas e fundacionais, e, para todos, inclusive as entidades paraestatais, dependerá de avaliação prévia e de licitação na modalidade de concorrência, ressalvadas as hipóteses legais de dispensa; e

II – quando móveis, dependerá de avaliação prévia e de licitação, ressalvadas as hipóteses legais de dispensa.

Parágrafo único. Sem prejuízo de outras hipóteses legais de dispensa, ficará dispensada a licitação específica para a outorga de garantias reais prestadas pela Administração Pública em favor de concessionários selecionados por meio de licitação competente no âmbito de parcerias público-privadas, e no contexto de operações da dívida pública emitida com observância da legislação e limites aplicáveis.

Seção II
Vinculação-Garantia de Receitas Públicas

Art. 6º. A instituição de garantia ou contragarantia real por meio da vinculação de receitas públicas, subordinada à existência de interesse público devidamente justificado, dependerá de autorização legislativa específica, no âmbito do respectivo ente federativo, e deverá obedecer às limitações do art. 167, inciso IV e parágrafos, da Constituição Federal.

Parágrafo único. Não se consideram vedadas pelo art. 167, inciso IV e parágrafos, da Constituição Federal, dentre outras, as seguintes hipóteses de vinculação, seja ou não para fins de garantia ou contragarantia real:

I – a vinculação de receitas não tributárias, como receitas de *royalties*, participações especiais, compensações financeiras pela exploração de recursos minerais e assemelhados, receitas tarifárias, receitas pelo uso de bem público, receitas de locação, arrendamento ou assemelhados, pagamento de empréstimos oficiais ou ressarcimento de subvenções, outras receitas contratuais, receitas de dividendos de empresas estatais e receitas de multas;

II – a vinculação, pelos Estados ou Municípios, de receitas financeiras a estes repassadas por meio do Fundo de Participação dos Estados – FPE e do Fundo de Participação dos Municípios – FPM;

III – a vinculação de receitas oriundas da realização da dívida ativa, parcelada ou não parcelada;

IV – a vinculação de receitas de contribuições sociais e taxas para aplicação direta ou em garantia de obrigações incorridas na área ou com as atividades e usos em favor dos quais as respectivas contribuições e taxas tenham sido legalmente instituídas e vinculadas pela sua própria natureza; e

V – a vinculação de receitas de impostos para aplicação direta ou em garantia de obrigações incorridas com ações e serviços públicos de saúde, para manutenção e desenvolvimento do ensino e para realização de atividades da administração tributária.

Seção III
Fundos Garantidores

Art. 7º. Ficam Estados, Municípios ou o Distrito Federal, bem como seus fundos especiais, suas autarquias, suas fundações públicas e suas empresas estatais dependentes, autorizados a participar de fundos garantidores, com patrimônio próprio e personalidade jurídica de direito privado e o propósito específico de oferecer garantias reais ou pessoais ao adimplemento de obrigações assumidas pelos seus quotistas em parcerias público-privadas ou outros contextos legalmente admitidos.

§ 1º. A criação dos fundos e a integralização de quotas pelo setor público ficarão subordinadas à autorização legislativa no âmbito federativo em que se inserirem os respectivos quotistas.

§ 2º. O patrimônio do fundo será formado pelo aporte de bens e direitos realizado pelos quotistas, por meio da integralização de quotas e pelos rendimentos obtidos com sua administração.

§ 3º. Os bens e direitos transferidos ao fundo serão avaliados por empresa especializada, que deverá apresentar laudo fundamentado, com indicação dos critérios de avaliação adotados e instruído com os documentos relativos aos bens avaliados.

§ 4º. O fundo responderá por suas obrigações com os bens e direitos integrantes de seu patrimônio, não respondendo os quotistas por qualquer obrigação do fundo, salvo pela integralização das quotas que subscreverem.

§ 5º. O fundo será criado, administrado, gerido e representado judicial e extrajudicialmente por instituição financeira independente e devidamente autorizada ao exercício de tal função na forma da legislação de mercado de capitais, a qual será selecionada por procedimento licitatório, ressalvadas as hipóteses legais de inexigibilidade ou dispensa, dentre as quais a contratação de instituição financeira controlada pela União ou por qualquer dos quotistas estatais.

§ 6º. O estatuto e o regulamento do fundo serão aprovados em assembleia dos cotistas.

§ 7º. Caberá à instituição financeira administradora deliberar sobre a gestão e alienação dos bens e direitos do fundo, zelando pela manutenção de sua rentabilidade e liquidez.

§ 8º. Sem prejuízo de outras modalidades de garantia real ou pessoal previstas na legislação civil, fica o fundo autorizado a prestar garantia, real ou pessoal, vinculada a um patrimônio de afetação constituído em decorrência da separação de bens e direitos pertencentes ao fundo.

§ 9º. O fundo poderá prestar contragarantias a seguradoras, instituições financeiras e organismos internacionais que garantirem o cumprimento das obrigações pecuniárias dos quotistas.

§ 10. Em caso de inadimplemento, os bens e direitos do fundo poderão ser objeto de constrição judicial e alienação para satisfazer as obrigações garantidas

Art. 8º. É facultada a constituição de patrimônio de afetação que não se comunicará com o restante do patrimônio do fundo, ficando vinculado exclusivamente à garantia em virtude da qual tiver sido constituído, não podendo ser objeto de penhora, arresto, sequestro, busca e apreensão ou qualquer ato de constrição judicial decorrente de outras obrigações do fundo.

Parágrafo único. A constituição do patrimônio de afetação será feita por registro em Cartório de Registro de Títulos e Documentos ou, no caso de bem imóvel, no Cartório de Registro Imobiliário correspondente.

Art. 9º. O fundo não pagará rendimentos a seus quotistas, assegurando-se a qualquer deles o direito de requerer o resgate total ou parcial de suas quotas, correspondente ao patrimônio ainda não utilizado para a concessão de garantias, fazendo-se a liquidação com base na situação patrimonial do fundo.

§ 1º. A dissolução do fundo, deliberada pela assembleia dos quotistas, ficará condicionada à prévia quitação da totalidade dos débitos garantidos ou liberação das garantias pelos credores.

§ 2º. Dissolvido o fundo, o seu patrimônio será rateado entre os quotistas, com base na situação patrimonial à data da dissolução.

Seção IV
Poder Liberatório para Pagamento de Dívida Ativa[323]

Art. 10. No caso das concessões administrativa e patrocinada, e de outras parcerias que envolvam pagamentos ou aportes da Administração Pública, o contrato poderá atribuir, aos créditos da contratada, reconhecidos na forma do contrato e não pagos no prazo pelo contratante público, o direito líquido e certo, autoaplicável e independente de regulamentação ou de ato administrativo de reconhecimento, de ser utilizado para compensação com débitos líquidos, bem como poder liberatório do pagamento de obrigações tributárias perante a entidade federativa titular do empreendimento.

§ 1º. A contratada poderá fazer a cessão parcial ou total desses créditos a terceiro, independentemente da concordância do contratante público, sendo que a cessão produzirá efeitos a partir da simples comunicação da cedente ao devedor.

§ 2º. No caso de parcerias dos Estados, do Distrito Federal ou dos Municípios, a atribuição do direito previsto neste artigo depende de prévia edição de lei geral da entidade titular autorizando as compensações e reconhecendo o poder liberatório.

---

[323] Reprodução de proposta encabeçada por Carlos Ari Sundfeld e Egon Bockmann Moreira, aqui incluída para fins de melhor sistematização de soluções afins em matéria de garantia contra o inadimplemento da administração pública. Cf. SUNDFELD, Carlos Ari; MOREIRA, E. Bockmann. PPP Mais... Op. cit.; e ainda SUNDFELD, Carlos Ari. Parcerias de investimento... Op. cit., p. 111.

§ 3º. Poderá ser editado regulamento técnico-administrativo de caráter nacional com medidas de desburocratização administrativa necessárias ou úteis à plena eficácia do disposto neste artigo.

Capítulo IV
DEPOSITÁRIO E AGENTE DE GARANTIAS

Art. 11. Agente de garantias, espécie particular de depositário, com ou sem poderes de representação próprios do contrato de mandato ou da comissão, é a pessoa jurídica especializada, contratada para atuar em nome e em benefício de duas ou mais partes, incluindo partes garantidoras e garantidas, em determinado negócio jurídico, podendo assumir uma ou mais das seguintes incumbências, dentre outras que venham a ser estipuladas expressamente no respectivo contrato de depósito e demais avenças relacionadas à sua nomeação:

I – receber, depositar e/ou custodiar bens ou direitos dados em garantia real ou instrumentos de garantias pessoais, com ou sem poderes para firmar, em nome próprio ou das partes garantidas, mas sempre no interesse destas, as respectivas escrituras públicas ou contratos particulares instituidores de tais garantias;

II – protocolar, arquivar ou promover, nos registros públicos competentes, o registro das escrituras públicas ou instrumentos particulares instituidores da garantia real ou da garantia pessoal, para fins do seu aperfeiçoamento, eficácia, proteção ou publicidade;

III – praticar todos os atos necessários à administração, conservação e preservação das respectivas garantias reais;

IV – abrir e administrar conta corrente ou conta-vinculada, gerir, custodiar e investir os recursos financeiros depositados em tal conta, arrecadar, cobrar e executar os recebíveis a ela vinculados, realizar pagamentos ou transferências autorizadas;

V – quando incumbido do depósito e administração de recursos financeiros, realizar investimentos contratualmente permitidos em aplicações de baixo risco e liquidez consistente com o perfil das obrigações garantidas;

VI – firmar aditamentos aos contratos de garantia em nome de uma ou mais partes, sempre no limite dos poderes de representação recebidos, e promover o registro de tais instrumentos de aditamento nos registros públicos competentes;

VII – liquidar, executar ou excutir, judicial ou extrajudicial, as garantias recebidas, com poderes que poderão contemplar a prática de todas as providências necessárias ou recomendáveis à celeridade e otimização do resultado de tais procedimentos, incluindo, sem limitação, promover ou contratar a avaliação prévia dos bens dados em garantia, contratar advogados, bancos de investimento, leiloeiros, assessores e outros profissionais especializados, bem como realizar venda ou leilão privado;

VIII – liquidar, liberar, transferir e ratear os recursos ou bens mantidos em garantia às partes garantidas, nos termos e hipóteses autorizadas nos respectivos contratos ou na legislação aplicável, ou ainda promover a devolução de tais recursos ou bens à parte garantidora, integralmente ou naquilo que sobejar as obrigações garantidas, mas sempre nos termos expressamente estipulados nos respectivos contratos ou lei aplicável; e

IX – operacionalizar o compartilhamento de garantias entre diferentes partes garantidas, com ou sem poderes para representá-las, observados os critérios e quóruns de aprovação, conforme previstos no contrato de depósito e nomeação do agente de garantias, nos contratos de garantia ou em acordo entre credores.

Parágrafo único. Sem prejuízo de outras autorizações e qualificações legais porventura exigidas, o agente de garantias deverá qualificar-se como instituição financeira devidamente autorizada pelo Banco Central do Brasil ou como entidade autorizada pela Comissão de Valores Mobiliários a exercer a administração de fundos e carteiras de investimento, quando suas incumbências envolverem atividades privativas de tais entidades, exceto na medida em que tais atividades privativas sejam subcontratadas perante outras entidades devidamente qualificadas e desde que assim admitido no respectivo contrato de depósito ou nomeação do agente de garantias.

Art. 12. Sem prejuízo das disposições aplicáveis ao contrato de depósito de modo geral, nos termos da legislação civil, o agente de garantias deverá cumprir estritamente as disposições e instruções constantes do seu respectivo contrato de depósito, abstendo-se de acatar qualquer contraordem, instrução divergente ou solicitação de alteração ao contrato que não apresentada por escrito e devidamente autorizada por todas as partes em benefício de quem o contrato de depósito e nomeação do agente tenha sido celebrado.

§ 1º. O agente de garantias ficará sujeito à indenização pelas perdas e danos sofridos pelas partes garantidas, inclusive com relação ao montante do crédito não satisfeito em razão da frustração da garantia, na hipótese de violação do *caput* por sua culpa ou dolo, sendo lícito ao contrato limitar tal responsabilização à hipótese de dolo e culpa grave.

§ 2º. Não se exonerará da responsabilidade indenizatória o agente de garantias que descumprir as disposições do contrato de depósito sob argumento de ilegalidade ou obscuridade de tais disposições, se tal ilegalidade ou obscuridade não tiver sido alertada expressamente pelo agente de garantias por ocasião da celebração do contrato ou no primeiro momento em que o agente de garantias tivesse condição de conhecê-la.

§ 3º. Não obstante o disposto no *caput* e parágrafos precedentes, o agente de garantias deverá dar cumprimento estrito a qualquer ordem judicial ou arbitral a ele dirigida, devendo, em tal caso, informar prontamente às partes acerca do teor de tal ordem e das providências tomadas ou em curso para o seu atendimento.

Art. 13. O agente de garantias não poderá renunciar às suas funções antes que outro agente, nomeado ou aceito pelas partes, o substitua, ressalvadas as disposições em contrário no respectivo contrato de depósito e nomeação do agente.

Art. 14. Havendo recursos líquidos e disponíveis sob sua custódia, será lícito ao agente de garantia reter periodicamente para si os valores correspondentes à sua remuneração, conforme contratualmente estabelecida, sem prejuízo da prestação de contas a todas as partes em benefício de quem o contrato de depósito e nomeação do agente tenha sido celebrado.

Art. 15. Nas concessões administrativa e patrocinada, e em outras parcerias que envolvam pagamentos ou aportes da Administração Pública, será lícita a nomeação de agente de garantias diretamente pelo poder concedente ou, se assim autorizado pelo respectivo contrato de concessão, pelo concessionário, para fins de administração da garantia ou conta pagadora que venha a ser prestada pelo parceiro público para assegurar o adimplemento de suas obrigações.

§ 1º. O contrato de depósito e nomeação do agente de garantias poderá atribuir-lhe quaisquer das incumbências previstas no art. 11, dentre outras específicas ao projeto considerado.

§ 2º. O agente de garantias dará cumprimento estrito às disposições e instruções estabelecidas no contrato que o tenha nomeado, abstendo-se de acatar, independentemente da forma ou instrumento de tal requisição, qualquer contraordem, instrução divergente ou solicitação de alteração ao contrato que não apresentada por escrito e devidamente autorizada pelo poder concedente e pelo concessionário, ressalvada ordem judicial ou arbitral dirigida ao agente de garantias em sentido contrário.

§ 3º. Na hipótese de restar temporariamente impedido, durante a pendência de disputa entre as partes, de efetuar pagamento ou liberar garantia em favor de qualquer uma destas, por força do que disponha o seu respectivo contrato ou em decorrência de ordem judicial ou arbitral nesse sentido, o agente de garantias deverá praticar todos os atos necessários à preservação da garantia e do seu valor, inclusive, dentre outros, arrecadação de recebíveis, liquidação de ativos ilíquidos e realização de investimentos permitidos, até a resolução da referida disputa.

Capítulo VI
DISPOSIÇÕES GERAIS[324]

Art. 16. Acresceça-se ao art. 21 do Decreto-Lei nº 4.657, de 4 de setembro de 1942 (Lei de Introdução às Normas do Direito Brasileiro), com a redação a ele atribuída pela Lei 13.655, de 25 de abril de 2018, o parágrafo segundo, renomeando-se o parágrafo único para parágrafo primeiro:

"*Art. 21. A decisão que, nas esferas administrativa, controladora ou judicial, decretar a invalidação de ato, contrato, ajuste, processo ou norma administrativa deverá indicar de modo expresso suas consequências jurídicas e administrativas.*

---

[324] *Nas propostas de alteração de lei vigente, os grifos destacam a nova redação proposta para melhor visualização.*

GARANTIAS DE ADIMPLEMENTO DA ADMINISTRAÇÃO PÚBLICA

§1º. *A decisão a que se refere o caput deste artigo deverá, quando for o caso, indicar as condições para que a regularização ocorra de modo proporcional e equânime e sem prejuízo aos interesses gerais, não se podendo impor aos sujeitos atingidos ônus ou perdas que, em função das peculiaridades do caso, sejam anormais ou excessivos.*

§2º. **O contratado ou concessionário será indenizado integral e prontamente pelos investimentos justificados e comprovados que houver realizado para atendimento de contrato administrativo invalidado por vício a que não tenha dado causa, quando, diante das circunstâncias, não for justificável a convalidação e preservação do contrato.**"

Art. 17. Fica alterada a redação do § 8º e a ele introduzidos o inciso III e suas alíneas "a", "b" e "c", acrescendo-se ainda o § 11, ao art. 40 da Lei Complementar n. 101, de 4 de maio de 2000 (Lei de Responsabilidade Fiscal), conforme redação abaixo:

"*Art. 40. [...]*

§ 8º. Excetua-se do disposto neste artigo a garantia prestada **por estatal não dependente ou ainda***:*

I – [...]

II – [...]

III – para assegurar obrigação validamente assumida pela Administração Pública no âmbito de contratos de concessão ou análogos, sendo admitida a garantia ou contragarantia, desde que:

a) se trate de garantia real, nos limites legalmente admissíveis, prestada para assegurar o adimplemento de obrigação própria do ente garantidor;

b) seja prestada por sociedade integrante da Administração indireta, não dependente e constituída para tal finalidade garantidora, para assegurar o adimplemento de obrigações assumidas pelo ente federativo controlador ou por outras entidades da respectiva Administração indireta;

c) seja prestada por fundo garantidor, com personalidade jurídica de direito privado, para assegurar o adimplemento de obrigações assumidas pelo ente federativo que tenha constituído o fundo, ou seja titular da maioria de suas quotas, ou por outras entidades da respectiva Administração indireta.

[...]

§ 11. As garantias de que trata o inciso III do parágrafo 8º poderão ser prestadas diretamente aos financiadores do respectivo concessionário, nos termos do respectivo contrato de concessão."

APÊNDICE 1 - PROJETOS DE LEI

Art. 18. Ficam alterados o § 3º do art. 4º, o inciso III, sua alínea "a" e o § 1º do art. 5º e o § 2º do art. 9º da Lei Complementar n. 101, de 4 de maio de 2000 (Lei de Responsabilidade Fiscal), conforme redação abaixo:

"Art. 4º. *A lei de diretrizes orçamentárias atenderá o disposto no § 2º do art. 165 da Constituição e:*
[...]
§ 3º. A lei de diretrizes orçamentárias conterá Anexo de Riscos Fiscais, onde serão avaliados os passivos contingentes, **vinculações para fins de garantia** *e outros riscos capazes de afetar as contas públicas, informando as providências a serem tomadas, caso se concretizem."*

"Art. 5º. *O projeto de lei orçamentária anual, elaborado de forma compatível com o plano plurianual, com a lei de diretrizes orçamentárias e com as normas desta Lei Complementar:*
[...]
III – conterá reserva de contingência, cuja forma de utilização e montante, definido com base na receita corrente líquida **e sem prejuízo da autorização de créditos suplementares ou especiais para atendimento de insuficiências porventura remanescentes***, serão estabelecidos na lei de diretrizes orçamentárias, destinada ao:*
a) **atendimento de vinculações contingentes de receitas públicas, realizadas para fins de garantia, observadas as vedações do art. 167, IV, da Constituição Federal***; e ao*
b) atendimento de passivos contingentes e outros riscos e eventos fiscais imprevistos.
§ 1º. Todas as despesas relativas à dívida pública, mobiliária ou contratual, e às **obrigações contratadas em bases firmes e não passíveis de cancelamento ou redução, assim como** *as receitas que as atenderão, constarão da lei orçamentária anual."*

"Art. 9º. *Se verificado, ao final de um bimestre, que a realização da receita poderá não comportar o cumprimento das metas de resultado primário ou nominal estabelecidas no Anexo de Metas Fiscais, os Poderes e o Ministério Público promoverão, por ato próprio e nos montantes necessários, nos trinta dias subsequentes, limitação de empenho e movimentação financeira, segundo os critérios fixados pela lei de diretrizes orçamentárias.*
[...]

§ 2º. *Não serão objeto de limitação as despesas que constituam obrigações constitucionais e legais do ente, inclusive aquelas destinadas ao pagamento do serviço da dívida,* **as despesas relativas a obrigações continuadas contratadas em bases firmes e não passíveis de cancelamento ou redução, inclusive aquelas oriundas de contratos de concessão regidos pela Lei n. 11.079, de 2004,** *e as ressalvadas pela lei de diretrizes orçamentárias."*

Art. 19. Fica alterada a redação do art. 8º, inciso V, da Lei n. 11.079 de 30 de dezembro de 2004 (Lei federal de PPPs), conforme redação abaixo:

"Art. 8º. As obrigações pecuniárias contraídas pela Administração Pública em contrato de parceria público-privada poderão ser garantidas mediante:
[...]
V – garantias prestadas por fundo garantidor ou empresa estatal criada para essa finalidade, **e para os quais poderão ser vinculadas e automaticamente transferidas receitas públicas, nos limites previstos pelo inciso IV do art. 167 da Constituição Federal, bem como transferidos outros bens móveis ou imóveis, inclusive estoque de dívida ativa;"**

Art. 20. Ficam introduzidos os §§ 2º, 3º e 4º ao art. 28-A da Lei n. 8.987, de 13 de fevereiro de 1995, renomeando-se o parágrafo único para parágrafo primeiro, conforme redação abaixo:

Art. 28-A. Para garantir contratos de mútuo de longo prazo, destinados a investimentos relacionados a contratos de concessão, em qualquer de suas modalidades, as concessionárias poderão ceder ao mutuante, em caráter fiduciário, parcela de seus créditos operacionais futuros, observadas as seguintes condições:
[...]
§ 1º. [...]
§ 2º. Para os fins de admissibilidade da cessão fiduciária de créditos operacionais futuros em conformidade com o caput, *equiparam-se a projetos delegados por contrato de concessão, em qualquer de suas modalidades, os projetos que, demandando investimentos de longo prazo, sejam explorados por meio de autorizações emitidas pelo poder público na forma da lei.*
§ 3º. A cessão fiduciária em garantia admitida neste artigo em favor dos contratos de mútuo de longo prazo poderá também ser efetivada em favor de credores

de outros negócios jurídicos de longo prazo realizados em benefício direto da concessão ou autorização.

§ 4º. Para os fins do art. 28 e salvo disposição diversa no respectivo contrato de concessão, em se tratando de concessão de serviços públicos ou outorga de outras atividades reguladas de grande relevância pública, considerar-se-á como limite que não comprometa a operacionalização e a continuidade da prestação do serviço e, portanto, passível de excussão, a parcela de 30% (trinta por cento) dos créditos operacionais da concessionária.

§ 5º. Para fins do § 4º e sem prejuízo de outras obrigações aplicáveis, a concessionária deverá manter a agência reguladora a que estiver sujeita, ou na ausência desta outra autoridade expressamente indicada no respectivo contrato ou instrumento de outorga, informada e atualizada durante todo o prazo da outorga acerca do percentual de sua receita operacional comprometido com garantias reais ou ônus de qualquer natureza.

§ 6º. A agência reguladora ou autoridade competente deverá manter tal informação permanentemente disponível a qualquer interessado, emitindo certidão para tal efeito, inclusive por meio eletrônico, não podendo ser invalidada ou tornada ineficaz a garantia tomada por credor de boa-fé.

Art. 21. Fica introduzido o § 10 ao art. 4º da Lei n. 8.437, de 30 de junho de 1992, conforme redação abaixo:

"§ 10. A suspensão prevista no presente artigo não será cabível em face de decisão que tenha assegurado o cumprimento de garantia prestada pelo Poder Público, a credor ou contraparte de boa-fé, em operação de crédito ou contrato de concessão na forma da legislação aplicável."

Art. 22. Ficam introduzidos os seguintes incisos ao art. 10 da Lei n. 8.429 de 2 de junho de 1992 (Lei de Improbidade Administrativa), bem como alterado o seu *caput*, conforme redação abaixo:

"Art. 10. Constitui ato de improbidade administrativa que causa lesão ao erário qualquer ação ou omissão, dolosa ou culposa, que enseje perda patrimonial, desvio, apropriação, malbaratamento ou dilapidação dos bens ou haveres das entidades referidas no art. 1º desta lei, **ou que acarrete a perda de crédito, rescisão**

contratual ou a imposição de multas, encargos ou indenizações de natureza legal ou contratual a tais entidades, e notadamente:

[...]

XXII – não incluir despesas obrigatórias e regularmente contratadas no projeto de lei orçamentário anual, de forma consistente com o plano plurianual, a lei de diretrizes orçamentárias e a Lei Complementar n. 101, de 4 de maio de 2000, a exemplo de despesas com a dívida pública ou com o pagamento de aportes ou contraprestação pública em contratos de parceria público-privada;

XXIII – frustrar ou omitir-se no empenho, liquidação ou realização de despesas obrigatórias e regularmente contratadas;

XXIV – omitir-se quanto à constituição e preservação de garantias a cargo da Administração Pública tal como estabelecido em contratos de parcerias público-privadas e outros contratos assemelhados;

XXV – frustrar a execução de garantias prestadas pela Administração Pública no âmbito de parcerias público-privadas e outros contratos assemelhados."

Art. 23. Fica introduzido o art. 12-A à Lei n. 8.429 de 2 de junho de 1992 (Lei de Improbidade Administrativa), conforme redação abaixo:

"Art. 12-A. Não constitui conduta dolosa ou culposa passível de cominação na forma desta Lei a decisão ou opinião baseada em orientação geral, ou ainda em interpretação razoável, em jurisprudência ou em doutrina, ainda que não pacificadas, mesmo que não venha a ser posteriormente aceita, no caso, por órgãos de controle ou judiciais.

Parágrafo único. O agente público que tiver de se defender, em qualquer esfera, por ato ou comportamento praticado no exercício normal de suas competências, terá direito ao apoio da entidade nas despesas com a defesa."[325]

---

[325] *Caput* e parágrafo único baseados na proposta formulada sob coordenação de Carlos Ari Sundfeld e Floriano de Azevedo Marques Neto. Cf. SUNDFELD, Carlos Ari; MARQUES NETO, Floriano de Azevedo. Uma nova lei... Op. cit.; e, ainda, SUNDFELD, Carlos Ari. Parcerias de investimento... Op. cit., p. 101. Embora boa parte da proposta tenha sido aprovada pela Lei 13.655, de 25 de abril de 2018, os dispositivos aqui propostos não foram acolhidos pela nova, em razão dos vetos a ela impostos.

APÊNDICE 1 – PROJETOS DE LEI

Art. 24. Fica acrescido o art. 1º-B à Lei n. 9.873, de 23 de novembro de 1999 (disciplina hipóteses de prescrição contra a Administração Pública), conforme abaixo:

"*Art.1º-B. Prescrevem em cento e oitenta dias, a contar da publicação oficial do contrato de concessão, as ações cíveis públicas ou privadas, individuais ou coletivas de qualquer espécie, e da arbitragem, cujas causas de pedir sejam a invalidade total ou parcial dos atos antecedentes, do edital, da licitação ou do contrato.*

§ 1º. Prescreve no mesmo prazo, a contar de sua publicação oficial, qualquer ação ou arbitragem cuja causa de pedir seja a invalidade total ou parcial da alteração, extensão ou prorrogação do contrato.

§ 2º. Sujeita-se ao disposto no caput e no §1º a instauração de procedimentos ou processos administrativos semelhantes por Tribunal de Contas.

§ 3º O contrato poderá prever a suspensão automática da execução do contrato, ou de sua alteração, extensão ou prorrogação, quando da instauração dos procedimentos ou processos a que se refere o § 2º, hipótese em que será de trezentos e sessenta dias o prazo preclusivo para a deliberação final do Tribunal de Contas.

§ 4º. Não se sujeitam aos prazos prescricionais ou preclusivos previstos neste artigo a responsabilização por enriquecimento ilícito ou crime, bem como a aplicação das sanções administrativas ou judiciais da legislação antitruste."[326]

Art. 25. Fica acrescido o § 3º ao art. 54 da Lei n. 9.784, de 29 de janeiro de 1999 (Lei do Processo Administrativo Federal), conforme abaixo:

"*Art. 54. O direito da Administração de anular os atos administrativos de que decorram efeitos favoráveis para os destinatários decai em cinco anos, contados da data em que foram praticados, salvo comprovada má-fé.*
[...]
§ 3º. Precluirão, no mesmo prazo de cinco anos, os processos e procedimentos de fiscalização e controle não concluídos, incluindo aqueles a cargo dos tribunais de contas ou agências reguladoras, quanto à invalidação de atos ou contratos administrativos, se prazo menor e mais específico não for legalmente previsto para a hipótese."

---

[326] *Caput* e parágrafos extraídos da proposta encabeçada por Carlos Ari Sundfeld e Egon Bockmann Moreira. Cf. SUNDFELD, Carlos Ari; MOREIRA, E. Bockmann. PPP Mais... Op. cit. Cf. também SUNDFELD, Carlos Ari. Parcerias de investimento... Op. cit., p. 113.

Capítulo VI
DISPOSIÇÕES FINAIS

Art. 26. Esta Lei entra em vigor na data de sua publicação.

Proposta de alteração da Resolução n. 4.589/2017 do Conselho Monetário Nacional, a qual estabelece regras para o contingenciamento de crédito ao setor público

Art. 1º. Acresça-se o parágrafo 5º ao artigo 4º da Resolução n. 4.589, de 29 de junho de 2017, do Conselho Monetário Nacional:
"..."

Resolução n. 4.589 BACEN/CMN, de 29 de junho de 2017

RESOLVEU:
Art. 1º Fica limitado o montante das operações de crédito de cada instituição financeira e demais instituições autorizadas a funcionar pelo Banco Central do Brasil com órgãos e entidades do setor público a 45% (quarenta e cinco por cento) do Patrimônio de Referência (PR), nos termos da regulamentação em vigor.
[...]

Art. 4º São vedadas às instituições financeiras e demais instituições autorizadas a funcionar pelo Banco Central do Brasil:
[...]
III – o recebimento de, em qualquer modalidade de operações de crédito, como garantia principal ou acessória, notas promissórias, duplicatas, letras de câmbio ou outros títulos da espécie, bem como cartas de crédito, avais e fianças de responsabilidade direta ou indireta de órgãos e entidades do setor público, correspondentes a compromissos assumidos junto a fornecedores, empreiteiros de obras ou prestadores de serviços; e

IV – a realização de qualquer tipo de operação que importe transferência, a qualquer título, da responsabilidade direta ou indireta pelo pagamento da dívida para órgãos ou entidades do setor público, ressalvadas as operações com garantia da União.

§ 1º A vedação prevista no inciso III do caput não se aplica às operações contratadas pelas empresas públicas ou pelas sociedades de economia mista controladas direta ou indiretamente pela União, pelos estados, pelo Distrito Federal e pelos municípios, nem às operações garantidas formal e exclusivamente por duplicatas de venda mercantil ou de prestação de serviços sacadas contra as entidades definidas na alínea "c" do inciso I do § 1º do art. 1º desta Resolução.

§ 2º [...]

§ 3º A vedação de que trata o inciso IV do caput não se aplica às operações de transferência de controle societário de caráter transitório, entendido como tal o que vigorar por um prazo máximo de 180 dias.

§ 4º A vedação prevista no inciso IV do caput não abrange a concessão de garantias por empresas do setor de energia elétrica, no âmbito federal, estadual, municipal e distrital, a sociedade de propósito específico por elas constituída, limitada ao percentual de sua participação na referida sociedade, exclusivamente para realização de investimentos vinculados ao Programa de Geração e Transmissão de Energia Elétrica, no âmbito do Programa de Aceleração do Crescimento (PAC).

§ 5º. As vedações previstas nos incisos III e IV não abrangem garantias prestadas pela administração pública, direta ou indireta, para assegurar o adimplemento de obrigações pecuniárias no âmbito de contratos de concessão em favor dos seus respectivos concessionários privados nos termos da legislação aplicável, ainda que os direitos ou benefícios associados a tais garantias sejam repassados por tais concessionários, ou prestados diretamente por sua conta e ordem, às instituições financeiras e demais instituições autorizadas a funcionar pelo Banco Central do Brasil que lhes concedam financiamento.

APÊNDICE 2 – LISTA DE PPPS

Lista de PPPs contratadas até outubro de 2017 e suas garantias[327-328-329]

[327] A presente tabela foi, conforme indicado nas respectivas notas de rodapé, preparada com base em informações públicas dentre as quais: (i) os editais, contratos e seus anexos referentes às PPPs contratadas, sempre que disponíveis publicamente, especialmente em meio eletrônico, cabendo-nos as seguintes ressalvas: embora a Lei federal de PPPs exija a consulta pública como etapa obrigatória da contratação, nem todos os Estados ou Municípios mantiveram disponíveis até 2017 os documentos publicados nesse contexto; nem todos os Estados e Municípios cumprem melhores práticas ou mesmo exigências legais (e.g., Lei Complementar n. 131/2009) em matéria de transparência de seus contratos e editais e, por tais razões, nem sempre tivemos acesso aos contratos efetivamente assinados, encontrando por vezes apenas as minutas constantes do edital publicado ou daquele submetido à consulta pública, de modo que, não obstante nossas verificações subsequentes, é possível que algumas das informações aqui mapeadas possam ter sofrido alterações na versão efetivamente assinada, sem que tais alterações tenham sido detectadas por outras fontes de pesquisa; (ii) textos e artigos doutrinários que analisaram referidos editais e contratos; (iii) decisões publicadas em processos judiciais, administrativos ou no âmbito dos tribunais de contas competentes; e ainda (iv) estudos de casos publicados em congressos dedicados às parcerias público-privadas, destacando-se os 24 (vinte e quatro) estudos intitulados "Casos Práticos: Formação em Parcerias Público-Privadas (PPPs)" redigidos pela RADAR PPP em apoio às três edições, em 2014, 2015 e 2016, do evento Formação em Parcerias Público Privadas realizado em São Paulo, organizado por Hiria e PPP Brasil (RADAR PPP. **Biblioteca**. Disponível em: <http://www.radarppp.com/biblioteca>. Acesso em: 9 dez. 2017; sobre os eventos cf.: HIRIA. **Formação em PPPs**: edição 2014. Disponível em: <http://www.hiria.com.br/formacaoppp/o-evento.html>. Acesso em: 9 dez. 2017; HIRIA. **Formação em PPPs 2015**. Disponível em: <http://hiria.com.br/forum/formacao-ppp-2015/programacao.html>. Acesso em: 9 dez. 2017; e HIRIA. **Formação em PPPs 2016**. Disponível em: <http://hiria.com.br/forum/2016/formacao-ppp-2016/programacao.html>. Acesso em: 9 dez. 2017). Destacamos, ainda, as informações públicas (publicações na imprensa oficial) mapeadas e compiladas pela empresa Radar PPPs, as quais são disponibilizadas eletronicamente em: RADAR PPP. **Home**. Disponível em: <http://www.radarppp.com>. Acesso em: 9 dez. 2017. Algumas dessas compilações mais detalhadas são limitadas aos assinantes.

[328] A informação quanto ao valor do contrato foi baseada no valor atribuído expressamente no respectivo edital e contrato, geralmente compreendendo a somatória das contraprestações e aportes públicos previstos ao longo de toda a concessão administrativa ou, ainda, o somatório das contraprestações, aportes públicos e receitas tarifárias estimadas nas concessões patrocinadas (sem desconto a valor presente). Quando disponível, indicamos também a estimativa oficial do valor dos investimentos necessários à prestação dos serviços.

GARANTIAS DE ADIMPLEMENTO DA ADMINISTRAÇÃO PÚBLICA

PPP / Objeto	Ente Concedente (Parceiro Público)	Data de Celebração do Contrato; Prazo da Concessão e Valor do Contrato	Garantias do Ente Público – Modalidades	Observações Relevantes
I) PPPS FEDERAIS				
1) *Data Center*. Concessão administrativa para os serviços de gerenciamento, manutenção e operação da infraestrutura predial do Complexo Datacenter, com obras de edificação da estrutura em terreno de propriedade do Banco do Brasil, no Distrito Federal, com a finalidade de abrigar infraestrutura de tecnologia de informação dos consorciados, na modalidade de co-location, e compreendendo ainda as interconexões por meio de fibras ópticas do Complexo aos atuais CPDs dos consorciados.[330]	Consórcio formado por Banco do Brasil e Caixa Econômica Federal	15 de junho de 2010, pelo prazo de 15 anos. R$978.116.680,00	Tratando-se de PPP contratada por duas instituições financeiras sólidas e regidas preponderantemente pelo Direito Privado (não sujeitas, portanto, ao regime do precatório ou a qualquer imunidade contra eventual execução ou penhora de bens e recursos de seu patrimônio), não houve necessidade de garantia em reforço das obrigações já assumidas por tais entes.	O Acórdão TCU n. 1969, de 2010, o qual aprovou o 5º e último estágio da Concessão (conforme IN/TCU n. 52/2007) na versão licitada em 2009, ofereceu o seguinte relato do histórico do processo licitatório: "6. O processo iniciou-se no ano de 2006, sendo aprovado pelo Comitê Gestor das Parcerias Público-Privadas (CGP) em 27/12/2006 (fl. 4). 7. Por ocasião da primeira licitação, na abertura dos envelopes-proposta, em 29/6/2007, não foram aceitos os orçamentos apresentados, pois os valores superavam os limites fixados no edital. Uma nova rodada aconteceu em 24/8/2007, quando, pelo mesmo motivo, foram desclassificados os três consórcios, então habilitados. O primeiro processo licitatório foi encerrado em 17/4/2008 (fl. 4).

[329] As PPPs contratadas foram aqui entabuladas obedecendo à seguinte ordem sequencial. A única PPP federal precedeu às PPPs estaduais, que, por sua vez, precederam a todas as PPPs municipais. Dentro do conjunto de PPPs estaduais ou municipais, as PPPs foram agrupadas por Estado ou Município contratante, tendo precedência aqueles Estados ou Municípios com maior número de parcerias firmadas (por exemplo, Estados de São Paulo e Minas Gerais, ou Municípios de Belo Horizonte e Rio de Janeiro). Dentre os Estados ou Municípios com o mesmo número de contratos firmados, tiveram precedência aqueles que, cronologicamente, celebraram mais cedo o seu primeiro contrato em tal regime.

[330] Editais, contratos, anexos, aditamentos e outros documentos pertinentes ao projeto disponíveis em: <http://www.planejamento.gov.br/assuntos/desenvolvimento/parcerias-publico-privadas/projetos/projetos-federais#datacenter>. Acesso em: 1º ago. 2017.

APÊNDICE 2 – LISTA DE PPPS

PPP / Objeto	Ente Concedente (Parceiro Público)	Data de Celebração do Contrato; Prazo da Concessão e Valor do Contrato	Garantias do Ente Público – Modalidades	Observações Relevantes
				A análise do processo anterior foi coordenado pela Secretaria de Fiscalização de Desestatização – Sefid (TC-009.004/2006-0) [...]. Na ocasião, diversas questões levantadas por essas unidades técnicas resultaram em mudanças relevantes na proposta preliminar, implementadas pelo Consórcio Datacenter. [Consórcio encaminhou nova proposta de licitação]. Durante a análise do primeiro estágio de acompanhamento, provieram diversos questionamentos, por parte da Sefid, relativos ao orçamento de investimentos apresentado pelo Consórcio. Algumas mudanças foram prontamente realizadas pelos gestores responsáveis. Outras demandavam maior prazo para se efetivarem e constaram no Acórdão n. 851/2009-TCU-Plenário, prolatado em 29/4/2009, que condicionou a aprovação da etapa ao efetivo cumprimento das exigências impostas por esse decisum e que trouxe, também, determinações de aplicabilidade futura, dirigidas ao Comitê Gestor de Parceria Público-Privada – CGP, ao Banco do Brasil e à Caixa Econômica Federal"

GARANTIAS DE ADIMPLEMENTO DA ADMINISTRAÇÃO PÚBLICA

PPP / Objeto	Ente Concedente (Parceiro Público)	Data de Celebração do Contrato; Prazo da Concessão e Valor do Contrato	Garantias do Ente Público – Modalidades	Observações Relevantes
II) PPPS ESTADUAIS (51PPPs)				
(a) *Estado de São Paulo* (11 PPPs)[331]				
2) Linha 4 do Metrô de São Paulo.[332] Concessão patrocinada para exploração da operação dos serviços de transporte de passageiros da linha 4 (amarela) do metrô de São Paulo/SP, abrangendo de Luz até Taboão da Serra.	Estado de São Paulo, por intermédio da Secretaria de Transportes Metropolitanos	29 de novembro de 2006, com prazo de vigência de 32 anos. R$ 790.000.000,00	Fiança prestada pela Companhia Paulista de Parcerias, sendo esta solidariamente responsável pela inadimplência do Poder Concedente no que diz respeito a (i) obrigações pecuniárias em até R$ 60.000.000,00; (ii) atrasos nas fases I e II; (iii) demora na emissão da ordem de serviço e (iv) multa compensatória de rescisão. Em garantia às suas obrigações, a CPP celebrou contrato de penhor tendo como objeto as quotas do Fundo RF Linha 4, com valor total de R$ 210.000.000,00.	

[331] Todos os editais, contratos e anexos relativos às PPPs do Estado de São Paulo disponíveis em: <http://www.governo.sp.gov.br/PED-PPPprojetos.html>. Acesso em: 4 nov. 2017. Cf. ainda CUNHA, Claudia Polto; PAULA, Tomás Bruginski de. O programa de PPP do Estado de São Paulo. In: PASTORE, Affonso Celso (Org.). **Infraestrutura:** eficiência e ética. Rio de Janeiro: Elsevier, 2017, p. 263-293.

[332] Cf. RADAR PPP. Casos práticos: Formação em Parcerias Público-Privadas (PPPs) 2015: Linha 4 do Metrô de São Paulo – Estado de São Paulo. In: HIRIA; PPP BRASIL (Orgs.). **Formação em Parcerias Público Privadas**. São Paulo, 25-26 nov. 2015. Disponível em: <https://www.radarppp.com/biblioteca/formacao-em-ppps-2015-linha-4-amarela-do-metro-de-sao-paulo>. Acesso em: 4 jan. 2017.

APÊNDICE 2 – LISTA DE PPPS

	PPP / Objeto	Ente Concedente (Parceiro Público)	Data de Celebração do Contrato; Prazo da Concessão e Valor do Contrato	Garantias do Ente Público – Modalidades	Observações Relevantes
3)	*Estação de Tratamento de Água do Alto do Tietê – SP*. Concessão administrativa para a prestação dos serviços de manutenção de barragens, inspeção e manutenção de túneis e canais, manutenção civil e eletromecânica em unidades integrantes do sistema, tratamento e disposição final do lodo gerado na produção de água tratada, serviços auxiliares relacionados à adução e entrega, implementação de projetos de melhoria da eficiência energética, ampliação da capacidade da estação de tratamento de água de Taiaçupeba, construção das Adutoras e de outras utilidades – Sistema Produtor do Alto Tietê.	Companhia de Saneamento Básico do Estado de São Paulo – SABESP	18 de junho de 2008, com prazo de vigência de 15 anos. R$ 997.377.948,00	Cessão de direitos creditórios em garantia, por meio de contrato de cessão e aquisição de direitos creditórios. Os direitos creditórios corresponderão, em cada mês, a tantas vezes o valor da remuneração mensal, quantas forem necessárias para se atingir a classificação de risco igual ou superior a "AA- (bra)".	
4)	*Frota da linha 8 Diamante de São Paulo*. Concessão administrativa para a prestação de serviços de manutenção preventiva, corretiva, revisão geral e a modernização da frota da Linha 8 – Diamante da CPTM, dentro de padrões pré-definidos de confiabilidade, disponibilidade e tempo de reparo, com renovação total da frota.	Companhia Paulista de Trens Metropolitanos – CPTM	19 de março de 2010, com prazo de vigência de 20 anos. R$ 1.812.780.474,47	Garantia até o valor máximo mensal de R$ 11.597.000,00, por meio de garantia real (direitos creditórios limitados ao "Valor Mensal Garantido", decorrentes da "Receita Tarifária Centralizada CPTM", prestada pela Contratante e garantia pessoal, mediante fiança outorgada pela Companhia Paulista de Parcerias – CPP.	Não havendo purgação da mora no prazo de 5 (cinco) dias úteis, fica caracterizado o inadimplemento pela CPTM, facultando-se à Concessionária reclamar o recebimento integral do Valor Mensal Garantido, mediante liquidação, em primeiro lugar, da garantia real prestada pela CPTM. Não sendo tal garantia suficiente, o saldo remanescente poderá ser cobrado da CPP pela Concessionária.

GARANTIAS DE ADIMPLEMENTO DA ADMINISTRAÇÃO PÚBLICA

PPP / Objeto	Ente Concedente (Parceiro Público)	Data de Celebração do Contrato; Prazo da Concessão e Valor do Contrato	Garantias do Ente Público – Modalidades	Observações Relevantes
				Os valores decorrentes dos Direitos Creditórios Centralizados PPP serão segregados da Receita Tarifária Centralizada CPTM por meio do crédito pelo agente centralizador/arrecadador do Sistema de Bilhetagem Eletrônica, em conta corrente de titularidade da CPTM, de movimentação restrita, administrada por "Agente de Garantia" a quem serão outorgados poderes para determinar a transferência do "Valor Mensal Garantido" à Concessionária na hipótese de ocorrência de Evento de Inadimplemento.
5) *Sistema Produtor do São Lourenço – SP*. Concessão administrativa para a prestação dos serviços de operação do sistema de desidratação, secagem e disposição do lodo e manutenção do empreendimento Sistema Produtor São Lourenço.	Companhia de Saneamento Básico do Estado de São Paulo – SABESP	21 de agosto de 2013, com prazo de vigência de 25 anos. R$ 6.045.746.601,52	Cessão de direitos creditórios à SPE. A garantia representada pela cessão dos direitos creditórios deverá ter classificação de risco igual à classificação de risco corporativo em escala nacional dada à SABESP na data de assinatura do Contrato de Concessão.	Cessão dos direitos creditórios efetivada sob condição suspensiva, tornando-se eficaz apenas após notificação feita pela SPE comunicando ao Agente Fiduciário um evento de inadimplemento da SABESP no Contrato de Concessão. O montante dos direitos creditórios cedidos à SPE deverá atender a um saldo mínimo, desde a data do pagamento da primeira remuneração mensal até a data de pagamento da última parcela de juros/amortização do financiamento que a SPE poderá contrair para financiar os investimentos a serem feitos para a consecução do objeto do Contrato de Concessão.

APÊNDICE 2 – LISTA DE PPPS

PPP / Objeto	Ente Concedente (Parceiro Público)	Data de Celebração do Contrato; Prazo da Concessão e Valor do Contrato	Garantias do Ente Público – Modalidades	Observações Relevantes
				Na hipótese de inadimplemento pela SABESP da remuneração devida à SPE durante o período em que os pagamentos são cobertos por esta garantia, sobre os valores vencidos e não pagos haverá acréscimo de multa de 0,1% sobre tais valores e juros de 0,01% ao mês aplicado *pro rate die* até a data do efetivo pagamento. Durante o período não coberto pela garantia, sobre os valores vencidos e não pagos haverá acréscimo de multa de 2% e juros de 1% ao mês aplicados *pro rata die* até a data do efetivo pagamento.
6) *Nova fábrica de produção da FURP – SP.*[333] Concessão administrativa para gestão, operação e manutenção, com fornecimento de bens e realização de obras para adequação da infraestrutura existente da Indústria Farmacêutica de Américo Brasiliense (IFAB), de titularidade da Fundação para o Remédio Popular "Chopin Tavares de Lima" (FURP),	Fundação para o Remédio Popular "Chopin Tavares de Lima" – FURP, do Estado de São Paulo.	22 de agosto de 2013, com prazo de vigência de 15 anos. R$ 2.544.100.000,00	Fiança, prestada pela Companhia Paulista de Parcerias (CPP), conforme autorizado pelo artigo 12 da Lei Estadual n. 11.688/2004, reforçada por penhor sobre cotas do Fundo de Investimento Renda Fixa Longo Prazo (BB CPP PROJETOS), da qual a CPP é cotista exclusiva.	A garantia prestada pela CPP compreende apenas o pagamento de valor equivalente a 6 (seis) parcelas mensais da Contraprestação básica, a saber: a Parcela A e a Parcela B. A Parcela A compreende a remuneração pelos investimentos realizados para a plena operação da Concessionária e os serviços de assessoria ao Poder Concedente na obtenção dos registros de pagamento.

[333] Cf. RADAR PPP. Casos práticos: Formação em Parcerias Público-Privadas (PPPs) 2014: Nova Fábrica de Produção da FURP – Estado de São Paulo. In: HIRIÁ; PPP BRASIL (Orgs.). **Formação em Parcerias Público Privadas**. São Paulo, 2014. Disponível em: <https://www.radarppp.com/biblioteca/formacao-em-ppps-2014-nova-fabrica-de-medicamentos-da-furp>. Acesso em: 13 jan. 2017. Cf. também o Report do Evento, com transcrições da apresentação, p 34-37: HIRIA; PPP BRASIL. **Formação em PPPs:** relatório do evento. São Paulo, 26-27 nov. 2014. Disponível em: <http://hiria.com.br/reports/Report-Formacao-em-PPP-2014.pdf>. Acesso em: 13 jan. 2017.

PPP / Objeto	Ente Concedente (Parceiro Público)	Data de Celebração do Contrato; Prazo da Concessão e Valor do Contrato	Garantias do Ente Público – Modalidades	Observações Relevantes
vinculada à Secretaria de Estado da Saúde do Estado de São Paulo, e serviços de assessoria à FURP na obtenção de Registros de Medicamentos perante a Agência Nacional de Vigilância Sanitária (Anvisa).				Por sua vez, a Parcela B compreende a remuneração pelos serviços de gestão, operação e manutenção da Concessionária e o fornecimento de insumo para a produção da Lista Básica de Medicamentos, bem como as atividades necessárias para a sua conservação.
7) *Linha 6 do Metrô de São Paulo*. Concessão patrocinada para prestação dos serviços públicos de transporte de passageiros da Linha 6 – Laranja do Metrô de São Paulo, contemplando implantação, operação, conservação, manutenção e expansão que, entre si, celebram o Estado de São Paulo e a Concessionária Move São Paulo S.A.	Estado de São Paulo por intermédio da Secretaria de Transportes Metropolitanos	18 de dezembro de 2013, com prazo de vigência de 25 anos. R$ 15.169.684.095,00	Fiança prestada pela CPP no que se refere, exclusivamente, ao pagamento do valor correspondente a 6 (seis) prestação mensais de Contraprestação Pecuniária. Obrigação solidária da CPP garantida por penhor sobre 30 (trinta) dias contados da assinatura do contrato, sobre cotas do Fundo de Investimento em Cotas de Fundos de Investimento Renda Fixa Longo Prazo, denominado "BB CPP PROJETOS", da qual é cotista exclusiva.	**OBRAS PARALISADAS**. Em outubro de 2017, as obras já se encontravam paradas há cerca de um ano. A Concessionária Move São Paulo é controlada pela Odebrecht, Queiroz Galvão e UTC, empresas bastante impactadas pela Lava Jato e sem acesso a crédito para continuidade dos investimentos. A preservação do Contrato depende da alienação do controle a outro grupo em melhores condições, que possa obter crédito. Em 4 de outubro de 2017, o Governo de São Paulo anunciava a intenção de Grupo Chinês (China Railway Company) de adquirir o controle, mas sem garantia de que a operação seja efetivamente consumada.[334]

---

[334] Cf. **Grupo chinês deve 'comprar' Linha 6 do Metrô de SP e retomar obra parada**. *Isto É*, 04.10.17. Disponível em: <https://istoe.com.br/grupo-chines-deve-comprar-linha-6-do-metro-de-sp-e-retomar-obra-parada>. Acesso em: 8 nov. 2017.

APÊNDICE 2 – LISTA DE PPPS

	PPP / Objeto	Ente Concedente (Parceiro Público)	Data de Celebração do Contrato; Prazo da Concessão e Valor do Contrato	Garantias do Ente Público – Modalidades	Observações Relevantes
8)	*Linha 18 – SP*. Concessão patrocinada para a prestação dos serviços públicos de transporte de passageiros da Linha 18 – Bronze da Rede Metroviária de São Paulo, com tecnologia de monotrilho, contemplando a implantação das obras civis e sistemas, fornecimento do material rodante, operação, conservação e manutenção.	Estado de São Paulo, por intermédio da Secretaria de Estado dos Transportes Metropolitanos – STM.	22 de agosto de 2014, com prazo de vigência de 25 anos. R$ 7.897.955.676,00	Fiança prestada pela CPP no que se refere, exclusivamente, ao valor equivalente a 6 (seis) prestações mensais da Contraprestação Pecuniária. Obrigação solidária garantida por meio de penhor sobre cotas do Fundo de Investimento em Cotas de Fundos de Investimento Renda Fixa Longo Prazo, denominado "BB CPP Projetos", da qual é cotista exclusiva.	OBRAS ATRASADAS. O progresso das obras depende da consumação de desapropriações pelo Estado de São Paulo, as quais estão atrasadas por incapacidade do Estado de São Paulo tomar financiamento para tal propósito. Novo aditamento prevê postergação do Contrato até maio de 2018, quando se espera que os recursos necessários à desapropriação tenham sido captados.[335]
9)	*Complexos hospitalares do Estado de São Paulo*. Construção, fornecimento de equipamentos, manutenção e gestão dos serviços não assistenciais – Bata Cinza – em Complexos Hospitalares.	Estado de São Paulo, por intermédio da Secretaria de Saúde	Lote 01: 02 de setembro de 2014, com vigência de 20 anos. R$ 1.367.061.247,53 (investimento estimado em R$269.489.596) Lote 02: 01 de setembro de 2014, com vigência de 20 anos. R$ 2.654.663.503,34 (investimento estimado em R$523.826.894)	A CPP assume, em caráter irrevogável e irretratável, a condição de fiadora solidariamente responsável pelo cumprimento do pagamento do valor equivalente a cinco parcelas mensais da Contraprestação Mensal. Tal garantia será assegurada mediante penhor sobre cotas do Fundo de Investimento em Cotas de Fundos de Investimento Renda Fixa Longo Prazo, denominado "BB CPP PROJETOS", da qual é cotista exclusiva.	A Concessionária deverá optar, no prazo de até 90 (noventa) dias da assinatura do Contrato, por uma das formas de Garantia Complementar à Garantia Principal assumida pela CPP, denominadas Garantia Complementar Tipo 1 e Garantia Complementar Tipo 2, as quais apenas serão exequíveis a partir do esgotamento da Garantia Principal, sem a sua recomposição. *Garantia Complementar Tipo 1*. Parcela estadual do produto da arrecadação dos impostos a que se refere o artigo 155 e dos repasses previstos nos artigos 157 e

[335] Cf. PROIETI, Cadu. Após se livrar de entrave, Alckmin não crava Metrô no ABC. **Metro ABC**, 9 jan. 2018. Disponível em: <https://www.metrojornal.com.br/foco/2018/01/09/apos-se-livrar-de-entrave-alckmin-nao-crava-metro-no-abc.html>. Acesso em: 10 jan. 2018.

GARANTIAS DE ADIMPLEMENTO DA ADMINISTRAÇÃO PÚBLICA

PPP / Objeto	Ente Concedente (Parceiro Público)	Data de Celebração do Contrato; Prazo da Concessão e Valor do Contrato	Garantias do Ente Público – Modalidades	Observações Relevantes
				159 da Constituição Federal. Decorridos mais de 12 (doze) meses de inadimplemento não remediado pelo Poder Concedente, do regular pagamento da Contraprestação Pecuniária, a presente garantia complementar poderá ser acionada independentemente da situação da Garantia Principal. *Garantia Complementar Tipo 2*. Recebimento, pela Concessionária, de determinados valores a título de antecipação parcial da indenização em face da rescisão contratual. A Garantia Complementar Tipo2 será assumida pela CPP, na qualidade de fiadora solidariamente responsável pelo seu fiel cumprimento, assegurada por meio de penhor ou outra forma de garantia real. A Garantia Complementar Tipo 2 somente poderá ser executada na hipótese de esgotamento da Garantia Principal e da sua eventual não recomposição em função da ausência de ressarcimento à CPP pelo Poder Concedente, sem a correspondente retomada do regular pagamento da Contraprestação Pecuniária, mediante a solicitação, pela Concessionária, da rescisão do Contrato.

APÊNDICE 2 – LISTA DE PPPS

	PPP / Objeto	Ente Concedente (Parceiro Público)	Data de Celebração do Contrato; Prazo da Concessão e Valor do Contrato	Garantias do Ente Público – Modalidades	Observações Relevantes
10)	*Rodovia dos Tamoios – SP*. Concessão patrocinada para a prestação dos serviços públicos de operação e manutenção de trecho da rodovia SP 099 e dos contornos de Caraguatatuba e Sebastião.	Estado do São Paulo, por intermédio da Secretaria Estadual de Logística e Transportes	19 de dezembro de 2014, com prazo de vigência de 30 anos. R$ 3.906.334.654,07	Pagamento do Aporte de Recursos garantido por meio de (i) penhor ou cessão fiduciária incidente sobre parcela dos direitos de crédito de titularidade do DER/SP, emergentes de Contratos de Concessão Rodoviária, depositados em conta-vinculada; (ii) penhor sobre cotas de Fundo de Investimento de titularidade da ARTESP, no montante inicial correspondente a R$ 170.000.000,00.	
11)	*Casa Paulista – SP*. Concessão administrativa destinada à implantação de habitações de interesse social, habitação de mercado popular e infraestrutura na região central da cidade de São Paulo e a prestação de serviços de desenvolvimento de trabalho social pré e pós-ocupação, de gestão de carteira de mutuários.	Estado de São Paulo, por intermédio da Secretaria de Habitação	23 de março de 2015, com prazo de vigência de 20 anos. Lote 1: R$ 1.857.709.240,00 Lote 2: R$ 1.722.732.432,00 Lote 3: R$ 2.193.271.361,00 Lote 4: R$ 1.545.232.963,00	Fiança, em nome da Companhia Paulista de Parcerias (CPP), lastreada em penhor sobre cotas do Fundo de Investimento Renda Fixa Longo Prazo (BB CPP PROJETOS), da qual a CPP é cotista exclusiva. Não ocorrendo o pagamento espontâneo, a Concessionária poderia solicitar diretamente ao Banco do Brasil, que, na condição de agente de garantia, realizaria o pagamento.	Possibilidade de constituição de Garantia Subsidiária da Companhia de Desenvolvimento Habitacional e Urbano (CDHU), interveniente-anuente do contrato, por solicitação da concessionária. A garantia consistiria em penhor sobre fluxo de direitos creditórios dos contratos de comercialização de unidades habitacionais da CDHU, depositados em conta de movimentação restrita, administrada pelo Banco do Brasil.

	PPP / Objeto	Ente Concedente (Parceiro Público)	Data de Celebração do Contrato; Prazo da Concessão e Valor do Contrato	Garantias do Ente Público – Modalidades	Observações Relevantes
12)	*Sistema Integrado Metropolitano da Região Metropolitana da Baixada Santista (SIM da RMSB) – SP.* Concessão patrocinada para exploração do SIM da RMBS, consubstanciado na operação, ampliação, conservação e manutenção dos serviços públicos de transporte urbano coletivo intermunicipal, por veículos de baixa e média capacidade, na Região Metropolitana da Baixada Santista, na modalidade regular, compreendendo os municípios de Bertioga, Cubatão, Guarujá, Itanhaém, Mongaguá, Peruíbe, Praia Grande, São Vicente e Santos.	Estado de São Paulo, representado pela Empresa Metropolitana de Transportes Urbanos de São Paulo	23 de junho de 2015, com prazo de vigência de 20 anos. R$ 1.103.613.119,40	A CPP (Companhia Paulista de Parcerias) assume a condição de fiadora solidariamente responsável pelo fiel cumprimento da obrigação imputável ao Poder Concedente, no que se refere, exclusivamente, ao pagamento do valor correspondente a 6 (seis) prestações mensais da parcela B2 da Contraprestação – subparcelas B2a e B2b (obrigação solidária), que vigorará até a liquidação final, pelo Poder Concedente, da última Parcela B2 da Contraprestação, renunciando expressamente ao benefício previsto no artigo 827 do Código Civil. A obrigação da CPP garantida por meio de penhor sobre cotas do Fundo de Investimento em Cotas de Fundos de Investimento Renda Fixa Longo Prazo, denominado "BB CPP Projetos", da qual é cotista exclusiva.	
(b)	*Estado de Minas Gerais* (10 PPPs).[336]				
13)	*Rodovia MG 050.*[337] Concessão patrocinada para a exploração da rodovia, assim considerada, para os fins deste contrato, como a Rodovia	Estado de Minas Gerais, por meio da Secretaria de Estado de Transportes e Obras Públicas	21 de maio de 2007, com prazo de vigência de 25 anos. R$ 2.196.017.610,00	Garantia prestada pela Companhia de Desenvolvimento Econômico de Minas Gerais – CODEMIG.	

---

[336] Resumo, editais e contratos de todas as PPPs do Estado de Minas Gerais disponíveis em: <http://www.ppp.mg.gov.br/sobre/projetos-de-ppp--concluidos>. Acesso em: 28 abr. 2017.

[337] Cf. resumo, edital e contrato disponíveis em: <http://www.ppp.mg.gov.br/sobre/projetos-de-ppp-concluidos/ppp-rodovia-mg-50>. Acesso em: 28 abr. 2017.

APÊNDICE 2 – LISTA DE PPPS

PPP / Objeto	Ente Concedente (Parceiro Público)	Data de Celebração do Contrato; Prazo da Concessão e Valor do Contrato	Garantias do Ente Público – Modalidades	Observações Relevantes
MG 050, Trecho entroncamento BR 262 Juatuba – Itaúna – Divinópolis – Formiga – Piumhi – Passos – São Sebastião do Paraíso, o trecho Entr° MG 050/Entr° BR 265, da BR 49115 do km 0,0 ao km 4,65 e o Trecho São Sebastião do Paraíso – Divisa MG/SP da Rodovia BR 265, mediante a prestação do serviço pela concessionária.			Conta-vinculada na qual são creditados, mensalmente, o lucro líquido decorrente da venda de produtos derivados do beneficiamento e industrialização de minérios pela Companhia Brasileira de Metalurgia e Mineração – CBMM, emergentes de sociedade em conta de participação constituída pelo garantidor e pela CBMM, observado o limite correspondente ao valor da contraprestação pública devida por mês pela SETOP.	
14) *Complexo Penal – MG*.[338] Concessão administrativa para a construção e gestão de complexo penal.	Estado de Minas Gerais, por intermédio da Secretaria de Estado de Defesa Social	16 de junho de 2009, com prazo de vigência de 27 anos. R$ 2.111.476.080,00	Contraprestação pecuniária mensal garantida por penhor sobre bens de sua propriedade. Inicialmente foi constituído penhor sobre (i) direitos creditórios de contratos de financiamento firmados pelo BDMG, no âmbito do FINDES, (ii) debêntures e (iii) títulos da dívida pública federal.	
15) *Estádio do Mineirão – MG*.[339] Concessão administrativa para a exploração da operação e manutenção, precedida de obras de reforma, renovação e adequação do	Estado de Minas Gerais, por intermédio da Secretaria de Estado de Planejamento e Gestão	21 de dezembro de 2010, com prazo de vigência de 27 anos. R$ 677.353.021,85	Penhor sobre bens de sua titularidade. Inicialmente, o poder concedente outorgou em garantia penhor sobre direitos creditórios do Fundo de Incentivo ao Desenvolvimento – FINDES oriundos	

[338] Cf. edital e contrato disponíveis em: <http://www.ppp.mg.gov.br/contrato-penal/page/99?view=page>. Acesso em: 23 fev. 2017.
[339] Cf. resumo, edital e contrato disponíveis em: <http://www.ppp.mg.gov.br/sobre/projetos-de-ppp-concluidos/ppp-mineirao>. Acesso em: 28 abr. 2017.

GARANTIAS DE ADIMPLEMENTO DA ADMINISTRAÇÃO PÚBLICA

	PPP / Objeto	Ente Concedente (Parceiro Público)	Data de Celebração do Contrato; Prazo da Concessão e Valor do Contrato	Garantias do Ente Público – Modalidades	Observações Relevantes
	Complexo do Mineirão, formado pelo Estádio Governador Magalhães Pinto e as áreas conexas ao estádio.			de contratos de financiamento firmados pelo BDMG, e títulos da dívida pública federal.	
16)	*Unidades de Atendimento Integrado (UAI Fase I)*.[340] Contrato de Concessão administrativa para a implantação, operação, manutenção e gestão de unidades de atendimento integradas.	Estado de Minas Gerais, por intermédio da Secretaria de Planejamento e Gestão	23 de dezembro de 2010, com prazo de vigência de 20 anos. R$ 311.121.048,00	Penhor sobre títulos da dívida pública federal no valor de R$ 10.900.000,00. Valor mínimo da garantia definido para cada ano da concessão.	
17)	*Ampliação do Sistema Adutor Rio Manso – MG*.[341] Concessão administrativa para a ampliação da capacidade do Sistema Produtor de Água Rio Manso e prestação de serviços, compreendendo a operação e a manutenção eletromecânica de unidades de adução, manutenção civil e hidráulica, conservação de áreas verdes, limpeza, asseio e conservação predial, vigilância e segurança patrimonial e demais serviços correlatos.	Companhia de Saneamento de Minas Gerais – COPASA	20 de dezembro de 2013, com prazo de vigência de 15 anos. R$ 833.099.842,00	Como garantia de adimplemento do cumprimento de suas obrigações no âmbito do contrato, a COPASA: i) vincula em favor da SPE a receita vinculada; ii) constitui e mantém conta-reserva; iii) e cede em favor da SPE os recursos depositados na conta-reserva em caso de inadimplemento das obrigações pecuniária por ela assumidas. Para constituição do saldo mínimo na conta-reserva, a COPASA, pelo prazo de 24 (vinte e quatro) meses a contar da assinatura do Contrato, efetuará transferências trimestrais de parcela equivalente a 1/8 do saldo mínimo em cada	

[340] Cf. resumo, edital e contrato disponíveis em: <http://www.ppp.mg.gov.br/sobre/projetos-de-ppp-concluidos/ppp-uai>. Acesso em: 24 fev. 2017.

[341] Cf. resumo, edital e contrato disponíveis em: <http://www.ppp.mg.gov.br/sobre/projetos-de-ppp-concluidos/ampliacao-do-sistema-rio-manso>. Acesso em: 24 fev. 2017.

APÊNDICE 2 – LISTA DE PPPS

PPP / Objeto	Ente Concedente (Parceiro Público)	Data de Celebração do Contrato; Prazo da Concessão e Valor do Contrato	Garantias do Ente Público – Modalidades	Observações Relevantes
			trimestre, com recursos oriundos da conta centralizadora de suas receitas. Saldo mínimo da conta equivalente a 1/6 do valor anual da contraprestação pecuniária assumida pela COPASA.	
18) *Resíduos sólidos urbanos – MG*.[342] Concessão administrativa, dos serviços de transbordo, tratamento e disposição final de resíduos sólidos urbanos nos municípios conveneentes da Região Metropolitana de Belo Horizonte e Colar Metropolitano, em conformidade com a Lei federal n. 11.079/2004 e a Lei estadual n. 14.868/2003, mediante pagamento público cujo cálculo reduz os riscos de demanda do investidor privado e incentiva destinação alternativa ao aterro sanitário.	Estado de Minas Gerais, por intermédio da Secretaria de Desenvolvimento Regional e Política Urbana	03 de julho de 2014, com prazo de vigência de 30 anos. Lote 1: R$ 1.198.753.298,46 Lote 2: R$ 1.242.424.113,03	Penhor de bens de propriedade do poder concedente, garantindo a remuneração da Concessionária, bem como os valores devidos em razão de eventual encampação. A garantia deverá compreender um estoque mínimo de liquidez com valor correspondente a R$ 10.000.000,00 (dez milhões de reais), em cada um dos lotes, que será constituído de: (a) títulos públicos federais; e (b) ações de empresas de capital aberto registradas no mercado nacional de bolsas de valores, com controle direto ou indireto pelo Governo de Minas Gerais. O restante do valor necessário para atender o valor total mínimo da garantia poderá ser composto pelos seguintes	**CONTRATO SUSPENSO.** Até 4 de novembro de 2017, o contrato ainda se encontrava com sua eficácia suspensa desde o 1º aditivo firmado em 2 de julho de 2017.

[342] Cf. RADAR PPP. Casos práticos: Formação em Parcerias Público-Privadas (PPPs) 2014: Resíduos sólidos urbanos na Região Metropolitana – Estado de Minas Gerais. In: HIRIA; PPP BRASIL (Orgs.). **Formação em Parcerias Público Privadas**. São Paulo, 2014. Disponível em: <https://www.radarppp.com/?s=Res%C3%ADduos+s%C3%B3lidos+urbanos+na+Regi%C3%A3o+Metropolitana+>. Acesso em: 13 jan. 2017. Cf. também o Report do Evento, com transcrições da apresentação, p 38–41: HIRIA; PPP BRASIL. **Formação em PPPs**: relatório do evento. São Paulo, 26-27 nov. 2014. Disponível em: <http://hiria.com.br/reports/Report-Formacao-em-PPP-2014.pdf>. Acesso em: 13 jan. 2017.

GARANTIAS DE ADIMPLEMENTO DA ADMINISTRAÇÃO PÚBLICA

	PPP / Objeto	Ente Concedente (Parceiro Público)	Data de Celebração do Contrato; Prazo da Concessão e Valor do Contrato	Garantias do Ente Público – Modalidades	Observações Relevantes
				ativos: (a) títulos públicos federais; (b) ações de empresas de capital aberto registradas no mercado nacional de bolsas de valores; (c) fiança bancária; (d) carta de fiança, oferecida por organismo multilateral de crédito; (e) gravames sobre outros direitos creditórios decorrentes de financiamentos concedidos no âmbito do FINDES; e (f) outras formas de garantia pessoal ou real. Inicialmente, na data da assinatura do contrato, o poder concedente assegurou penhor em primeiro grau de direitos creditórios decorrentes de contratos de abertura de crédito do BDMG/BF (financiamentos concedidos no âmbito do FINDES).	
19)	*Unidades de Atendimento Integrado (UAI Fase III– Praça Sete).*[343] Concessão administrativa para a implantação, operação, gerenciamento e manutenção da Unidade de Atendimento Integrado (UAI) da Praça Sete de Setembro, no Município de Belo Horizonte.	Estado de Minas Gerais, por intermédio da Secretaria de Estado de Planejamento e Gestão	13 de dezembro de 2014, com prazo de vigência de 15 anos. R$ 217.118.718,30	Penhor sobre títulos da dívida pública federal no valor de R$ 6.000.000,00. Em cada ano de vigência do contrato, o poder concedente assegurará o penhor de bens em valores equivalentes a R$ 6.000.000,00.	

[343] Cf. resumo, edital e contrato disponíveis em: <http://www.ppp.mg.gov.br/sobre/projetos-de-ppp-concluidos/uai-praca-sete>. Acesso em: 28 abr. 2017.

APÊNDICE 2 – LISTA DE PPPS

	PPP / Objeto	Ente Concedente (Parceiro Público)	Data de Celebração do Contrato; Prazo da Concessão e Valor do Contrato	Garantias do Ente Público – Modalidades	Observações Relevantes
20)	*Unidades de Atendimento Integrado (UAI Fase II)*.[344] Concessão administrativa para a implantação, operação, gerenciamento e manutenção das unidades de atendimento integrado (UAI) e Municípios de Minas Gerais.	Estado de Minas Gerais, por intermédio da Secretaria de Estado de Planejamento e Gestão	20 de dezembro de 2014, com prazo vigência de 18,2 anos. R$ 420.144.771,85 para cada um dos 3 lotes	Originalmente o contrato previa a constituição de garantia na forma de penhor sobre títulos da dívida pública federal no valor de R$ 6.000.000,00 por lote. Por meio do 1° termo aditivo, o poder concedente assegurou o penhor de imóveis como garantia de cumprimento de suas obrigações contratuais.	Celebração do 1° termo aditivo em 17 de novembro de 2016, por meio do qual foi pactuada uma readequação quantitativa do objeto contratual.
21)	*Aeroporto Regional da Zona da Mata – MG*.[345] Concessão patrocinada para a exploração de serviços aeroportuários do Aeroporto Regional da Zona da Mata, que se dará mediante a realização de melhorias para a modernização e prestação dos serviços pela concessionária, por meio da contratação de concessão patrocinada.	Estado de Minas Gerais, por intermédio da Secretaria de Estado de Transportes e Obras Públicas de Minas Gerais	22 de dezembro de 2014, pelo prazo de 30 anos. R$ 146.857.000	Obrigação do poder concedente de gravar, para cumprimento das obrigações pecuniárias assumidas, ativos de sua propriedade que possuam liquidez suficiente para a cobertura de 6 (seis) contraprestações pecuniárias mensais, em até 90 (noventa) dias após eventual inadimplemento do poder concedente e que possam ser operados por instituição financeira especialmente contratada para tal.	

[344] Cf. resumo, edital e contrato disponíveis em: <http://www.ppp.mg.gov.br/sobre/projetos-de-ppp-concluidos/uai-2012-fase-2>. Acesso em: 28 abr. 2017.

[345] Cf. edital e contrato disponíveis em: <http://www.ppp.mg.gov.br/sobre/projetos-de-ppp-concluidos/aeroporto-regional-da-zona-da-mata-arzm>. Acesso em: 28 abr. 2017.

	PPP / Objeto	Ente Concedente (Parceiro Público)	Data de Celebração do Contrato; Prazo da Concessão e Valor do Contrato	Garantias do Ente Público – Modalidades	Observações Relevantes
22)	*Sistema de esgotamento sanitário de Divinópolis – MG.* Concessão administrativa para ampliação e operação parcial do sistema de esgotamento sanitário do Município de Divinópolis.	Companhia de Saneamento de Minas Gerais – COPASA	2 de outubro de 2015, com prazo de vigência de 26 anos. R$ 411.201.134,21	Para garantia do pagamento da contraprestação do contrato, a COPASA, de forma irrevogável e irretratável: i) vincula, em favor da SPE, receita por meio da conta-vinculada; ii) constitui e mantém a conta-reserva e; iii) cede, em favor da SPE, os recursos depositados na conta-reserva. Obrigação da COPASA de depositar na conta-reserva, mensalmente, pelo período de 24 meses, o valor equivalente a R$ 2.250.000,00. A COPASA deverá manter, durante todo o prazo do contrato, na conta-reserva o saldo mínimo equivalente a 120% do valor médio da contraprestação mensal paga no trimestre anterior.	**TÉRMINO ANTECIPADO.** Em 26 de maio de 2017, publicado o extrato do Termo de distrato firmado em 8 de maio de 2017 entre a concessionária e Copasa.
(c)	Estado da Bahia (6 PPPs)[346]				
23)	*Emissário Submarino (disposição oceânica) do Jaguaribe – BA.*[347] Concessão administrativa para a construção, operação do sistema de disposição oceânica do Jaguaribe,	Empresa Baiana de Águas e Saneamento S.A. – EMBASA	27 de dezembro de 2006, com prazo de vigência de 18 anos. R$ 619.455.000,00	Vinculação e cessão de parcela de suas receitas futuras, oriundas da prestação de serviços de abastecimento de água e esgotamento sanitário a usuários residenciais, comerciais, industriais e públicos, por um prazo igual ao do contrato.	

[346] Embora o Estado tenha aprovado a Lei n. 12.610, de 27 de dezembro de 2012, criando o Fundo Garantidor Baiano de Parcerias, apenas o Contrato do Metrô Baiano contemplou tal instrumento.

[347] Cf. resumo, edital e contrato disponíveis em: <https://www.sefaz.ba.gov.br/administracao/ppp/projeto_emissariosub.htm>. Acesso em 28 abr. 2017.

APÊNDICE 2 – LISTA DE PPPS

PPP / Objeto	Ente Concedente (Parceiro Público)	Data de Celebração do Contrato; Prazo da Concessão e Valor do Contrato	Garantias do Ente Público – Modalidades	Observações Relevantes
que compreende a ampliação da estação elevatória do Saboeiro, implantação de linhas de recalque, construção de estação de condicionamento prévio e implantação dos emissários terrestre e submarino.			A parcela a que se refere o item será equivalente ao valor da contraprestação mensal devida pela contratante, considerando-se nota de QID da contratada igual a 10 (dez), acrescido do montante de recebíveis necessários, ajustados com o agente financiador.	
24) *Arena Fonte Nova – BA*.[348] Concessão administrativa do serviço de operação do Estádio Fonte Nova, precedido da realização de obras de reconstrução do estádio, conforme parâmetros contratuais.	Estado da Bahia, por intermédio da Secretaria do Trabalho, Emprego, Renda e Esporte – SETRE	21 de janeiro de 2010, com prazo de vigência de 35 anos. R$ 1.585.149.900 (investimento estimado em R$ 591.711.185,00)	Mecanismo de mitigação do risco de não pagamento criado a partir da destinação de fluxo de receitas para conta-vinculada, até o limite de 12% dos valores destináveis ao Estado pelo Fundo de Participação dos Estados – FPE, vinculados por lei para tal fim: (i) transferência de recursos financeiros do Fundo de Participação dos Estados – FPE à Agência de Fomento do Estado da Bahia S.A. – DESENBAHIA, conforme autorizado pela Lei estadual n. 11.477/2009, para fins de pagamento da contraprestação pecuniária. (ii) celebração de contrato entre o Banco do Brasil, na qualidade de agente financeiro do tesouro nacional no repasse dos recursos do FPE, DESENBAHIA e Governo do Estado da Bahia para a realização de repasse de 12% dos recursos do	Mecanismo de garantia compartilhado com outros contratos de PPP celebrados pelo Estado. Nos mecanismos de garantias, os valores oriundos do FPE depositados na conta vinculada e não utilizados no pagamento das contraprestações públicas de contratos de PPP são liberados ao Estado. Em outubro de 2017, mais de 4 (quatro) anos após a conclusão de todos os investimentos e inauguração do estádio com a Copa das Confederações, a regularidade da licitação e do contrato ainda é objetivo de diversos processos em curso no Tribunal de Contas do Estado. Em 9 de maio de 2016, foi publicado Acórdão no Processo TCE-BA n. 490/2010, o qual gerou a Resolução TCE n. 28/2016, determinando que Estado apresentasse

[348] Cf. resumo, edital e contrato disponíveis em: <http://www.sefaz.ba.gov.br/administracao/ppp/projeto_fontenova.htm>. Acesso em 28 abr. 2017.

GARANTIAS DE ADIMPLEMENTO DA ADMINISTRAÇÃO PÚBLICA

PPP / Objeto	Ente Concedente (Parceiro Público)	Data de Celebração do Contrato; Prazo da Concessão e Valor do Contrato	Garantias do Ente Público – Modalidades	Observações Relevantes
			FPE à conta-vinculada de titularidade da DESENBAHIA.	estudo visando à reavaliação econômico-financeira da concessão, para o fim de redução da contraprestação pública. Embora o Relator propusesse medida cautelar para reduzir de imediato a contraprestação, prevaleceu a decisão da maioria do colegiado determinando a redução em conformidade com os estudos e negociações que a Administração estadual viesse a proceder dentro do prazo assinalado.
25) *Hospital do subúrbio da Bahia – BA*.[349] Delegação de serviço público na modalidade de concessão administrativa para a gestão e operação de Unidade Hospitalar do Estado da Bahia.	Estado da Bahia, por intermédio da Secretaria da Saúde	28 de maio de 2010 com vigência de 10 anos. R$ 1.075.002.835,08	Mecanismo de mitigação do risco de não pagamento criado a partir da destinação de fluxo de receitas para conta-vinculada, com administrador independente: (i) transferência de recursos financeiros do Fundo de Participação dos Estados – FPE à Agência de Fomento do Estado da Bahia S.A. – DESENBAHIA, conforme autorizado pela Lei estadual n. 11.477/2009, para fins de pagamento da contraprestação pecuniária. (ii) celebração de contrato entre o Banco do Brasil, na qualidade de agente financeiro do Tesouro Nacional no repasse dos recursos do FPE, DESENBAHIA	Mecanismo de garantia compartilhado com outros contratos de PPP celebrados pelo Estado. Nos mecanismos de garantia, os valores oriundos do FPE depositados na conta-vinculada e não utilizados no pagamento das contraprestações públicas de contratos de PPP são liberados ao Estado.

[349] Cf. RADAR PPP. Casos práticos: Formação em Parcerias Público-Privadas (PPPs) 2015: Hospital do Subúrbio, Bahia. In: HIRIA; PPP BRASIL (Orgs.). Formação em Parcerias Público Privadas. São Paulo, 25-26 nov. 2015. Disponível em: <http://hiria.com.br/forum/formacao-ppp-2015/cases/5-Casos-Praticos-Formacao-em-PPPs-Hospital-do-Suburbio-Bahia.pdf>. Acesso em: 4 jan. 2017.

APÊNDICE 2 – LISTA DE PPPS

	PPP / Objeto	Ente Concedente (Parceiro Público)	Data de Celebração do Contrato; Prazo da Concessão e Valor do Contrato	Garantias do Ente Público – Modalidades	Observações Relevantes
				e Governo do Estado da Bahia para a realização de repasse de 12% dos recursos do FPE à conta vinculada de titularidade da DESENBAHIA.	
26)	*Instituto Couto Maia – BA*.[350] Concessão de serviços não assistenciais precedida da construção de unidade hospitalar.	Estado da Bahia, por intermédio da Secretaria de Saúde.	20 de maio de 2013, com prazo de vigência de 21 anos e 4 meses. R$ 751.336.358,97	Pagamento da contraprestação pública por meio da transferência de recursos provenientes das receitas futuras do FPE para conta-garantia. Cláusula 20 do contrato previu a celebração de contrato de nomeação de agente de pagamento e administração de contas.	
27)	*Metrô de Salvador e Lauro de Freitas – BA*.[351] Concessão patrocinada para a implantação e operação do sistema metroviário de Salvador e Lauro de Freitas.	Estado da Bahia, por intermédio da Secretaria de Desenvolvimento Urbano – SEDUR.	15 de outubro de 2013, com prazo de vigência de 30 anos. R$ 5.783.444.119,85	Pagamento das contraprestações se dará por meio de depósito pecuniário em conta corrente segregada. O fiel adimplemento das obrigações pecuniárias será garantido por receitas vinculadas bem como com cotas do Fundo Garantidor Baiano de Parcerias – FGBP. Segundo a lei de criação do FGBP, Lei n. 12.610, de 27 de dezembro de 2012, autorizou-se o Estado a integralizar um	

[350] Cf. resumo, edital e contrato disponíveis em: <https://www.sefaz.ba.gov.br/administracao/ppp/projeto_instituto_couto_maia.htm>. Acesso em: 28 abr. 2017.

[351] Cf. edital e contrato disponíveis em: <https://www.sefaz.ba.gov.br/administracao/ppp/projetos/metro_salvador_lauro/Termo_Aditivo_n03_metro.pdf>. Acesso em: 28 abr. 2017.

PPP / Objeto	Ente Concedente (Parceiro Público)	Data de Celebração do Contrato; Prazo da Concessão e Valor do Contrato	Garantias do Ente Público – Modalidades	Observações Relevantes
			capital de até R$ 750 milhões no fundo (art. 1º). A cláusula 29 do contrato de PPP exigia que o valor da garantia do FGBP em favor do projeto do metrô correspondesse no mínimo a R$ 250 milhões. As obrigações pecuniárias garantidas pelo FGBP são as seguintes: (i) contraprestações, (ii) parcelas acrescidas às contraprestações decorrentes dos riscos assumidos pelo poder concedente, (iii) aporte de recursos e (iv) indenizações em geral devidas pelo concedente à concessionária, sobretudo aquelas decorrentes de extinção antecipada do contrato.	
28) Diagnóstico por imagem – BA.[352] Concessão administrativa para gestão e operação de serviços de apoio ao diagnóstico por imagem na rede pública de saúde do Estado da Bahia.	Estado da Bahia, por meio da Secretaria de Saúde – SESAB	2 de fevereiro de 2015, com prazo de vigência de 11 anos e 6 meses. R$ 838.886.567,00	Transferência de recursos apartados, provenientes das receitas futuras do Fundo de Participação dos Estados – FPE destinado ao Estado da Bahia, por todo o prazo da concessão, conforme sistemática prevista no contrato de nomeação de agente de pagamento e administração de contas.	
(d) Estado de Pernambuco (4 PPPs)[353]				

[352] Cf. resumo, edital e contrato disponíveis em: <https://www.sefaz.ba.gov.br/administracao/ppp/1_aditivo_contrato_imagem.pdf>. Acesso em: 28 abr. 2017.

[353] Edital, contrato e demais documentos correlatos disponíveis em: <http://www2.ppp.seplag.pe.gov.br/web/portal-ppp/contrato>s. Acesso em: 5 nov. 2017.

APÊNDICE 2 – LISTA DE PPPS

	PPP / Objeto	Ente Concedente (Parceiro Público)	Data de Celebração do Contrato; Prazo da Concessão e Valor do Contrato	Garantias do Ente Público – Modalidades	Observações Relevantes
29)	*Ponte do Paiva em Pernambuco.* Concessão patrocinada para a exploração do sistema viário composto pela Praça de Pedágio Barra de Jangada, ponte de acesso sobre o Rio Jaboatão, Via Principal do Destino de Turismo e Lazer Praia do Paiva e pela Praça de Pedágio Itapuama, precedido de obras.	Estado de Pernambuco	28 de dezembro de 2006, com prazo de vigência de 33 anos. R$ 143.202.622,48	Conta-garantia: depósito de montante correspondente a 20% do total da parcela do Estado de Pernambuco na arrecadação, pela União Federal, da CIDE combustíveis.	
30)	*Presídio (Centro de Ressocialização) de Itaquitinga – PE.*[354] Concessão administrativa para Exploração do Centro Integrado de Ressocialização de Itaquitinga, precedida de obras, mediante a prestação do serviço pela concessionária, compreendendo: (i) execução, gestão e fiscalização dos serviços delegados; (ii) apoio na execução dos serviços não delegados; e (iii) gestão e fiscalização dos serviços complementares.	Estado de Pernambuco, por intermédio do Comitê Gestor do Programa Estadual de Parcerias Público-Privadas	9 de outubro de 2009, com prazo de vigência de 33 anos. R$ 1.953.324.301,44 (investimento estimado em R$263.000.000)	Constituição de conta-garantia, na qual serão depositados os recursos correspondentes ao depósito em dinheiro equivalente a: (i) 3 (três) meses da contraprestação básica da concedente para ressocialização (contratualmente denominada CBCR), a ser depositado até dezembro do ano anterior ao ano de início da operação do Centro Integrado de Ressocialização de Itaquitinga; (ii) 4 (quatro) meses de CBCR a ser complementado até dezembro do ano do início da operação do centro de ressocialização (ano 1); (iii) 5 (cinco) meses do CBCR, a ser complementado até o início da operação do Centro de Ressocialização (ano 2); e (iv) 6 (seis) meses do CBCR, a ser complementado até dezembro do terceiro ano após o início da operação do Centro de Ressocialização (ano 3).	**TÉRMINO ANTECIPADO.** Contrato extinto, por caducidade, por intermédio do Decreto n. 42.770, de 15 de março de 2016, do Governador do Estado.

[354] Cf. edital e minuta de contrato disponíveis em: <http://200.238.107.80/c/document_library/get_file?uuid=ca022e1b-6909-40e0-808f-24f1d69ac6a7&groupId=26804>. Acesso em: 28 abr. 2017.

PPP / Objeto	Ente Concedente (Parceiro Público)	Data de Celebração do Contrato; Prazo da Concessão e Valor do Contrato	Garantias do Ente Público – Modalidades	Observações Relevantes
			Mensalmente, as receitas financeiras da conta única do Estado de Pernambuco serão depositadas na conta-garantia, a fim de manter as quantias acima indicadas.	
31) *Arena Pernambuco*.[355] Concessão administrativa para construção e operação de estádio (Arena Multiuso) que pudesse sediar jogos da Copa do Mundo de 2014, no Município de Lourenço da Mata, Região Metropolitana de Recife.	Estado de Pernambuco	Celebrado em 15 de junho de 2010, com prazo de vigência de 33 anos R$ 379.263.314,00	Conta-garantia em nome do Estado e administrada pela CEF, com vinculação de receitas do Estado de compensação pela desoneração do ICMS e receitas do FPE. Linha de crédito do BNDES ao Estado, vinculada ao pagamento do ressarcimento do investimento na obra (RIO).	Para garantia da contraprestação pública mensal, a conta-garantia deveria manter recursos suficientes para cobrir 6 (seis) meses, a ser recomposta automaticamente pelas receitas vinculadas. Considerando que o direito de crédito ao RIO fora cedido ao próprio BNDES, este honrou a liberação de linha de crédito pública ao Estado e vinculou-a ao pagamento do RIO, a ele próprio BNDES. Como resultado, o RIO deu lugar a uma relação de empréstimo direta entre Estado e BNDES, que goza, naturalmente, de proteções suficientes para desincentivar o inadimplemento.

[355] Cf. RADAR PPP. Casos práticos: Formação em Parcerias Público-Privadas (PPPs) 2016: Arena de Pernambuco, Prefeitura de Lourenço da Mata. In: HIRIA; PPP BRASIL (Orgs.). Formação em Parcerias Público Privadas. São Paulo, 23-24 nov. 2016. Disponível em: <http://hiria.com.br/forum/2016/formacao-ppp-2016/cases/5-Casos-Praticos-Formacao-em-PPPs-Arena-Pernambuco.pdf>. Acesso em: 4 jan. 2017; Cf. também o Report do Evento, com transcrições da apresentação, p 37-45: HIRIA; PPP BRASIL; RADAR PPP. Report: Formação em PPPs: relatório do evento. São Paulo, 23-24 nov. 2014. Disponível em: <http://hiria.com.br/forum/2016/formacao-ppp-2016/Report-Formacao-Em-PPPs-2016.pdf>. Acesso em: 4 jan. 2017.

APÊNDICE 2 – LISTA DE PPPS

PPP / Objeto	Ente Concedente (Parceiro Público)	Data de Celebração do Contrato; Prazo da Concessão e Valor do Contrato	Garantias do Ente Público – Modalidades	Observações Relevantes
				Quando demandada a conta-garantia, o Estado obstou a sua recomposição automática, mas justificou tal óbice em divergências jurídicas. **TÉRMINO ANTECIPADO**. Em razão das disputas entre as partes, a concessão foi rescindida amigavelmente conforme termo de rescisão firmado em 6.6.2016 (extrato publicado no DOE em 7 de julho de 2016).
32) *Esgotamento sanitário dos Municípios de Recife e Goiana – PE*. Concessão administrativa para a exploração do sistema da região metropolitana do Recife e do Município de Goiana.[356]	Companhia Pernambucana de Saneamento – COMPESA.	15 de fevereiro de 2013, com prazo de vigência de 35 anos. R$ 5.284.831.265,47	Vinculação e cessão de parcela da receita futura da concedente, na mesma área de abrangência da concessão, decorrente da prestação dos serviços de abastecimento de água e esgotamento sanitário, por prazo igual ao de vigência do contrato, efetivada por meio da utilização de conta-garantia, mediante a celebração de contrato de conta-garantia. A receita da concedente decorrente da prestação dos serviços de abastecimento de água e esgotamento sanitário será automaticamente depositada, mensalmente, na conta-garantia, a partir da data da assinatura do contrato.	

[356] Cf. edital e minuta de contrato submetidos à Consulta Pública disponíveis em: <http://www.portaisgoverno.pe.gov.br/web/portal-ppp/comunicados-oficiais>_Acesso em: 28 abr. 2017.

PPP / Objeto	Ente Concedente (Parceiro Público)	Data de Celebração do Contrato; Prazo da Concessão e Valor do Contrato	Garantias do Ente Público – Modalidades	Observações Relevantes
			Garantia compreende toda a obrigação de pagamento da contraprestação da concedente para operação do sistema e do valor dos serviços associados pela concedente (fator de cobertura de 140%).	
(e) Estado do Ceará (4 PPPs)				
33) Arena Castelão – CE.[357] Concessão administrativa para reforma, ampliação, adequação, operação e manutenção do Estádio Castelão.	Estado do Ceará, por intermédio da Secretaria do Esporte	26 de novembro de 2010, com prazo de vigência de 8 anos. R$ 518.606.000,00	Vinculação e cessão, em caráter irrevogável e irretratável por todo o prazo da concessão, dos recursos advindos do financiamento do BNDES (financiamento de até R$ 400 milhões concedido pelo BNDES ao poder concedente para viabilizar financeiramente a execução do projeto, nos termos do Programa Pró-Copa Arenas), por meio da constituição de conta-garantia. Garantia bancária (fidejussória) em valor que cubra pelo menos 12 (doze) meses de contraprestação pública.	
34) Vapt Vupt do Ceará.[358] Concessão administrativa dos serviços Vapt Vupt, destinados a construção, implantação, operação, manutenção e	Estado do Ceará, por intermédio da Secretaria da Justiça e Cidadania	1º de novembro de 2013, com prazo de vigência de 15 anos. R$ 640.622.227,56	Vinculação de recursos financeiros oriundos de até 1% da quantia do repasse constitucional do Fundo de Participação dos Estados – FPE ao Estado do Ceará (conforme Lei estadual n. 15.745, de	Referência a contrato de nomeação de agente fiduciário de garantia e administração de contas e de formalização de garantia fidejussória do agente de

[357] Cf. minuta de contrato disponível em: <http://transparencia.gov.br/copa2014/cidades/licitacoesDetalhe.seam?licitacao=78&empreendimento=4>. Acesso em: 28 abr. 2017.
[358] Cf. contrato disponível em: <http://www.seplag.ce.gov.br/index.php?option=com_content&view=article&id=1805&Itemid=1509>. Acesso em: 28 abr. 2017.

APÊNDICE 2 – LISTA DE PPPS

PPP / Objeto	Ente Concedente (Parceiro Público)	Data de Celebração do Contrato, Prazo da Concessão e Valor do Contrato	Garantias do Ente Público – Modalidades	Observações Relevantes
gestão de 5 (cinco) unidades, sendo 3 (três) unidades localizadas no Município de Juazeiro do Norte e 1 (uma) localizada no Município de Sobral, de Programa Vapt Vupt de Atendimento Integrado ao Cidadão do Governo do Estado do Ceará.			29 de dezembro de 2014), apurado com base no montante do ano anterior ao do aporte, até que se deposite o equivalente a 6 (seis) meses de toda contraprestação relativa à integralidade da concessão. Os recursos serão transferidos, à medida da execução do contrato, da conta-vinculada para a conta-garantia.	garantia. Não há maior especificação sobre a garantia no contrato. A garantia consubstanciada em vinculação de receita poderá ainda ser substituída pelo poder concedente, em qualquer momento da concessão e a seu critério, no caso de extinção, suspensão ou inviabilização da utilização dos recebíveis transferidos à concessionária, podendo ser substituída por: i) fiança bancária, prestada por banco nacional de primeira linha; ii) carta de garantia, oferecida por organismo multilateral de crédito; iii) seguro-garantia ou outras formas de garantia admitidas em lei e previamente aceitas pela concessionária.
35) *Ponte estaiada sobre o Rio Cocó – CE.*[359] Manutenção e conservação estrutural e rodoviária do sistema viário de interseção e dos acessos de vias urbanas à CE-040, incluindo a construção da ponte estaiada sobre o Rio Cocó, bem como	Estado do Ceará, por intermédio da Secretaria de Infraestrutura	29 de agosto de 2014, com prazo de vigência de 8 anos. R$ 409.678.387,95	Destinação de recursos provenientes do Tesouro do Estado para a conta garantia, com a finalidade de garantir as referidas obrigações pecuniárias assumidas pelo Estado do Ceará. Em cada ano da vigência da concessão, o poder concedente assegurará que o valor da garantia	**RECOMENDAÇÃO DE TÉRMINO ANTECIPADO.** Em 2 de fevereiro de 2017, foi republicada a Resolução do Conselho Gestor de Parcerias do Estado – CGPPP n. 1 de 2017, recomendando a anulação do contrato de PPP por irregularidades apontadas pelo TCE-PE.

[359] Cf. minuta de contrato disponível em: <http://www.seinfra.ce.gov.br/phocadownload/destaques_avisos/ponte_estaiada_coco/20130418_06_Anexo_3_-_Minuta_do_Contrato.pdf>. Acesso em: 28 abr. 2017.

PPP / Objeto	Ente Concedente (Parceiro Público)	Data de Celebração do Contrato; Prazo da Concessão e Valor do Contrato	Garantias do Ente Público – Modalidades	Observações Relevantes
os serviços de operação, manutenção, conservação e exploração do mirante, a serem precedidas das obras de construção e implantação das melhorias do sistema viário de mobilidade urbana de Fortaleza e Mirante.			corresponderá a 6 (seis) vezes o valor da contraprestação pecuniária mensal vigente à época. A constituição da conta-garantia com o saldo mínimo de 6 (seis) meses foi prevista como condição suspensiva para a eficácia do contrato, conforme sua cláusula 19.	Ação Civil Pública ajuizada pelo Ministério Público Estadual em 28 de abril de 2016.
36) *Hospital regional metropolitano do Ceará*.[360] Concessão administrativa para a construção, fornecimento de equipamentos, manutenção e gestão dos serviços não assistenciais do Hospital Regional Metropolitano do Ceará.	Estado do Ceará, por intermédio da Secretaria de Saúde	17 de setembro de 2014, com prazo de vigência de 25 anos. R$ 2.459.062.355,58	Destinação de montante correspondente a 6 (seis) parcelas da contraprestação mensal máxima a conta-garantia, a partir de receitas correspondentes a até 1% dos valores repassáveis ao Estado por meio do FPE, conforme contrato de vinculação de receitas e nomeação de agente de garantias. A celebração de tal contrato de vinculação, a constituição da conta-garantia e o preenchimento do saldo mínimo corresponderam a condições suspensivas de eficácia do contrato de PPP, conforme sua cláusula 22.	
(f) *Distrito Federal* (3 PPPs)				

[360] Cf. edital e contrato disponíveis em: <http://licita.seplag.ce.gov.br/licpsq_resp.asp?PAR_ORG=SESA&PAR_MOD=1&PAR_NAT=1&PAR_DT_INI=&PAR_DT_FIM=&PAR_NR=20130004&PAR_SPU>. Acesso em: 28 abr. 2017.

APÊNDICE 2 – LISTA DE PPPS

	PPP / Objeto	Ente Concedente (Parceiro Público)	Data de Celebração do Contrato; Prazo da Concessão e Valor do Contrato	Garantias do Ente Público – Modalidades	Observações Relevantes
37)	*Conjunto habitacional do Mangueiral – Brasília – DF*.[361] Concessão administrativa, para a implantação, gestão, operação e manutenção de empreendimento imobiliário que engloba a construção de Unidades domiciliares econômicas e comerciais, a execução de infraestrutura urbana, e de áreas verdes do denominado Projeto Mangueiral.	Companhia Habitacional do Distrito Federal – CODHAB	25 de março de 2009, com prazo de vigência de 15 anos. R$ 1.057.340.453,00 (investimento estimado em R$455.087.736)	Cessão fiduciária de recebíveis da Companhia Imobiliária de Brasília – Terracap, convertida em Agência de Desenvolvimento do Distrito Federal pela Lei n. 4.586, de 13 de julho de 2011, a serem suplementados por garantia a ser prestada pelo fundo garantidor de parcerias do distrito federal, o qual, entretanto, foi regulamentado e de fato criado apenas pelo Decreto n. 37.373, de 17 de janeiro de 2014, republicado com retificações em 30 de maior de 2016. De acordo com tal Decreto, foi destinado um capital inicial de R$ 10 milhões para o Fundo. De todo modo, a necessidade de garantia foi mitigada pela estrutura de remuneração da concessionária, dependente apenas em menor medida de contraprestações públicas, pois mais baseada na exploração econômica do conjunto habitacional e, primordialmente, na exploração de área comercial contígua, outorgada pelo DF inicialmente em regime de CDRU, a ser transferida à propriedade da concessionária ou de seus clientes após a disponibilidade do referido conjunto habitacional, foco da PPP.	**APURAÇÃO DE IRREGULARIDADES.** Em 18 de abril de 2017 foram publicadas as Portarias n. 42 e n. 43 da Controladoria Geral do Distrito Federal – CGDF para apuração de eventuais ilícitos na licitação e contratação da PPP, em face das denúncias envolvendo o Governo de Brasília e o grupo concessionário, no âmbito da operação Lava Jato.

[361] Cf. RADAR PPP. Casos práticos: Formação em Parcerias Público-Privadas (PPPs) 2014: Conjunto Habitacional Jardins Mangeiral. In: HIRIA; PPP BRASIL (Orgs.). Formação em Parcerias Público Privadas. São Paulo, 2014. Disponível em: <http://hiria.com.br/reports/Report-Formacao-em-PPP-2014.pdf>. Acesso em: 28 abr. 2017.

	PPP / Objeto	Ente Concedente (Parceiro Público)	Data de Celebração do Contrato; Prazo da Concessão e Valor do Contrato	Garantias do Ente Público – Modalidades	Observações Relevantes
38)	*Centro Administrativo do Distrito Federal*.[362] Concessão administrativa, para a construção, operação e manutenção do Centro Administrativo destinado à utilização por órgãos e entidades da Administração direta e indireta integrantes da estrutura administrativa do Governo do Distrito Federal.	Secretaria de Estado de Obras do Distrito Federal e Terracap	8 de abril de 2009, com prazo de vigência de 22 anos. R$ 3.095.381.301,60	R$ 900 milhões (novecentos milhões de reais) em imóveis de propriedade da Terracap – Agência de Desenvolvimento do Distrito Federal e aproximadamente R$ 508 milhões (quinhentos e oito milhões de reais) em recebíveis da mesma agência. Havia, ainda, previsão contratual para a contratação do Banco de Brasília S.A. como agente de garantias, como instituição centralizadora e depositária para praticar os atos de efetivação das garantias. A concessionária solicitou a modificação da estrutura de garantias, no sentido de alterar os valores em conformidade com requisitos do BNDES para o financiamento do projeto, quais sejam: (i) retenção de três parcelas de contraprestação mensal; (ii) garantia de disponibilidade líquida no valor de 1,5 contraprestação mensal; (iii) penhora de carteira de prestamistas no valor equivalente a 60 (sessenta) contraprestações mensais; (iv) manutenção de glebas do Setor	Analisando uma representação do Ministério Público do Distrito Federal, a equipe técnica do Tribunal de Contas do Distrito Federal (TCDF) concordou que, para concretização da alteração, deveriam ser expostas as necessárias justificativas e firmado termo aditivo ao contrato de concessão. Como tal aditivo não fora firmado, o TCDF determinou à Terracap que rescindisse todos os contratos de garantia que haviam sido assinados. Embora a construção do Centro Administrativo tenha sido substancialmente concluída, até 2017, a Administração Pública se recusava a aceitar a sua entrega e pagar qualquer parcela a título de ressarcimento da obra, como previsto no contrato, ou contraprestação pública, sob o argumento de que o habite-se não estava vigente (fora emitido mas cancelado pelo DF sob o argumento de que os estudos de impacto de trânsito e seus mitigantes – responsabilidade do Poder Concedente – não haviam sido concluídos a contento)

[362] Cf. RADAR PPP. Casos práticos: Formação em Parcerias Público-Privadas (PPPs) 2015: Centro Administrativo do Distrito Federal. In: HIRIA; PPP BRASIL (Orgs.). Formação em Parcerias Público Privadas. São Paulo, 25-26 nov. 2015. Disponível em: <https://www.radarppp.com/biblioteca/formacao-em-ppps-2015-centro-administrativo-do-distrito-federal>. Acesso em: 13 jan. 2017.

APÊNDICE 2 – LISTA DE PPPS

PPP / Objeto	Ente Concedente (Parceiro Público)	Data de Celebração do Contrato; Prazo da Concessão e Valor do Contrato	Garantias do Ente Público – Modalidades	Observações Relevantes
			Habitacional do Jóquei, a título de garantia real; e (v) previsão contratual de retenção de uma contraprestação mensal por mês durante os três meses que precederem a entrega do imóvel, bem como de existência de saldo mínimo e fluxo mensal.	**EM LITÍGIO**. Iniciada arbitragem pela concessionária, subsidiária do Grupo Odebrecht, o Distrito Federal obteve provimento judicial liminar suspendendo o trâmite daquele procedimento, ao argumento de que as denúncias de corrupção reveladas pela Investigação Lava Jato sugeriam a nulidade da licitação e do contrato (Processo n. 706531.45.2017.8.07.0018, decisão proferida em 30 de junho de 2017). **APURAÇÃO DE IRREGULARIDADES**. Portaria Conjunta n. 35 da CGDF e da Secretaria de Planejamento determinou a constituição de comissão para apurar irregularidades visando à eventual nulidade da licitação e do contrato.
39) *Centro de Gestão Integrada do Distrito Federal*.[363] Concessão administrativa para implantação, desenvolvimento, operação, manutenção, gestão e administração da infraestrutura do Centro de Gestão Integrado (CGI).	Secretaria de Estado de Fazenda do Distrito Federal.	10 de abril de 2014, com prazo de vigência de 15 anos. R$ 777.203.487		**CADUCIDADE**. O Decreto n. 38.512, de 27 de setembro de 2017 (pub. DOE de 28 de setembro de 207) decretou a caducidade da concessão. No entanto, a legalidade da licitação e do contrato, bem como do Decreto de caducidade, ainda se encontram em discussão judicial e, em certos aspectos, ainda são objeto de procedimento no âmbito do

[363] RADAR PPP. **Centro de Gestão Integrada (Distrito Federal)**. Disponível em: <https://www.radarppp.com/resumo-de-contratos/centro-de-gestao-integrada-distrito-federal>. Acesso em: 07 fev. 2017.

PPP / Objeto	Ente Concedente (Parceiro Público)	Data de Celebração do Contrato; Prazo da Concessão e Valor do Contrato	Garantias do Ente Público – Modalidades	Observações Relevantes
				Tribunal de Contas do Estado.[364] Em 1 de novembro de 2017, foi publicada no DO a Decisão n. 4991/2017 do Tribunal de Contas do Distrito Federal recebendo a representação da Concessionária com pedido de medida cautelar para suspensão do Decreto de caducidade e determinando intimação das partes para manifestação, incidentalmente ao Processo TCE n. 21.233/2012.
(g) *Estado do Amazonas* (3 PPPs)				
40) Hospital da Zona Norte – AM.[365] Concessão administrativa para a construção, fornecimento de equipamentos, manutenção, aparelhamento e gestão dos serviços não assistenciais do hospital.	Estado de Amazonas, por intermédio da Secretaria de Saúde.	29 de abril de 2013, com prazo de vigência de 20 anos. R$ 2.515.806.300,00	O pagamento da contraprestação mensal devida, bem como de eventuais penalidades ou acréscimos decorrentes de seu inadimplemento será garantido pelo Fundo de Parcerias Público Privadas do Estado do Amazonas, por meio de fiança a ser concedida à concessionária em valor equivalente a 8 (oito) contraprestações mensais.	APURAÇÃO DE IRREGULARIDADES. Em 24 de julho de 2017, foi publicado despacho do Presidente do Tribunal de Contas do Estado admitindo a Representação n. 28/2017 do Ministério Público de Contas para apuração de irregularidades na licitação e contratação da PPP.

[364] O juiz da 4ª Vara da Fazenda Pública do Tribunal de Justiça do Distrito Federal julgou procedente pedido do Ministério Público do Distrito Federal e Territórios, para anular o edital de concorrência n. 01/2013, bem como os atos do processo licitatório posteriores à divulgação do edital, inclusive a sessão pública de recebimento de propostas, o julgamento de proposta, homologação e resultado e adjudicação do objeto. De acordo com a sentença do magistrado, proferida em 15 set. 2016 e publicada na mesma data, houve diversos vícios procedimentais no certame, incorrendo em violação ao devido processo administrativo, bem como ao artigo 4º da Lei n. 8.666/1993 e, subsidiariamente, a Lei n. 9.784/1999. Sentença e acompanhamento processual disponíveis em: <http://cache-internet.tjdft.jus.br/cgi-bin/tjcgi1?NXTPGM=tjhtml105&SELECAO=1&ORIGEM=INTER&CIRCUN=1&CDNUPROC=20130111494839>.

[365] Cf. Contrato disponível em: <http://www.transparencia.am.gov.br/contratos>. Acesso em: 28 abr. 2017.

APÊNDICE 2 – LISTA DE PPPS

	PPP / Objeto	Ente Concedente (Parceiro Público)	Data de Celebração do Contrato; Prazo da Concessão e Valor do Contrato	Garantias do Ente Público – Modalidades	Observações Relevantes
41)	*Complexos Penitenciários do Amazonas.* Concessão administrativa dos serviços de gestão, operação e manutenção precedidos de obras para implantação e/ou reforma de unidades penitenciárias do Estado do Amazonas.	Estado do Amazonas, por intermédio da Secretaria de Administração Penitenciária	6 de março de 2015, com prazo de vigência de 27 anos. R$ 205.904.493,72	Garantia do Fundo de Parcerias Público-Privadas do Estado do Amazonas.	
42)	*Central de material esterilizado – CME do Amazonas.*[366] Concessão administrativa para aquisição de terreno, desenvolvimento, implantação, construção, operação e gerenciamento de uma CME, envolvendo a operação de esterilização de materiais de 49 Unidades de Saúde da rede própria da SUSAM, visando maior a qualidade do processo de esterilização e contribuindo para a prevenção e controle da infecção hospitalar.	Estado do Amazonas, representado pela Secretaria de Estado de Saúde do Amazonas – SUSAM	1º de dezembro de 2015, com prazo de vigência de 12 anos. R$ 50.570.155,00	As obrigações pecuniárias do poder concedente são garantidas pelo Fundo de Parcerias Público-Privadas do Estado do Amazonas e serão adimplidas através da transferência de recursos apartados, provenientes de receitas futuras do FPE destinadas ao Estado do Amazonas ou mediante constituição de patrimônio de afetação em valor equivalente a 6 (seis) contraprestações mensais máximas.	
(h)	Estado do Espírito Santo (3 PPPs)[367]				

[366] Cf. Edital e Minutas de Contrato disponíveis em: <https://onedrive.live.com/?cid=B0D22A38888209CF&id=B0D22A38888209CF%212402&authkey=%21AC3r-FqhXdvRl3M>. Acesso em: 28 abr. 2017.

[367] Editais, contratos e documentos correlatos relativos a todas as PPPs do Estado do Espírito Santo disponíveis em: <https://desenvolvimento.es.gov.br/projetos>. Acesso em: 5 nov. 2017.

	PPP / Objeto	Ente Concedente (Parceiro Público)	Data de Celebração do Contrato; Prazo da Concessão e Valor do Contrato	Garantias do Ente Público – Modalidades	Observações Relevantes
43)	*Unidades de Atendimento Faça Fácil nos Municípios de Serra, Cachoeira do Itapemirim, Colatina e Cariacica.* Concessão administrativa para a implantação, gestão, operação e manutenção de Unidades Faça Fácil no Estado do Espírito Santo.	Governo do Estado do Espírito Santo, por intermédio da Secretaria de Estado de Gestão e Recursos Humanos	20 de dezembro de 2013, com prazo de vigência de 12 anos. R$ 833.150.000,00	Conta-garantia.	A Lei Complementar n. 492, de 10 de agosto de 2009, autoriza a criação do Fundo Garantidor de Parcerias do Estado – FGP-ES, a ser administrado pelo Banco de Desenvolvimento do Estado do Espírito Santo – BANDES, mas não consta que o FGP-ES tenha sido empregado com sucesso para a outorga da garantia do presente contrato. Ação popular (Processo n. 0031033-83.2013.8.08.0024) movida por Marcelo Naufel contra o Estado do Espírito Santo postula a nulidade da licitação e do contrato. Sentença de 1º grau publicada em 26 de agosto de 2016 julga improcedente a ação.
44)	*Esgotamento Sanitário de Serra – ES.*[368] Concessão administrativa para a ampliação, manutenção, e operação do sistema de esgotamento sanitário do Município de Serra.	Companhia Espírito Santense de Saneamento – CESAN	1º de julho de 2014, com prazo de vigência de 30 anos. R$ 628.157.072,25	Receitas operacionais futuras da CESAN, oriundas dos recebíveis das contas de água e esgoto relativas ao Município depositadas em conta-vinculada. Cessão fiduciária da conta vinculada, cujo saldo mínimo no primeiro ano deveria ser de R$ 2.000.000,00 e, a partir do segundo ano, 120% do valor médio da contraprestação mensal.	

[368] Cf. RADAR PPP. Casos práticos: Formação em Parcerias Público-Privadas (PPPs) 2015: Esgotamento Sanitário de Serra – ES. In: HIRIA; PPP BRASIL (Orgs.). **Formação em Parcerias Público Privadas.** São Paulo, 25-26 nov. 2015. Disponível em: <https://www.radarppp.com/biblioteca/formacao-em-ppps-2015-esgotamento-sanitario-de-serra-es>. Acesso em: 13 jan. 2017.

APÊNDICE 2 – LISTA DE PPPS

PPP / Objeto	Ente Concedente (Parceiro Público)	Data de Celebração do Contrato; Prazo da Concessão e Valor do Contrato	Garantias do Ente Público – Modalidades	Observações Relevantes
			A operacionalização e o funcionamento do sistema de garantias são regulados por meio do contrato de vinculação de receitas futuras celebrado entre as partes e agente de garantias (BANESTES S.A. – Banco do Estado do Espírito Santo). Cabe a este liberar recebíveis excedentes e monitorar a manutenção do saldo mínimo na conta.	
45) *Esgotamento Sanitário do Município de Vila Velha – ES.* Concessão administrativa para a ampliação, manutenção e operação do sistema de esgotamento sanitário do Município de Vila Velha e prestação de serviços de apoio à gestão comercial da CESAN no Município.	Companhia Espírito Santense de Saneamento – CESAN	31 de janeiro de 2017, pelo prazo de vigência de 30 anos. R$ 1.417.722.000	Conta-garantia alimentada por receitas operacionais da CESAN.	
(i) *Estado de Alagoas* (2 PPPs)				
46) *Sistema adutor do Agreste – AL.*[369] Construção, gestão, operação e manutenção do Novo Sistema Adutor do Agreste, planejado para iniciar no Município de Traipu/AL e terminar no Município	Companhia de Saneamento de Alagoas – CASAL	1º de junho de 2012, com prazo de vigência de 30 anos. R$ 1.066.138.710	Constituição de conta vinculada, administrada por Agente de Garantia, na qual são depositados os recursos necessários para o pagamento da contraprestação pecuniária, por meio de cessão de recebíveis.	

[369] Cf. minutas de edital e contrato disponíveis em: <http://www.seplag.al.gov.br/planejamento-e-orcamento/ppp/ppp-sistema-adutor-do-agreste/Doc.%2006%20-%20Anexo%20V-%20Minuta%20de%20Contrato%20.pdf>. Acesso em: 28 abr. 2017.

GARANTIAS DE ADIMPLEMENTO DA ADMINISTRAÇÃO PÚBLICA

	PPP / Objeto	Ente Concedente (Parceiro Público)	Data de Celebração do Contrato; Prazo da Concessão e Valor do Contrato	Garantias do Ente Público – Modalidades	Observações Relevantes
	de Arapiraca/AL, bem como recuperar, operar e manter o Sistema Coletivo do Agreste existente na área da PPP.				
47)	*Esgotamento sanitário da parte alta de Maceió – AL*.[370] Concessão administrativa para implantação e operação de sistema de esgotamento sanitário na parte alta de Maceió.	Companhia de Saneamento de Alagoas – CASAL	11 de dezembro de 2014, com prazo de vigência de 30 anos. R$ 289.543.736,00	Cessão de recebíveis previamente selecionados, cujo valor mensal não seja inferior a 1,3 (um inteiro e três décimos) vezes a contraprestação. Os recebíveis ficarão depositados em conta-vinculada do poder concedente, administrada por agente de garantia. O poder concedente e a concessionária assinaram contrato de nomeação de agente de garantia e administração de conta vinculada para a gestão dos recebíveis garantidores do contrato.	Lei estadual n. 7.893, de 23 de junho de 2017, autoriza a criação do Fundo Alagoano de Parcerias, admitindo que ele seja capitalizado com até 10% dos recursos repassados ao Estado com origem em depósitos judiciais, conforme previsto na Lei Complementar n. 151/2015. Contudo, o Fundo ainda não foi utilizado nas PPPs do Estado.
(j)	*Outros Estados* (4 PPPs)				
48)	*Arena das Dunas – RN*.[371] Concessão administrativa para a demolição e remoção do Machadão e Machadinho, Construção, Manutenção e Gestão da Operação do Estádio das Dunas.	Estado do Rio Grande do Norte, por intermédio da Secretaria de Estado de Administração e dos Recursos Humanos	15 de abril de 2011, com prazo de vigência de 20 anos. R$ 400.000.000,00	Garantia prestada por meio da utilização de recursos do Fundo Garantidor das Parcerias Público-Privadas do Rio Grande do Norte. Para constituição da garantia, o poder concedente se comprometeu a destinar a arrecadação dos créditos decorrentes de *royalties* e participação especial, relacionados à	**APURAÇÃO DE IRREGULARIDADES.** Judicializada a concessão em meio às denúncias de corrupção envolvendo a arena e o Grupo OAS, controlador da concessionária (Processo n. 2016.011024-5/000.2.00), publicada em 16 de agosto de 2016, a decisão do Tribunal de Justiça do Rio Grande do

---

[370] Cf. ALAGOAS. Companhia de Saneamento de Alagoas. PPP de Esgotamento Sanitário. Disponível em: <http://casal.al.gov.br/ppp-de-esgotamento-sanitario>. Acesso em: 5 nov. 2017.

[371] Cf. minuta de contrato disponível em: <http://www.portaltransparencia.gov.br/copa2014/cidades/licitacoesDetalhe.seam?licitacao=1&empreendimento=6>. Acesso em: 28 abr. 2017.

APÊNDICE 2 – LISTA DE PPPS

PPP/ Objeto	Ente Concedente (Parceiro Público)	Data de Celebração do Contrato; Prazo da Concessão e Valor do Contrato	Garantias do Ente Público – Modalidades	Observações Relevantes
				premissas fundamentais da concessão, a exemplo da decisão de manter o parque de atletismo Célio de Barros e o equipamento aquático Júlio de Lamare, que seriam originalmente demolidos para otimização do Complexo e atividades comerciais. O Estado obteve provimento judicial liminar obrigando a concessionária a manter a posse e os serviços de manutenção e operação do Estádio até eventual acordo ou decisão em sentido contrário (Processo n. 0008987-27.2017.8.9.0001).
50) *Rodovia PR 323/ PRC 487, PRC 272 – PR.*[372] Concessão patrocinada para a exploração do corredor da PR-323, compreendendo os serviços de duplicação, operação, manutenção, conservação e implantação de melhorias, nos termos do contrato e seus anexos.	Estado do Paraná por intermédio do Departamento de Estradas de Rodagem	05 de setembro de 2014, com prazo de vigência de 30 anos. R$ 7.886.572,18	Conta-garantia sob gestão da Agência de Fomento do Paraná, com prioridade no recebimento de recursos oriundos de repasses do FDE (Fundo de Desenvolvimento Econômico, instituído pela Lei estadual n. 5.515/1967), dividendos de empresas estatais, direitos não tributários, conforme regulação específica do poder concedente e demais recursos do Tesouro do Estado, conforme regulamentação específica do poder concedente, ou qualquer outra fonte, conforme regulamentação específica. O poder concedente tem a obrigação de compor a conta-garantia com os valores	**TÉRMINO ANTECIPADO** do contrato, conforme termo de rescisão n. 1/2017, assinado em 25 de maio de 2017 e publicado em 31 de maio de 2017. Dentre outros fundamentos e em que pesem os aprimoramentos no sistema de garantias da PPP, o término do contrato foi causado pela impossibilidade de obtenção dos financiamentos, cuja contratação constituía condição suspensiva para a eficácia contratual.

[372] Cf. minuta de contrato disponível em: <http://www.casacivil.pr.gov.br/arquivos/File/conselhogestor/Anexos_PR/01_Contrato_Rev01.pdf>. Acesso em: 28 abr. 2017.

PPP / Objeto	Ente Concedente (Parceiro Público)	Data de Celebração do Contrato; Prazo da Concessão e Valor do Contrato	Garantias do Ente Público – Modalidades	Observações Relevantes
			correspondentes ao total de contraprestações e aportes públicos devidos no período de 12 (doze) meses.	
			Para fins de atendimento das exigências dos financiadores (a contratação do financiamento constituía condição suspensiva de eficácia da PPP) e com base em autorização legal já existente nas Leis estaduais n. 17.046/2012, 17.904/2014 e 18.134/2004, o Estado criou, através do Decreto n. 12.283, de 26 de setembro de 2014, o Fundo Garantidor Estadual, que passaria a receber todos aqueles recursos provenientes do Fundo de Participação dos Estados – FPE, dividendos e outras receitas em seu próprio e segregado patrimônio e manter a conta-garantia em seu próprio nome.	
51) VLT no Eixo Anhanguera-GO.[373] Concessão patrocinada da prestação dos serviços públicos de transporte de passageiros no Eixo Anhanguera, incluindo a implantação, operação e manutenção do Sistema de VLT, de maneira integrada com a RMTC.	Estado de Goiás, por intermédio da Secretaria de Estado de Meio Ambiente, Recursos Hídricos, Infraestrutura, Cidades e Assuntos Metropolitanos	16 de abril de 2015, com prazo de vigência de 35 anos. R$ 3.782.000.000,00	Vinculação de recursos auferidos pelo Estado de Goiás a título de *royalties* pela exploração de potenciais de energia elétrica. Vinculação efetivada por meio da celebração de contrato de administração de recursos celebrado entre o poder concedente, concessionária, Goiás Parcerias e o agente de pagamentos.	

[373] Cf. minuta do contrato de concessão disponível em: <http://www.metropolitana.go.gov.br/post/ver/139839/campanha-projeto-do-vlt-no--eixo-anhanguera>. Acesso em: 28 abr. 2017.

APÊNDICE 2 – LISTA DE PPPS

	PPP / Objeto	Ente Concedente (Parceiro Público)	Data de Celebração do Contrato; Prazo da Concessão e Valor do Contrato	Garantias do Ente Público – Modalidades	Observações Relevantes
52)	*Ganha tempo – MT*.[374] Concessão administrativa para implantação e operação de sete unidades de atendimento integral ao cidadão.	Estado do Mato Grosso, por meio da Secretaria de Trabalho e Assistência Social – SETAS e MT Participações e Projetos S.A. – MT-PAR	10 de outubro de 2017, com prazo de 15 anos. R$ 398.707.945,30 (investimento estimado em R$ 35.500.000)	Garantia permanecerá em vigor durante todo o prazo de vigência do contrato, até a quitação de todas as obrigações pecuniárias devidas pelo poder concedente, e não poderá ser alterada. Conta-vinculada a ser aberta e sob titularidade da MT-PAR, por meio do contrato de nomeação de agente de garantias, com saldo mínimo correspondente a 6 (seis) contraprestações públicas pecuniárias. Caso utilizado o saldo, sua reposição será feita por força de vinculação de receitas da Conta Única do Estado.	
III)	**PPPS MUNICIPAIS (52 PPPs)**				
(a)	*Belo Horizonte – MG* (5 PPPs)				
53)	*Resíduos Sólidos de Belo Horizonte*. Concessão administrativa para a prestação do serviço público de disposição final em aterro sanitário e tratamento de resíduos sólidos provenientes da limpeza urbana do Município de Belo Horizonte.	Superintendência de Limpeza Urbana de Belo Horizonte – SLU	21 de novembro de 2008, pelo prazo de 25 anos. R$ 981.878.155		

[374] Cf. edital, contrato e documentos do processo administrativo disponíveis em: <http://www.setas.mt.gov.br/-/4179296-ppp-ganha-tempo>. Acesso em: 5 nov. 2017.

	PPP / Objeto	Ente Concedente (Parceiro Público)	Data de Celebração do Contrato; Prazo da Concessão e Valor do Contrato	Garantias do Ente Público – Modalidades	Observações Relevantes
54)	*Hospital Metropolitano de Belo Horizonte – MG.*[375] Concessão administrativa para construção e prestação de serviços de apoio não assistenciais à gestão e operação do Hospital Metropolitano de Belo Horizonte.	Município de Belo Horizonte, por intermédio da Secretaria de Saúde	26 de março de 2012, pelo prazo de 20 anos R$ 1.045.431.655,41	Caução em dinheiro ou penhor da dívida pública federal, a critério do Município, no limite de 3 (três) contraprestações máximas mensais em garantia do pagamento de contraprestação pública. Penhor de créditos detidos pelo Município perante a Companhia de Saneamento de Minas Gerais – COPASA, no limite inicial de R$ 184.000.000, destinado a assegurar o pagamento de indenização em virtude de rescisão.	O contrato possibilitou que as garantias fossem oferecidas por empresa criada pelo Município com essa finalidade, a PBH Ativos S.A. Em 13 de junho de 2014, objetivando constituir a garantia pública da PPP, foram assinados os contratos de caução remuneratória e penhor de conta bancária entre o Município de Belo Horizonte, a Secretaria Municipal de Finanças, a Secretaria Municipal de Saúde, a PBH Ativos S.A e a concessionária Novo Metropolitano. Foram criadas duas contas vinculadas, uma para garantir, por meio de caução, a contraprestação pública e a outra para garantir a indenização em caso de rescisão contratual, administradas por agente fiduciário.
55)	*Unidades Municipais de Educação Infantil (UMEI) – BH.*[376] Concessão administrativa para a realização de obras e serviços de engenharia e prestação de serviços de apoio, não pedagógicos, a	Município de Belo Horizonte por intermédio da Secretaria Municipal de Educação	24 de julho de 2012 com prazo de vigência de 20 anos R$ 975.658.364,65	O contrato originalmente previa: (i) caução em dinheiro ou penhor de títulos da dívida pública federal; (ii) fiança bancária ou seguro garantia, ou penhor de créditos detidos pelo Município perante a COPASA, ou dação em garantia de quotas de fundo de investimento.	Foi firmado em 22 de fevereiro de 2013 o primeiro aditamento ao contrato, por meio do qual as partes reconheceram que até então não haviam sido prestadas as garantias previstas no contrato e acordaram por prorrogar em 180 dias o prazo para constituição das garantias.

[375] Cf. Edital e Contrato disponíveis em: <http://portalpbh.pbh.gov.br/pbh/ecp/comunidade.do?evento=portlet&pIdPlc=ecpTaxonomiaMenuPortal&app=acessoinformacao&tax=39102&lang=pt_BR&pg=10125&taxp=0&>. Acesso em: 28 abr. 2017.

[376] Cf. Contrato de Concessão n. 01/2012. Disponível em: <http://portalpbh.pbh.gov.br/pbh/ecp/comunidade.do?evento=portlet&pIdPlc=ecpTaxonomiaMenuPortal&app=acessoinformacao&tax=38335&lang=pt_BR&pg=10125&taxp=0&>. Acesso em: 12 jan. 2017.

APÊNDICE 2 – LISTA DE PPPS

PPP / Objeto	Ente Concedente (Parceiro Público)	Data de Celebração do Contrato; Prazo da Concessão e Valor do Contrato	Garantias do Ente Público – Modalidades	Observações Relevantes
unidades de ensino da rede municipal de educação básica do Município de Belo Horizonte.				Em consequência, nos termos do referido aditamento, as partes conferiram eficácia parcial ao contrato. Após o término do referido prazo, caso as garantias não tivessem sido constituídas, a concessionária poderia optar pela extinção do contrato, fazendo jus à indenização. Durante o período de eficácia parcial, as partes acordaram que iriam realizar análise da aplicação das Leis federais n. 12.715/2012 e 12.766/2012, examinando eventuais impactos no volume de garantias que seriam prestadas pelo poder concedente. Caso se verificasse que o volume agregado das garantias acordadas era adequado, as partes conferiram eficácia total ao contrato. Por meio do aditamento, o poder concedente se comprometeu a constituir as seguintes garantias: (i) caução em dinheiro no valor de R$ 50.000.000,00, constituída mediante depósito em conta-vinculada; (ii) penhor de créditos de titularidade da PBH Ativos em face da COPASA decorrentes do segundo aditamento ao convênio de cooperação firmado entre o Município de Belo Horizonte, a COPASA e a Superintendência de Desenvolvimento da Capital no valor de R$ 50.000.000,00.

	PPP / Objeto	Ente Concedente (Parceiro Público)	Data de Celebração do Contrato; Prazo da Concessão e Valor do Contrato	Garantias do Ente Público – Modalidades	Observações Relevantes
56)	*Unidades básicas de saúde de Belo Horizonte – MG.*[377] Concessão administrativa para prestação de serviços não assistenciais de apoio e infraestrutura à operação da Rede de Atenção Primária à Saúde do Município de Belo Horizonte, precedida de obras de reconstrução e construção de novas unidades.	Município de Belo Horizonte por meio da Secretaria de Saúde	18 de fevereiro de 2016, com prazo de vigência de 20 anos. R$ 2.040.128.053	Penhor (i) sobre todos os direitos atuais e futuros relacionados à conta bancária de titularidade do poder concedente na qual deverão ser depositados os recursos correspondentes a 50% do valor da contraprestação anual máxima administrada pelo agente de garantia e (ii) direitos creditórios decorrentes das debêntures emitidas pela PBH Ativos em 1º de abril de 2014, no montante total de R$ 880.320.000,00 de titularidade do poder concedente até o limite do valor garantido, bem como todos os direitos atuais e futuros relacionados à conta de titularidade do poder concedente na qual serão depositados os valores provenientes da satisfação dos referidos direitos creditórios, administrada pelo agente de garantia.	**CONTRATO SUSPENSO.** Condição suspensiva de eficácia – constituição e formalização das garantias pelo Município conforme previstas no contrato e em condições aceitáveis pelos financiadores – ainda não satisfeita.
57)	*Iluminação Pública de Belo Horizonte – MG.*[378] Concessão administrativa para a renovação, manutenção e operação do sistema de iluminação pública do Município.	Município de Belo Horizonte	13 de julho de 2016, pelo prazo de 20 anos R$ 991.782.559,72 (investimento estimado em R$ 495.940.000,	Vinculação de valores provenientes da contribuição para custeio da iluminação pública – CCIP, instituída em Belo Horizonte pela Lei n. 8.468, de 30 de dezembro de 2002.	

[377] Cf. minuta do Contrato de Concessão administrativa relativa ao Edital de Licitação n. 008/2011-BH. Disponível em: <http://portalpbh.pbh.gov.br/ pbh/ecp/noticia.do?evento=portlet&pAc=not&idConteudo=185049&pIdPlc=&app=salanoticias>. Acesso em: 13 jan. 2017.
[378] Edital, contrato e demais documentos disponíveis em: <http://portalpbh.pbh.gov.br/pbh/ecp/comunidade.do?app=pbh&idConteudo =223352>. Acesso em: 5 nov. 2017.

APÊNDICE 2 – LISTA DE PPPS

PPP / Objeto	Ente Concedente (Parceiro Público)	Data de Celebração do Contrato; Prazo da Concessão e Valor do Contrato	Garantias do Ente Público – Modalidades	Observações Relevantes
		incluindo R$ 100 milhões custeados por meio de aporte público)		
(b) *Rio de Janeiro – RJ* (3 PPPs)				
58) *Porto Maravilha*.[379] Concessão administrativa das intervenções e serviços associados à revitalização da área de especial interesse urbano da região do porto do Rio de Janeiro (objeto de Operação Urbana Consorciada – OUC)	Companhia de Desenvolvimento Urbano da Região do Porto do Rio de Janeiro – CDURP, controlada pelo Município do Rio de Janeiro	26 de novembro de 2010, com prazo de vigência de 15 anos. R$ 8.327.598.414,00	O Fundo de Investimento Imobiliário da Região do Porto (FII-RP) atua como instrumento garantidor e pagador, mediante recursos da venda de CEPACs e imóveis públicos integralizados ao Fundo pela CDURP e indiretamente pelo Município. As receitas do FII-RP são, portanto, oriundas da venda dos CEPACs e imóveis públicos aportados pelo Município ao seu capital. Tal venda foi realizada, por leilão público, a fundo administrado pela Caixa Econômica Federal – CEF e constituído pela carteira do FGTS (o Caixa Fundo de Investimento Imobiliário do Porto Maravilha – FII-PM), o qual se incumbiu de pagar o valor mínimo necessário à viabilização das intervenções contempladas para a Operação Urbana Consorciada, correspondente a um valor fixo de cerca de R$ 4 bilhões, acrescido de um valor variável	As intervenções (obras públicas) foram divididas em fases, sendo a concessionária obrigada a iniciar os trabalhos e investimentos relativos à respectiva fase apenas após comprovação de recursos líquidos arrecadados e segregados para o Fundo em valor suficiente para satisfação das contraprestações públicas correspondentes, quando exigíveis mediante conclusão da fase e disponibilidade das respectivas obras e serviços. Em 14 de agosto de 2017, foi publicado o Relatório Trimestral de Atividades da CDURP (cobrindo o período de abril a junho de 2017), reportando as reuniões mantidas com a CEF para renegociar a retomada do fluxo de pagamentos (parcela variável do preço) necessária à remuneração das fases remanescentes a cargo da concessionária.

[379] Cf. RADAR PPP. Casos práticos: Formação em Parcerias Público-Privadas (PPPs) 2014: Urbanização do Porto Maravilha, Município do Rio de Janeiro. In: HIRIA; PPP BRASIL (Orgs.). Formação em Parcerias Público Privadas. São Paulo, 23-24 nov. 2016. Disponível em: <http://hiria.com.br/formacaoppp/Casos-Formacao-PPPs-2015/Casos-Praticos-Formacao-em-PPPs-Porto-Maravilha.pdf>. Acesso em: 4 jan. 2017. Edital, contrato e anexos disponíveis em: <http://www.portomaravilha.com.br/contratos>. Acesso em: 5 nov. 2017.

GARANTIAS DE ADIMPLEMENTO DA ADMINISTRAÇÃO PÚBLICA

	PPP / Objeto	Ente Concedente (Parceiro Público)	Data de Celebração do Contrato; Prazo da Concessão e Valor do Contrato	Garantias do Ente Público – Modalidades	Observações Relevantes
				que poderia chegar a outros R$ 4bilhões caso o FII-RP lograsse entregar ao FII-PM imóveis públicos adicionais suficientes para absorver pelo menos 75% dos CEPACs alienados.	
59)	*Parque Olímpico do Rio de Janeiro*.[380] Implementação, operação e manutenção do Parque Olímpico para realização dos Jogos Olímpicos e Paraolímpicos de 2016, cumulada com a realização de obras associadas.	Município do Rio de Janeiro por intermédio da Secretaria Municipal da Casa Civil	26 de abril de 2012, com prazo de vigência de 15 anos. R$ 1.375.000.000,00	Antes de cada uma das ordens de início para realização das intervenções, o Poder Concedente se obrigou a assinar um instrumento de promessa de alienação onerosa dos imóveis integrantes da área do Parque Olímpico.	Consta ação judicial apresentada em 2017 pela concessionária para cobrança de valores pendentes por parte do poder concedente (Processo 0029606-78.2017.8.19.0000). Em 8 de junho de 2017 foi publicada (no DOE) decisão do Relator Fernando Cerqueira Chagas, da 11ª Câmara do Tribunal de Justiça do Rio de Janeiro, negando antecipação da tutela recursal no âmbito do agravo de instrumento oposto pela concessionária.
60)	*Veículo Leve sobre Trilhos (VLT Carioca)*.[381] Concessão patrocinada para a prestação dos	Companhia de Desenvolvimento Urbano da Região	14 de junho de 2013 com prazo de vigência de 25 anos	Contraprestação pública originalmente prevista em R$ 5.959.877.121 mensais.	Decreto n. 43.778, de 2 de outubro de 2017 (publicado no DO em 3 de outu-

[380] Cf. RADAR PPP. Casos práticos: Formação em Parcerias Público-Privadas (PPPs) 2015: Parque Olímpico do Município do Rio de Janeiro. In: HIRIA; PPP BRASIL (Orgs.). Formação em Parcerias Público Privadas. São Paulo, 25-26 nov. 2015. Disponível em: <https://www.radarppp.com/biblioteca/formacao-em-ppps-2015-ppp-do-parque-olimpico>. Acesso em: 4 jan. 2017.

[381] Cf. RADAR PPP. Casos práticos: Formação em Parcerias Público-Privadas (PPPs) 2016: VLT Carioca, Prefeitura do Rio de Janeiro. In: HIRIA; PPP BRASIL (Orgs.). Formação em Parcerias Público Privadas. São Paulo, 23-24 nov. 2016. Disponível em: <http://hiria.com.br/forum/2016/formacao-ppp-2016/cases/Casos-Praticos-Formacao-em-PPPs-VLT-Carioca.pdf>. Acesso em: 4 jan. 2017. Cf. também o Report do Evento, com transcrições da apresentação: HIRIA; PPP BRASIL; RADAR PPP. Report: Formação em PPPs: relatório do evento. São Paulo, 23-24 nov. 2014. Disponível em: <http://hiria.com.br/forum/2016/formacao-ppp-2016/Report-Formacacao-Em-PPPs-2016.pdf>. Acesso em: 4 jan. 2017. Edital disponível em: <http://www.portomaravilha.com.br/conteudo/vlt/DOCUMENTOS/Edital.pdf>. Acesso em: 5 nov. 2017.

APÊNDICE 2 – LISTA DE PPPS

PPP / Objeto	Ente Concedente (Parceiro Público)	Data de Celebração do Contrato; Prazo da Concessão e Valor do Contrato	Garantias do Ente Público – Modalidades	Observações Relevantes
serviços, incluindo a realização das obras e fornecimentos da rede prioritária, visando à implantação, operação e manutenção de sistema de transporte de passageiros através de veículos leves sobre trilhos – VLT na região portuária e central do Rio de Janeiro.	do Porto do Rio de Janeiro – CDURP, sociedade de economia mista controlada pelo Município do Rio de Janeiro.	R$ 1.601.877.121,61 (aporte de recursos de R$ 532 milhões oriundo de subvenção/ repasse do Governo Federal no âmbito do PAC 2 – Mobilidade Grandes Cidades)	Garantia pública prestada mediante a cessão fiduciária das cotas de emissão de um Fundo de Investimento Imobiliário de propriedade da CDURP, o FII-VLT. Patrimônio líquido mínimo do FII definido em R$ 40.000.000,00. À medida que o FII gera resultado, os recursos devem ser mantidos em conta específica até o valor mínimo de 40.000.000,00. Sempre que acionada a garantia, deve haver a recomposição do valor mínimo mencionado.	bro de 2017), estabelece a vinculação de receitas públicas a título de garantia subsidiária da concessionária. Tal vinculação abrange receitas públicas não vedadas pelo art. 167, IV, da CF, tais como receitas de concessão de uso, cessão de uso, contratos de publicidade etc. Tais receitas deverão ser depositadas em conta-vinculada em nome do Município e dadas em cessão fiduciária ao concessionário. O Decreto instrui a instituição financeira responsável pelo repasse das receitas do Município a depositar os respectivos recursos na conta-vinculada. Determina que a instituição depositária é responsável por tal conta repasse então os valores necessários ao concessionário.
(c) Município de Piracicaba – SP (2 PPPs)				
61) Esgotamento sanitário de Piracicaba – SP.[382] Concessão administrativa para a prestação dos serviços de esgotamento sanitário, com ampliação e	Município de Piracicaba, por intermédio do Serviço Municipal de Água e Esgoto – SEMAE.	11 de junho de 2012, com prazo de vigência de 30 anos. R$ 1.870.184.257	Poder concedente presta garantia do pagamento da contraprestação por meio de conta centralizadora e conta vinculada.	

[382] Cf. edital e minuta de contrato disponíveis em: <http://www.semaepiracicaba.sp.gov.br/admin/artigos/8219/Anexo%205%20-%20Minuta%20Contrato%20RETIFICADO.pdf>. Acesso em: 28 abr. 2017.

GARANTIAS DE ADIMPLEMENTO DA ADMINISTRAÇÃO PÚBLICA

PPP / Objeto	Ente Concedente (Parceiro Público)	Data de Celebração do Contrato; Prazo da Concessão e Valor do Contrato	Garantias do Ente Público – Modalidades	Observações Relevantes
modernização do sistema de esgotamento sanitário do Município de Piracicaba.			Conta-vinculada deverá ter saldo inicial igual às 3 (três) primeiras contraprestações previstas na proposta e se manter ao longo de todo o período do contrato com um saldo mínimo de 3 (três) vezes o valor médio das 3 (três) últimas contraprestações devidas. Garantia do pagamento da contraprestação se dará com cessão fiduciária de parte dos créditos oriundos das contas de água e esgoto faturados pela SEMAE contra os usuários, em razão da prestação do serviço público de abastecimento de água e esgotamento sanitário no município de Piracicaba. Enquanto houver atividade de operação e manutenção do sistema pela contratada, o percentual de 100% (cem por cento) dos créditos relativos ao serviço de esgotamento sanitário e de 20% dos créditos relativos ao serviço de abastecimento de água integrará a garantia real Na hipótese de não haver atividade de operação e manutenção do sistema pela contratada, a cessão fiduciária compreenderá apenas o percentual de 40% (quarenta por cento) dos créditos relativos ao serviço de esgotamento sanitário, de modo a honrar a quitação de eventuais investimentos não amortizados e/ou outras indenizações cabíveis.	

APÊNDICE 2 – LISTA DE PPPS

	PPP / Objeto	Ente Concedente (Parceiro Público)	Data de Celebração do Contrato; Prazo da Concessão e Valor do Contrato	Garantias do Ente Público – Modalidades	Observações Relevantes
62)	*Limpeza urbana e Resíduos Sólidos de Piracicaba – SP*.[383] Concessão administrativa para a prestação do serviço de esgotamento sanitário, englobando a coleta, transporte, tratamento e disposição de resíduos do processo, com ampliação e modernização do sistema de esgotamento sanitário na cidade de Piracicaba.	Município de Piracicaba, por intermédio do Serviço Municipal de Água e Esgoto – SEMAE	1º de agosto de 2012, com prazo de vigência de 30 anos R$ 744.620.863	Garantia a ser implementada em condições aceitáveis a pelo menos 2 (duas) instituições financeiras (cláusula 24 do contrato), inclusive por meio do Fundo Garantidor de Piracicaba, autorizado pela Lei n. 6.132/2007, a ser gerido pela Secretaria de Finanças.	
(d)	*Município de Mauá – SP* (2 PPPs)				
63)	*Abastecimento de água de Mauá – SP*.[384] Concessão administrativa para os serviços de abastecimento de água tratada.	Saneamento Básico do Município de Mauá – SEMA (autarquia)	16 de junho de 2016, com prazo de vigência de 30 anos. R$ 156.674.014 (investimento estimado em R$ 153.385.003,00)	Conta-garantia compreendendo 3 (três) meses de contraprestação pública, alimentada e reposta por meio de conta centralizadora por onde transitarão todas as receitas do serviço de saneamento do Município (cláusula 26 do contrato).	Representação sendo apurada pelo Tribunal de Contas do Estado, conforme processos TCE n. 101304.989-13-3 e 13.763.989-16-7.

[383] Cf. edital e contrato disponíveis em: <https://forumresiduospira.wordpress.com/2011/05/18/edital_completo>. Lei municipal disponível em: https://forumresiduospira.files.wordpress.com/2011/05/lei-municipal-6-132-07.pdf>. Acesso em: 5 nov. 2017.
[384] Edital e documentos disponíveis em: <http://dom.maua.sp.gov.br/pPublicacao.aspx?ID=19747>; e <https://drive.google.com/file/d/0BzAd-3qYEpaSkSFVMMGhESTgzUlk/view>. Acesso em: 5 nov. 2017.

	PPP / Objeto	Ente Concedente (Parceiro Público)	Data de Celebração do Contrato; Prazo da Concessão e Valor do Contrato	Garantias do Ente Público – Modalidades	Observações Relevantes
64)	*Iluminação Pública de Mauá – SP*.[385] Prestação dos serviços de iluminação nas vias públicas municipais.	Prefeitura Municipal de Mauá	21 de novembro de 2016, pelo prazo de 25 anos. R$ 352.947.223,87 (investimento estimado em R$58.580.263,00)	Conta-garantia alimentada pela contribuição para custeio de iluminação pública, instituída pelo Município.	
(e)	*Outros Municípios*				
65)	*Esgotamento sanitário de Rio Claro – SP*.[386] Concessão administrativa visando a prestação de serviço público envolvendo a operação do sistema de esgoto no Município de Rio Claro, acompanhado da execução de obras de acordo com as especificações técnicas.	Município de Rio Claro	15 de fevereiro de 2007, com prazo de vigência de 30 anos. R$ 730.360.254	Constituição de Fundo de Compensação Tarifária, constituído por receitas orçamentárias correspondentes a 3 (três) meses do valor do recebível parceiro.	
66)	*Sistema de Esgotamento Sanitário de Rio das Ostras – RJ*. Concessão administrativa para ampliação do sistema de esgotamento sanitário de Rio	Município de Rio das Ostras	24 de agosto de 2007, com prazo de vigência de 17 anos R$ 976.680.000,00	Fundo de Parcerias Público-Privadas de Rio das Ostras (FPPP), como coobrigado e devedor solidário garantidor, para assegurar o pagamento das 180 parcelas mensais da contraprestação pública.	**JUDICIALIZAÇÃO.** PPP judicializada em não menos que 3 (três) medidas judiciais.

[385] Edital e documentos disponíveis em: <http://dom.maua.sp.gov.br/pPublicacao.aspx?ID=21548>; <http://www.maua.sp.gov.br/Info.aspx?InformativoID=566>; e <http://www.maua.sp.gov.br/Info.aspx?InformativoID=539>. Acesso em: 5 nov. 2017.
[386] Cf. edital e minuta de contrato submetidos à consulta pública disponíveis em: <http://paco.prefeiturarc.sp.gov.br/siterc2/download/PPP--DAAE.pdf>. Acesso em: 28 abr. 2017.

APÊNDICE 2 – LISTA DE PPPS

PPP / Objeto	Ente Concedente (Parceiro Público)	Data de Celebração do Contrato; Prazo da Concessão e Valor do Contrato	Garantias do Ente Público – Modalidades	Observações Relevantes
das Ostras (construção de rede coletora, drenagem de águas pluviais, pavimentação de ruas e calçadas, coletores tronco, estações elevatórias e ampliação da Estação de Tratamento de Esgoto – ETE), bem como a operação dos sistemas de esgotamento.			Constituição de patrimônio de afetação pelo Município (único cotista do FPPP) no montante de R$ 27.130.000,00, equivalente a 5 (cinco) parcelas da contraprestação mensal devida, mediante fluxo de caixa corrente sobre *royalties* de petróleo. Em 24 de agosto de 2007, foi celebrado contrato de gestão e administração de fundos entre o FPPP e o Banco do Brasil – BB, para que o BB gerisse o fundo que garantiria a sustentação financeira às PPPs celebradas pelo Município, incluindo o contrato.	Após decretação de calamidade pública, o Prefeito de Rio das Ostras logrou obter provimento judicial limitando os pagamentos à concessionária a 10% da arrecadação mensal de *royalties* do Município, embora a dívida com a concessionária já estivesse acumulada em algumas centenas de milhões de reais, e percentual muito maior fosse necessário para ao menos estabilizar tal dívida. Em 25 de janeiro de 2017, o Desembargador Camilo Ruliere, do Tribunal de Justiça do Rio de Janeiro, alterou a decisão de primeira instância para obrigar o Município a destinar 14,19% de sua arrecadação de *royalties* ao Fundo Garantidor e à concessionária, resultando em montante ligeiramente superior àquele determinado pela 1ª instância (Agravo de Instrumento n. 0001729-66.2017.8.19.0000). Até outubro de 2017, referida decisão permanecia vigente.
67) *Limpeza pública de Osasco – SP*. Concessão administrativa para execução dos serviços de limpeza urbana, incluindo obras em aterros sanitários, nos limites territoriais do Município.	Município de Osasco, por intermédio da Prefeitura Municipal	12 de março de 2008, com prazo de vigência de 30 anos. R$ 834.667.169,60	Fundo Municipal de Limpeza Urbana, fundo especial de Direito Público, sem personalidade jurídica.	Lei Municipal 4063, de 20.7.006, autorizou a criação da Companhia Municipal de Parcerias de Osasco – CMPO.

GARANTIAS DE ADIMPLEMENTO DA ADMINISTRAÇÃO PÚBLICA

	PPP / Objeto	Ente Concedente (Parceiro Público)	Data de Celebração do Contrato; Prazo da Concessão e Valor do Contrato	Garantias do Ente Público – Modalidades	Observações Relevantes
68)	*Esgotamento Sanitário de Guaratinguetá – SP*.[397] Concessão administrativa para os serviços de operação e atividades de apoio, acompanhamento de obras de complementação, adequação e modernização, do sistema de esgotamento do Município.	Companhia de Serviço de Água, Esgoto e Resíduos de Guaratinguetá – SAEG	11 de junho de 2008, com prazo de vigência de 30 anos. R$ 265.274,362 (investimento estimado em R$ 45.315.590)	Conta garantia com saldo mínimo de 3 (três) contraprestações públicas, alimentada com recebíveis tarifários da Companhia Estatal arrecadados por meio de conta centralizadora, conforme cláusula 17 do contrato.	A Lei municipal n. 3.933, de 18 de junho de 2007, dispõe sobre o sistema de saneamento do Município. Os artigos 54 e seguintes autorizam a contratação da PPP. **IRREGULARIDADES.** A licitação que resultou no presente contrato fora suspensa anteriormente pelo TCE-SP, sendo ajustada nos termos demandados pelo Tribunal. Em 5 de setembro de 2013, acórdão do TCE aponta novas irregularidades na concorrência e no contrato, aplicando multa ao ex-prefeito (Processo TCE n. 0867/003/2009)
69)	*Polo cinematográfico e cultural de Paulínia – SP*.[388] Concessão administrativa, da prestação de serviços, por meio da disponibilização, operação, manutenção e conservação, precedida da execução de obra pública, de	Município de Paulínia, por intermédio da Secretaria de Cultura	9 de dezembro de 2008, com prazo de vigência de 10 anos. R$ 311.199.455,00		**SOB INTERVENÇÃO.** Decreto n. 6.891, de 26 de outubro de 2015 (publicado em 30 de dezembro de 2015) decretou a intervenção na concessionária.

[387] Edital e contrato disponíveis em: <http://www.arsaeg.com.br/arsaeg/?page_id=883>. Acesso em: 5 nov. 2017.
[388] Cf. RADAR PPP. Casos práticos: Formação em Parcerias Público-Privadas (PPPs) 2014: Pólo cinematográfico e cultural de Paulínia. Município de Paulínia. In: HIRIA; PPP BRASIL (Orgs.). **Formação em Parcerias Público Privadas**. São Paulo, 2014. Disponível em: <https://www.radarppp.com/biblioteca/formacao-em-ppps-2014-polo-cinematografico-cultural-de-paulinia>. Acesso em: 13 jan. 2017. Cf. também o Report do Evento, com transcrições da apresentação, p 13-16: HIRIA; PPP BRASIL. Formação em PPPs: relatório do evento. São Paulo, 26-27 nov. 2014. Disponível em: <http://hiria.com.br/reports/Report-Formacao-em-PPP-2014.pdf>. Acesso em: 13 jan. 2017.

APÊNDICE 2 – LISTA DE PPPS

	PPP / Objeto	Ente Concedente (Parceiro Público)	Data de Celebração do Contrato; Prazo da Concessão e Valor do Contrato	Garantias do Ente Público – Modalidades	Observações Relevantes
	infraestrutura cultural (estúdios de gravação e Museu do Cinema).				
70)	*Limpeza urbana e resíduos sólidos de Jacareí – SP.* Concessão administrativa para prestação de serviços de limpeza urbana e remoção de resíduos sólidos, incluindo construção e operação de novo aterro sanitário.	Prefeitura Municipal	29 de janeiro de 2010, pelo prazo de vigência de 20 anos. R$ 285.284.311,31		Em 17 de dezembro de 2015, o Tribunal de Contas do Estado julgou regulares a licitação e o contrato.
71)	*Limpeza urbana de São Carlos – SP.*[389] Contratação de parceria público-privada na modalidade de concessão administrativa para a prestação de serviços de limpeza urbana e demais serviços correlatos.	Município de São Carlos, por intermédio da Prefeitura Municipal de São Carlos	23 de agosto de 2010, com prazo de vigência de 20 anos. R$ 191.511.674,40	Não há previsão de garantia do pagamento da contraprestação pública.	Em 1º de dezembro de 2015, o Tribunal de Contas do Estado julgou regulares a licitação e o contrato.
72)	*Limpeza urbana e resíduos sólidos de Embu das Artes – SP.*[390] Concessão administrativa para prestação do serviço público de limpeza urbana e manejo de resíduos sólidos na Estância Turística de Embu.	Município de Embu das Artes, por intermédio da Prefeitura Municipal	26 de novembro de 2010, com prazo de vigência de 30 anos. R$ 720.981.079	Conta-garantia alimentada pelo Fundo Municipal de Limpeza Urbana, fundo público especial.	

[389] Cf. edital e minuta de contrato submetidos à consulta pública disponíveis em: <http://www.saocarlos.sp.gov.br/index.php/licitacoes-prefeitura/concorrencia-publica/concorrencia-publica-2008.html>. Acesso em: 28 abr. 2017.

[390] Cf. minuta do contrato disponível em: <http://www.embudasartes.sp.gov.br/e-gov/public/arquivos/2010/02/PPP/Anexo_I.pdf>. Acesso em: 5 nov. 2017.

GARANTIAS DE ADIMPLEMENTO DA ADMINISTRAÇÃO PÚBLICA

	PPP / Objeto	Ente Concedente (Parceiro Público)	Data de Celebração do Contrato; Prazo da Concessão e Valor do Contrato	Garantias do Ente Público – Modalidades	Observações Relevantes
73)	*Resíduos sólidos e limpeza urbana de Itu – SP*.[391] Concessão administrativa para prestação dos serviços públicos de limpeza urbana e manejo de resíduos sólidos no Município.	Município de Estância Turística de Itu	20 de abril de 2011, com prazo de vigência de 30 anos. R$ 1.014.558.647,88	Conta-garantia que deveria ter, permanentemente, saldo mínimo de 3 (três) vezes o valor médio das 3 (três) últimas contraprestações devidas para assegurar obrigações pecuniárias do Município, com administrador a independente nomeado pela Concessionária. Fundo Municipal de Limpeza Urbana (FMLU), com natureza de fundo fiduciário, como garantidor.	
74)	*Sistema de Limpeza Pública de Niterói – RJ.* Concessão administrativa para contratação e serviços integrantes do sistema de limpeza pública do Município.	Companhia Municipal de Limpeza Urbana de Niterói – CLIN	1º de agosto de 2011, pelo prazo de vigência de 20 anos R$ 1.597.504.200	Recebíveis tarifários da companhia municipal.	
75)	*Resíduos sólidos de Alfenas – MG*.[392] Concessão administrativa dos serviços de tratamento, manejo e destinação final de resíduos sólidos e limpeza urbana.	Município de Alfenas, por intermédio da Prefeitura Municipal	18 de janeiro de 2012, com prazo de vigência de 30 anos. R$ 144.344.409,60		

[391] Cf. minuta do contrato disponível em: <https://www.itu.sp.gov.br/wp-content/uploads/2015/ar_itu/download/anexo_i_minuta_contrato.pdf>. Acesso em: 5 nov. 2017.
[392] Portal da Transparência do Município não disponibiliza inteiro teor do Contrato, mas apenas um resumo.

APÊNDICE 2 – LISTA DE PPPS

	PPP / Objeto	Ente Concedente (Parceiro Público)	Data de Celebração do Contrato; Prazo da Concessão e Valor do Contrato	Garantias do Ente Público – Modalidades	Observações Relevantes
76	*Tratamento de Resíduos Sólidos de Barueri – SP.*[393] Concessão administrativa para a prestação de serviços de tratamento e destinação final de resíduos sólidos urbanos no Município de Barueri.	Secretaria de Planejamento e Urbanismo	27 de janeiro de 2012, com prazo de vigência de 30 anos. R$ 399.951.749,00		
77	*Shopping popular e manutenção de praça em Pelotas – RS.*[394] Concessão patrocinada da operação e manutenção, precedidas de obras de construção do Shopping Popular, requalificação e manutenção da Praça Cipriano Barcelos.	Município de Pelotas	23 de abril de 2012, com prazo de vigência de 25 anos. R$ 98.778.879	Contraprestação na forma de outorga à concessionária do direito real de uso sobre o imóvel em que será implantado o shopping. Não há previsão contratual de garantia.	
78	*Limpeza pública e resíduos sólidos de São Luís – MA.* Concessão administrativa para a execução dos serviços de limpeza urbana e manejo de resíduos sólidos, por meio da coleta, transporte, tratamento e destinação final de resíduos sólidos domiciliares, com implantação de unidade	Município de São Luís, por intermédio da Secretaria Municipal de Obras e Serviços Públicos de São Luís.	4 de maio de 2012, com prazo de vigência de 20 anos. R$ 2.275.081.596,99	Lei n. 5.100, de 25 de junho de 2009, autoriza a criação do Fundo Municipal Garantidor do Município de São Luiz do Maranhão. – FGSL, com natureza de direito privado e patrimônio próprio.	Em 10 de outubro de 2016, publicado acórdão do Tribunal de Contas do Estado n. 173/2016 (Processo n. 11040/2011) acolhendo denúncias de irregularidade na concorrência e contratação, conforme apresentadas por vereador, e aplicando sanção ao gestor público.

[393] Cf. BARUERI. Limpeza Urbana. Disponível em: <https://portal.barueri.sp.gov.br/cidadao/rua-bairro-meio-ambiente/limpeza-urbana>. Acesso em: 5 nov. 2017.

[394] Cf. edital e minuta de contrato disponíveis em: <http://www2.pelotas.com.br/transparencia/informacoespublicas/execucao/licitacoes/licitacoes.php?id_licitacao=886>. Acesso em: 28 abr. 2017.

PPP / Objeto	Ente Concedente (Parceiro Público)	Data de Celebração do Contrato; Prazo da Concessão e Valor do Contrato	Garantias do Ente Público – Modalidades	Observações Relevantes
de beneficiamento de resíduos da Ribeira, no Município de São Luís.				
79) *Unidades básicas de saúde de Manaus – AM*.[395] Concessão administrativa visando à construção, fornecimento de equipamentos, manutenção preventiva e corretiva, além da substituição de peças e equipamentos de 160 (cento e sessenta) unidades básicas de saúde da família espalhadas e distribuídas na cidade de Manaus.	Município de Manaus, por intermédio da Secretaria Municipal de Saúde do município de Manaus.	259 de junho de 2012, com prazo de vigência de 9 anos. 4 lotes com valores de R$ 91.908.000,00, R$ 91.908.000,00, R$ 127.484.000,00 e R$ 138.672.000,00	Fiança concedida pelo Fundo Municipal Garantidor de Parcerias Público-Privadas – FUNGEP, criado pela Lei municipal n. 1.333/2009, entidade de personalidade jurídica própria e separada do poder concedente.	O FUNGEP garante 5 (cinco) contraprestações mensais à concessionária, no valor de R$ 21.000.000,00 (vinte e um milhões de reais), bem como as indenizações devidas no caso de encampação ou outro evento de responsabilidade do poder concedente.
80) *Resíduos sólidos de São Bernardo do Campo – SP*.[396] Concessão Administrativa para a execução do sistema integrado de manejo e gestão de resíduos sólidos.	Município de São Bernardo do Campo.	20 de junho de 2012, com prazo de vigência de 30 anos. R$ 5.518.985.201,99	Garantia real sobre imóveis especificados no contrato (conforme cláusula 14 do contrato)	Judicialização e interrupção de pagamento conforme Processo n. 100816-87.2017.8.26.0564, da 2ª Vara da Fazenda Pública da Comarca de São Bernardo do Campo. **TÉRMINO ANTECIPADO**. Em 11 de agosto de 2017, publicado o extrato do Termo de Rescisão assinado em 5 de julho de 2017.

[395] Cf. RADAR PPP. Casos práticos: Formação em Parcerias Público-Privadas (PPPs) 2014: Unidades Básicas de Saúde da Família (UBSFS). Município de Manaus. In: HIRIA; PPP BRASIL (Orgs.). Formação em Parcerias Público Privadas. São Paulo, 2014. Disponível em: <https://www.radarppp.com/?s=manaus>. Acesso em: 13 jan. 2017. Cf. também o Report do Evento, com transcrições da apresentação, p. 42-46: HIRIA; PPP BRASIL. Formação em PPPs: relatório do evento. São Paulo, 26-27 nov. 2014. Disponível em: <http://hiria.com.br/reports/Report-Formacao-em-PPP-2014.pdf>. Acesso em: 13 jan. 2017.

[396] Cf. edital e minuta de contrato disponíveis em: <http://www.saobernardo.sp.gov.br/edital-de-concessao-ppp>. Acesso em: 28 abr. 2017.

APÊNDICE 2 – LISTA DE PPPS

	PPP / Objeto	Ente Concedente (Parceiro Público)	Data de Celebração do Contrato; Prazo da Concessão e Valor do Contrato	Garantias do Ente Público – Modalidades	Observações Relevantes
81)	*Resíduos Sólidos de Belém – PA*. Concessão administrativa para serviços públicos de tratamento de resíduos sólidos do Município de Belém, incluindo encerramento e recuperação ambiental do aterro do Aurá – SESAN.	Secretaria Municipal de Saneamento – SESAN	11 de outubro de 2012, com prazo de vigência de 25 anos [Contraprestação Pública Mensal de R$ 2.743.687,73]		TÉRMINO ANTECIPADO do contrato em 16 de julho de 2014, conforme comunicado publicado pela Prefeitura em tal data, e termo de encerramento firmado entre SESAN e concessionária em 23 de abril de 2013. Término antecipado provocado por termo de ajustamento de conduta celebrado pela Prefeitura e o Ministério Público Estadual no âmbito de ação civil pública por ato de improbidade, onde fora proferida medida liminar para suspender o contrato e seus pagamentos (Processo n. 00603287920128140301).
82)	*Limpeza urbana e Resíduos Sólidos de Campo Grande – MS*. Concessão administrativa para os serviços de varrição, coleta, transporte, tratamento, disposição, operação de dois aterros existentes e construção e operação de dois novos aterros sanitários.	Município de Campo Grande, representado pela Agência de Regulação do Serviços Públicos Delegados de Campo Grande	25 de outubro de 2012, pelo prazo de 25 anos. R$ 1.303.941.220,00		TÉRMINO ANTECIPADO SUB JUDICE. Contrato foi anulado por meio do Decreto municipal n. 13.027 de 2016 em decorrência da constatação de supostas fraudes no procedimento licitatório. Em 2 de janeiro de 2017 foi proferida medida cautelar pelo Tribunal de Contas do Estado, Conselheiro Ronaldo Chadid, suspendendo os efeitos do Decreto até julgamento de mérito da denúncia apresentada pela Concessionária.

GARANTIAS DE ADIMPLEMENTO DA ADMINISTRAÇÃO PÚBLICA

	PPP / Objeto	Ente Concedente (Parceiro Público)	Data de Celebração do Contrato; Prazo da Concessão e Valor do Contrato	Garantias do Ente Público – Modalidades	Observações Relevantes
83)	*Esgotamento Sanitário de Macaé – RJ*.[397] Concessão patrocinada para a prestação dos serviços de esgotamento sanitário, total ou parcial, contemplando a realização dos investimentos necessários para atender às metas previstas, que inclui a assunção de todo o sistema operacional existente na área da concessão, compreendendo redes, estações elevatórias, estações de tratamento e demais atividades correlatas à prestação de serviço de coleta e tratamento de esgoto do Município.	Empresa Pública Municipal de Saneamento de Macaé – ESANE, controlada pelo Município de Macaé	5 de novembro de 2012, com prazo de vigência de 30 anos. R$ 634.692.000,00	Fundo Garantidor de Parcerias Público-Privadas de Serviços de Saneamento do Município de Macaé – FGPSB, criado pela Lei municipal n. 3.665/2011. O fundo, de natureza jurídica de direito privado e administrado pela CEF, tem patrimônio próprio e separado do Município de Macaé – único cotista – e é garantidor, pagador e devedor de todas as obrigações assumidas pelo Poder concedente no projeto. É constituído por: (i) doações consignadas no orçamento e os créditos adicionais; (ii) parcela dos *royalties* e participações especiais; (iii) operações de crédito; (iv) rendimentos e aplicações financeiras; e (v) outras receitas destinadas ao fundo. O fundo tem finalidade específica, sendo vedada por lei a sua utilização para outra atividade que não a de adimplemento das obrigações pecuniárias contraídas no âmbito de contratos de PPP no segmento de saneamento básico.	**JUDICIALIZAÇÃO E INTERRUPÇÃO PARCIAL DOS PAGAMENTOS.** Diante do inadimplemento da contraprestação pública e de parcela de 20% do aporte de recursos estabelecido para a conclusão dos investimentos, a concessionária requereu a instauração de procedimento arbitral e ajuizou ação cautelar perante a Justiça Federal (Vara Federal Única de Macaé) contra o Município de Macaé, a Empresa Municipal, o Fundo Garantidor e a Caixa Econômica Federal – CEF. Decisão de 5 de setembro de 2017 do Juiz Ubiratan Rodrigues rejeitou a liminar, sob o argumento de que: "apesar de reconhecer que há flagrante inadimplemento por parte do Município de Macaé, nos termos das notificações reiteradas da CEF colacionadas aos autos, há se de apurar as razões do inadimplemento, o que demanda a manifestação dos réus".

[397] Cf. RADAR PPP. Casos práticos: Formação em Parcerias Público-Privadas (PPPs) 2014: Esgotamento Sanitário. Município de Macaé. In: HIRIA; PPP BRASIL (Orgs.). **Formação em Parcerias Público Privadas.** São Paulo, 2014. Disponível em: <https://www.radarppp.com/biblioteca/formacao-em-ppps-2014-esgotamento-sanitario-de-macae>. Acesso em: 13 jan. 2017. Cf. também o Report do Evento, com transcrições da apresentação, p. 17-20: HIRIA; PPP BRASIL. Formação em PPPs: relatório do evento. São Paulo, 26-27 nov. 2014. Disponível em: <http://hiria.com.br/reports/Report-Formacao-em-PPP-2014.pdf>. Acesso em: 13 jan. 2017.

APÊNDICE 2 – LISTA DE PPPS

	PPP / Objeto	Ente Concedente (Parceiro Público)	Data de Celebração do Contrato; Prazo da Concessão e Valor do Contrato	Garantias do Ente Público – Modalidades	Observações Relevantes
84)	*Esgotamento sanitário de Atibaia – SP*.[398] Concessão administrativa para a prestação dos serviços públicos de esgotamento sanitário no território urbano do Município de Estância de Atibaia.	Companhia de Saneamento Ambiental de Atibaia – SAAE	26 de dezembro de 2012, com prazo de vigência de 30 anos. R$ 539.504.000,00	Para fins de garantia do pagamento da remuneração devida pelo poder concedente, foi prevista a criação de conta-garantia, com saldo mínimo integral equivalente a 3 (três) vezes o valor médio das últimas 3 (três) contraprestações devidas. O saldo mínimo inicial, a ser constituído no prazo de 60 (sessenta) dias contados da assinatura do contrato, corresponderá a 2 (duas) vezes o valor da primeira contraprestação projetada na proposta comercial, devendo ser revisto e ajustado a partir do 4º (quarto) mês após a emissão da ordem de serviço e, a partir de então, mensalmente, de forma que se mantenha o montante de 2 (duas) vezes o valor médio das 3 (três) últimas contraprestações devidas. Saldo mínimo parcial ou saldo mínimo integral da conta garantia deverá ser reposto sempre que corresponder, respectivamente a 2 (duas) ou 3 (três) vezes o valor médio das últimas 3 (três) contraprestações devidas.	

[398] Cf. edital e minuta de contrato disponíveis em: <http://www.atibaia.sp.gov.br/freeaspupload/licsaae/PPP.pdf>. Acesso em: 28 abr. 2017.

GARANTIAS DE ADIMPLEMENTO DA ADMINISTRAÇÃO PÚBLICA

	PPP / Objeto	Ente Concedente (Parceiro Público)	Data de Celebração do Contrato; Prazo da Concessão e Valor do Contrato	Garantias do Ente Público – Modalidades	Observações Relevantes
85)	*Resíduos sólidos de Paulista – PE*. Concessão administrativa para a prestação dos serviços de coleta e destinação final de resíduos sólidos, remediação e encerramento do aterro controlado municipal, implantação e operação de estação de transbordo, unidade de beneficiamento de resíduos da construção civil, unidades de compostagem de resíduos sólidos e implantação e operação de estação de tratamento de efluentes no Município do Paulista – PE.	Prefeitura Municipal.	6 de setembro de 2013, pelo prazo de 25 anos. R$ 602.014.857		
86)	*Esgotamento sanitário de Paraty – RJ*. Concessão patrocinada para ampliação e operação do sistema de esgotamento sanitário do Município.	Município de Paraty, com apoio em Convênio com o Fundo Estadual de Conservação Ambiental e Desenvolvimento Urbano – FECAM e da Eletronuclear	19 de fevereiro de 2014, com prazo de vigência de 30 anos. R$ 369.073.000 (investimento estimado em R$ 83.000.000)	Fundo Garantidor criado pela Lei municipal n. 1.890/2013, compreendendo pelo menos 6 (seis) meses de contraprestação pública. Aportes para atender aos R$ 83 milhões de investimentos assumidos pela Prefeitura (R$ 13 milhões) e, nos termos do Convênio firmado em 30 de janeiro de 2014, pelo FECAM (R$ 35 milhões) e pela Eletronuclear (R$ 20 milhões a título de compensações ambientais por Angra 3). A diferença de R$ 15 milhões será assumida pela concessionária	

APÊNDICE 2 – LISTA DE PPPS

	PPP / Objeto	Ente Concedente (Parceiro Público)	Data de Celebração do Contrato; Prazo da Concessão e Valor do Contrato	Garantias do Ente Público – Modalidades	Observações Relevantes
				e amortizada ao longo do contrato por meio das contraprestações públicas.[399]	
87)	*Iluminação pública São João de Meriti – RJ*. Concessão administrativa para a gestão do parque de iluminação pública e dos prédios públicos de São João de Meriti, abrangendo operação, ampliação, modernização e gestão do sistema de iluminação pública municipal e prédios públicos.	Prefeitura do Município de São João de Meriti	8 de agosto de 2014, pelo prazo de 25 anos. R$ 466.830.000	Vinculação das receitas oriundas da contribuição ao custeio da iluminação pública.	
88)	*Esgotamento sanitário de Guarulhos – SP*.[400] Concessão administrativa para a prestação dos serviços de transporte, tratamento e destinação final de esgotos sanitários da área urbana do Município de Guarulhos.	Serviço Autônomo de Água e Esgoto de Guarulhos – SAAE (autarquia)	2 de setembro de 2014, com prazo de vigência de 30 anos. R$ 1.195.456.722,40	Conta-garantia (cláusula 31 do contrato) alimentada por conta centralizadora por meio da qual são arrecadadas as receitas tarifárias do sistema de esgotamento e de água potável, dadas em cessão fiduciária à concessionária. Solidariedade do Município.	**TÉRMINO ANTECIPADO SUB JUDICE**. Em 22 de setembro de 2017 foi proferida decisão pelo STF negando seguimento aos recursos extraordinários apresentados pelo Município e pela Câmara dos Vereadores, em face do acordão proferido pelo Tribunal de Justiça de São Paulo que julgou inconstitucionais as Leis n. 7095/2012, 7096/2012 e 7102/2012, que instituíam a Política Municipal de Saneamento Público, incluindo serviços de abastecimento de água e esgotamento, e que

[399] Cf. nota oficial no portal do Estado do Rio de Janeiro: McCANE, Steven. Saneamento em Paraty avança com parceria público privada. Rio de Janeiro (Estado). Secretaria de Estado do Ambiente. Notícia, 30 jan. 2013. Disponível em: <http://www.rj.gov.br/web/sea/exibeconteudo?article-id=1945989>. Acesso em 5 nov. 2017.

[400] Cf. edital, contrato e demais documentos disponíveis em: <http://www.saaeguarulhos.sp.gov.br:8081/licitações>. Acesso em: 5 nov. 2017.

PPP / Objeto	Ente Concedente (Parceiro Público)	Data de Celebração do Contrato; Prazo da Concessão e Valor do Contrato	Garantias do Ente Público – Modalidades	Observações Relevantes
				embasavam a concessão (Processo n. 2071833.93.20138.26.0000.[401] A decisão do TJSP concluiu que o Município não tem competência para estabelecer sua política de saneamento sem alinhamento com o Estado, em razão de se situar em Região Metropolitana.
				Tribunal de Contas do Estado já assinalou prazo para o SAAE dar cumprimento à legislação aplicável, desconsiderando as leis julgadas inconstitucionais pelo Tribunal de Justiça (Processo n. 03309/701/14).
89) *Limpeza urbana e resíduos sólidos de Salto – SP.* Concessão administrativa para a prestação dos serviços de limpeza urbana e manejo de resíduos sólidos urbanos no município de Estância Turística de Salto.	Município de Salto, por intermédio da Secretaria Municipal do Meio Ambiente de Salto	17 de novembro de 2014, com prazo de vigência de 30 anos. R$ 999.794.880,00	A Lei n. 3.256 de 26 de fevereiro de 2014, autoriza a criação de fundo fiduciário (art. 18).	Em 12 de setembro de 2017, as partes acordam reduzir a contraprestação pública mensal de R$ 2,7 milhões para R$ 1,966 milhões mensais, tendo em vista a escassez financeira no Município e os questionamentos do Tribunal de Contas do Estado no âmbito do Processo n. 002858/009/14.
90) *Resíduos sólidos de Chapadão do Sul – MS.* Concessão administrativa para a implantação, operação e monitoramento da unidade de gerencia-	Prefeitura Municipal de Chapadão do Sul	6 de abril de 2015, com prazo de vigência de 25 anos. R$ 92.050.431,79		INTERVENÇÃO. Decreto municipal n. 2.826, de 9 de março de 2017, decreta a intervenção por 180 dias na concessão (publicado no DO em 9 de março de 2017).

[401] PPP declarada suspensa, conforme decisão encontrada no sítio: <https://esaj.tjsp.jus.br/cjsg/getArquivo.do?cdAcordao=8429058&cdForo=0>; após o que foi encaminhado ao STF, onde se encontra sob relatoria do Ministro Ricardo Lewandowski: <http://www.stf.jus.br/portal/processo/verProcessoAndamento.asp?incidente=4949544>.

APÊNDICE 2 – LISTA DE PPPS

PPP / Objeto	Ente Concedente (Parceiro Público)	Data de Celebração do Contrato; Prazo da Concessão e Valor do Contrato	Garantias do Ente Público – Modalidades	Observações Relevantes
			mento de resíduos sólidos, incluindo plano de recuperação de área degradada.	
91) *Iluminação pública de Caraguatatuba – SP*.[402] Concessão administrativa para elaboração de projeto, implantação, expansão, modernização, operação e manutenção das instalações de iluminação pública do Município de Caraguatatuba, bem como responsabilidade do consumo de energia de iluminação pública.	Município da Estância Balneária de Caraguatatuba	21 de maio de 2015 com prazo de vigência de 13 anos. R$ 198.506.880,00	Garantia no valor de R$ 19.500.000,00, prestada pelo Fundo Garantidor de Parcerias Público-Privadas, constituído por caução em dinheiro, parcela do Fundo de Participação Municipal, cessão de recebíveis do Município, constituídos por *royalties*, contribuição de iluminação pública (CIP) e outros meios de garantia admitidos em lei. Previsão de agente de pagamento e administração de contas que atua em nome do poder concedente e administra conta na qual são depositados os montantes necessários para o pagamento das contraprestações mensais.	
92) *Iluminação Pública de Urânia – SP*.[403] Concessão administrativa para a implantação do sistema de gestão do Parque de Iluminação Pública do Município de Urânia, sua	Município de Urânia	3 de junho de 2015, com prazo de vigência de 35 anos. R$ 20.663.119,27	Obrigações contraídas pelo Município serão garantidas por meio da transferência de recursos apartados, provenientes de futuras receitas destinadas ao Município de Urânia por todo o prazo da	**TÉRMINO ANTECIPADO** do contrato, conforme decisão administrativa publicada em 25 de novembro de 2015, por suposta inércia do licitante vencedor em apresentar os documentos exigidos no edital.

[402] Cf. RADAR PPP. Casos práticos: Formação em Parcerias Público-Privadas (PPPs) 2015: Gestão do Parque de Iluminação Pública de Caraguatatuba. In: HIRIA; PPP BRASIL (Orgs.). Formação em Parcerias Público Privadas. São Paulo, 25-26 nov. 2015. Disponível em: <http://hiria.com.br/forum/2016/formacao-ppp-2016/Report-Formacao-Em-PPPs-2016.pdf>. Acesso em: 13 jan. 2017.
[403] Cf. edital e minuta de contrato disponíveis em: <http://www.urania.sp.gov.br/phocadownload/Licitacao2015/edital%20concorrencia%20001.2014.pdf>. Acesso em: 28 abr. 2017.

GARANTIAS DE ADIMPLEMENTO DA ADMINISTRAÇÃO PÚBLICA

PPP / Objeto	Ente Concedente (Parceiro Público)	Data de Celebração do Contrato; Prazo da Concessão e Valor do Contrato	Garantias do Ente Público - Modalidades	Observações Relevantes
operação, ampliação, modernização e manutenção, incluindo iluminação das praças, jardins, fontes e obras de arte, bem como a geração de energia (limpa) através de painéis fotovoltaicos, com base na eficiência energética e sua sustentabilidade ambiental, obedecendo as normas técnicas pertinentes e aos critérios e parâmetros técnicos de qualidade estabelecidos neste edital e seus anexos.			concessão. Previsão da celebração de um contrato de nomeação de agente de pagamento e administração de contas (não disponível publicamente).	
93) *Aterro Sanitário de Governador Valadares – MG*.[404] Concessão administrativa para a instalação da central de tratamento de resíduos sólidos urbanos no município de Governador Valadares, incluindo a prestação dos serviços de coleta, transporte, tratamento, destinação final de resíduos e outros serviços complementares de limpeza urbana, estando incluídos: aquisição de imóvel, veículos	Município de Governador Valadares	31 de dezembro de 2015, com prazo de vigência de 30 anos. R$ 1.483.726.580	Garantia prestada por meio da utilização de recursos do Fundo Garantidor das Parcerias Público-Privadas de Governador Valadares. Os valores dos bens a serem hipotecados somarão o equivalente a projeção estimada do somatório da receita dos primeiros 12 (doze) meses de execução do contrato da concessão administrativa. A garantia deverá ser renovada anualmente, com prazo de 15 (quinze) dias de antecedência do vencimento da primeira apólice.	**TÉRMINO ANTECIPADO** do contrato, conforme Decreto municipal n. 10.477, de 29 de dezembro de 2016, anulando o processo licitatório e respectivo contrato celebrado com a empresa Leste Ambiental Ltda. A anulação teve origem em denúncia apresentada ao Tribunal de Contas do Estado de Minas Gerais.

[404] Cf. edital e contrato disponíveis em: <http://www.valadares.mg.gov.br/Licitacao_-_Visualizacao/27448/4-2015>. Acesso em: 28 abr. 2017.

PPP / Objeto	Ente Concedente (Parceiro Público)	Data de Celebração do Contrato; Prazo da Concessão e Valor do Contrato	Garantias do Ente Público – Modalidades	Observações Relevantes
e equipamentos, construção, implantação, operação, conservação, manutenção, modernização, ampliação e exploração dos serviços, abrangendo ainda estudos técnicos, serviços, obras e equipamentos necessários à consecução do objeto.				
94) *Resíduos sólidos Cabreúva – SP*.[405] Concessão administrativa para prestação dos serviços, obras e demais atividades relativas aos serviços de limpeza urbana e manejo de resíduos sólidos.	Município de Cabreúva, por intermédio da Secretaria Municipal de Obras	15 de janeiro de 2016, com prazo de vigência de 30 anos. R$ 278.784.145	Imóvel cujo valor exceda 3 (três) vezes o valor da primeira contraprestação projetada na proposta comercial.	
95) *Limpeza Urbana e Resíduos Sólidos de Taubaté – SP*. Concessão administrativa para prestação dos serviços de limpeza urbana e manejo de resíduos sólidos, incluindo obras de infraestrutura e sistema de tratamento.	Prefeitura Municipal	31 de maio de 2016, com prazo de vigência de 30 anos. R$ 2.062.243.860		Licitação concluída após duas tentativas barradas pelo Tribunal de Contas do Estado.

[405] Cf. contrato disponível em: <http://leideacesso.etransparencia.com.br/cabreuva.prefeitura.sp/Portal/desktop.html?409>. Acesso em: 28 abr. 2017.

	PPP / Objeto	Ente Concedente (Parceiro Público)	Data de Celebração do Contrato; Prazo da Concessão e Valor do Contrato	Garantias do Ente Público – Modalidades	Observações Relevantes
96)	*Iluminação Pública de Guaratuba – PR*.[406] Concessão administrativa dos serviços (gestão, ampliação, operação e manutenção) da rede municipal iluminação pública.	Município de Guaratuba	30 de junho de 2016, pelo prazo de vigência de 25 anos. R$ 59.968.638,97	Conta-vinculada administrada por agente de garantia escolhido pela concessionária (Caixa Econômica Federal), na qual deve ser mantido saldo mínimo variável conforme ano do contrato (valor máximo de R$ 20.900.000,00). Os recursos provêm dos recebíveis municipais decorrentes de contribuição de iluminação pública (CIP).	
97)	*Resíduos Sólidos de Cruz das Almas – BA*. Concessão administrativa para ampliação, operação, tratamento e disposição de resíduos sólidos nos Municípios de Cruz das Almas, Sapeaçu, São Felipe e Conceição Almeida.	Prefeitura de Cruz das Almas	20 de outubro de 2016, com prazo de vigência de 20 anos R$ 4.079.084,85		
98)	*Iluminação Pública de São José de Ribamar – MA*. Concessão administrativa para modernização, otimização e expansão, operação e manutenção	Secretaria Municipal de Obras, Habitação, Serviços Públicos e Urbanismo – SEMOSP	1º de novembro de 2016, pelo prazo de vigência de 15 anos. R$ 127.486.914,72	Vinculação da contribuição ao custeio da iluminação pública.	

[406] Cf. RADAR PPP. Casos práticos: Formação em Parcerias Público-Privadas (PPPs) 2016: Iluminação Pública – Prefeitura de Guaratuba. In: HIRIA; PPP BRASIL (Orgs.). **Formação em Parcerias Público Privadas**. São Paulo, 23-24 nov. 2016. Disponível em: <http://hiria.com.br/forum/2016/formacao-ppp-2016/Report-Formacacao-Em-PPPs-2016.pdf>. Acesso em: 28 abr. 2017.

APÊNDICE 2 – LISTA DE PPPS

PPP / Objeto	Ente Concedente (Parceiro Público)	Data de Celebração do Contrato; Prazo da Concessão e Valor do Contrato	Garantias do Ente Público – Modalidades	Observações Relevantes
da infraestrutura da rede de iluminação pública do Município.[407]				
99) *Iluminação Pública de Goianésia do Pará – PA*.[408] Concessão administrativa para a gestão do parque de iluminação pública da prefeitura municipal de Goianésia do Pará, abrangendo a operação, ampliação, modernização, consumo de energia, manutenção e gestão do sistema de iluminação pública municipal.	Secretaria de Obras e Urbanismo	3 de novembro de 2016, com prazo de vigência de 24 anos. R$ 22.330.000	"as obrigações pecuniárias contraídas pelo Contratante, quando da celebração deste Contrato, serão adimplidas por meio da transferência de recursos aparatados, provenientes de futuras receitas destinadas à Prefeitura de Goianésia do Pará, por todo o Prazo da Concessão, conforme sistemática prevista no Contrato de Nomeação de Agente de Pagamento e Administração de Contas)" (Cláusula 22.1).	
100) *Resíduos Sólidos de Caucaia – CE*. Concessão administrativa da gestão integrada de resíduos sólidos do Município.	Secretaria Municipal de Patrimônio, Serviços e Transporte	16 de dezembro de 2016, com prazo de vigência de 30 anos. R$ 588.827.796,87		CONTRATO SUSPENSO. Em 3 de fevereiro de 2017, é publicado (DOM, edição complementar, p. 1) o Decreto municipal n. 783, da mesma data, suspendendo o Contrato de PPP, "considerando o início de uma nova gestão no Município, considerando os contundentes argumentos utilizados pelo Ministério Público Estadual nos autos do Processo n. 69673-84.2016.8.06.0064/0

[407] Cf. minuta de edital submetida à consulta pública. Disponível em: <http://www.saojosederibamar.ma.gov.br/abrir_arquivo.aspx?Projeto_Iluminacao_SJR_-_Edital?cdLocal=2&arquivo={A6AED8A6-CDC2-E0CC-D1CE-055BBDDCCAA}.pdf#search=PPP>. Acesso em: 28 set. 2017.
[408] Cf. minutas de edital e contrato submetidas à consulta pública. Disponível em: < http://www.goianesia.pa.gov.br/modules/fmcontent/pdf.php?topic=o-governo&id=15&page=consulta-publica-do-edital-da-ppp-da-iluminacao >. Acesso em: 28 set. 2017.

GARANTIAS DE ADIMPLEMENTO DA ADMINISTRAÇÃO PÚBLICA

	PPP / Objeto	Ente Concedente (Parceiro Público)	Data de Celebração do Contrato; Prazo da Concessão e Valor do Contrato	Garantias do Ente Público – Modalidades	Observações Relevantes
					– Ação de Improbidade movida em desfavor do ex-Secretário Municipal de Patrimônio, Serviços e Transporte e da Construtora Marquise S/A [...]".
101)	*Iluminação Pública de Cuiabá - MT.*[409] Concessão administrativa para modernização, otimização, expansão, operação e manutenção da infraestrutura da rede de iluminação pública do Município.	Secretaria Municipal de Serviços Urbanos – SMSU	20 de dezembro de 2016, com prazo de vigência de 30 anos. R$ 748.488.750	(i) Depósito do total da COSIP em conta-vinculada. Em caso de inadimplemento por parte do poder concedente, o valor inadimplido será transferido da conta vinculada para a concessionária. Caso os valores da COSIP não sejam suficientes para a cobertura integral da contraprestação mensal devida à concessionária, o poder concedente obrigar-se-á, em até 30 (trinta) dias, complementar a garantia. Se tal obrigação não for cumprida, a concessionária poderá suspender os investimentos em curso e qualquer atividade que não seja necessária à continuidade na prestação do serviço ou à utilização pública da infraestrutura existente. (ii) O poder concedente vinculará em favor da concessionária o valor correspondente a 3 (três) contraprestações mensais no Fundo Garantidor dos Projetos de PPP com os valores da COSIP excedentes tanto ao pagamento da	**TÉRMINO ANTECIPADO.** Decreto municipal n. 6.286, de 8 de junho de 2017, decreta a anulação da concorrência e do contrato. No Tribunal de Contas do Estado tramita processo para apuração de supostas irregularidades (Processo n. 3500-9/2016).

[409] Cf. minuta de contrato disponibilizada na consulta pública. Disponível em: <http://www.cuiaba.mt.gov.br/storage/webdisco/2015/11/09/outros/9564d700061fb45c4fa2137cdc5f81d6.pdf>. Acesso em: 28 set. 2017.

APÊNDICE 2 – LISTA DE PPPS

	PPP / Objeto	Ente Concedente (Parceiro Público)	Data de Celebração do Contrato; Prazo da Concessão e Valor do Contrato	Garantias do Ente Público – Modalidades	Observações Relevantes
				conta de energia elétrica relativas aos serviços de iluminação pública na municipalidade quanto às contraprestações devidas no âmbito do presente contrato. A garantia constituída com recursos da COSIP por meio do FUNGEP terá a característica de patrimônio de afetação, com a separação de bens e direitos pertencentes ao FUNGEP utilizados como garantia em favor da concessionária dos demais recursos do FUNGEP e de outras parcerias público-privadas municipais que sejam garantidas por meio dele.	
102)	*Iluminação Pública de Marabá – PA*. Concessão Administrativa para a eficientização do parque de iluminação pública, gestão de ativos, eficiência energética e geração distribuída para prédios e espaços públicos.	Prefeitura Municipal	28 de dezembro de 2016, com prazo de vigência de 25 anos. R$ 418.148.750	Vinculação de receitas oriundas da CIP (contribuição de iluminação pública) e do FPM e/ou cessão de recebíveis da municipalidade, constituído por *royalties*. Constituição de conta-garantia, na qual deve ser depositado o valor equivalente a 50% da contraprestação anual máxima.	**TÉRMINO ANTECIPADO**. Em 3 de outubro de 2017 foi publicado (Diário Oficial da União, Seção 3, p. 190) aviso, em nome do Prefeito, da anulação da concorrência "por vícios de natureza insanáveis, graves e inconvalidáveis" (sic.), conforme decisão do Presidente do Serviço de Saneamento Ambiental de Marabá – SAE de 28 de setembro de 2017, Portaria n. 221/2017-GP.
103)	*Iluminação Pública de Açailândia – MA*.[410] Concessão administrativa para implantação do sistema de gestão do parque de iluminação pública do Município, por	Município de Açailândia, por intermédio da Secretaria Municipal de Infraestrutura e Urbanismo	6 de julho de 2017, com prazo de vigência de 35 anos R$ 303.836.655,29	Pagamento de contraprestação por meio do direcionamento dos valores arrecadados com a COSIP para conta vinculada. Poder concedente assegura, ainda, a existência de recursos orçamentários suficientes para os pagamentos devidos	

[410] Edital, contrato e outros documentos disponíveis em: <http://www.acailandia.ma.gov.br/licitacoes/?paginaView=licitacao-ver&id=423>. Acesso em: 5 nov. 2017.

PPP / Objeto	Ente Concedente (Parceiro Público)	Data de Celebração do Contrato; Prazo da Concessão e Valor do Contrato	Garantias do Ente Público – Modalidades	Observações Relevantes
meio da operação, ampliação, modernização, otimização, eficientização e manutenção da infraestrutura da rede, incluindo a iluminação das praças, jardins, fontes e obras de arte, com base na eficiência energética e sua sustentabilidade ambiental.			à concessionária nas hipóteses em que as projeções de arrecadação da COSIP se mostrarem insuficientes para esse fim, designando dotação orçamentária complementar ou alternativa, cujos recursos deverá transitar, com antecedência mínima de um mês a contar da data do respectivo pagamento, pela conta-vinculada. Contrato não prevê mecanismo de garantia propriamente dito, mas tão somente que, na hipótese de não instituição ou não manutenção da referida conta pelo poder concedente, ou na hipótese de não cumprimento das obrigações do poder concedente, será reconhecido à concessionária o direito de rescindir a concessão (Cláusula 17.4.1).	
104) *Mercado Municipal de Ponta Grossa – PR*.[411] Concessão administrativa para reforma, remodelação e obras complementares de adaptação do Mercado Municipal da Cidade.	Secretaria Municipal de Indústria, Comércio e Qualificação Profissional	21 de outubro de 2017, pelo prazo de 35 anos R$ 73.259.796,60 (investimento estimado em R$ 37.604.928)	Como não há contraprestação pública pecuniária, mas apenas a outorga do direito de exploração comercial do Mercado Municipal e do seu complexo, inclusive com eventos de diferentes naturezas, não houve necessidade de garantia.	Nem a minuta do edital nem do contrato qualificam o projeto expressamente como uma PPP, tampouco o fundamentam na Lei n. 11.079/2004, aludindo apenas genericamente à Lei n. 8.987/1995 e à Lei n. 8.666/1993. Contudo, há menção à aprovação do Conselho Gestor de Parcerias Público-Privadas do Município de Ponta Grossa

[411] Cf. minuta de edital, contrato e anexos disponível em: <http://www.pontagrossa.pr.gov.br/files/licitacoes/concorrencia_-_004-2017_-_mercado_municipal.pdf>. Acesso em: 6 nov. 2017.

APÊNDICE 2 – LISTA DE PPPS

PPP / Objeto	Ente Concedente (Parceiro Público)	Data de Celebração do Contrato; Prazo da Concessão e Valor do Contrato	Garantias do Ente Público – Modalidades	Observações Relevantes
				e, mais importante, o escopo contempla obras e gestão do empreendimento pelo prazo de 35 (trinta e cinco) anos, havendo, ainda, a previsão expressa de contraprestação pública, ainda que não pecuniária.

Quadros resumo

POR ENTE FEDERATIVO	
PPPs federais	1
PPPs estaduais	51
PPPs municipais	52
Total:	**104**

UNIDADES COM MAIOR NÚMERO DE PPPS	
Estado de São Paulo	11
Estado de Minas Gerais	10
Estado da Bahia	6
Estado de Pernambuco	4
Estado do Ceará	4
Distrito Federal	3
Estado do Amazonas	3
Estado do Espírito Santo	3
Estado de Alagoas	2
Belo Horizonte – MG	5
Rio de Janeiro – RJ	3
Piracicaba – SP	2
Mauá – SP	2

POR MODALIDADE	
PPPs – Concessões Patrocinadas	15
PPPS – Concessões Administrativas	89

APÊNDICE 2 - LISTA DE PPPS

POR SETORES	
Resíduos sólidos	24
Saneamento (água e/ou esgotamento)	19
Iluminação pública	11
Saúde	11
Mobilidade urbana (metrôs, VLTs etc.)	8
Rodovias	5
Aeroportos	1
Subtotal transportes 14	
Equipamentos esportivos (estádios e parque olímpico)	7
Centros de atendimento ao cidadão	5
Presídios	3
Habitação	2
Tecnologia (datacenter e CGI - DF)	2
Centros Administrativos (Centrad - DF)	1
Educação (Unidades básicas de educação infantil - BH)	1
Urbanismo (Operação Urbana - Porto Maravilha)	1
Cinema Paulínia - SP	1
Mercados (Shopping Popular Pelotas - RS e Mercado Municipal de Ponta Grossa)	2

GARANTIAS DE ADIMPLEMENTO DA ADMINISTRAÇÃO PÚBLICA

POR ANO	TOTAL	Federal	Estaduais	Calendário eleitoral	Municipais	Calendário eleitoral
2006	3		3	Eleição		
2007	3		1		2	
2008	5		1		4	Eleição
2009	4		4			
2010	12	1	7	Eleição	4	
2011	3		1		2	
2012	16		1		15	Eleição
2013	13		11		2	
2014	17		13	Eleição	4	
2015	11		7		4	
2016	13				13	Eleição
2017	4		2		2	
TOTAL	104	1	51		55	

PRAZO MÉDIO DE VIGÊNCIA DAS PPPS				
	PPP federal	PPPs estaduais	PPPs municipais	Conjunto das PPPs
Prazo médio de vigência conforme contratação original	15,00	23,02	25,15	24,01
Prazos mais frequentes	N/A	30 anos (21 ocorrências)	30 anos (9 ocorrências)	30 anos (30 ocorrências)
Prazo médio de vida dos contratos até 2017				4,42 anos (18,42% do prazo médio de vigência)

APÊNDICE 2 – LISTA DE PPPS

SITUAÇÃO JURÍDICA DOS CONTRATOS DE PPPS (outubro/2017)				
Contratos terminados antecipadamente	Contratos com execução suspensa	Contratos com término iminente	Contratos com contraprestação ou aporte suspensos ou inadimplentes	Outros contratos com irregularidades apontadas por tribunal de contas
10 (9,6% dos contratos)	3 (2,9% dos contratos)	8 (7,7% dos contratos)	7 (6,7% dos contratos)	2 (1,9% dos contratos)
Arena Pernambuco – PE Presídio – PE Rodovia – PR CGI – DF Esgoto Divinópolis – MG Resíduos Sólidos – Belém/PA. Resíduos – Governador Valadares/MG Resíduos – São Bernardo/SP Iluminação Pública – Urânia/SP. Iluminação Pública – Marabá/PA	Resíduos Sólidos – Belo Horizonte/MG Resíduos Sólidos – Caucaia/CE Unidades Básicas de Saúde de Belo Horizonte/MG	Ponte Rio Cocó – CE (CGPPP recomenda término do contrato). Iluminação Pública – Cuiabá/MT (Decreto anulando contrato, ainda sujeito a questionamento). Resíduos – Campo Grande/MS (Decreto anulando contrato, com eficácia suspensa pelo TCE). Esgotamento Guarulhos/SP (Decisão judicial suprimindo fundamento legal para a outorga – aguardando trânsito em julgado e cumprimento). Estádio do Maracanã – RJ (concessionária postula rescisão e devolução) Resíduos – Chapadão do Sul/MS (decretada intervenção na concessionária) Polo Cinematográfico – Paulínia (decretada intervenção na Concessionária) Linha 6 do Metrô de São Paulo/SP (obras paradas; a concessionária é controlada pela Odebrecht e outras empresas afetadas pela Lava Jato; venda do controle sem sucesso até out./2017)	Saneamento – Rio das Ostras/RJ Saneamento – Macaé/RJ Centro Administrativo – DF Conjunto habitacional – DF Arena das Dunas – RN Resíduos – Salto/SP Parque Olímpico – Rio de Janeiro/RJ	Resíduos de São Luis/MA Esgotamento – Guaratinguetá/SP
TOTAL DE CONTRATOS OU CONTRATAÇÕES COM VÍCIOS MATERIAIS				30 (28,8% dos Contratos)

ÍNDICE

LISTA DE ABREVIATURAS E DEFINIÇÕES	7
LISTA DE ILUSTRAÇÕES	9
PREFÁCIO	11
INTRODUÇÃO	21
1. ANTECEDENTES	27
2. NECESSIDADE DE GARANTIAS NO CONTEXTO BRASILEIRO: HISTÓRICO DA ADMINISTRAÇÃO PÚBLICA MÁ-PAGADORA: CONVENIÊNCIA E OPORTUNIDADE DA PRESTAÇÃO DE GARANTIAS DE PAGAMENTO PELO PODER PÚBLICO	41
3. REGIME JURÍDICO DAS GARANTIAS PÚBLICAS NO BRASIL	99
4. O SISTEMA DE GARANTIAS PÚBLICAS NAS PPPS	133
5. DIAGNÓSTICO: AVANÇOS E DEFICIÊNCIAS	171
6. PROPOSIÇÕES PARA O APRIMORAMENTO DO SISTEMA DE GARANTIAS NAS PPPS	229
CONCLUSÕES	293

REFERÊNCIAS 301

APÊNDICE 1 – PROJETOS DE LEI 319

APÊNDICE 2 – LISTA DE PPPS 339

QUADROS RESUMO 208